图说汽车维修快速入门丛书

汽车发动机电控系统维修就这么简单

杨智勇　边伟　主编

机械工业出版社
CHINA MACHINE PRESS

本书以大众、丰田等国产主流轿车为主，从初学者的角度，以图解的形式讲述了发动机电控系统的基础知识、基本结构、故障诊断与维修，以及发动机点火控制系统、辅助控制系统的维修知识。

本书可供初学汽车发动机电控系统维修人员使用，也可供职业技术院校汽车相关专业师生和汽车工程技术人员阅读参考。

图书在版编目（CIP）数据

汽车发动机电控系统维修就这么简单 / 杨智勇．边伟主编．—北京：机械工业出版社，2014.7

（图说汽车维修快速入门丛书）

ISBN 978-7-111-47001-4

Ⅰ．①汽… Ⅱ．①杨… ②边… Ⅲ．①汽车－发动机－电子系统－控制系统－维修－图解 Ⅳ．①U472.43-64

中国版本图书馆 CIP 数据核字（2014）第 123928 号

机械工业出版社（北京市百万庄大街 22 号　邮政编码 100037）
策划编辑：赵海青　责任编辑：赵海青　责任校对：张玉琴
封面设计：张　静　责任印制：乔　宇

北京汇林印务有限公司印刷
2015 年 1 月第 1 版第 1 次印刷
148mm × 210mm · 9.25 印张 · 268 千字
0001— 4000 册
标准书号：ISBN 978-7-111-47001-4
定价：39.90 元

凡购本书，如有缺页、倒页、脱页，由本社发行部调换

电话服务	网络服务
社服中心：(010) 88361066	教材网：http：//www.cmpedu.com
销售一部：(010) 68326294	机工官网：http：//www.cmpbook.com
销售二部：(010) 88379649	机工官博：http：//weibo.com/cmp1952
读者购书热线：(010) 88379203	封面无防伪标均为盗版

丛书序

中国汽车工业已有了飞速的发展。通过技术引进、国产化和技术改造，汽车的生产能力、市场占有率和社会保有量均有大幅度的提高。随着机动车数量的增多，汽车使用与维修技术人员，尤其是初学汽车修理人员迫切需要学习汽车专业知识。为了使广大初学汽车修理人员全面系统地了解汽车的基础知识，增强维护修理、排除故障的实际能力，掌握汽车维修技巧等知识，特编写本套丛书。本套丛书由以下十册图书组成：

- 《汽车发动机维修就这么简单》
- 《汽车底盘维修就这么简单》
- 《汽车电气系统维修就这么简单》
- 《汽车维护就这么简单》
- 《汽车发动机电控系统维修就这么简单》
- 《汽车自动变速器维修就这么简单》
- 《汽车空调系统维修就这么简单》
- 《汽车钣金就这么简单》
- 《汽车喷漆就这么简单》
- 《汽车美容与装饰就这么简单》

本套丛书以通俗易懂的语言、图解的方式，围绕初学汽车修理人员所关心的问题，对汽车维修基础知识、维修工具的使用、汽车的一般维护方法、汽车常见故障维修、汽车主要部件的检查、汽车主要部件的拆装、车身磕碰的修补、美容等方面的知识进行了详细的介绍。

本套丛书有以下特点：

（1）起点低，针对性强。丛书中每本书的内容均包括从事本工种人员应明确的汽车结构原理和应掌握的实际技能训练内容，低起点，针对性、实用性强。

（2）突出重点。本套丛书的选材和编写内容充分体现以就业为导向，以职业技能训练为核心的目标要求，既介绍了具有共性的基础知识，又讲述了有代表性车型的维修技术。

（3）在满足实际需要的前提下，内容选择突出了汽车维修技术的先进性。

（4）浅显易懂，便于自学。在编写本套丛书时，尽量采用浅显易懂的语言，从最基础的内容开始，全面而透彻地讲解汽车维修各工种所必须掌握的基础知识和专业知识，便于自学。

本套丛书内容丰富，可读性强，实用性强，既可作为初学汽车维修人员的入门指导，也可供广大汽车爱好者、驾驶人员以及大中专院校相关专业的师生阅读和参考。

前言 PREFACE

目前，中国汽车工业已有了飞速的发展。通过技术引进、国产化和技术改造，汽车的生产能力、市场占有率和社会保有量均有大幅度的提高。随着机动车数量的增多，汽车服务前景广阔。汽车使用与维修技术人员尤其是初学汽车修理人员迫切需要学习汽车专业知识。为了使广大初学汽车修理人员全面系统地了解汽车的基础知识，增强维护修理、排除故障的实际能力，掌握汽车维修技巧等知识，特编写此书。

本书以大众、丰田等国产主流车型为主，以通俗易懂的语言，围绕初学汽车修理人员所关心的问题，从初学者的角度，以图解的形式讲述了汽车发动机电控系统的结构、简单工作原理、维修及常见故障诊断方法，内容包括发动机电控系统基础知识、基本结构、故障诊断与维修，以及发动机点火控制系统、辅助控制系统的维修知识。

本书内容丰富，可读性强，实用性强，既可作为初学汽车发动机电控系统维修人员的入门指导，也可供广大汽车爱好者、驾驶人员以及大中专院校相关专业的师生阅读和参考。

本书由杨智勇、边伟主编。参加编写的还有候伟、王海、孙艳丽、徐维东、田立加、刘柱、韩伟、季成久、张磊、王晓红、刘波、王丽梅、张凤云、李培军、康爱琴、王文丽。

在编写过程中，我们参考并引用国内外一些汽车厂家的技术资料和有关出版物，在此对参考文献的作者和为本书编写过程提供帮助的同志表示衷心的感谢。

由于水平所限，不足之处在所难免，敬请读者批评指正。

编 者

目录 CONTENTS

丛书序

前言

第一章 汽车发动机电控系统基础知识....1

第一节 维修安全操作规程........1

一、汽车维修工作准备........1

二、安全操作要点........2

第二节 发动机电控系统总体认识........5

一、发动机电控系统的分类........5

二、发动机电控系统的组成........13

三、发动机缸内直喷及稀薄燃烧技术........25

第三节 维修常用工具与设备........30

一、维修常用工具........30

二、维修常用设备........36

第二章 发动机电控系统........49

第一节 空气供给系统结构与维修........49

一、空气供给系统的组成........49

二、空气供给系统主要部件........50

三、空气供给系统的维修........52

第二节 燃油供给系统结构与维修........54

一、燃油供给系统结构........54

二、燃油供给系统的维修........65

第三节 控制系统结构与维修........75

一、控制系统结构........75

二、控制系统维修........105

第三章　发动机电控点火系统 …………137

第一节　有分电器电控点火系统结构与维修 ………………137

一、有分电器电控点火系统的组成与结构 ………………137

二、有分电器电控点火系统的维修 ………………152

第二节　无分电器电控点火系统结构与维修 ………………161

一、无分电器电控点火系统结构 ………………161

二、无分电器电控点火系统维修 ………………164

第四章　发动机辅助控制系统 …………169

第一节　怠速控制系统结构与维修 ………………169

一、怠速控制系统的结构 ………………169

二、怠速控制系统的维修 ………………181

第二节　排放控制系统结构与维修 ………………185

一、排放控制系统的结构 ………………185

二、排放控制系统的维修 ………………202

第三节　进气增压系统结构与维修 ………………210

一、进气增压系统的结构 ………………210

二、进气增压系统的维修 ………………216

第五章　发动机电控系统故障诊断 ……225

第一节　发动机电控系统故障诊断基本知识 ………………225

一、发动机电控系统常见故障类型 ………………225

二、发动机电控系统维修注意事项 ………………228

三、发动机电控系统故障诊断的基本原则与故障诊断流程 ………229

第二节　发动机电控系统故障诊断方法 ………………233

一、汽车电路图的识读 ………………233

二、控制电路与插接器的检查 ………………252

三、发动机电控系统故障自诊断 ………………254

四、发动机电控系统常见故障诊断 ………………267

五、发动机电控系统典型故障诊断与排除方法 ………………280

第一章　汽车发动机电控系统基础知识

CHAPTER 1

第一节　维修安全操作规程

第二节　发动机电控系统总体认识

第三节 维修常用工具与设备

第一节　维修安全操作规程

一、汽车维修工作准备

汽车维修工作准备内容如图 1–1 所示。

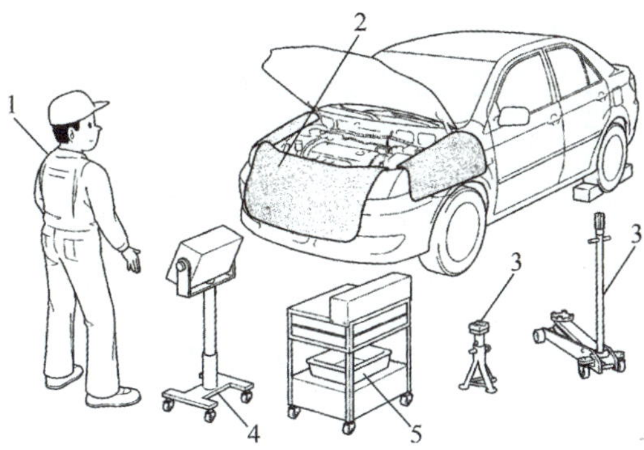

图 1-1　汽车维修工作准备内容

1 —着装　2 —车辆保护　3 —举升设备

4 —测量仪器　5 —工具

(1) 着装　进行汽车修理时，务必穿着干净的工作服，必须戴好帽子，穿好安全鞋。

(2) 车辆保护　修理作业开始维修前，准备好散热器格栅罩、翼子板保护罩、座椅护面、地板垫、转向盘罩及变速杆罩等物品。

(3) 举升设备的安全操作　两个或两个以上人员一起工作时，一定要相互检查安全情况。发动机运转的情况下进行工作时，确保工作间通风，以排出废气。维修高温、高压、旋转、移动或振动的零件时，一定要佩戴适当的安全设备，并且格外注意不要碰伤自己或他人。顶起车辆时，一定要使用安全底座支撑规定部位。举升车辆时，使用适当的安全设备。

（4）准备工具和测量仪表 开始操作前，准备好工具台、工具、专用工具，仪器仪表、耗材和更换的零件。

（5）拆卸和安装、拆解和组装操作 拆下零件前，检查总成的总体状况以确认是否变形或损坏。对于复杂的总成，要做记录。例如，记录拆下的电气连接、螺栓或软管的总数，并做上装配标记，以确保重装时各零部件装到原位置上。必要时，可对软管及其接头做临时标记。如有必要，则清洗拆下的零件，并且在全面检查后进行组装。

（6）拆下零件的处理 应将拆下的零件放在一个单独的盒子内，以免与新零件混淆或弄脏新零件。对于不可重复使用零件，如衬垫、O形圈、自锁螺母，要按照本手册中的说明用新件进行更换。

二、安全操作要点

1．机修工安全操作要点

- 工作前应检查所使用工具是否完整无损，施工中工具必须摆放整齐，不得随地乱放，工作完后应将工具清点检查并擦干净，按要求放入工具车或工具箱内。
- 拆装零部件时，必须使用合适工具或专用工具，不得大力蛮干，不得用锤子直接敲击零件，所有零件拆卸后要按一定顺序整齐安放，不得随地堆放。拆装车辆做到油、水、零件不落地，保持双手、零件、工具、场地的清洁。
- 废油应倒入指定的废油桶收集，不得随地倒泼或倒入排水沟内，防止废油污染。
- 修理作业时应注意保护汽车漆面光泽装饰，对地毯及座椅必要时要使用保护垫布、座椅套，以保持修理车辆的整洁。
- 在车上修理作业及用汽油清洗零件时，不得吸烟；不准在修理汽车的旁边烘烤零件或点燃喷灯等。
- 用千斤顶进行底盘作业时，必须选择平坦、坚实场地并用三角木将前后轮塞稳，然后用搁车凳将车辆支撑稳固，严禁单纯用千斤顶顶起车辆在车底作业。放松千斤顶时，要先看车下及周围是否有人，只有确认人员都在安全位置时，才能放松千斤顶。

- 在修理过程中应认真检查原零件或更换件是否合乎技术要求，并严格按修理技术规范精心进行施工和检查调试。
- 指挥车辆行驶、移位时，不得站在车辆正前与后方，并注意周围障碍物。

2. 检验试车员（质量检验员）安全操作要点

- 路试起步前，首先检查保修项目完成情况及车轮周围情况，检查油、水，拉紧驻车制动器，挂入空档并踏下离合器踏板后方可起动，待起动后慢慢松离合器踏板，注意仪表工作是否正常。
- 起步前必须关好车门，系好安全带。路试之前要确保制动系统工作可靠。
- 倒车时必须前后看清楚通道情况，并与指挥倒车人员取得联系，按手示进行。
- 试车车辆必须前后挂试车牌，并选择合适的地点进行路试，参加路试随车人员不得超过3人。
- 踩试制动踏板进行紧急制动时应先与车上人员示意后再进行试验，以免随车人员受伤。
- 试车完好后，应按规定再次检查相关部位。待被检内容全部合格后，将车辆停放在指定地点，手动变速器变速杆挂入低档位，自动变速器变速杆放在P位，拉紧驻车制动器。最后通知车主前来接车。

3. 车辆事故预防措要点

- 不管车辆驻车制动性能好坏，一定要在车轮前、后部垫三角木或采取其他防车辆下溜的措施。
- 不能在车辆后方作业或站立其他人员。
- 不允许维修人员在生产区随便乱动车辆和随便乱试车。必须持相应证照的人方可试车，试车时应按指定路线行驶，路试时不得搭乘客和货物等。
- 在把车辆举升到离开地面时，按安全操作规定，应在车身下面加设硬性支撑。
- 在维修车间内人工移动车辆时，必须有专人指挥。
- 人工移动车辆的指挥人员，必须熟悉车间内被移动车辆周围环境，并选择安全位置操作。
- 严禁用软连接的方式拖拉、救援有转向、制动操纵机构故障的车辆。

4. 烫伤的预防要点

（1）引起烫伤的原因

● 如图 1-2 所示，发动机温度过高，冷却液沸腾，操作人员打开散热器盖时被喷射出的蒸气烫伤。

● 工件局部焊补后，操作人员疏忽而使身体裸露部分烫伤。

● 拆卸发生高温故障的零部件（如气缸盖、制动鼓、排气管等）时灼伤皮肤。

● 检查和排除运行性故障时，裸露皮肤接触到温度较高的部件（如气缸体、排气管等）被烫伤。

● 身体接触蓄电池电解液等被灼伤。

图 1-2　冷却液沸腾

（2）预防措施　预防此类事故，主要是加强个人防护，注意操作技巧。

● 在车辆维修时，对冷却液温度过高的发动机，不得在水泵停转的情况下不加防护地直接开启散热器盖。

● 尽量避免对刚熄火、零件温度尚未降低下来的车辆进行维修作业。

● 作业时按规定穿戴防护用品，不得随意抚摸车身表面和将身体依靠在维修车辆的车身上。

● 避免身体直接接触蓄电池电解液、冷却液等化学品。

5. 用电安全要点

● 检修电气设备或更换熔丝时，应首先切断电源，并在电源开关处挂上“严禁合闸”的警告牌；在没有采取足够的安全措施的情况下，严禁带电工作。

● 使用各种电气设备，应采取相当的安全措施。如使用手提式电钻时，必须戴上橡胶手套或站在绝缘垫上。

● 电热设备应远离易燃物，用毕即断开电源。

● 判断电线或用电设备是否带电，必须用验电器，如测电笔（一般在250V以下使用）等检查判断，不允许用手去摸试。

● 电灯开关应接在相线上，用螺旋灯头时不可把相线接在跟螺旋套相连的接线柱上，以免调换灯泡时触电。

● 电线或电气设备失火时，应迅速切断电源。在带电状态下，不能用水和泡沫灭火器灭火，否则会使人触电。这种情况可用黄沙，二氧化碳灭火器和1211灭火器进行灭火。

● 发现有人触电时，首先应使触电者脱离电源，然后进行现场抢救。

第二节 发动机电控系统总体认识

一、发动机电控系统的分类

发动机电控系统的类型有多种分类方法，可根据喷射方式、喷射位置、测量空气量方式、喷油器数量、有无反馈信号等内容进行分类。

1. 按喷射方式不同分类

在多点电控燃油喷射系统中，按各缸喷油器的喷射顺序可分为同时喷射、分组喷射和顺序喷射。

（1）同时喷射 如图1-3所示，同时喷射是将各缸的喷油器并联，在发动机运转期间，所有喷油器由电控单元的同一个喷油指令控制，同时喷油、同时断油。采用此种喷射方式，对各缸而言，喷油时刻不可能都是最佳的，其性能较差，一般用在部分缸数较少的汽油发动机上。

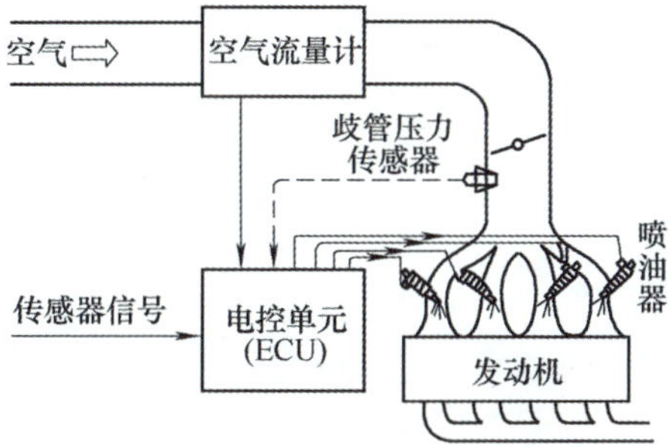

图1-3 同时喷射

要点

● 采用同时喷射方式的电控燃油喷射系统，一般都是曲轴每转一圈各缸同时喷油一次。

● 对每个气缸来说，每一次燃烧所需的供油量需要喷射两次，即曲轴每转一圈喷射1/2的油量。

（2）分组喷射　如图 1-4 所示，分组喷射是指将各缸的喷油器分成几组，它是同时喷射的变形方案，电控单元向某组的喷油器发出喷油或断油指令时，同一组的喷油器同时喷油或断油。

（3）顺序喷射　如图 1-5 所示，顺序喷射是指各喷油器由电控单元分别控制，按发动机各缸的工作顺序喷油；多缸发动机电控燃油喷射系统采用分组喷射或顺序喷射方式较多。

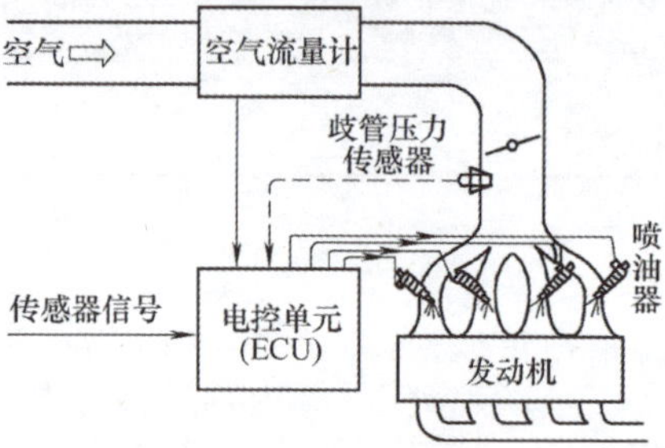

图 1-4　分组喷射

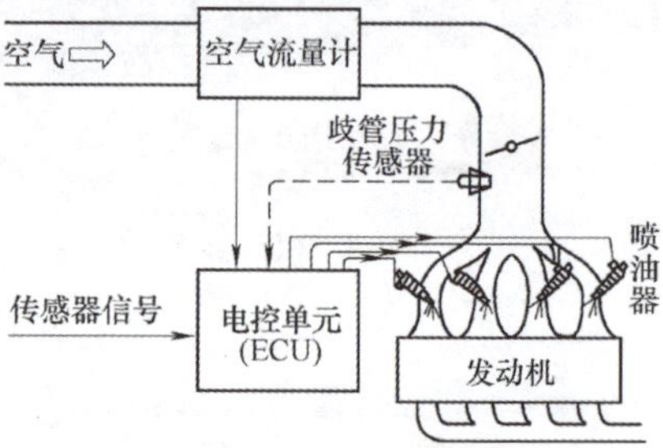

图 1-5　顺序喷射

2. 按喷射位置不同分类

按喷射位置不同，电控燃油喷射系统可分进气管喷射和缸内直接喷射两种类型。

（1）进气管喷射（MFI）　如图 1-6 所示，进气管喷射是将汽油喷在进气门前，喷射压力较低，一般不超过 1MPa，目前大部分汽油喷射发动机主要采用这种喷射方式，喷油器喷油时可以连续喷射，也可断续喷射。

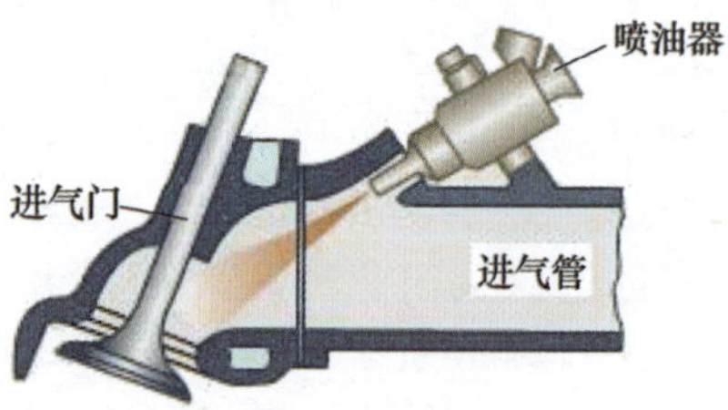

图 1-6　进气管喷射

（2）缸内直接喷射（FSI）　在经历了化油器、单点电喷、多点电喷技术阶段之后，油气混合技术终于进入了直喷时代，包括大众、通用等越来越多的车型发动机开始采用缸内直接喷射技术。

FSI 是“Fuel Stratified Injection”的缩写，意为燃油分层喷射，亦称“汽油缸内直喷”，是大众公司将其首创的柴油机缸内直接喷射技术移植到汽油发动机领域的一项革命性的创新技术。通俗地说就是将汽油和空气单独注入燃烧室，空燃比的控制更加精确，从而使得燃烧更彻底，以此达到更加节油、更加环保的目标。

FSI 汽油直喷技术代表着汽油发动机的最新发展方向。通常的发动机采用的是将汽油和空气在进气歧管中混合后喷入燃烧室的，而汽油直喷技术则是将汽油直接注入燃烧室（如图 1–7 所示），通过均匀燃烧和分层燃烧，降低了燃油消耗，动力也有很大提升。

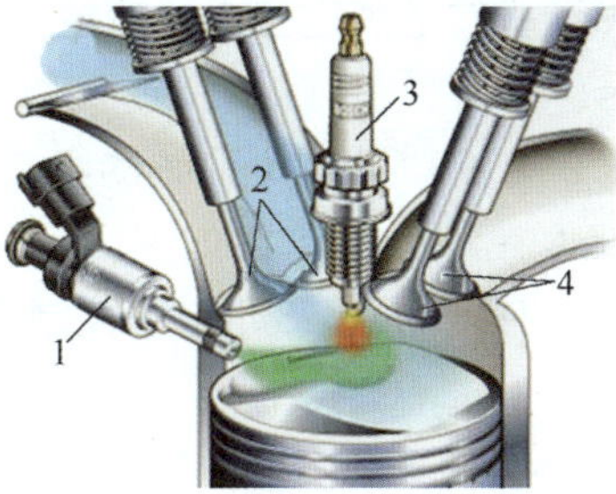

图 1-7　缸内直接喷射
1—喷油器　2—进气门
3—火花塞　4—排气门

要点

缸内喷射要求喷射压力较高，一般约在活塞到达上止点后 30° 开始喷油，一直延续到压缩过程。

几年来的应用证明，在同等排量下，FSI 比传统的 MFI（多点燃油进气管喷射）动力性显著提高、输出更高的功率和转矩、燃油消耗可降低 15%，从而实现了发动机动力性和燃油经济性的完美结合，是当今汽车工业发动机技术中最为成熟、最先进的燃油直喷技术，并引领并延伸了汽油发动机的发展趋势。

3. 按测量空气量方式不同分类

按测量空气量方式不同分为 D 型电控燃油喷射系统和 L 型电控燃油喷射系统。

（1）D 型电控燃油喷射系统　D 是德语 Druck（压力）的第一个字母。D 型电控燃油喷射系统利用进气歧管绝对压力传感器检测进气管内的绝对压力，电控单元（电控单元）根据进气管内的绝对压力和发动机转速计算出发动机的进气量，再根据进气量

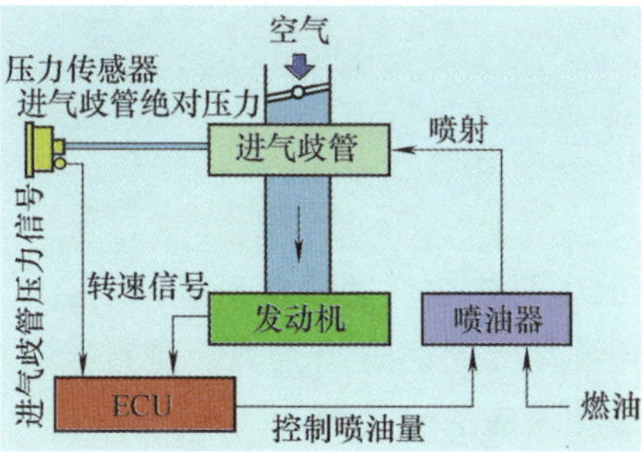

图 1-8　D 型电控燃油喷射系统

和发动机转速确定基本喷油量。D 型喷射系统的基本工作原理如图 1-8 所示。

D 型发动机电控系统的组成如图 1-9 所示，D 型发动机电控系统零部件在车上的布置如图 1-10 所示（桑塔纳 2000GLi 轿车 AFE 发动机 D 型 Motronic1.5.4 电子控制多点汽油顺序喷射系统）。

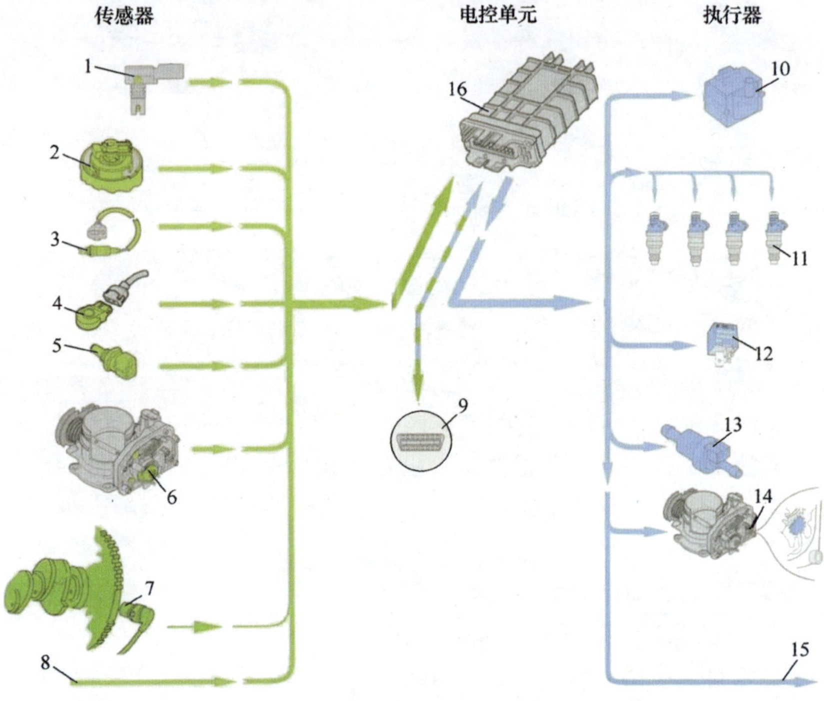

图 1-9　发动机电控系统的组成（D 型）

1—进气压力传感器与进气温度传感器　2—凸轮轴位置传感器　3—氧传感器　4—爆燃传感器　5—冷却液温度传感器　6—节气门位置传感器（在节气门控制单元内）　7—曲轴位置传感器　8—附加信号　9—自诊断接口　10—点火线圈　11—喷油器　12—油泵继电器　13—活性炭罐电磁阀　14—怠速控制阀（在节气门控制单元内）　15—附加信号　16—电控单元

（2）L 型电控燃油喷射系统　L 是德语 Luft（空气）的第一个中母。L 型电控燃油喷射系统利用空气流量计直接测量发动机的进气量，电控单元不必进行推算，可直接根据空气流量计信号计算出与该空气量相对应的喷油量。

要点

◎ 由于消除了推算进气量的误差影响，其测量的准确程度高于D型，故对混合气浓度的控制更精确。

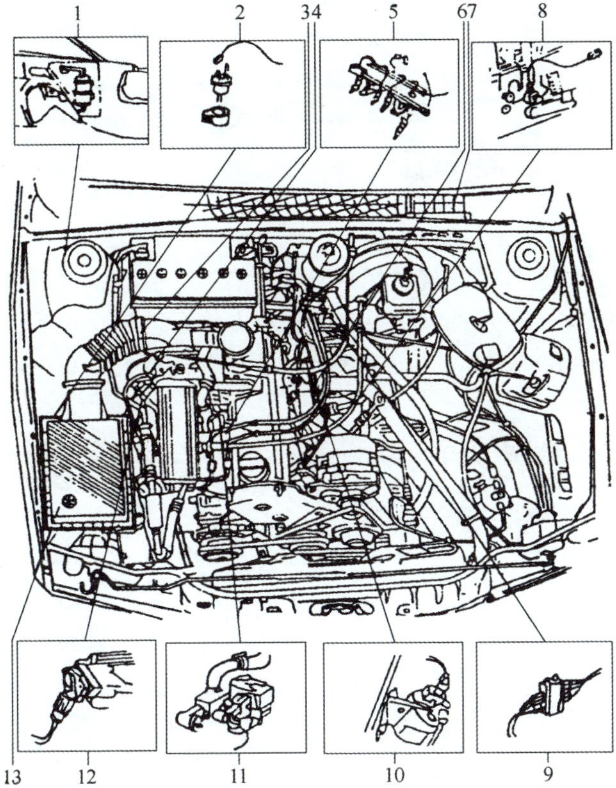

图 1-10 D 型发动机电控系统布置图

1 —活性炭罐（位于右前翼子板内侧） 2 —活性炭罐电磁阀（位于空气滤清器旁） 3 —进气歧管 4 —节气门位置传感器 5 —燃油分配管 6 —喷油器 7 —电控单元（ECU，位于驾驶人侧仪表板下） 8 —爆燃传感器 9 — 4 针插接器（用于氧传感器） 10 —分电器 11 —怠速控制阀 12 —进气压力和进气温度传感器 13 —空气滤清器

L 型电控燃油喷射系统的基本工作原理如图 1-11 所示。

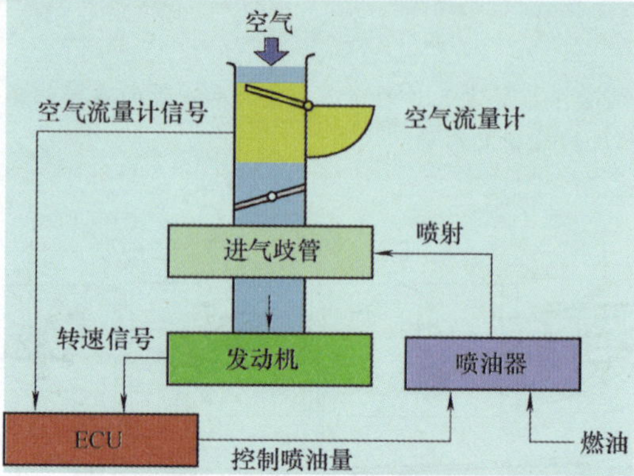

图 1-11　L 型电控燃油喷射系统

L 型发动机电控系统的组成如图 1-12 所示，L 型发动机电控系统零部件在车上的布置如图 1-13 所示（桑塔纳 2000GSi 轿车 AJR 发动机 L 型 Motronic3.8.2 电子控制多点汽油顺序喷射系统）。

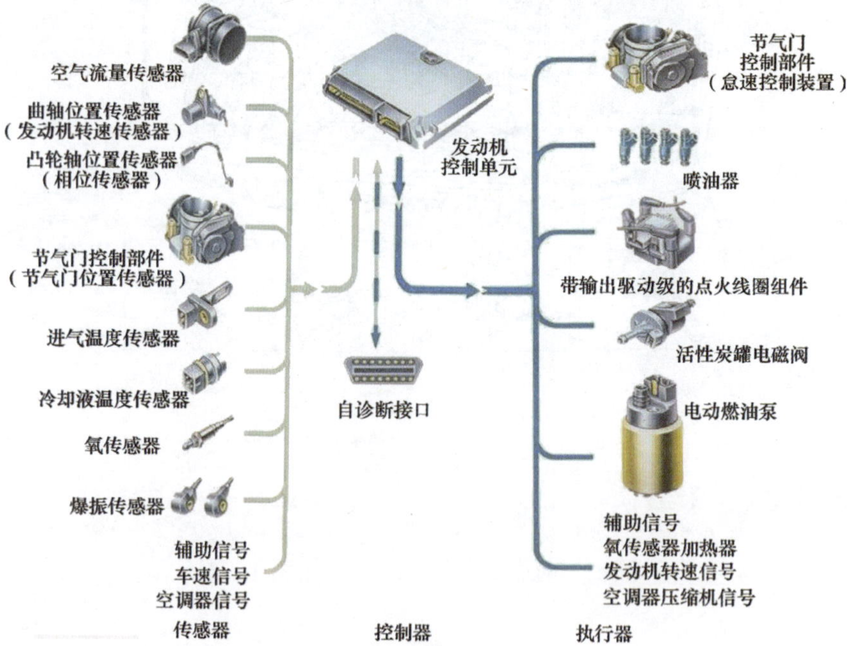

图 1-12　L 型发动机电控系统的组成

4. 按喷油器数量不同分类

按喷油器数量不同，分为单点喷射（SPI）系统和多点喷射（MPI）系统。

（1）单点喷射系统 如图 1-14 所示，单点喷射系统是在节气门上方装一个中央喷射装置，用 1~2 只喷油器集中喷射。当汽油喷入进气流中后，形成的可燃混合气由进气歧管分配到各气缸中。单点喷射又称为节气门体喷射（TBI）或中央喷射（CFI）。

单点电控燃油喷射系统是在每个气缸的进气行程开始的时候喷油，采用的是顺序喷射方式，又称独立喷射方式。独立喷射可使燃油在进气管中滞留的时间最短，各缸得到燃油量尽可能一致。单点喷射系统的空气量可采用空气流量传感器直接计量，也可采用进气歧管绝对压力传感器间接测量。

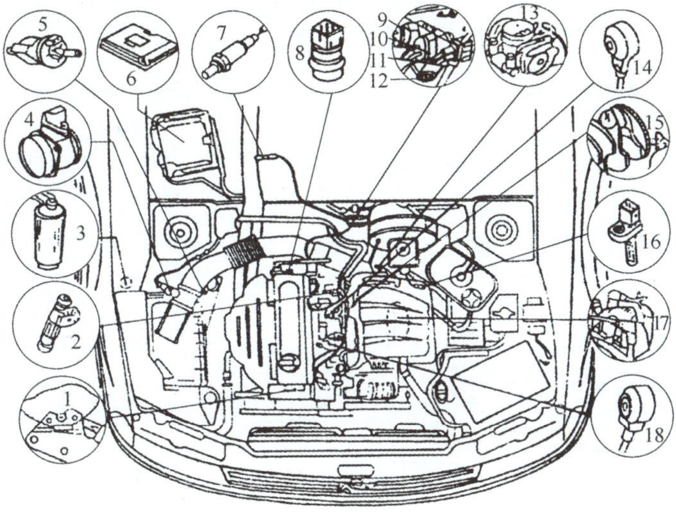

图 1-13 L 型发动机电控系统布置图

1—凸轮轴位置（霍尔）传感器（G40） 2—喷油器（N30 — N33） 3—活性炭罐 4—热膜式空气流量计（G70） 5—活性炭罐电磁阀（N80） 6—ECU（J220） 7—氧传感器 （G39） 8—冷却液温度传感器(G62) 9—发动机转速传感器插接器(灰色) 10—1 号爆燃传感器插接器(白色) 11—氧传感器插接器（黑色） 12—2 号爆燃传感器插接器（黑色） 13—节气门控制组件（J338） 14—2 号爆燃传感器（G66） 15—发动机转速传感器（G28） 16—进气温度传感器（G72） 17—点火线圈（N152） 18—1 号爆燃传感器（G61）

单点喷射系统的应用时间比较晚，其性能介于多点喷射系统与化油器式供给系统之间。虽然单点喷射系统的性能比多点喷射系统差一些，但其结构简单、故障率低、维修调整方便，且对发动机本身的改动较小，特别是大量生产后，其成本较低，仅略高于传统化油器的成本，所以在20世纪80年代至90年代，曾广泛应用于普通轿车和货车。但随着发动机电控系统技术的不断发展，加之发动机尾气排放限制越来越严格，单点喷射系统逐渐被淘汰。

（2）多点喷射系统 如图1-15所示，多点喷射系统是在每缸进气门处装有1只喷油器，由电子控制单元（ECU）控制喷油，因此多点喷射又称为多气门喷射。多点喷射系统的燃油分配均匀性好，进气管可按最大进气量来设计，而且无论发动机处于冷态或热态，其过渡响应及燃油经济性都是最佳的。由于多点喷射系统成本大幅度下降，使用可靠性和可维修性都达到了相当高的水平。因此，目前多点喷射系统得到了广泛采用。

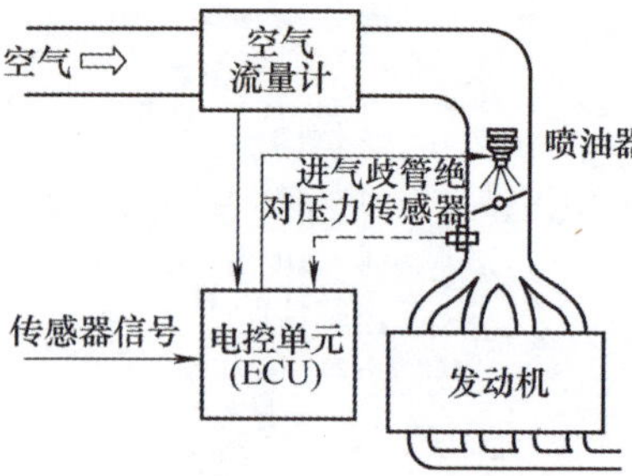

图1-14 单点喷射系统

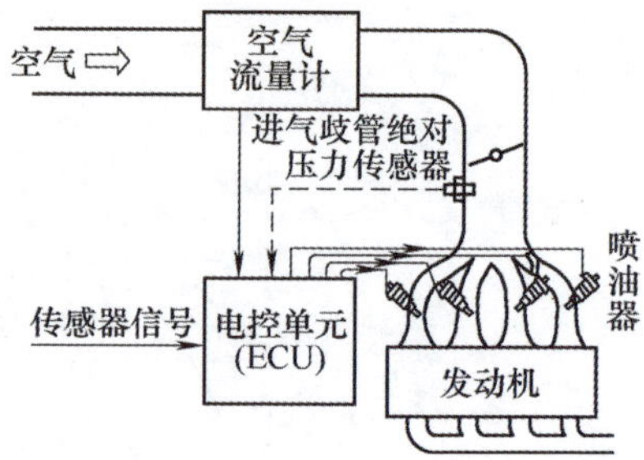

图1-15 多点喷射系统

5. 按有无反馈信号分类

电控燃油喷射系统按有无反馈信号可分为开环控制系统和闭环控制系统。

> ◎ 开环控制系统（无氧传感器） 它是将通过实验确定的发动机各工况的最佳供油参数预先存入电控单元，在发动机工作时，电控单元根据系统中各传感器的输入信号，判断自身所处的运行工况，并计算出最佳喷油量，通过对喷油器喷射时间的控制，来控制混合气的浓度，使发动机优化运行。

● 闭环控制系统（有氧传感器） 在该系统中，发动机排气管上加装了氧传感器，根据排气中含氧量的变化，判断实际进入气缸的混合气空燃比，再通过电控单元与设定的目标空燃比值进行比较，并根据误差修正喷油器喷油量，使空燃比保持在设定的目标值附近。目前发动机电控燃油喷射系统普遍采用开环和闭环相结合的控制方案。

二、发动机电控系统的组成

发动机电控系统有很多种形式，但其基本组成大致相同，一般都是由 3 个子系统组成，即空气供给系统、燃油供给系统和控制系统，如图 1–16 所示。

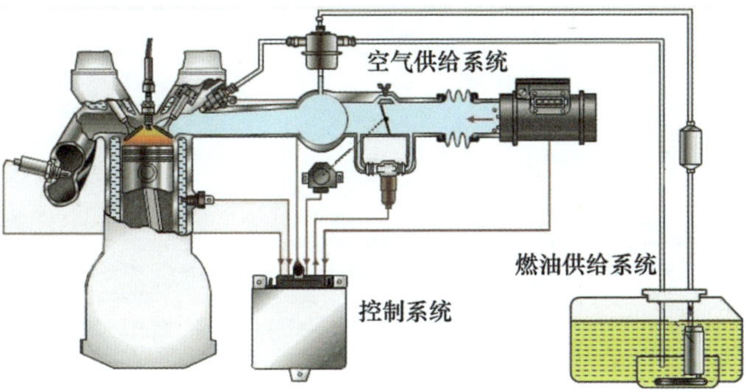

图 1-16　发动机电控系统的组成

1. 空气供给系统

空气供给系统的功用是为发动机提供清洁的空气并控制发动机正常工作时的进气量。该系统的工作原理如图 1–17 所示。

在发动机工作时，空气经空气滤清器过滤后，通过空气流量计（L 型）、节气门体进入进气总管，再通过进气歧管分配给各个气缸。节气门体中设有节气门，用以控制进入发动机的空气量，从而控制发动机的输出功率（负荷）。在节气门体的外部或内部设有与主进气道并联的旁通怠速进气通道，并由怠速控制阀控制怠速时的进气量。

如图 1–17a 所示，在 L 型发动机电控系统中，流经怠速控制阀的空气首先经过空气流量计进行测量；如图 1–17b 所示，在 D 型发动机电控系统中，进气歧管绝对压力传感器测量的是进气管内的绝对压力，流经怠速控制阀的空气也在检测范围内。怠速控制阀由 ECU 直接控制。

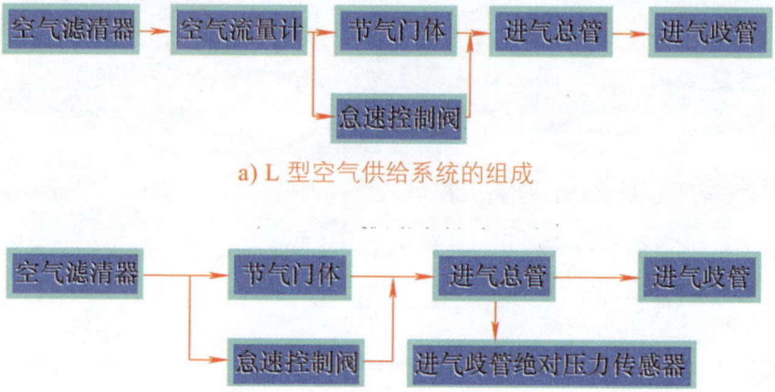

a) L 型空气供给系统的组成

b) D 型空气供给系统的组成

图 1-17　空气供给系统的组成

2. 燃油供给系统

燃油供给系统的功用是给喷油器提供一定压力的燃油，喷油器则根据发动机电控单元的指令进行喷油。

燃油供给系统由油轨、燃油压力调节器、喷油器、燃油滤清器、进油管、回油管、电动燃油泵、油箱等组成，燃油供给系统组成框图如图 1–18 所示，组成示意图如图 1–19 所示。电动燃油泵将汽油自油箱内吸出，经燃油滤清器过滤后，由压力调节器对燃油压力进行调节，通过输油管（也称油轨）输送给喷油器，喷油器根据发动机电控单元的指令向进气管喷油。燃油泵供给的多余汽油经回油管流回油箱（注：有些车型采用无回油管燃油系统）。

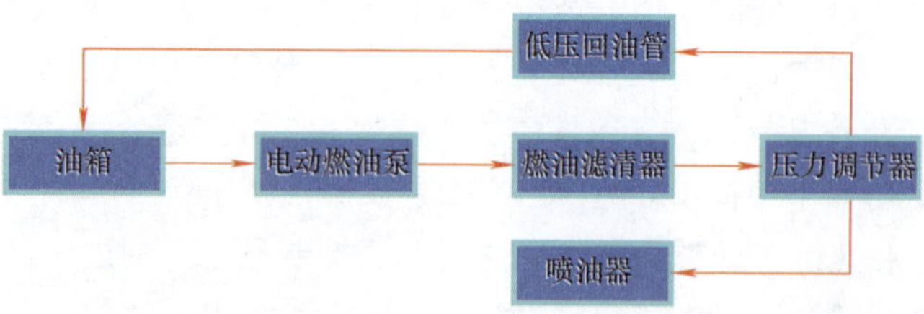

图 1-18　燃油供给系统组成框图

燃油泵一般装在油箱内，喷油器由发动机电控单元控制。压力调节器通过控制回油量来调节输油管内的燃油压力，以保证喷油器的喷油压差保持恒定。

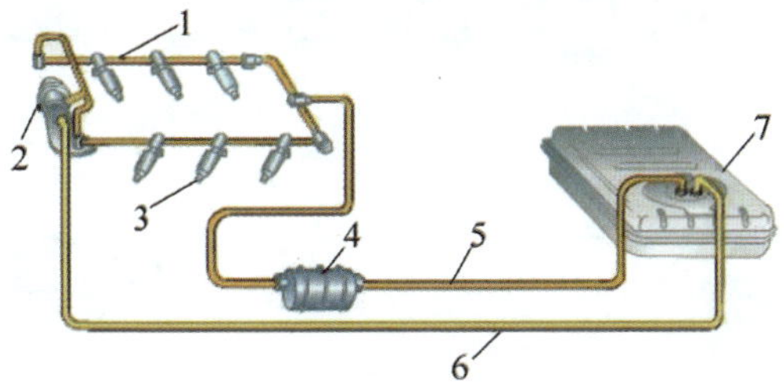

图 1-19　燃油供给系统组成示意图

1—油轨　2—燃油压力调节器　3—喷油器　4—燃油滤清器
5—进油管　6—回油管　7—内置电动燃油泵的油箱

3. 控制系统

电喷汽车的发动机控制，是由发动机电子控制系统来完成的，其主要功能是控制进气量与喷油量的空燃比、喷油时刻与点火时刻。除此之外，还控制发动机的冷热车起动、怠速转速、最大转速、废气再循环、二次空气喷射、爆燃、电动燃油泵、故障自诊断以及给其他电控系统发送状态信号等功能。其工作性质是采集发动机各部位的工况信号，根据采集到的信号计算确定最佳喷油量、最佳喷油时刻和最佳点火时刻。

发动机电控系统由传感器、电控（控制）单元和执行器三部分组成，如图 1-20 所示。

在发动机电控系统中，喷油量控制是最基本的也是最重要的控制内容，其控制原理如图 1-21 所示。发动机电控单元根据空气流量信号和发动机转速信号确定基本的喷油时间（即喷油量），再根据其他传感器（如冷却液温度传感器、节气门位置传感器、进气温度传感器等）对喷油时间进行修正，并按最后确定的总喷油时间向喷油器发出指令，使喷油器喷油（通电）或断油（断电）。

（1）传感器　传感器是电控系统中的信号输入装置，其功用是采集控制系统所需的信息，并将其转换成电信号通过线路输送给 ECU。

发动机电控系统使用很多传感器，常见传感器主要有以下几种。

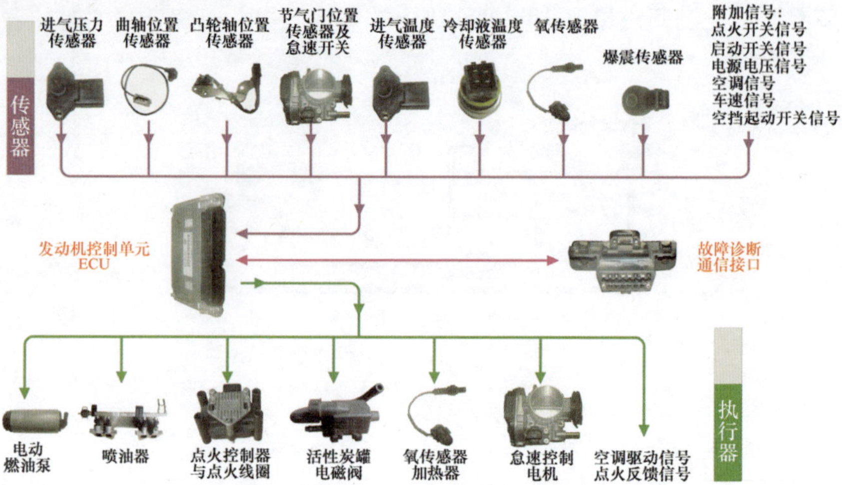

图 1-20　发动机电控系统的组成部件示意图

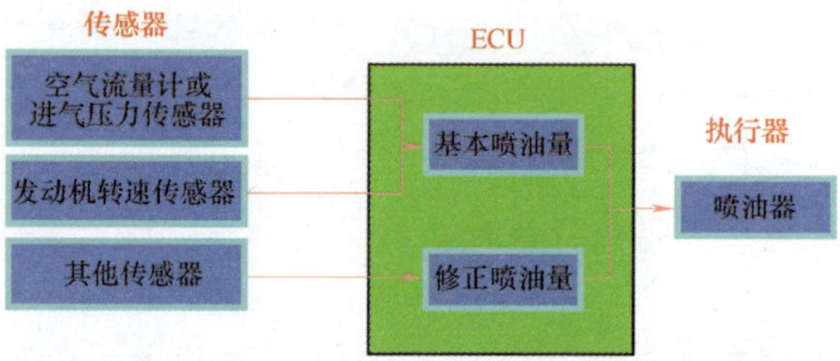

图 1-21　控制系统的工作原理简图

要点

◎ 在L型电控燃油喷射系统中，由空气流量传感器测量发动机的进气量，并将其转换成电信号输入ECU，作为燃油喷射和点火控制的主控制信号。

1）空气流量传感器（英文缩写为 MAFS，也称空气流量计）。空气流量传感器实物如图 1-22 所示。

空气流量传感器一般安装在发动机进气管上，在节气门体与空气滤清器之间，如图 1-23 所示。

2）进气歧管绝对压力传感器（英文缩写为 MAPS）。进气歧管绝对压力传感器实物如图 1-24 所示。

图 1-22　空气流量传感器实物

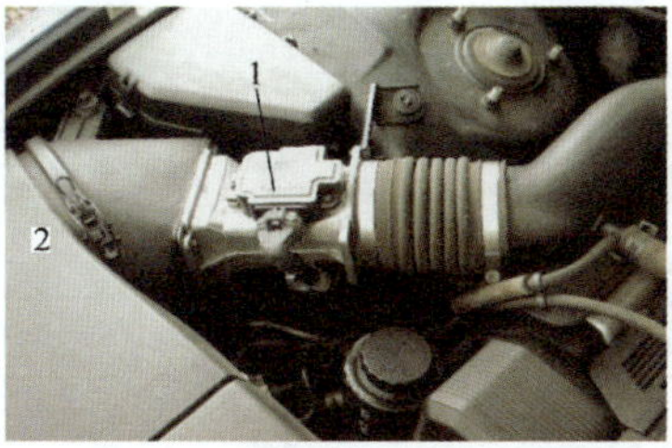

图 1-23　空气流量传感器的安装位置
1 —空气流量传感器　2 —空气滤清器

要点

◎ 在 D 型电控燃油喷射系统中，由进气歧管绝对压力传感器测量进气管内气体的绝对压力，并将其转换成电信号输入 ECU，作为燃油喷射和点火控制的主控制信号。

进气歧管绝对压力传感器一般安装在节气门体后方的进气管上，如图 1–25 所示。

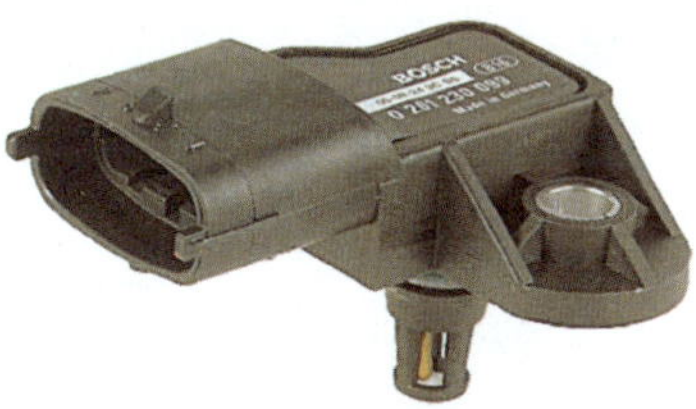

图 1-24　进气歧管绝对压力传感器实物

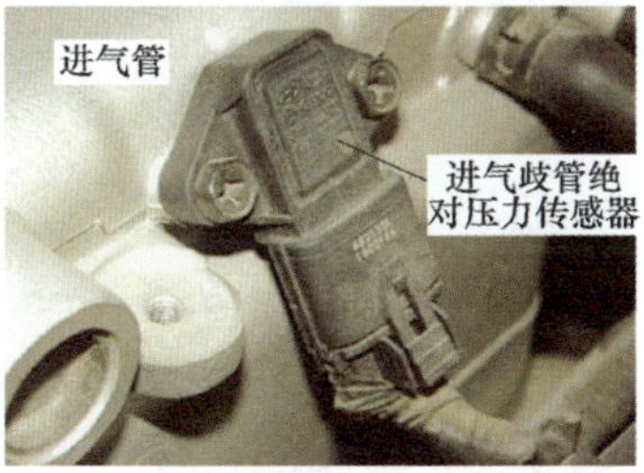

图 1-25　进气歧管绝对压力传感器安装位置

3）节气门位置传感器（英文缩写为 TPS）。节气门位置传感器实物如图 1–26 所示。节气门位置传感器可以检测节气门的开度及开度变化，如全关（怠速）、全开及节气开闭的速率（单位时间内开闭的角度）信号，此信号输入 ECU，用于燃油喷射控制及其他辅助控制，实现加速加油、减速减油或减速断油控制。

如图 1–27 所示，节气门位置传感器安装在节气门体上，通常在节气门拉索（如果有拉索）对面，是一个和节气门轴连接在一起的滑动变阻器。

图 1-26 节气门位置传感器实物

图 1-27 节气门位置传感器安装位置

4）曲轴位置传感器（英文缩写为 CKPS，也称发动机转速传感器）。曲轴位置传感器实物如图 1-28 所示。

要点

曲轴位置传感器用来检测曲轴转角位移，给 ECU 提供发动机转速信号和曲轴转角信号，作为喷油正时控制和点火正时控制的主控制信号。

图 1-28 曲轴位置传感器实物

曲轴位置传感器通常安装在曲轴前端、凸轮轴前端、飞轮上或分电器内，如图 1-29 所示为曲轴位置传感器安装在飞轮处。

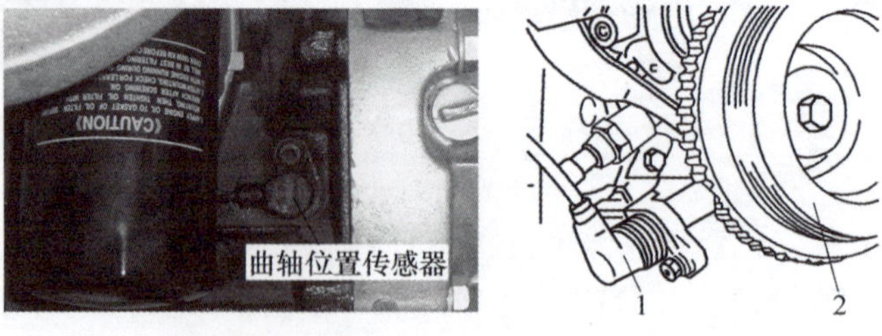

a）实物图 b）安装示意图

图 1-29 曲轴位置传感器安装位置（在飞轮处）

1 —曲轴位置传感器 2 —飞轮

5）凸轮轴位置传感器（英文缩写为 CMPS，也称判缸传感器）。凸轮轴位置传感器实物如图 1-30 所示。

凸轮轴位置传感器通常安装在分电器内（如有分电器）或凸轮轴

上。图 1–31 所示凸轮轴位置传感器安装在凸轮轴上。

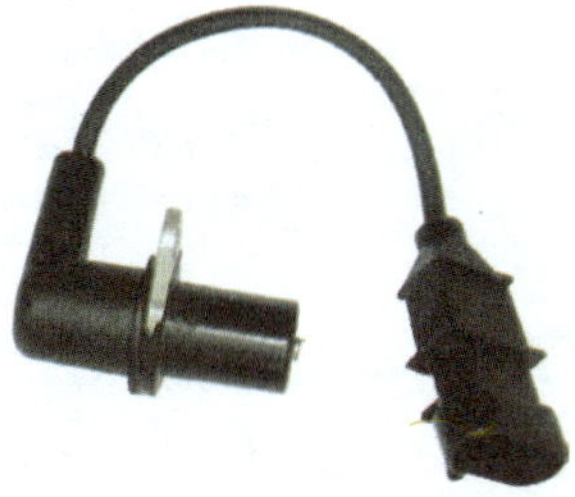

图 1-30　凸轮轴位置传感器实物

6）进气温度传感器（英文缩写为 IATS）。进气温度传感器实物如图 1–32 所示。进气温度传感器是给 ECU 提供进气温度信号，作为燃油喷射控制和点火控制的修正信号。

要点

◎ 凸轮轴位置传感器是给 ECU 提供曲轴转角基准位置信号（G 信号），作为喷油正时控制和点火正时控制的主控制信号。

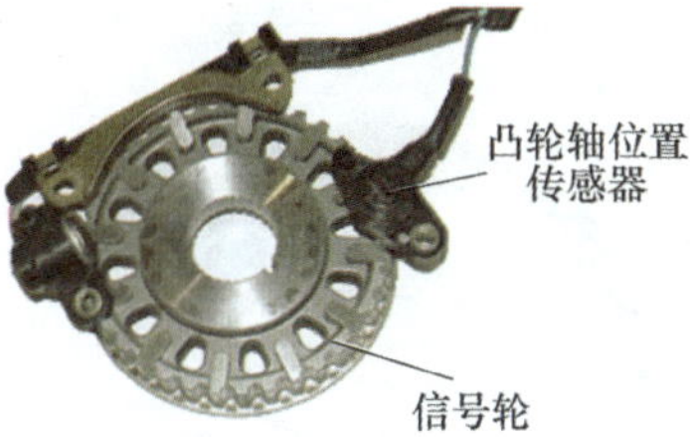

图 1-31　凸轮轴位置传感器安装位置

图 1-32　进气温度传感器实物

进气温度传感器可独立装于进气的气路中，或与空气流量传感器、进气压力传感器组成为一体，可以安装在节气门体前或节气门体后。图 1–33 所示为进气温度传感器安装在进气管上。

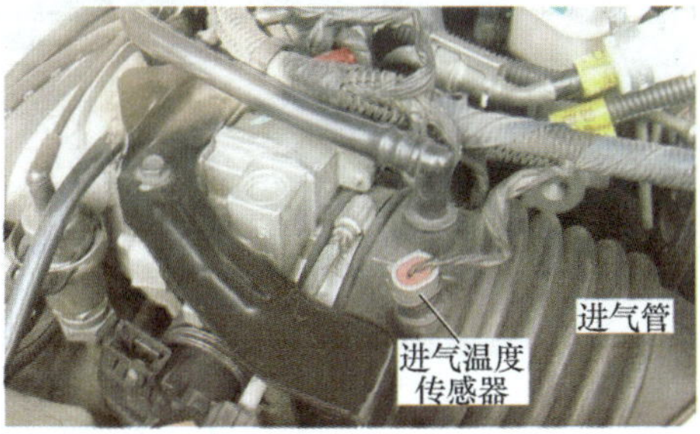

图 1-33　进气温度传感器安装位置

7）冷却液温度传感器（英文缩写为 ECTS）。冷却液温度传感器实物如图 1-34 所示。冷却液温度传感器是给 ECU 提供发动机冷却液温度信号，作为燃油喷射控制和点火控制的修正信号。冷却液温度传感器信号也是其他控制系统（如怠速控制和废气再循环控制等）的控制信号。

图 1-34　冷却液温度传感器实物

冷却液温度传感器安装在发动机缸体、缸盖冷却液的通道上，如图 1-35 所示。

8）爆燃传感器（英文缩写为 KS，也称爆燃传感器）。爆燃传感器实物如图 1-36 所示。爆燃传感器检测汽油机是否爆燃及爆燃强度，将此信号输入 ECU，作为点火正时控制的修正（反馈）信号。

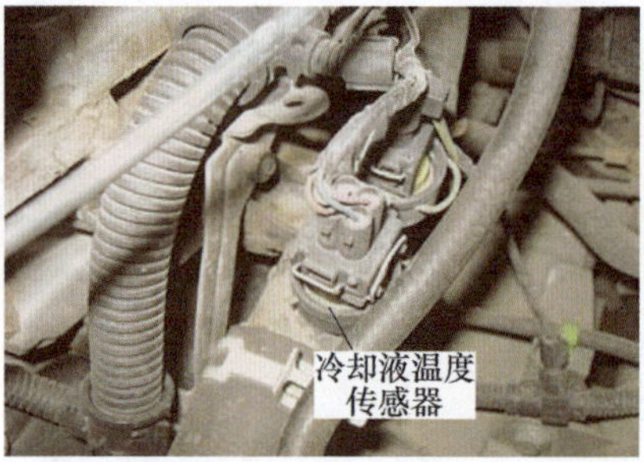

图 1-35　冷却液温度传感器安装位置

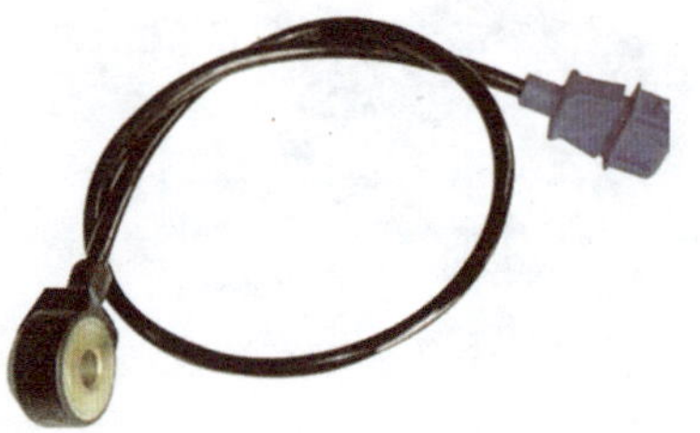

图 1-36　爆燃传感器实物

爆燃传感器通常安装在发动机气缸体中上部或火花塞上，如图 1-37 所示。

9）氧传感器（英文缩写为 O2S）。氧传感器实物如图 1-38 所示。氧传感器检测排气中的氧含量，向 ECU 输送空燃比的反馈信号，进行喷油量的闭环控制。

氧传感器通常安装在发动机排气管上，如图 1-39 所示。

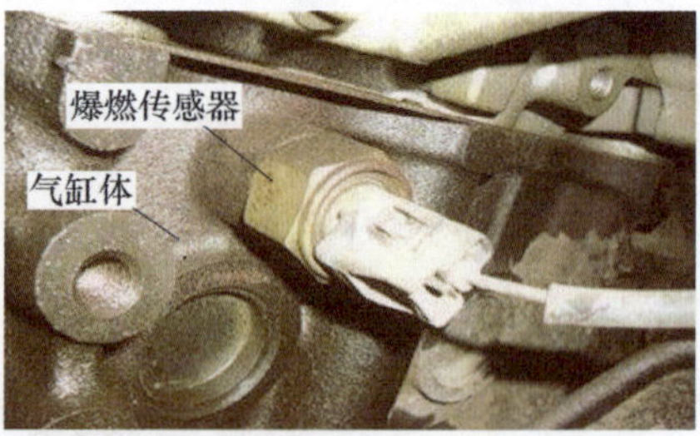

图 1-37　爆燃传感器安装位置

（2）发动机电控单元　发动机电控单元也称电脑、微机、控制单元等，英文缩写为 ECU，它是一种综合控制电子装置。其功用是储存该车型的特征参数和运算中所需的有关数据信息；给各传感器提供参考（基准）电压，接受传感器或其他装置输入的电信号，并对所接受的信号进行存储、计算和分析处理，根据计算和分析的结果向执行元件发出指令，或根据指令输出自身已储存的信息；有自我修正功能等。

图 1-38 氧传感器实物

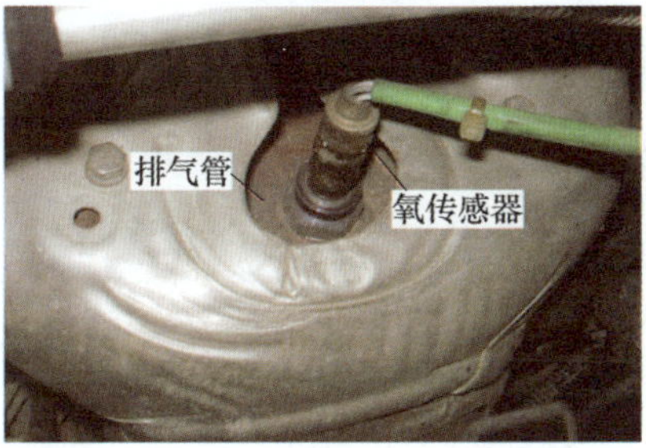

图 1-39 氧传感器安装位置

发动机电控单元实物如图 1–40 所示。

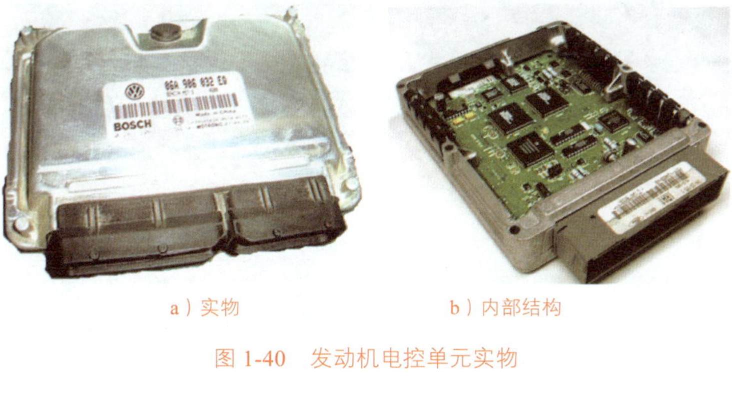

a）实物　　b）内部结构

图 1-40 发动机电控单元实物

发动机电控单元一般安装在仪表板、杂物箱、座椅或发动机内，安装位置如图 1-41 所示。

图 1-41　ECU 安装位置

（3）执行器　执行器是电控系统中的执行机构，功能是接受电控单元的指令，完成具体的控制动作。发动机电控系统使用很多执行器，常见执行器主要有以下几种。

1）喷油器（英文缩写为 INJ）。喷油器实物如图 1-42 所示。喷油器可根据 ECU 的喷油脉冲信号，精确计量燃油喷射量，将燃油以一定压力喷出并雾化。

在多点喷油系统中，喷油器通过密封垫圈安装在进气歧管或进气道附近的缸盖上，并用输油管将其固定，每缸有一个喷油器。喷油器的安装位置如图 1-43 所示。

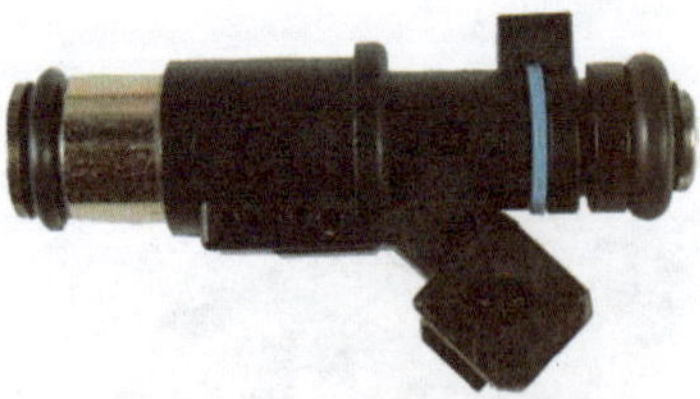

图 1-42　喷油器实物

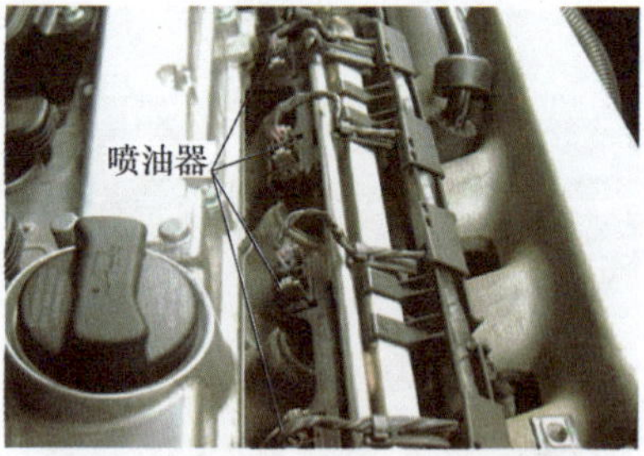

图 1-43　喷油器安装位置

2）点火器（英文缩写为 ICM）。有的发动机装有点火器（如桑塔纳轿车、捷达轿车等），实物如图 1-44 所示。点火器又称点火电子组件，其壳体常用铝材模铸而成，以利于散热，壳体上有和 ECU 连接的线束插头以及高压线插口等。点火器的主要功能是根据 ECU 脉冲信号，实现点火控制。

点火器通常安装在发动机缸体附近，如图 1-45 所示。

图 1-44　点火器实物

3）怠速控制阀（英文缩写为 ISCV）。怠速控制阀实物如图 1-46 所示。怠速控制阀的功能是控制发动机的怠速转速，即通过改变进气管旁通气道的进气量，维持发动机在目标转速下稳定运转。

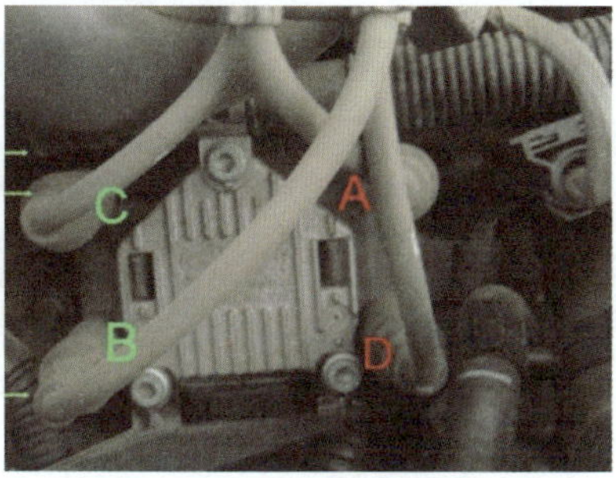

图 1-45　点火器安装位置
A—1 缸　B—2 缸　C—3 缸　D—4 缸

图 1-46　怠速控制阀实物

怠速控制阀安装在进气歧管附近，如图 1-47 所示。

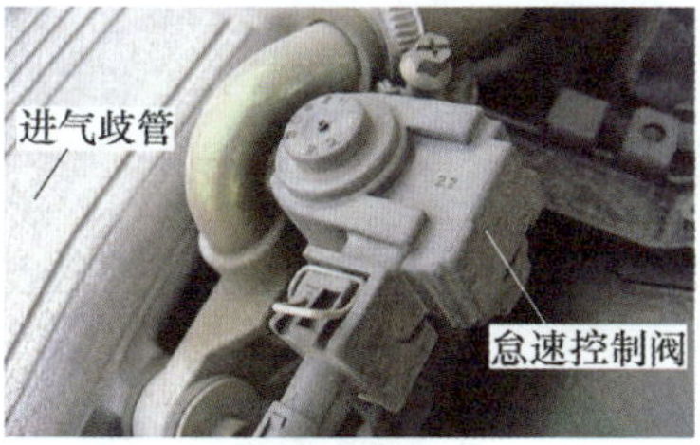

a）桑塔纳轿车怠速控制阀安装位置

b）吉利轿车怠速控制阀安装位置

图 1-47　怠速控制阀安装位置

4）电动燃油泵（英文缩写为 FP）。电动燃油泵实物如图 1-48 所示。电动燃油泵用于建立油压，供给燃油喷射系统规定压力的燃油。

a）带支架的电动燃油泵总成

b）电动燃油泵（电动机）

图 1-48　电动燃油泵实物

电动燃油泵通常安装在燃油箱内，如图 1-49 所示。

图 1-49　电动燃油泵安装位置

5）活性炭罐电磁阀（英文缩写为 ACCV）。活性炭罐电磁阀实物如图 1-50 所示。炭罐吸收油箱中汽油挥发出来的油气，防止汽油蒸气进入大气污染环境。

要点

- 活性炭罐电磁阀的功用是根据 ECU 的控制指令信号而打开，将炭罐中的汽油蒸气引入发动机进行燃烧。
- 电磁阀在断电情况下关闭，通电时打开。

如图 1-51 所示，活性炭罐电磁阀一般安装在空气滤清器附近或发动机室内。

图 1-50　活性炭罐电磁阀实物

图 1-51　活性炭罐电磁阀位置

除了上述的执行器之外，还有一些执行器，如巡航控制电磁阀、废气在循环阀、进气控制阀、二次空气喷射阀、空调控制真空电磁阀等。

三、发动机缸内直喷及稀薄燃烧技术

发动机缸内直喷技术，即缸内喷射汽油机 FSI（Fuel Stratification Injection），是指将高压燃油直接喷到气缸内。不同公司研制的发动机缸内直喷系统虽然名称不同，但其结构原理基本相同。

1. 发动机缸内直喷技术优点

这种喷射技术使用特殊的喷油器，燃油喷射效果更好，其优点体现在以下 4 个方面。

- 可在缸内产生浓度渐变的分层混合气（从火花塞往外逐渐变稀），因此可以用超稀的混合气（极速时可达 40 ：1），工作油耗、排放也远远低于普通汽油发动机。
- 这种喷射方式使混合气体积和温度降低，爆燃的倾向减小，发动机的压缩比大大高于进气道喷射式发动机的压缩比。
- 这种系统是将燃油喷射直接喷到气缸内，燃油和空气混合得更充分，而且无需预热进气歧管来帮助燃油雾化，反之可以冷却进气来提高进气量，增大功率，节气门响应更快。
- 将燃油喷射在气缸内，避免了进气管的形状和表面质量对混合气的影响。

2. 汽油直接喷射系统的组成

与普通电控汽油喷射发动机相比，采用汽油直接喷射系统的发动机，其动力性、经济性和排放性均有明显改善，但由于汽油喷射位置不同，且普遍采用稀薄燃烧技术，导致其结构组成等与普通电控汽油喷射发动机有所不同。

汽油直接喷射系统与普通电控汽油喷射系统相比，其主要区别在于燃油供给系统。由于向气缸内直接喷射燃油，且喷射过程延续到发动机的压缩行程，所以汽油直接喷射系统必须通过一个高压燃油泵使提供给喷油器的燃油压力达到 10MPa 以上，汽油直接喷射燃油供给系统的组成如图 1-52 所示，燃油供给系统可分为低压燃油系统和高压燃油系统两部分。

低压燃油系统主要由燃油箱、低压燃油泵、压力限制阀、压力保持阀、滤清器、低压油管、低压燃油压力传感器等组成，其主要功用是将燃油从油箱中抽出，并经过滤清器滤清后输送给高压燃油泵。发动机控制 ECU 根据低压燃油压力传感器信号，通过燃油泵控制 ECU 控制低压燃油泵工作，来实现低压燃油压力的闭环控制，低压燃油泵工作压力为 0.2～0.5MPa。发动机熄火后，压力保持阀可使低压系统保持一定的残余压力，由于交通事故等原因导致燃油管破裂时，压力保持阀还可防止燃油溢出。压力限制阀可将低压燃油系统的压力限制在 0.64MPa 以下，以防止低压管路内的燃油压力过高。

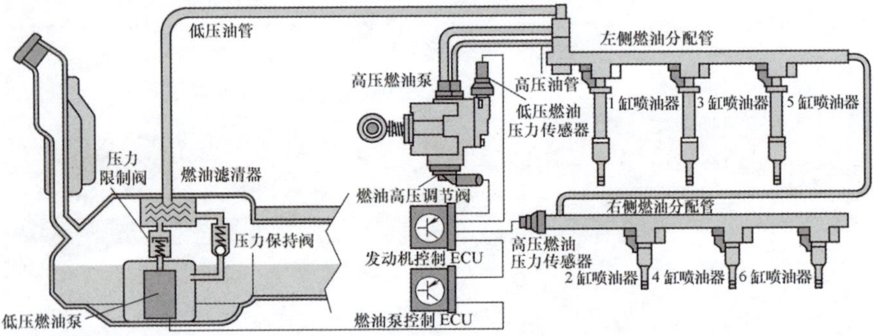

图 1-52　汽油直接喷射燃油供给系统

高压燃油系统主要由高压燃油泵、燃油高压调节阀、高压燃油压力传感器、高压油管和高压燃油分配管、喷油器等组成。高压燃油分配管和喷油器实物如图 1-53 所示。高压燃油泵将低压燃油泵输送来的燃油进一步提高压力（可达 11MPa 以上）后，通过高压油管和燃油分配管输送给喷油器；高压燃油压力传感器安装在右侧燃油分配管上，用来检测高压燃油分配管内的燃油压力（即喷油器的喷油压力），并将信号输送给发动机控制 ECU；燃油高压调节阀安装在高压燃油泵上，根据发动机控制 ECU 的指令调节高压燃油系统的压力。此外，通常在高压燃油分配管上也安装有一个压力限制阀，当高压燃油系统压力超过 12MPa，该阀开启通向低压燃油系统的回油通道，以防止高压燃油系统压力过高。

高压燃油泵实物如图 1-54 所示。

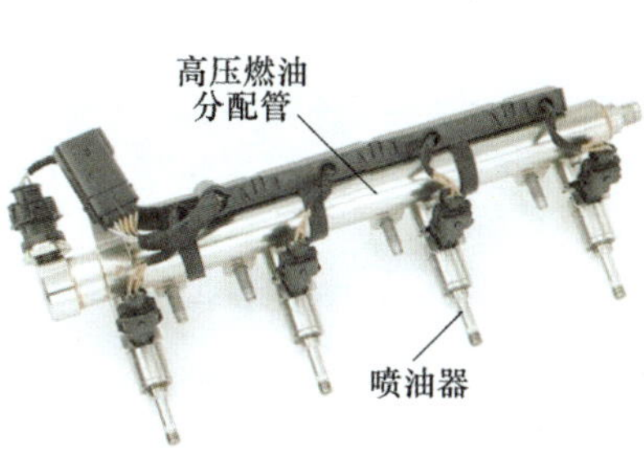

图 1-53　高压燃油分配管和喷油器

图 1-54　高压燃油泵

要点

◎ 在汽油直接喷射系统中，采用的低压燃油泵与普通电控汽油喷射系统相同，高压燃油泵一般采用双凸轮活塞式。

◎ 高压燃油泵通常安装在气缸盖上，由凸轮轴驱动，凸轮轴每转一圈可完成两次泵油，输出油压力可达 11MPa 以上。

3. 稀薄燃烧技术（分层燃烧技术）

为进一步降低发动机的燃料消耗和排放污染，汽油直接喷射发动机普遍采用了稀薄燃烧技术，可使混合气在远稀于理论空燃比的状态下燃烧。一般汽油机在工作中所用混合气的空燃比在理论空燃比（14.7 ：1）附近，而采用稀薄燃烧技术的汽油机所用混合气的空燃比在 25 ：1 以上，甚至高达 40.1。

随混合气浓度变稀，点燃混合气会更加困难，为保证能够可靠地点燃稀混合气，目前应用的汽油直接喷射发动机，普遍采取了提高压缩比、提高点火能量和分层燃烧三项技术。

（1）提高压缩比　爆燃是提高汽油机压缩比的重大障碍，但采用稀薄燃烧技术的汽油机，不易产生爆燃，通过提高压缩比，来提高气缸内混合气的温度和压力，不仅使点燃混合气更容易，而且对提高汽油机的热效率也非常有利。一般汽油机的压缩比仅为 9~10，采用稀薄燃烧技术的汽油机压缩比可高达 13 左右。

（2）提高点火能量　目前在采用稀薄燃烧技术的汽油机上，提高点火能量的措施主要包括采用多个火花塞同时点火和采用多电极火花塞。由于采用多个火花塞的布置安装受限制，所以采用多电极火花塞提高点火能量的措施应用更广泛。

多电极火花塞的结构原理与普通单电极火花塞基本相同，只是电极数量不同，点火时产生的高能电火花数量也不同。多电极火花塞与普通单电极火花塞实物对比如图 1-55 所示。

(3) 分层燃烧技术 在不同区域拥有不同混合气浓度的燃烧技术称为分层燃烧技术。采用稀薄燃烧技术的汽油机，就是采用了这种分层燃烧技术，在火花塞点火时，保证火花塞周围的混合气较浓，以提高点火的可靠性，而其他周边区域的混合气较稀，以实现稀薄燃烧。实现分层燃烧技术的措施有两项。

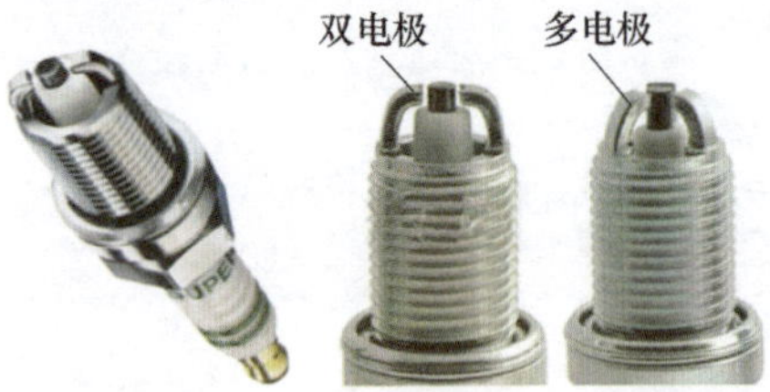

a）多电极火花塞

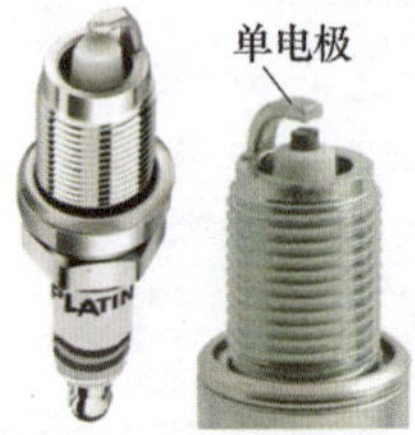

b）普通单电极火花塞

图 1-55 多电极火花塞与普通单电极火花塞实物对比

要点

- 一是利用缸内涡流运动，使喷入气缸内的燃油产生不均匀分布，保证距离火花塞越近的混合气越浓。
- 二是改变喷油规律，在临近点火时向火花塞附近区域喷入部分汽油，以保证在火花塞附近形成较浓的混合气。

除了喷油系统之外，其他发动机部件也要为直喷做出相应的设计，才能确保发动机的高效，尤其是活塞顶部的设计非常关键。

有的汽油直接喷射发动机采用直立进气道与曲面顶的活塞配合，形成必要的缸内涡流运动。如图 1-56 所示，发动机工作时，从直立进气道被吸入气缸的空气可产生强大的下沉气流，这种下沉气流在曲面顶活塞附近得到加强并形成纵向翻滚式涡流，燃油喷入气缸后，在纵向翻滚的涡流带动下，使火花塞附近聚集相对较多的燃油，从而形成较浓的混合气区域，远离火花塞的混合气浓度则较稀。

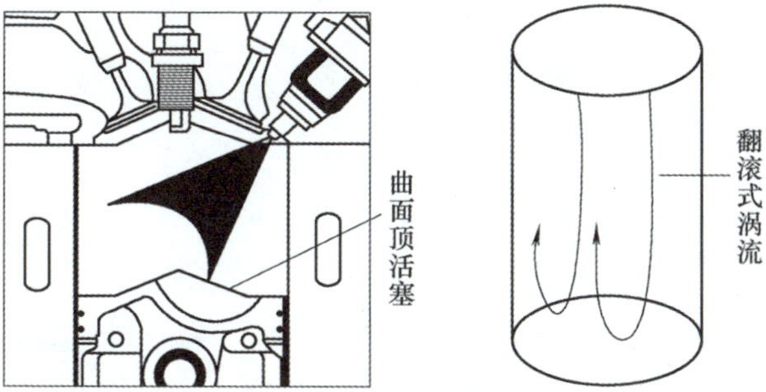

a）曲面顶活塞　　b）翻滚式涡流

图 1-56　曲面顶活塞及翻滚式涡流

如图 1–57 所示，有的发动机活塞顶部采用凹坑形式，凹坑主要起导向气缸内气流的作用，有利于形成涡流运动，可以使混合气更为均匀充分地燃烧。

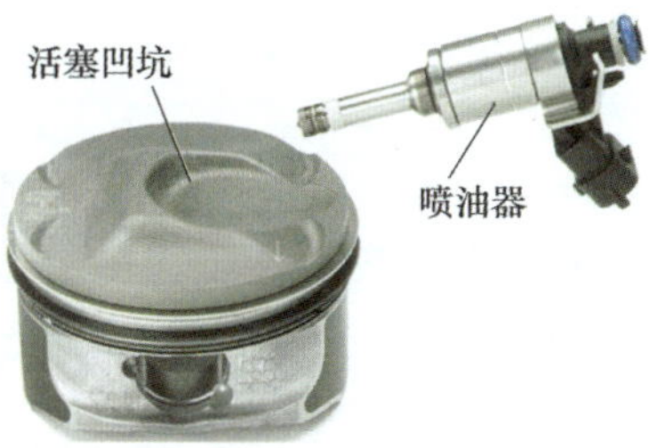

图 1-57　发动机活塞顶部的凹坑

汽油直接喷射发动机喷油规律的改变，主要采用了燃油喷射定时与分段喷射技术，即将喷油分成两个阶段，如图 1–58 所示。

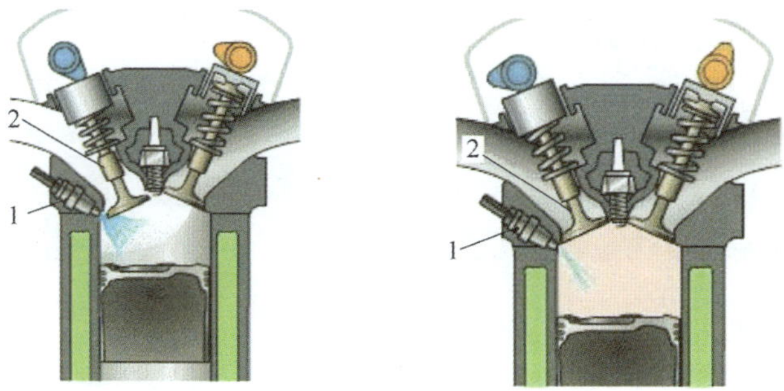

a）进气行程喷射（第一次喷射）　　b）压缩行程喷射（第二次喷射）

图 1-58　汽油直接喷射过程

1 —喷油器　2 —进气门

要点

◎ 第一次喷射：在进气行程喷入部分汽油，让汽油跟空气能有充分的时间混合，并在缸内均匀分布。

◎ 第二次喷射：在压缩行程活塞接近上止点时喷入部分汽油，使火花塞周围形成较浓的混合气（空燃比约为 12 ∶ 1），但从燃烧室整体来看混合气仍十分稀薄。

由于分段喷油和纵向翻滚式涡流的作用，整个燃烧室内的混合气，形成以火花塞为中心向外逐渐变稀的层状分布状态。

第三节 维修常用工具与设备

一、维修常用工具

1. 跨接线

跨接线就是一段专用导线，不同形式的跨接线主要是其长短和两端接头不同，如图 1-59 所示。跨接线两端的接头一般是不同形式的插头或鳄鱼夹，以适应对不同位置的跨接。

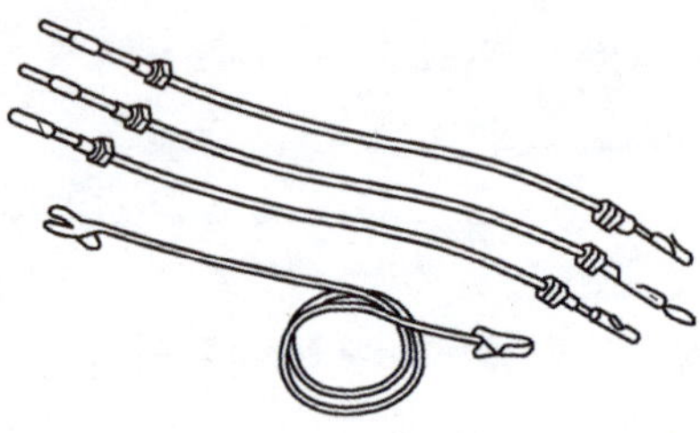

图 1-59　跨接线图

跨接线主要用于电路故障诊断。当某个电器元件不工作时可用跨接线将被检元件的接地端子直接接地，若电器元件工作恢复正常，则说明该元件接地电路有故障。同理，若用跨接线将蓄电池正极跨接到被检元件电源端子上时，电器元件工作恢复正常，则说明该电源电路有故障。

使用跨接线应注意以下两点：

◎ 用跨接线将蓄电池正极跨接到被检电器元件的电源端子上时，必须弄清被检元件规定电源电压值。若将 12V 电源直接加在电器元件上，可能导致电器元件损坏。

◎ 不要用跨接线将被检元件电源端子直接接地，以免导致电源短路。

2. 测试灯（测电笔）

测试灯实际就是带导线的电笔，主要是用来检查电器元件电路的通、断。测试灯带有显示电路通、断的指示灯，对电路进行检测时，根据指示灯的亮度还可判断被测电路的电压高低。测试灯分为不带电源测试灯（12V 测试灯）和自带电源测试灯两种类型。

（1）不带电源测试灯（12V 测试灯） 如图 1-60 所示，不带电源测试灯以汽车电源作为电源，由 12V 测试灯、导线和各种不同的端头组成，主要用来检查系统内电源电路是否给电器各部件供电，举例如下：

- 将 12V 测试灯一端接地，另一端接电器部件电源插头。如灯亮，说明该电器部件电路无故障。
- 如果灯不亮，再将 12V 测试灯接电源的一端去接电源方向的第二个接点。如果灯亮，说明故障在第一接点和第二接点之间，电路出现断路故障。
- 如果灯仍不亮，则去接第三个接点、第四个接点……越来越接近电源，直至灯亮为止，且断路发生在最后被测接点与前一个被测接点之间。

（2）自带电源测试灯 如图 1-61 所示，自带电源测试灯以其手柄内装有的两节干电池作为电源，其余同于 12V 测试灯，也是用于检查线路断路与短路故障。

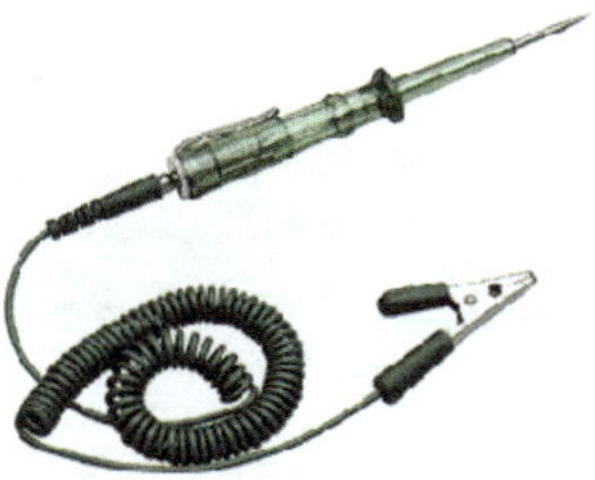

图 1-60 不带电源测试灯（12V 测试灯）

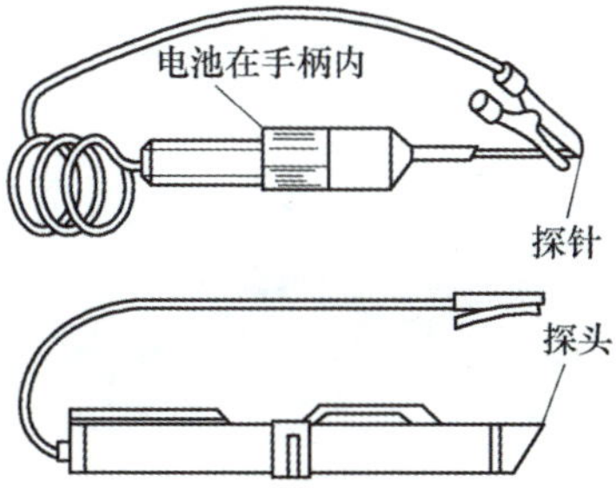

图 1-61 自带电源测试灯

要点

- 需要指出的是，如无特殊说明，不可用 12V 测试灯和自带电源测试灯检测电子控制单元（ECU）系统。

1）检查断路。断开电器的电源电路，将自带电源测试灯的一端连接在电路首端，将另一端一个一个地分别连接其他各接点。如果灯亮，说明测点与电路首端导通；如果灯不亮，则断路发生在测点与前一接点之间。

2）检查短路。断开电器的电源电路，将自带电源测试灯一端接地，将另一端连接电器部件电路。如果灯亮，表示有短路故障。可一步一步地采取将电路接点脱开、开关打开或拆除部件等办法，直至使电源测试灯熄灭，则短路出现在最后开路与前一开路部件之间。

3. 万用表

万用表是检测电子电路时最常用的仪表之一，它以携带及使用方便、可测参数多等显著特点而深受汽车修理人员的青睐。万用表可用来测量交流与直流电压、电流和导体电阻等。汽车修理中常用万用表来测量电阻、电压、电压降等，以判断电路的通断和电气设备的技术情况。万用表可分为模拟式（指针式）万用表和数字式万用表两种类型，如图1-62所示。

由于发动机电控系统中的大多数电路都具有高电阻、低电压、低电流等特征，因此在实际的故障诊断与检修过程中，除维修手册有特别规定外，必须使用高阻抗数字式万用表进行测试。

要点

● 数字式万用表采用数字化测量技术和液晶显示器显示，具有测量数度高、测量范围广、输入阻抗高、抗干扰能力强、容易读数等优点，在汽车故障诊断与检修中得到广泛应用。

汽车万用表是一种多功能的数字式万用表，它除具有数字式万用表的功能外，还具有一些汽车专用测试功能。汽车万用表除可用来测量电控元器件和电路的电阻、电压、电流外，一般还能测量转速、频率、温度、电容、闭合角、占空比等项目，并具有自动断电、自动变换量程、数据锁定、波形显示等功能。常用的汽车万用表有笛威9406A型、EDA系列、OTC系列、KM300型等。汽车万用表一般都装有标准的数据接口，且自身带有若干连接导线和连接插头，以适应其不同功能和各种车型的检查需要。

(1)常见数字式汽车万用表的主要功能

1)测量点火线圈的闭合角。

①将“选择开关”转到触点闭合角区域的对应缸(4CYL、5CYL、6CYL、8CYL)的位置上。

②红色测针的导线插入面板闭合角插孔(与电压/电阻插孔为同一插孔)中,黑色测针的导线插入面板COM插孔中。红、黑测针连接到被测电路上。

a)指针式万用表

b)数字式万用表

图1-62 万用表

③读取触点闭合角度值。

2)测量节气门位置传感器、氧传感器、空气流量计、进气温度传感器、冷却液温度传感器和ECU端子的动态电压信号。

①将汽车万用表“选择开关”转到直流电压(DCV)位置。此时汽车万用表进入自动选择量程方式,能自动选择最佳测量量程。也可以按下“量程”(RANGE)按钮,选择手动选择量程方式。每按动“量程”按钮一次,即可选择到下一个高一点的量程。

②红色测针的导线插入面板电压/电阻插孔中,黑色测针的导线插入面板COM插孔中。红、黑测针连接到被测电路上。

维修提示:

● 要注意汽车万用表的“+”、“−”测针应和电路测点的“+”、“−”极性一致。

③读取直流电压值。

3)测量各种电磁阀、继电器线圈、喷油器、点火线圈、冷却液温度传感器、进气温度传感器等的电阻。

①将“选择开关”旋转到电阻(Ω)位置上,此时汽车万用表进入自动选择量程方式,能自动选择最佳测量量程。也可以按下“量程”(RANCE)按钮,选择手动选择量程方式。每按动“量程”按钮一次,即可选择到下一个高一点的量程。

②红色测针的导线插入面板电压/电阻插孔中,黑色测针的导线

插入面板 COM 插孔中。红、黑测针连接到被测电路上。

③读取两点之间的电阻值。

如前所述，测量电阻时绝不能带电操作，否则易烧坏汽车万用表。

4）测量直流电流。

①按下“直流 / 交流”（DC/AC）按钮，选择直流。

②将“选择开关”旋转到 10A、mA 或 μA 位置。

③红色测针的导线插入面板 10A 或 mA/μA 插孔内，如果拿不准所需电流量程，应先从 15A 开始。黑色测针的导线插入面板 COM 插孔内。红、黑测针连接到被测电路上，与电路串联。

④打开被测电路。

⑤读取直流电流值。

5）测量转速。

①将“选择开关”旋转到转速（RPM 或 RPM×10）位置上。

②感应夹的红色导线插入面板电压 / 电阻插孔内，黑色导线插入 COM 插孔内，感应夹夹在通往火花塞的高压线上，其上方的箭头应指向火花塞。

③按下“转速”选择按钮，根据被测发动机的冲程数和有无分电器，选择“4”或“2/DIS”。

④读取发动机转速值。

6）测量温度。

①将“选择开关”旋转到温度（℃）位置上。

②将汽车万用表配备的带测针的特殊插头上，插接到面板上的插孔内，测针与被测温度的部位接触。

③待温度稳定后，读取测量值。

（2）万用表的一般测量方法

1）电阻的测量方法。将开关转到电阻挡的适当位置，校零后即可测量电阻。汽车上很多电气设备的技术状态都可用检查电阻的方法来判断，如检查断路、短路、接地故障。

维修提示：

◎ 要注意汽车万用表的“+”、“−”测针应和电路测点的“+”、“−”极性一致。

2）直流、电压的测量方法。将开关转到直流电压档的适当位置（选择量程）。注意表针的“＋”、“－”极应各和电路两端的正负一致，用测电压的方法可以检查电路上某点是否存在电源电压，以及电路通过电气部件电压降的大小。

（3）万用表检测发动机电控系统的注意事项

◎ 在检测之前，应先检查发动机电控系统中熔丝、线束连接器（插头）是否良好。可参照维修手册说明的安装位置，检查各熔丝的工作状态。

◎ 蓄电池应保持充足的电量，电源线应接触良好，因为当电源电压小于 11V 时，会使检测结果增大甚至测试错误。

◎ 万用表的输入阻抗应大于 10MΩ。若使用低阻抗的万用表，轻者会使测试数据不准确，严重时还会使汽车电器中的集成电路元件、传感器等损坏，因此使用前应认真阅读汽车万用表的使用说明书，对输入阻抗的数值进行核对。

◎ 测量电控单元（ECU）各个端子的电压时，各连接器（插头）与各个执行器、传感器之间应保持连接状态，只有这样才能检测出准确的数据。

◎ 测量电控单元（ECU）各个端子的电阻时，不允许用普通万用表的电阻档测量，特别是要注意不要将较高电压引入电控单元（ECU）内部，以免损坏电控单元（ECU）的内部元件。

◎ 使用数字式万用表时按被测量的性质和数值大小选择合适的“档位”和“量程”，并将测量导线插接到相应的“插孔”中。如测量喷油器电阻时，因即使高阻值喷油器的电阻值也不会超过 20Ω，所以应将万用表“选择开关”拧到电阻“Ω”档的，“2k”量程，并将黑色测量导线插接到“COM”插孔，将红色测量导线插接到“V、Ω”（电压、电阻）插孔，再将红色和黑色两根测量导线连接到喷油器的两端子上，万用表的显示屏上即可显示出喷油器的电阻值。

◎ 选择万用表的量程时最好从低到高逐级进行选择，以便获得较准确的测量数据。

◎ 在使用数字式万用表时，严禁电控元器件或电路处于通电状态时测量其电阻，以免外部电流流入数字式万用表而将其损坏。

二、维修常用设备

1. 故障诊断仪（又称解码器）

故障诊断仪不仅具有故障码的读取、故障码的清除功能，而且还具有数据流的读取等功能，使用起来非常方便，是汽车电控系统检测中不可缺少的检测设备之一。

（1）故障诊断仪的功能

①可以方便地直接读取故障码，而不必再通过发动机故障报警灯的闪烁读取。

②可以方便地直接清除故障码，使发动机故障报警灯熄灭，而不必再通过拆卸熔丝或蓄电池负极等比较麻烦的方法达到清除故障码的目的。

③能与ECU中的电脑直接进行交流，显示数据流，即显示ECU的工作状况和多种数据输入、输出的瞬时值，使电控系统的工作状况一目了然，为诊断故障提供依据。特别是当不产生故障码而又怀疑车辆有故障时，可以通过观察数据流中的参数来判断回路中是否有故障。

④能在静态或动态下，向电控系统各执行器发出检修作业需要的动作指令，以便检查执行器的工作状况。

⑤行车时或路试中能监测并记录数据流和故障码，以便回到汽车修理厂后能够调出，进行分析和判断。

⑥有些还具有示波器功能、万用表功能和打印功能。

⑦有些还能显示系统控制电路图和维修指导，以供诊断时参考。

⑧可以和微型计算机（PC机）相连，进行资料的更新与升级。

⑨功能强大的专用故障诊断仪，还能对车上ECU进行某项数据的重新输入和更改。

但是，故障诊断仪也有以下不足：

①自身不能思考，因而也不会分析、判断故障。

②在某些条件下，可能会显示错误的信息，而且也不会从所有被检汽车上都能获取ECU中的数据信息。

③在诊断电控系统未设故障码的故障时，或诊断的电控系统无法提供数据或数据无法读出时，故障诊断仪无能为力，特别是对机械系

统、真空系统、排气系统、电气系统和液压系统等，还应采取传统的检测诊断方法。

(2) 故障诊断仪类型 一般地讲，带有数据流功能的故障诊断仪，可分为原厂专用型和通用型两大类型。

①原厂专用型故障诊断仪。原厂专用型故障诊断仪一般是汽车制造厂为检测诊断本厂生产的汽车而专门设计制造的故障诊断仪。世界上一些大的汽车制造商，如通用公司、福特公司、克莱斯勒公司、奔驰公司、宝马公司、奥迪公司、日产公司、丰田公司等，都有原厂专用型故障诊断仪，如图 1-63 所示。原厂专用型故障诊断仪只适用检测诊断本厂生产的汽车，一般配备在汽车特约维修站，以提供良好的售后服务。

②通用型故障诊断仪。通用型故障诊断仪一般是检测设备制造厂为适应检测诊断多车型而设计制造的。它往往存储有几十种甚至几百种不同厂牌、不同车型汽车电控系统的检测程序、标准数据和故障码等资料，并配备有各种车型的检测接头，可以检测诊断多种车型，因而适用综合性维修企业使用。目前，国内维修企业使用最多的通用型故障诊断仪，包括美国生产的 MT2500 红盒子故障诊断仪和 OTC4000 型故障诊断仪等，还有国产的 431ME 电眼睛、金奔腾、仪表王、修车王、车博士等故障诊断仪。美国 MT2500 汽车故障诊断仪如图 1-64 所示。

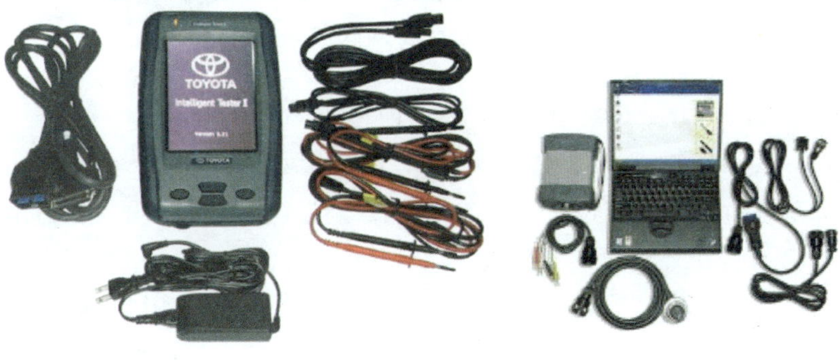

a）丰田专用故障诊断仪 IT2　　b）奔驰专用故障诊断仪 XP-STAR

图 1-63　原厂专用型故障诊断仪

a）美国 MT2500 故障诊断仪

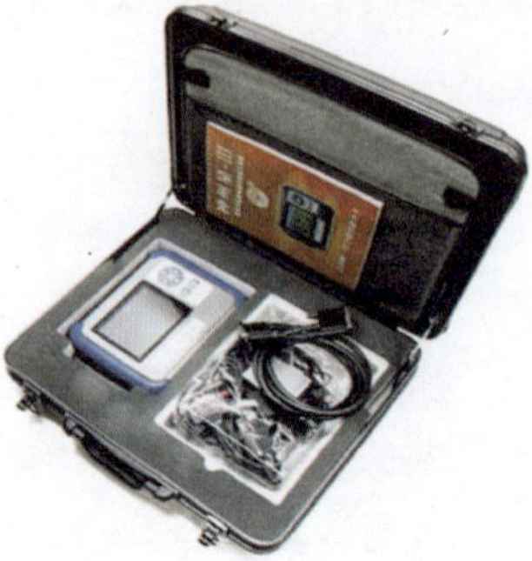

b）金奔腾神州星 - Ⅲ故障诊断仪

图 1-64　通用型故障诊断仪

不管是专用型还是通用型故障诊断仪，大多都能对全车各部电控系统进行检测诊断和数据流分析。故障诊断仪与 ECU 相互交流信息的速度，决定于 ECU 中内置电脑的性能，即决定于数据传输的波特率。波特率是每秒钟通过的数字式数据的字节或高、低电压信号的度量单位。波特率愈高，则信息传输速度愈快，它不仅表明了故障诊断仪与 ECU 相互交流信息的速度，而且决定了故障诊断仪对 ECU 反应的快慢和显示屏数据读数变化的速率。

图 1-65　431ME 电眼睛主机

（3）故障诊断仪基本结构　以国产 431ME 电眼睛为例介绍故障诊断仪的基本结构。431ME 电眼睛是汽车电控系统检测仪，不仅具有故障诊断仪功能（即具有读码、解码和清码功能），而且还具有读取在线数据流功能、传感器的模拟和测试功能、OBD- Ⅱ接口功能、中文显示功能、提示维修方法功能和打印功能等，能对亚洲、欧洲和美洲 2000 余种车型的电控系统（包括发动机系统、自动变速器系统、防抱死制动系统、安全气囊系统和定速巡航系统）进行检测诊断，其功能已超出故障诊断仪功能。

431ME 电眼睛，由主机、测试卡、测试主线、测试辅线和测试插头组成，并附带一个传感器模拟 / 测试仪。431ME 电眼睛主机如图 1-65 所示。

（4）故障诊断仪的使用　下面以国产 431ME 电眼睛为例，介绍故障诊断仪的使用。

①测试前应正确选择测试插头。这是因为各车型的诊断插座提供电源的形式不一，有的可能要接外接电源，有的可能不接外接电源。因此，要避免因选择插头不当而烧坏仪器。

②选择合适的测试卡和连接电缆插接器。测试前应先将合适的测试卡插入仪器主机的测试卡接口（专用故障诊断仪不需要此项），然后再接通电源。

③仪器的额定电压为 12V，汽车蓄电池电压为 11～14V。

④关闭汽车所有附属电气设备（如空调、前照灯、音响等）。

⑤发动机节气门应处于关闭状态，即怠速结合点闭合。

⑥点火正时和怠速应在规定范围内，发动机冷却液温度和变速器油温应达到正常工作温度（冷却液温度 90～110℃，油温 50～80℃）。

⑦连接故障诊断仪。电源电缆连接到车内点烟器或蓄电池上，测试插头与汽车的故障诊断插座相连。测试插头和诊断插座应良好接触，以保证信号传输不会中断。

⑧开机后，选择测试地址和功能。选择测试地址是指选择想要测试的电控系统，如发动机控制系统、自动变速器控制系统、ABS 系统、安全气囊系统等；功能选择是指根据测试目的的选择具体的测试项目，如读取系统数据流、调取系统数据流、调取故障码、清除故障码的项目。

⑨测试结束后，应先切断电源，再从主机上取出测试卡。

（5）故障诊断仪使用注意事项　故障诊断仪大都随机带有使用手册，按照说明极易操作。如上所述，一般来说，大体上有以下几步：

- 在车上找到诊断座。
- 选用相应的诊断接头。
- 进入相应车型的诊断系统。
- 进入要诊断的模块（ABS、ENG、A/T、C/C 和 SRS 等）。
- 读码、诊断、清码。

故障诊断仪在使用过程中，还需注意以下内容。

①自诊断系统只能监视电控系统电路。这包含两点内容：

● 第一，如果故障不在控制电路，则故障诊断仪不能检测。因此对发动机进行诊断，要分清是机械故障还是电路故障；而对于自动变速器，要分清是机械、油路还是电路的故障。

● 其二，不属于电控系统的电路故障，故障诊断仪不能检测，比如起动系、充电系以及点火系的高压电路，一般不属于电控系统，因而一般情况下不能检测。

②自诊断系统一般只能监视信号的范围，不能监视传感器特性的变化。因而如果只是信号的特性发生了变化，并不一定能产生故障码。例如，发动机进气温度传感器的阻值有一个正常的工作范围，一旦阻值超出此范围，自诊断系统马上会产生故障码；假如该传感器的特性（指温度和阻值的对应关系）发生变化，但阻值依然在此范围内，发动机会工作不良，故障指示灯却并不会亮，故障诊断仪当然读不出故障。维修人员不应因为无故障码，就认为肯定无故障，以免走弯路。

要点

● 一般来说，自诊断系统所诊断的为电路短路、开路、接触不良和串线等故障。

③自诊断系统监视的往往是某一电路，而非某一元件，如某传感器相应线路故障、某电磁阀相应线路故障。如果检测仪显示的是“进气温度传感器故障”，实际上指该传感器相应电路故障，包括进气温度传感器、进气温度传感器与发动机控制单元 ECU 间的连线（含插头和插座）、进气温度传感器的接地以及 ECU 和其供电、接地情况。如果对故障码所提示的故障范围不甚清楚，只会按所提示故障码的字面含义来检修，这样必然会走弯路。

④有故障码并不一定有相应电路故障。这可以有下面几种情况。

a. 历史性故障。历史性故障是指故障已经消失，但尚未清除掉故障码。例如，维修人员虽然排除了故障，但并未进行清码，这样故障码就依然在汽车 ECU 的随机存储器（RAM）中；或者，在发动机运行或点火开关打开的情况下，维修人员拔插相关电路的器件和插头，自诊断系统记下了这时的故障码。例如，有时碰到故障码显示几个缸的喷油器都有故障，可能就是这种情况。

要点

◎ 一般不急于按故障码来检修，而是按照“读故障码→清除故障码→运转发动机→再读故障码”进行操作，第二次读出的故障码才真正说明有故障。

◎ 当然，第一次清码前别忘了记下故障码，因为故障码所代表的故障难以再现，因此第二次读出的故障码或许会漏掉一些故障迹象。

b. 故障码反映了系统存在故障，但实际上并非相应电路的故障。例如，故障码显示“氧传感器故障”，不一定是氧传感器的电路有故障，而有可能是油气供给系统有故障，使混合气太浓（稀），导致氧传感器信号超出了正常的电压范围，使自诊断系统记下了故障码。又如“进气压力传感器”可能反映的是进气系统的故障，而非其电路的故障。

要点

◎ 根据故障码检查，也不可局限于电路，必要时还要考虑机械、气路等部分。

⑤要善于运用故障诊断仪的动态测试功能。对于有些故障，故障码不一定能反映出来，但可以通过动态数据流来发现。例如，动态测试中往往有点火提前角的显示，点火提前角应该随着节气门的开度或发动机转速的变化而增大或减小等。

⑥如果故障灯亮，却读不出故障码，则可检查故障灯电路有无接地。一般地，自诊断系统发现故障时，通常是ECU内部接地有问题。当然，诊断接口与 ECU 之间的通信也可能有问题，同时，也不排除故障诊断仪存在问题。

2. 汽车专用示波器

汽车专用示波器主要用来显示汽车电器控制系统中输入、输出信号的电压波形，以供维修人员根据波形分析判断汽车电器的故障。示波器比一般电子设备的显示速度快，是唯一能显示瞬时波形的检测仪器，是汽车电器尤其是点火系统故障诊断中的重要设备。汽车专用示波器如图 1-66 所示。

（1）汽车专用示波器类型 汽车专用示波器可分为模拟式示波器和数字式示波器，模拟式示波器显示速度快，但显示波形不稳定（抖动），且没有记忆功能，给对故障波形的分析判断带来困难。数字式示波器由微处理器控制，由于将模拟信号转换成数字信号需要一定的时间，所以显示速度较模拟式示波器慢，但数字式示波器显示波形稳定，且具有记忆功能，可在测试结束后使故障波形重现，便于对故障波形进行进一步的分析判断。

模拟式示波器一般采用开关、按键和旋钮等来实现对波形垂直幅度、水平幅度、垂直位置、水平位置和亮度等的调整。数字式示波器多采用菜单式操作，只需在各级菜单上选择测试项目，无需任何设定和调整，可以直接观测波形，使用起来非常方便。

①四通道示波器（模拟式示波器）。如图 1-67 所示为 OTC3850 四通道示波器，四通道示波器可测试各种传感器、执行元件、电路和点火系统等电压波形。

四通道示波器连接方法如图 1-68 所示。

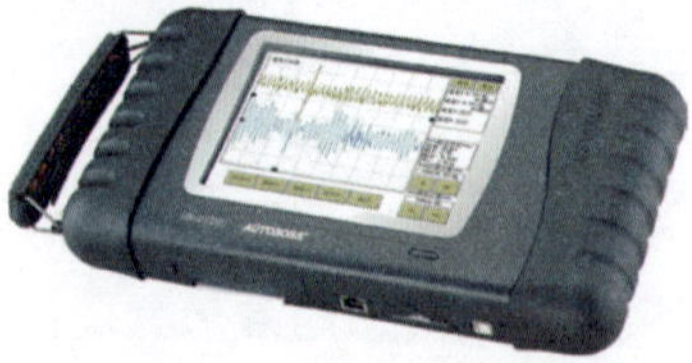

图 1-66 汽车专用示波器

图 1-67 OTC3850 四通道示波器

②数字式示波器。数字式示波器除了可测试各种传感器、执行元件、电路和点火系统等电压波形外，还具有汽车万用表功能，可对测试内容进行记录、回放，能提供在线帮助，包括提供系统工作原理、测试连接方法、接线颜色等。其连接方法如图 1-69 所示，可测试电压、电阻、闭合角、喷油脉冲、喷油时间、点火电压等。有的示波器内部还存有汽车数据库和标准波形，使判断故障更为方便。

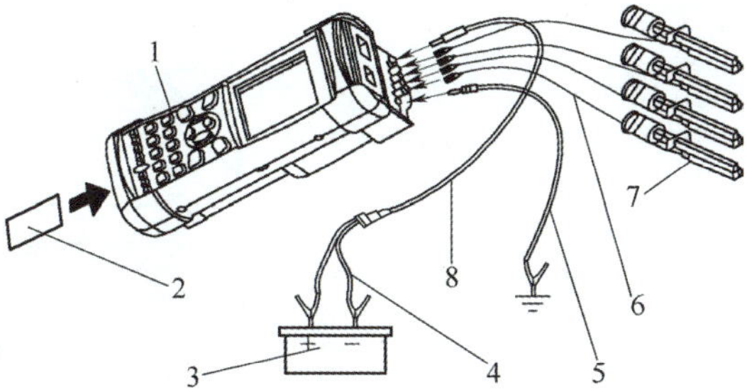

图 1-68　四通道示波器连接方法

1 —主机 2 —发动机分析测试卡 3 —蓄电池 4 —蓄电池电缆
5 —接地电缆 6 —示波器电缆 7 —连接传感器 8 —点烟器电缆

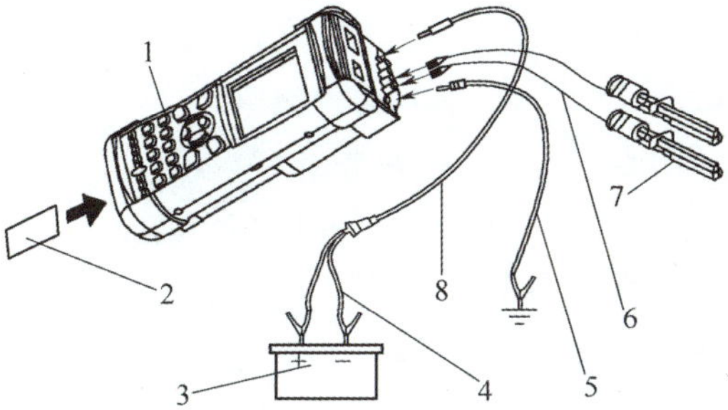

图 1-69　数字式示波器的汽车万用表连接方法

1 —主机 2 —发动机分析测试卡 3 —蓄电池 4 —蓄电池电缆
5 —接地电缆 6 —示波器电缆 7 —连接被测对象 8 —点烟器电缆

（2）汽车示波器使用注意事项

- 测试点火高压线时，必须使用专用的电容探头，不能将示波器探头直接接入点火次级电路。
- 使用汽车示波器时，注意远离热源，如排气歧管、催化器等，温度过高会损坏仪器。
- 汽车示波器在测试时要注意测试线尽量离开风扇叶片、传动带等转动部件。
- 路试中，不要将汽车示波器放在仪表台上方，最好是拿在手中测试。

3. 发动机综合检测仪

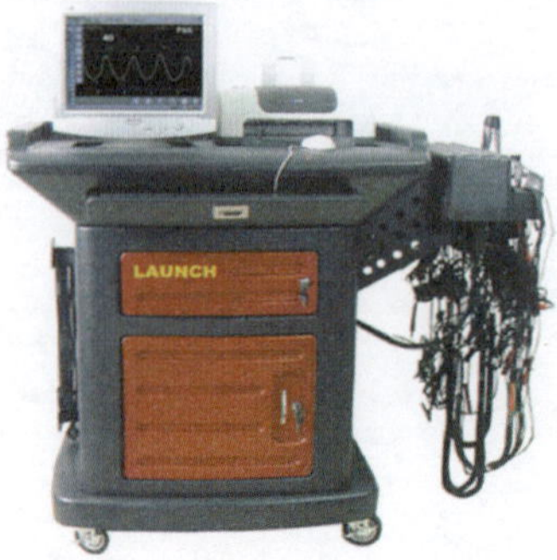

图 1-70　元征 EA-1000 型发动机综合检测仪

发动机综合检测仪是发动机综合性能检验仪的简称，它能对发动机进行不解体综合测试，并配备有标准的数据及专家分析系统，可通过对测试结果与标准数据比较，判断发动机整机或部分系统工作好坏。常见的发动机综合检测仪有深圳元征 EA-1000 型、西安凌翔 F22000 型、石家庄华燕汽车检测设备厂 HFZF2000 型、济南无线电六厂 QFC-SX 型等国产品牌和 HU-MAN（凯文）、BOSCH（博世）、BEAR（大熊）等进口品牌。不同型号的发动机分析仪在结构、使用方法等方面都存在一定的差异，使用时应注意认真阅读使用说明书。图 1-70 所示为元征 EA-1000 型发动机综合检测仪实物。

发动机综合检测仪一般都具有如下功能：

- 汽油机检测功能。包括点火系统参数（如点火提前角、点火波形等）检测、无负荷测功、单缸动力性检测、转速稳定性分析、温度检测、进气歧管真空度检测、起动系统检测、充电系统检测、数字式万用表功能和废气分析（需配备废气分析仪）等功能。
- 柴油机检测功能。包括喷油压力及压力波形检测、喷油提前角检测、无负荷测功、转速稳定性分析、起动系统检测、充电系统检测、数字式万用表功能和排气烟度检测（需配备烟度计）等功能。
- 电控燃油喷射发动机检测功能。包括进气量检测、转速检测、温度检测、进气歧管真空度检测、节气门位置检测、爆燃信号检测、氧传感器信号检测、喷油信号检测、点火系统检测等。
- 故障诊断分析功能。包括故障查询、检测信号再现与分析、参数设定和显示数据或波形等。

4. 手动真空泵

手动真空泵又称手持式真空测量仪。发动机电控系统中的很多元件都采用真空驱动，如 EGR 阀、进气控制阀、燃油压力调节器等，检查这些真空驱动元件的好坏一般都需要对其施加一定的真空度，手动真空泵是一种常用的抽真空工具。如图1-71所示，手动真空泵上带有显示真空度的真空表，一般还带有各种连接软管和插头等附件，以适应对不同车型和不同真空驱动元件的检测。

使用手动真空泵对真空驱动元件进行检查时应注意：

- 检查前将各真空软管连接好，防止因真空泄漏而导致测量结果失准。
- 检查时必须按规定对被检元件施加真空度，施加真空度过大会损坏被检元件。
- 检查完毕后，在拆开连接的真空软管前，应先释放真空度，否则将灰尘、湿气等吸人被检元件内，会造成不良后果。

5. 燃油压力表

燃油压力表是用来测量燃油供给系统燃油压力的专用工具，是对燃油系统进行检查和故障诊断的常用工具，如图1-72所示。

使用燃油压力表测量燃油供给系统燃油压力的方法见本书执行元器件检测任务中燃油泵检修方法相关内容。

维修提示：

- 使用时应注意选择量程与被测系统压力范围相适应的燃油压力表。

普通式的燃油压力表量程一般为7～103kPa，专用的高压式燃油压力表量程一般为7～690kPa，电控燃油喷射发动机燃油系统压力：单点喷射系统一般为62～69kPa，多点喷射系统一般为207～275kPa。

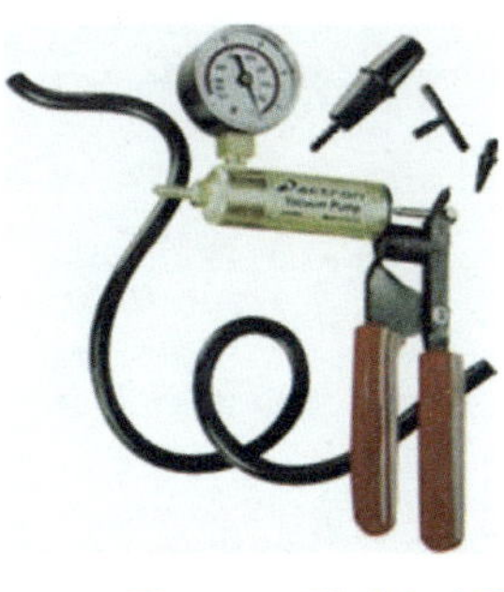

图1-71 手动真空泵

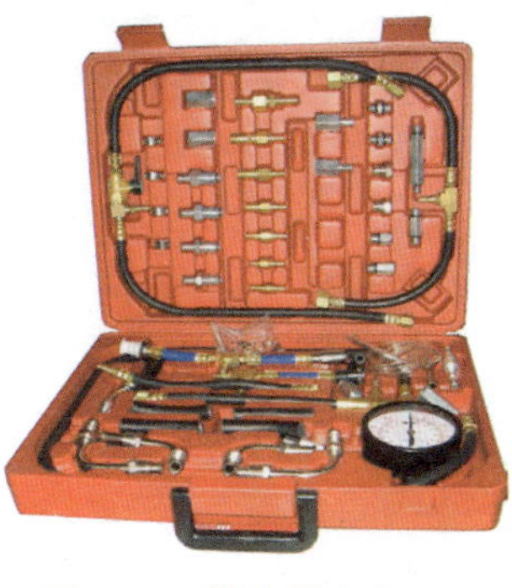

图1-72 燃油压力表

6. 喷油器清洗检测仪

汽车发动机燃油系统工作时，会在喷油器、气门等处产生积炭，积炭会造成燃烧室容积减少、喷油器雾化不良、工作效率下降、燃烧不完全、点火不良等问题，导致发动机起动困难、怠速不稳、车辆喘抖、爆燃、动力下降等等问题。因此为了及时清除积炭，恢复发动机的功能，针对现在国内的燃油质量，在车辆每行驶 1.5 万 ~2 万 km，用喷油器清洗检测仪等专业设备对发动机燃油系统进行一次免拆清洗养护（这是目前最正确、专业的清洗方式），使发动机燃油系统保持最佳状态，并节省燃油、延长发动机的使用寿命。

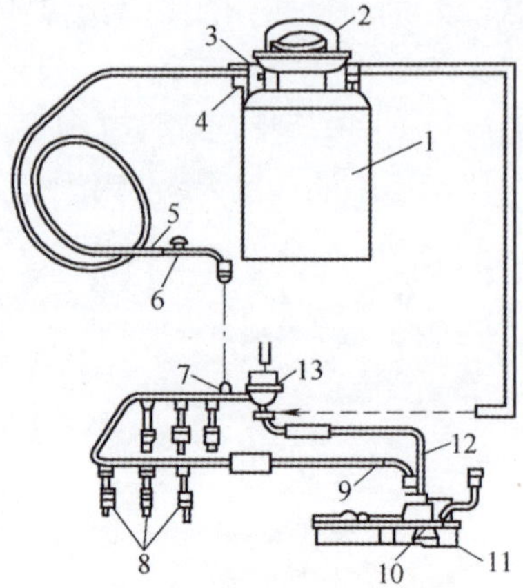

图 1-73　便携式喷油器清洗检测仪

1 —储液器　2 —清洗检测仪电动泵　3 —压力表　4 —检测阀　5 —滤清器　6 —开关阀　7 —油压检查口　8 —喷油器　9 —供油阀　10 —电动燃油泵　11 —油箱　12 —回油管　13 —燃油压力调节器

喷油器清洗检测仪可分便携式、吊瓶式燃油免拆清洗机和固定式三种类型。

（1）便携式喷油器清洗检测仪　便携式喷油器清洗检测仪无需拆卸喷油器，即可就车进行清洗，使用非常方便。如图 1-73 所示，便携式喷油器清洗检测仪主要由储液器、电动泵等组成，电动泵使用 220V 交流电源。便携式喷油器清洗检测仪使用方法如下：

①将储液器加满喷油器清洗液。

②安装喷油器清洗检测仪。首先释放燃油供给系统燃油压力，将开关阀一侧的管路连接到燃油供给系统中的油压检测口处；从燃油压力调节器上拆开回油管，将清洗检测仪另一端的管路连接到压力调节器的回油管接头上。

③拆开电动燃油泵线束插接器，接通清洗检测仪电动泵电源，起动发动机。

④使发动机以 2 000r/min 的转速运转约 10min 后，将发动机熄火，即完成喷油器清洗。

⑤最后拆下喷油器清洗检测仪，恢复燃油供给系统压力。

维修提示：

- 注意：上述工作完成后，应预置燃油供给系统压力。

（2）吊瓶式燃油免拆清洗机

①吊瓶式燃油免拆清洗机简介。吊瓶式燃油免拆清洗机，如图 1-74 所示。

吊瓶式燃油免拆清洗机具备高低压清洗功能，可以同时免拆清洗节气门体、喷油器、燃烧室、进气系统、三元催化器等零部件。

- 吊瓶式燃油免拆清洗机清洗的原理就是利用发动机怠速运转和空气压缩机设备加压循环，用清洗剂替代燃油燃烧，对喷油器及其部件的积炭进行清洗，然后通过排放系统排出。
- 吊瓶式燃油免拆清洗机的优点在于方便快捷，而且对于喷油器的清洗效果明显。

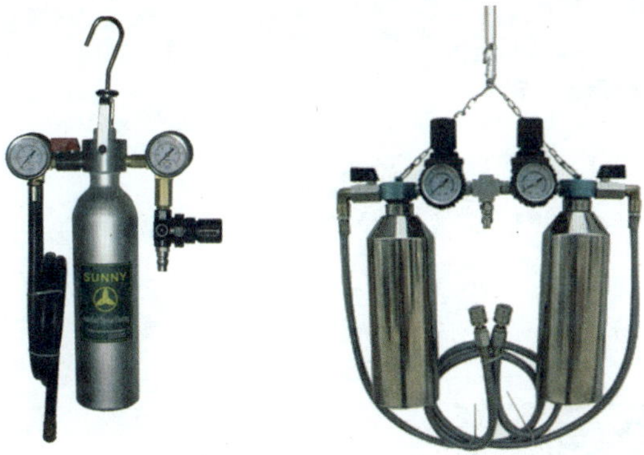

a）单吊瓶式　　b）双吊瓶式

图 1-74　吊瓶式燃油免拆清洗机

②吊瓶式燃油免拆清洗机的使用。

要点

- 查找发动机的进、回油管。对于有回油管的燃油系统，在发动机回油管连接点处将回油管拆开，使用合适的专用接头将回油管堵住。

要点

- 在发动机进油管连接点处将进油管拆开，选择合适接头和接管将进油管与吊瓶式燃油免拆清洗机的出油管连接好。
- 在熔丝盒上拔下燃油泵熔丝，使燃油泵不工作。对于有回油管的燃油系统，也可将从燃油泵来的进油管与回油箱的回油管连接起来，使进油管来的油经回油管直接流回燃油箱。将油箱盖打开，让空气畅通，减小油路压力。
- 将清洗剂加入不锈钢瓶内，将吊瓶式燃油免拆清洗机挂在发动机室盖上，如图 1-75 所示。
- 将空气压缩机的气源接头连接到清洗机上的进气接头上，调整压力旋钮至工作压力后。
- 检查各连接点有无漏油。
- 起动发动机并怠速运转，开始清洗工作。

使用吊瓶式燃油免拆清洗机的注意事项：

- 在调整压缩空气的压力时，不能超过规定值，否则，压力太高会损害喷油器的针阀并造成燃烧室进油过多。
- 操作前请配带防护镜，注意观察接头有无漏油现象，若有，应及时排除故障后才可进行工作。

（3）固定式喷油器清洗检测仪 固定式喷油器清洗检测仪如图 1-76 所示，此种清洗检测仪一般除用来清洗喷油器外，还具有喷油器滴漏检查和喷油量检查的功能。不同厂家生产的固定式喷油器清洗检测仪，其使用方法也不完全相同，使用时应按使用说明书进行操作。

图 1-75　吊瓶式燃油免拆清洗机的使用

图 1-76　固定式喷油器清洗检测仪

第二章　发动机电控系统

CHAPTER 2

第一节　空气供给系统结构与维修
第二节　燃油供给系统结构与维修
第三节　控制系统结构与维修

第一节　空气供给系统结构与维修

一、空气供给系统的组成

发动机电控系统中的空气供给系统主要组成部件包括空气滤清器、节气门体和进气管。

怠速控制系统的怠速控制阀和控制系统的进气温度传感器、节气门位置传感器、进气歧管绝对压力传感器（D型）或空气流量计（L型）也安装在进气系统中。在部分电控燃油喷射发动机的进气系统中，还装有其他系统（如进气控制系统等）的元件。

1. D型发动机电控系统的空气供给系统

D型发动机电控系统由于没有空气流量传感器，其进气系统结构简单，应用比较广泛。D型EFI空气供给系统如图2-1所示。发动机工作时，经空气滤清器滤清后的空气，通过进气总管和节气门体被分配到各缸的进气歧管再进入气缸。流入进气总管的空气量取决于节气门体内的节气门开度和发动机转速。怠速控制阀通过发动机冷却液进行预热。有的发动机设置容量较大的进气室，可防止进气的波动，同时也可减少各缸进气的相互干扰。怠速控制阀、进气温度传感器、进气歧管绝对压力传感器、节气门位置传感器等均安装在进气系统中。

L型发动机电控系统对空气量的测量更精确，应用也比较广泛。L型EFI空气供给系统如图2-2所示。

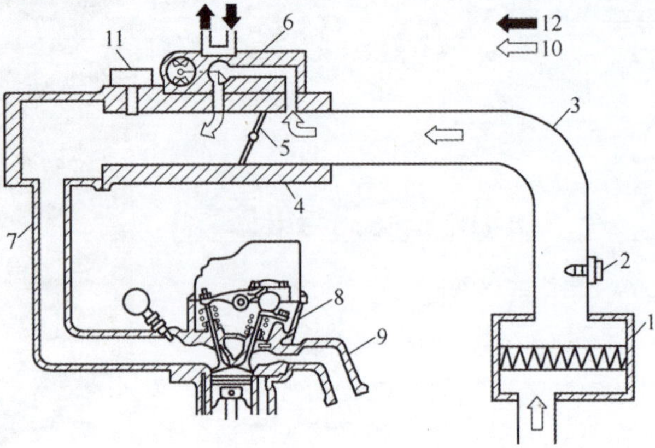

图 2-1 D 型发动机电控系统的空气供给系统

1—空气滤清器 2—进气温度传感器 3—进气总管 4—节气门体
5—节气门 6—怠速控制阀 7—进气歧管 8—发动机缸盖 9—排气歧管
10—空气流动路线 11—进气歧管绝对压力传感器 12—冷却液流动路线

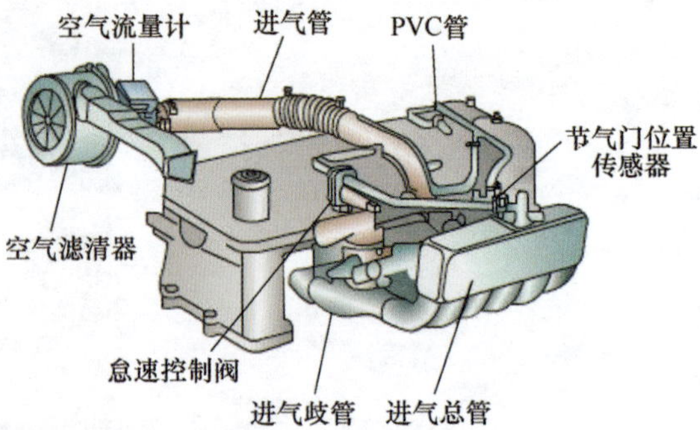

图 2-2 L 型发动机电控系统的空气供给系统

2. L 型发动机电控系统的空气供给系统

与 D 型发动机电控系统的空气供给系统相比，在 L 型发动机电控系统的空气供给系统中设置了空气流量计，而取消了进气歧管绝对压力传感器，其他组成部件基本相同。

二、空气供给系统主要部件

1. 空气滤清器

空气滤清器是空气供给系统的主要组成部分，其功用是滤除空气中的杂质，以减轻发动机磨损。同时，空气滤清器也可减轻发动机进气噪声。空气滤清器在车上的位置如图 2-3 所示。

目前，汽车发动机广泛采用纸质干式空气滤清器，其结构如图 2-4 所示。滤芯是用树脂处理的微孔滤纸制成，滤芯成波折状，具有较大的过滤面积。为保证滤芯上、下两端的密封，在滤芯两端装有密封圈。发动机工作时，空气由滤清器盖与外壳之间的空隙进入，经过滤芯滤清后，经接管流向气缸。

图 2-3　空气滤清器的位置

a）空气滤清器滤芯

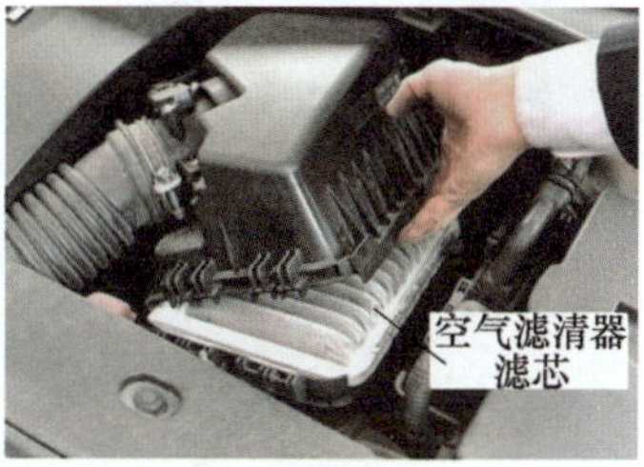

b）滤芯安装位置

图 2-4　空气滤清器滤芯及安装位置

2. 节气门体的构造

如图 2-5 所示，节气门体安装在进气管中，用以控制发动机正常工况下的进气量。节气门体实物如图 2-6 所示，主要由节气门、怠速控制装置和怠速空气道等组成。

图 2-5　节气门体的安装位置

要点

- 节气门位置传感器安装在节气门轴上，用来检测节气门的开度。
- 由于电控燃油喷射发动机怠速运转时，一般将节气门完全关闭，所以有的发动机专门设有怠速空气道，以供给发动机怠速时所需的空气。怠速空气道由ECU通过怠速控制阀控制。

a）大众车系电子式节气门体　　b）一般车型机械式节气门体

图2-6　节气门体

3. 进气管的构造

进气管一般包括进气软管、进气总管和进气歧管。进气软管用于连接空气滤清器与节气门体，进气总管用于连接节气门体与进气歧管。有些发动机的进气总管与进气歧管制成一体，有些则是分开制造再用螺栓连接。典型的进气管如图2-7所示。

进气歧管的功用是给各缸分配空气。进气歧管用螺栓安装在气缸盖上，并在进气歧管与气缸盖之间装有密封垫，以防止漏气。发动机的进气歧管与排气歧管一般制成一体，称为整体式进、排气歧管。

三、空气供给系统的维修

1. 空气滤清器的维护

一般汽车每行驶15000km，应对空气滤清器进行一次维护。

维护空气滤清器时，打开空气滤清器盖上的锁扣或螺母，拆下滤清器盖，然后取出密封圈和滤清器滤芯。检查空气滤清器滤芯，若沾有油污或破损，应更换新件。对能继续使用的空气滤清器滤芯，可以轻轻磕打将灰尘振掉，也可以按图2-8所示用压缩空气从里向外吹掉灰尘，压缩空气的压力应不超过196~294kPa，以免损坏滤芯。

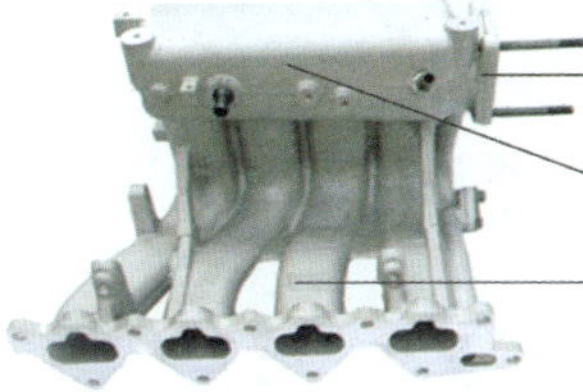

图 2-7　进气管

图 2-8　清洁空气滤清器滤芯

维修提示：

● 安装空气滤清器时，应注意将密封垫正确安装在原位，以防止不清洁的空气进入气缸。橡胶密封垫易老化或损坏，老化或损坏的密封垫必须更换新件。

2. 节气门体的维修

节气门体是空气供给系统的重要部件，在维修时应检查节气门体内是否有积垢或结胶，必要时用燃油系统清洗剂进行清洗，如图 2–9 所示。

维修提示：

● 注意：绝对不允许用砂纸或刮刀等清理积垢和结胶，以免损伤节气门体内腔，导致节气门关闭不严或改变怠速空气道尺寸，影响发动机正常工作。

图 2-9　用燃油系统清洗剂清洗节气门体

3. 进气管的维修

进、排气管一般很少发生故障。但在发动机维修时，仍应注意进行以下检查：

维修提示：

● 进气管漏气或排气管漏气，对电控燃油喷射发动机的影响比对化油器式发动机的影响更大。检查各连接部位应连接可靠，密封垫应完好。

● 检查进、排气歧管与气缸盖接合平面的平面度。如图 2–10 所示，在相互交叉的两个方向上放置直尺，并用塞尺测量直尺与接合面间的间隙。最大间隙一般应不超过 0.1mm，否则应修磨进、排气歧管与气缸盖接合平面或更换进、排气歧管。

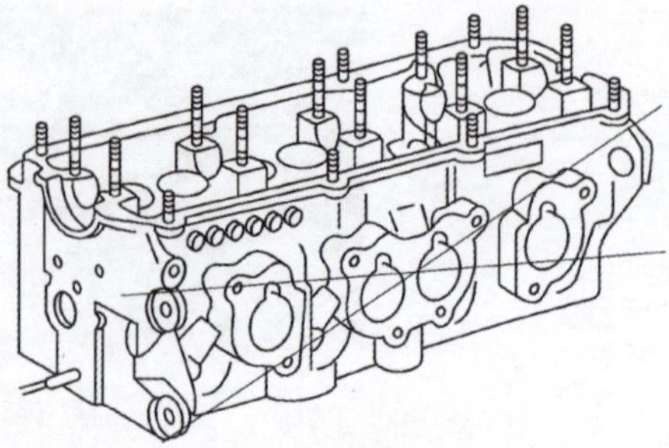

图 2-10　检查进、排气歧管与气缸盖接合平面的平面度

第二节　燃油供给系统结构与维修

一、燃油供给系统结构

（一）燃油供给系统基本组成

不同车型发动机电控系统中的燃油供给系统基本相同，都是由电动燃油泵、燃油滤清器、喷油器（俗称喷油嘴）、燃油压力调节器（也称油压调节器）、燃油分配管（也称油轨）及油管等组成，如图 2-11a 所示；部分车型还安装脉动阻尼器、冷起动喷油器等，如图 2-11b 所示。

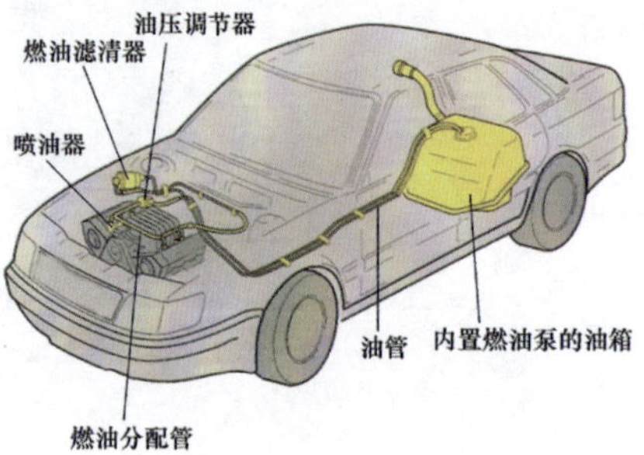

a）常见车型燃油供给系统

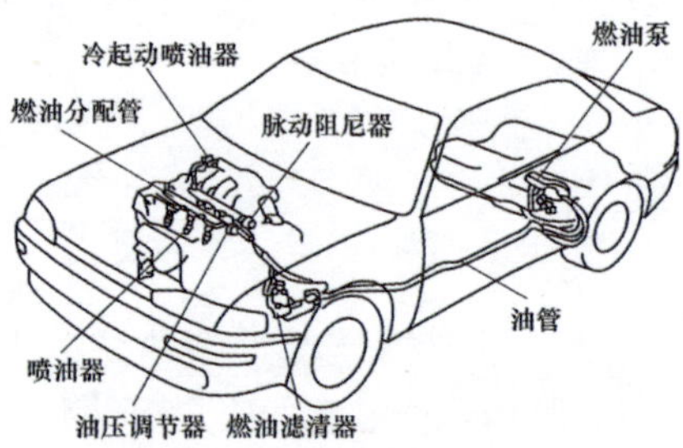

b）安装脉动阻尼器、冷起动喷油器车型的燃油供给系统

图 2-11　燃油供给系统的组成

（二）电动燃油泵

电动燃油泵（英文缩写为 FP）是一种由小型直流电动机驱动的燃油泵，其作用是给电控燃油喷射系统提供具有一定压力的燃油。电动燃油泵的燃油泵和电动机安装在一起。

1. 电动燃油泵的分类

1）电动燃油泵按安装位置不同，可分为内置式和外置式两种。

2）按燃油泵结构不同，可分为涡轮式、滚柱式、齿轮式、转子式和侧槽式等类型。

目前大多数汽车的电动燃油泵都为内置式的涡轮泵，安装在燃油箱内。内置式具有噪声小、不易产生气阻、不易泄漏、安装管路较简单等优点，应用更为广泛。有些车型在油箱内还设有一个小油箱，燃油泵置于小油箱内，这样可防止在油箱燃油不足时，因汽车转弯或倾斜引起燃油泵周围燃油的移动，使燃油泵吸入空气而产生气阻；外置式电动燃油泵多采用滚柱式，它串接在油箱外部的输油管路中，优点是容易布置，安装自由度大，但噪声大，且燃油供给系统易产生气阻，所以只有少数车型上应用。

2. 电动燃油泵的构造

（1）涡轮式电动燃油泵 涡轮式电动燃油泵主要由电动机、涡轮泵、出油阀（单向阀）、卸压阀（安全阀）等组成，如图 2-12 所示。油箱内的燃油进入燃油泵内的进油室前，首先经过滤网初步过滤。电动机和叶片连成一体，密封在同一壳体内。

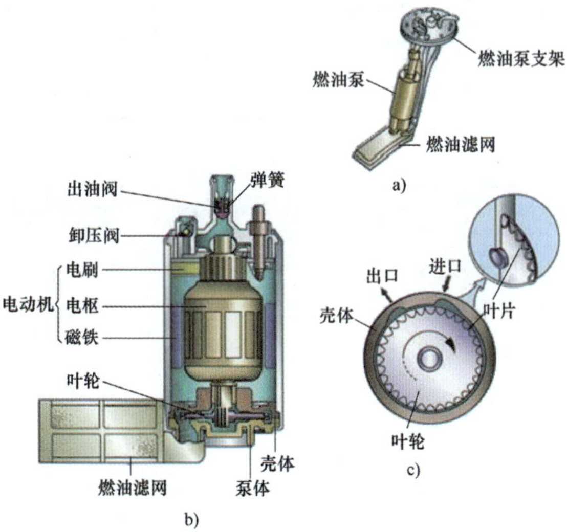

图 2-12 涡轮式电动燃油泵

a）安装在支架上的燃油泵 b）燃油泵剖面图 c）涡轮泵

涡轮泵主要由叶轮、叶片、泵壳体和泵盖组成，叶轮安装在燃油泵电动机的转于轴上。电动机通电时，电动机驱动叶轮旋转，由于离心力的作用，使叶轮周围小槽内的叶片贴紧泵壳，并将燃油从进油室带往出油室。由于进油室燃油不断被带走，所以形成一定的真空度，将油箱内的燃油经进油口吸入；而出油室燃油不断增多，燃油压力升高，当油压达到一定值时，则顶开出油阀经出油口输出。

要点

- 出油阀。出油阀为单向阀，在燃油泵不工作时，阻止燃油倒流回油箱，这样可保持油路中有一定的燃油压力，便于下次起动。
- 卸压阀。卸压阀安装在进油室和出油室之间，当燃油泵输出油压达到 0.4MPa 时，卸压阀开启，使油泵内的进、出油室连通，燃油泵工作只能使燃油在其内部循环，以防止输油压力过高。

涡轮式电动燃油泵具有泵油量大、泵油压力较高、供油压力稳定、运转噪声小、使用寿命长等优点，所以得到广泛应用。

（2）滚柱式电动燃油泵 滚柱式电动燃油泵主要由电动机、滚柱泵、出油阀卸压阀等组成，如图 2-13 所示。滚柱式电动燃油泵一般都安装在油箱外面，因其输油压力波动较大，故在出油端必须安装阻尼减振器。阻尼减振器主要由膜片和弹簧组成，它可吸收燃油压力波的能量，降低压力波动，以便提高喷油控制精度。

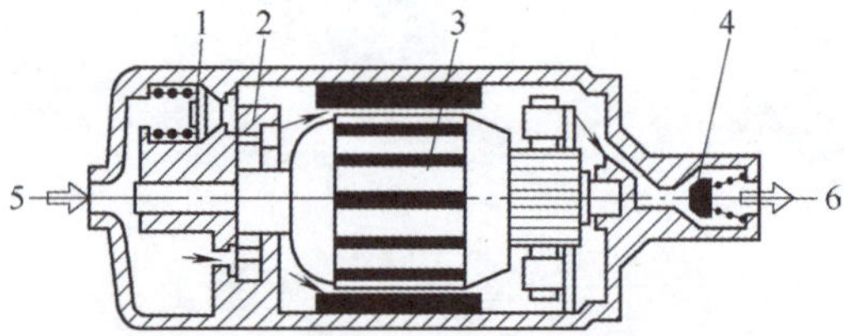

图 2-13 滚泵式电动燃油泵

1 —卸压阀 2 —滚柱泵 3 —燃油泵电动机 4 —出油阀 5 —进油口 6 —出油口

滚柱泵主要由滚柱和转子组成，转子呈偏心状，置于泵壳内如图 2-14 所示，由直流电动机驱动，当转子旋转时，位于转子槽内的滚柱在离心力的作用下，紧压在泵体内表面上，对周围起密封作用，在相邻两个滚柱之间形成了工作腔。在燃油泵运转过程中，工作腔转过出油口后，其容积不断增大，形成一定的真空度，当转到与进油口连通时，将燃油吸入；而吸满燃油的工作腔转过进油口后，其容积又不断减小，使燃油压力提高，受压燃油流过电动机，从出油口输出。出油阀和卸压阀的作用与叶片式电动燃油泵相同。

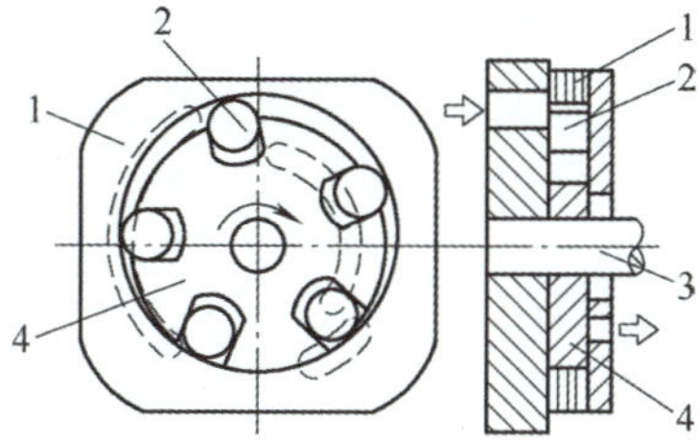

图 2-14 滚柱式电动燃油泵工作原理
1—泵壳体 2—滚柱 3—转子轮 4—转子

3. 燃油泵控制电路

车型不同，采用的燃油泵控制电路一般也不同，但主要分为以下几种类型。

（1）ECU 控制的燃油泵控制电路 由 ECU 和断路继电器对油泵工作进行控制，控制电路如图 2-15 所示。这种控制方式，多用于 D 型系统及 L 型热线式和卡门涡流式空气流量计系统中。

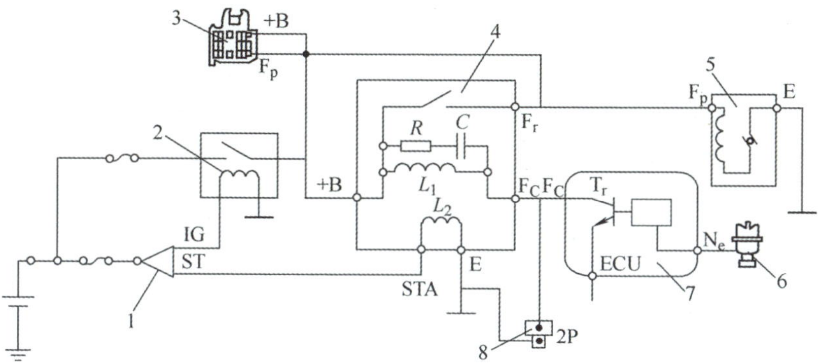

图 2-15 ECU 控制的燃油泵控制电路
1—点火开关 2—主继电器 3—诊断座 4—断路继电器
5—油泵 6—分电器 7—ECU 8—油泵检查开关

当发动机运转时，分电器就输出信号给 ECU，使晶体管 VT 导通，线圈 L1 通电，断路继电器触点闭合，油泵工作。当发动机停止工作时，分电器不输出信号，则晶体管 VT 截止，线圈 L1 断电，断路继电器触点分开，油泵停止工作。

（2）燃油泵开关控制的燃油泵控制电路 由空气流量计中的油泵开关对油泵工作进行控制，控制电路如图 2-16 所示。这种控制方式用于 L 型叶片式空气流量计系统中。

发动机工作时，空气流过空气流量计，油泵开关闭合，L1 通电，断路继电器触点闭合，油泵工作。发动机不工作时，空气流量计叶片不动，油泵开关断开，L1 断电，断路继电器触点分开，油泵停止工作。

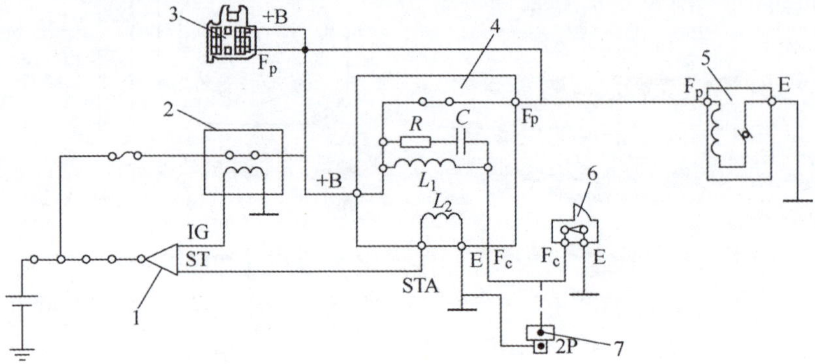

图 2-16　燃油泵开关控制的燃油泵控制电路

1 —点火开关　2 —主继电器　3 —诊断座　4 —断路继电器
5 —油泵　6 —油泵开关　7 —油泵检查开关

开路继电器中的 RC 电路，可使发动机熄火时，延长电动燃油泵工作 2～3s，以便保持燃油系统内有一定的燃油压力。

（3）具有转速控制的燃油泵控制电路　此种控制电路的特点是：油泵的转速可以变化，即可根据发动机转速和负荷的不同而变化，控制电路如图 2-17 所示。

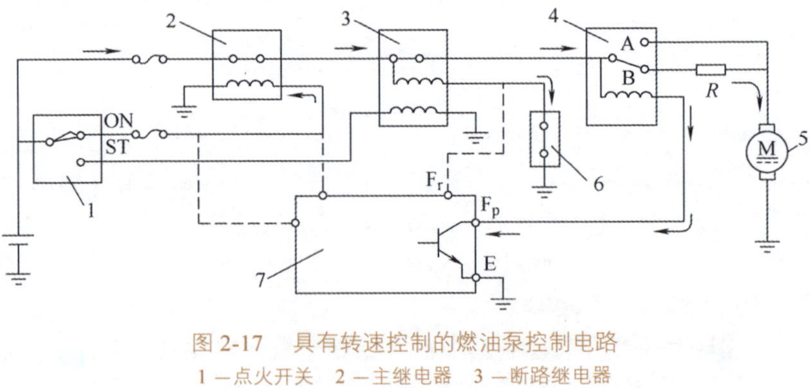

图 2-17　具有转速控制的燃油泵控制电路

1 —点火开关　2 —主继电器　3 —断路继电器
4 —油泵控制继电器　5 —油泵　6 —油泵开关　7-ECU

当发动机高速及大负荷工作时，所需油量多，ECU 中的晶体管截止，燃油泵继电器触点 A 闭合，直接给燃油泵输送蓄电池电压燃油泵高速运转，燃油泵高速运转。

当发动机低速中，小负荷工作时，所需油量少，ECU 中的晶体管导通，使触点 B 闭合，由于将电阻串联到燃油泵电路中，所以燃油泵两端电压低于蓄电池电压，燃油泵低速运转。

（4）用燃油泵电脑控制的燃油泵电路 由燃油泵电脑对燃油泵工作进行控制，燃油泵电脑通过发动机电脑控制，给燃油泵不同的驱动电压，使燃油泵的转速和油压能按需变化，控制电路如图 2-18 所示。

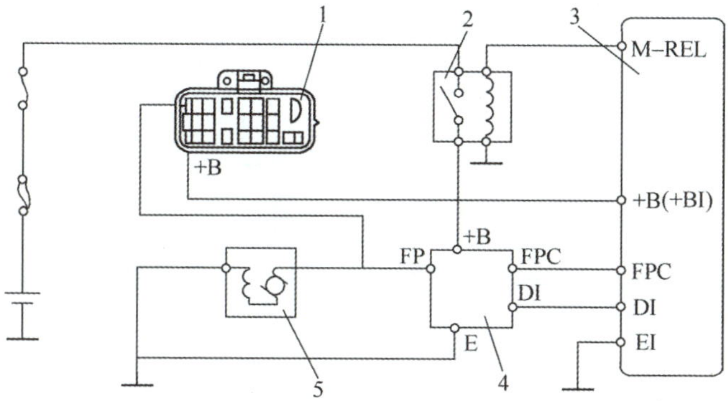

图 2-18 用燃油泵电脑控制的燃油泵电路

1 —诊断座 2 —主继电器 3 — ECU 4 —油泵控制单元 5 —燃油泵

燃油泵 ECU 通过 FP 端子向燃油泵供电。燃油泵 ECU 根据发动机 ECU 端子 FPC 和 DI 的信号，控制 +B 端子与 FP 端子的连通回路，以改变输送给燃油泵电压，从而实现对燃油泵转速的控制。

当发动机高速、大负荷工作时，发动机 ECU 的 FPC 端子向燃油泵控制 ECU 发出指令，使 FP 端子向燃油泵提供 12V 的蓄电池电压，燃油泵以高速运转。当发动机低速、小负荷工作时，发动机 ECU 的 DI 端于向油泵 ECU 发出指令，使 FP 端子向燃油泵提供较低的电压（一般为 9V），燃油泵以低速运转。

（5）典型车型电动燃油泵控制电路 通用汽车公司的燃油泵控制电路如图 2-19a 所示。点火开关接通时，ECU 给燃油泵继电器的线圈通电，便继电器触点闭合并通过触点接通了内置于燃油箱里的燃油泵。发动机转动或运转时，燃油泵始终工作。当点火开关接通 2s 而发动机并没有起动，ECU 就会停止向燃油泵继电器供电。继电器的触点断开而停止泵油。

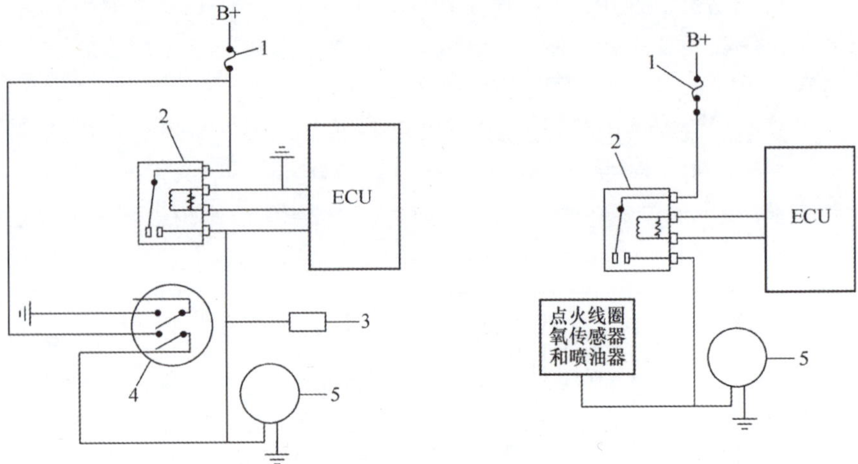

a）通用公司的油泵控制电路　　b）克莱斯勒公司的油泵控制电路

图 2-19　典型的燃油泵控制电路

1 —熔丝　2 —油泵继电器　3 —喷油器　4 —燃油压力开关　5 —电动燃油泵

如果点火开关在接通位置而燃油管路因为事故损坏，ECU 和燃油泵继电器具有防止燃油从损坏的管路喷出的安全装置。燃油压力开关与燃油泵继电器触点并联在一起如果继电器失效，电压将通过继电器触点加到燃油泵上，尽管燃油泵继电器已经失效，使油泵继续运转。在寒冷的天气下，如果燃油泵的继电器失效，机油压力不会立即建立，发动机将会起动困难。

克莱斯勒公司的燃油泵控制电路见图 2–19b 所示。当点火开关接通时，ECU 将燃油泵继电器线圈的接地线接地，继电器触点闭合，通过自动切断继电器触点，向燃油泵、点火线圈、氧传感器加热器等供电。ECU 是在点火开关接通和继电器闭合的同时通电，如果点火开关接通 0.5s 而发动机并没有转动，则 ECU 将断开继电器电路，这样，继电器触点分开，则断开了向燃油泵、点火线圈、氧传感器加热器等供电电路。

（三）燃油压力调节器

燃油压力调节器的作用就是保持输油管内燃油压力与进气管内气

体压力的差值恒定，即根据进气管内压力的变化来调节燃油压力。

根据安装位置分为两种类型，一种与燃油分配管（也称油轨）相连，特点是带回油管；另一种在油箱中，特点是无回油管。

1. 带回油管的燃油压力调节器

带回油管的油压调节器通常安装在油轨的一端（油轨的作用是固定喷油器何油压调节器，并将燃油分配给各个喷油器），其外形如图 2-20 所示，结构如图 2-21 所示，主要由膜片、弹簧和回油阀等组成。膜片将调节器壳体内部分成两个室，即弹簧室和燃油室；膜片上方的弹簧室通过软管与进气管相通，膜片与回油阀相连，回油阀控制回油量。

图 2-20 燃油压力调节器实物

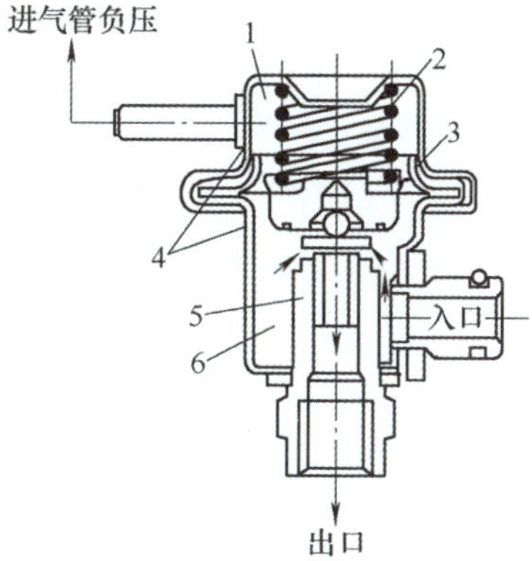

图 2-21 燃油压力调节器结构
1—弹簧室 2—弹簧 3—膜片 4—壳体
5—回油阀 6—燃油室

燃油压力调节器工作原理如图 2-22 所示。发动机工作时，燃油压力调节器膜片上方承受的压力为弹簧的弹力和进气管内气体的压力之和，膜片下方承受的压力为燃油压力，当膜片上、下承受的压力相等时，膜片处于平衡位置不动。当进气管内气体压力下降（真空度增大）时，膜片向上移动，回油阀开度增大，回油量增多，使输油管内燃油压力也下降；反之，当进气管内的气体压力升高时，则膜片带动回油阀向下移动，回油阀开度减小，回油量减少，使输油管内燃油压力也升高。

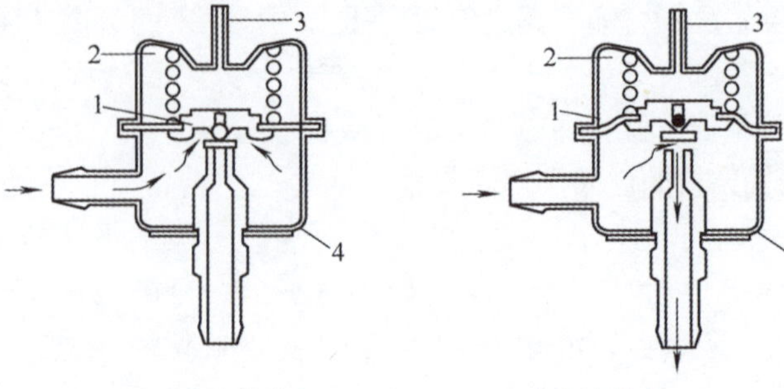

a）大负荷状态　　b）怠速状态

图 2-22　燃油压力调节器工作原理

1 —膜片　2 —回位弹簧　3 —真空管接头　4 —壳体

要点

◎ 在发动机工作时，燃油压力调节器通过控制回油量来调节输油管内燃油压力，从而保持喷油压差恒定不变。

进气歧管内压力、燃油分配管内压力与节气门开度的变化关系如图 2-23 所示。

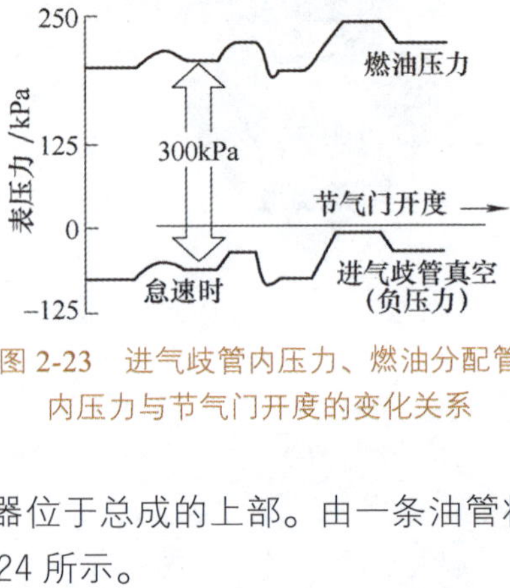

图 2-23　进气歧管内压力、燃油分配管内压力与节气门开度的变化关系

2. 无回油管的燃油压力调节器

无回油管燃油系统实际并不是真的没有回油管，只是将回油管和燃油压力调节器与燃油泵、燃油滤清器以及燃油表传感器等组成一体，一起组合安装在燃油箱内，燃油压力调节器和燃油滤清器位于总成的上部。由一条油管将油轨和这个总成连接起来，如图 2-24 所示。

要点

◎ 在无回油管燃油系统中，由于燃油泵供给的多余燃油在燃油箱完成回流，从而避免了回油吸热导致油温升高的现象。

无回油管的燃油压力调节器是一个弹簧加载的压力调节器，如图

2-25 所示。主要由调压阀和调压弹簧组成。

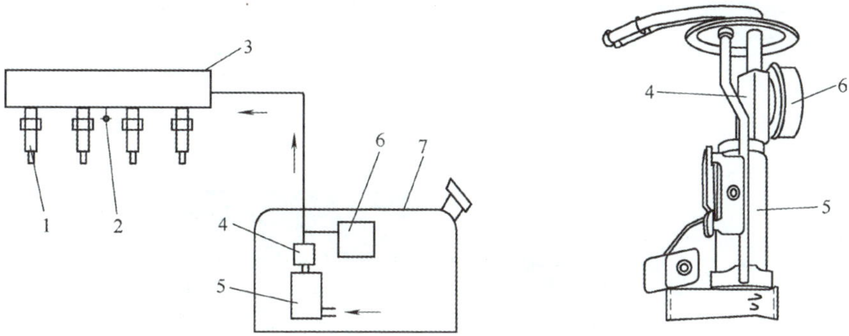

图 2-24　无回油管的燃油压力调节器总成

1 —喷油器　2 —脉动阻尼器　3 —油轨　4 —燃油滤清器
5 —电动燃油泵　6 —压力调节器　7 —燃油箱

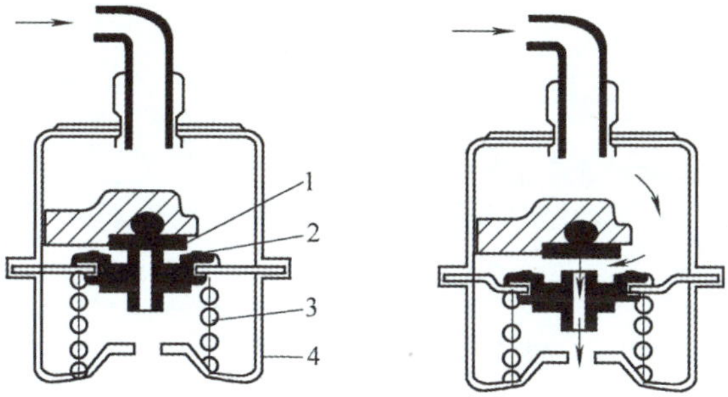

a）调压阀关闭　　b）调压阀打开

图 2-25　无回油管的燃油压力调节器结构

1 —阀座　2 —调压阀　3 —回位弹簧　4 —壳体

它的作用是把燃油管的压力限定在 350kPa。当燃油压力小于 350kPa 时，调压阀在调压弹簧的作用下落座；当燃油压力大于 350kPa 时，调压阀克服调压弹簧的作用力向下移动，多余的燃油便经过调压阀和阀座之间的间隙流入调压弹簧室，再返回油箱。这样，可减少燃油热量，减少燃油气泡的形成。当然，标准压力限定值与车型有关。

（四）燃油滤清器

燃油滤清器的功用是滤除燃油中的杂质和水分，防止燃油系统堵塞，减小机械磨损，以保证发动机正常工作。燃油滤清器安装在燃油泵之后的高压油路中，安装位置一般在车身底部，如图 2–26 所示，也有的车型安装在燃油箱中（燃油泵架上）。

在电控燃油喷射系统中，一般采用的都是纸质滤芯、一次性的燃油滤清器。燃油滤清器的结构如图 2–27 所示，燃油从入口进入滤清器，经过壳体内的滤芯过滤后，清洁的燃油从出口流出。

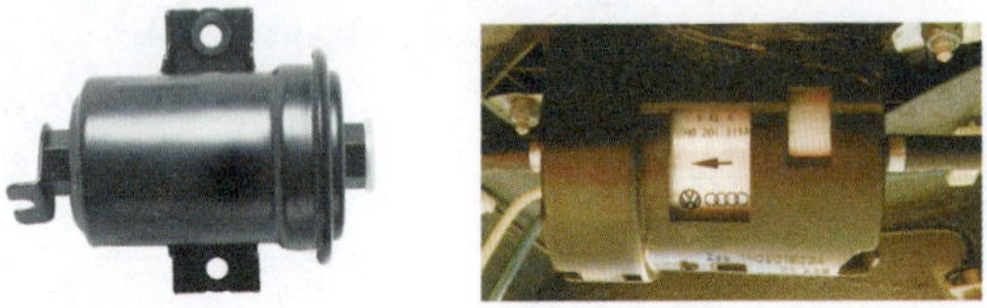

a）实物图　　b）安装位置

图 2-26　燃油滤清器的安装位置

一般汽车每行驶 20000～40000km 或 1～2 年，应更换燃油滤清器。

维修提示：

更换燃油滤清器时，应首先释放燃油系统压力，并注意燃油滤清器壳体上的箭头标记为燃油流动方向。

（五）脉动阻尼器

在部分电控燃油喷射发动机系统中，燃油分配管的一端装有脉动阻尼器，安装位置如图 2–28 所示。脉动阻尼器的功用是减小燃油管路中油压的波动，使燃油系统压力保持稳定。

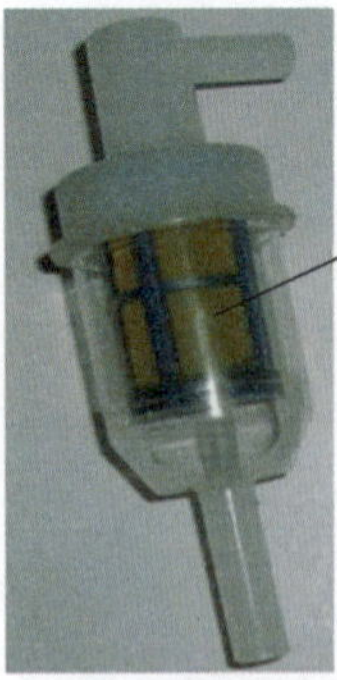

图 2-27　纸质滤芯的燃油滤清器

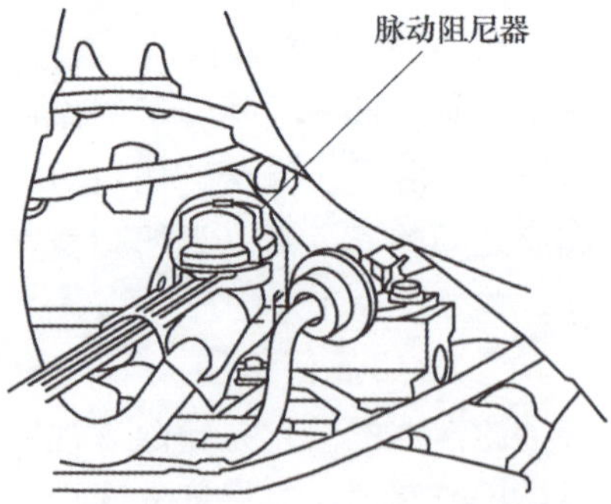

图 2-28　脉动阻尼器的位置

脉动阻尼器的结构如图 2-29 所示，主要由膜片、膜片弹簧及壳体等组成。

发动机工作时，燃油经过脉动阻尼器膜片下方进入输油管，当燃油压力产生脉动时，膜片弹簧被压缩或伸张，膜片下方的容积略有增大或减小，从而可起到稳定燃油系统压力的作用。同时膜片弹簧的变形可吸收脉动能量，迅速衰减燃油压力的脉动。

维修提示：

脉动阻尼器一般不会发生故障。需进行拆卸时，注意应首先释放燃油系统压力。

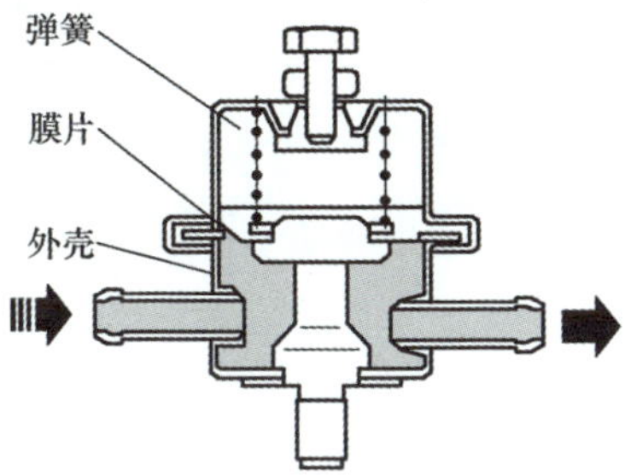

a）安装在燃油管路上的脉动阻尼器

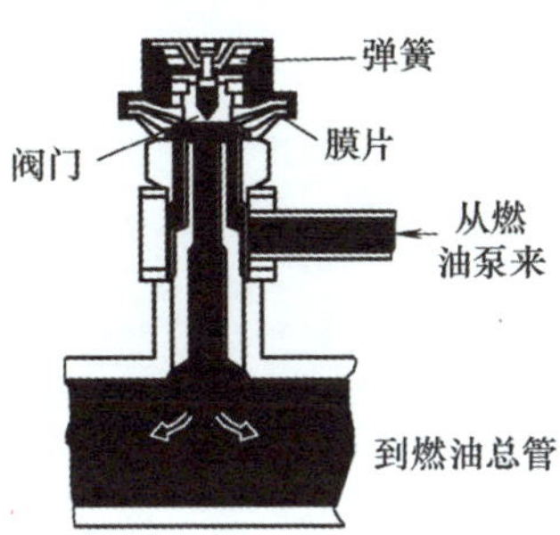

b）安装在燃油总管入品处的脉动阻尼器

图 2-29　脉动阻尼器结构

（六）燃油分配管

燃油分配管也称油轨，它的作用是把燃油均匀地分配到各个喷油器中，且同时保持对各个喷油器有相同的燃油压力。燃油分配管还起着储油的作用，分配管的容积相对于每循环的喷油量来说应足够大，这样可避免管中燃油压力有波动，使分配至各个喷油器的燃油压力相等。同时分配管也可使喷油器的安装固定简单。

二、燃油供给系统的维修

（一）燃油压力的检测

1. 注意事项

- 作业应在通风良好的环境下进行，避免烟火。
- 打开系统前，应断开燃油泵熔丝，起动发动机泄掉燃油压力。
- 拆装油箱部件时，应水平停放，燃油箱内燃油量不可超过总容积的3/4。如需要，排空燃油箱。
- 电动燃油泵不能放在空气中进行长时间空转。
- 作业进行过程中，不要移动车辆，以防发生火灾。
- 断开接头前应彻底清洗接头及其周围区域。
- 拆下的零件应放在清洁表面并盖好，不可使用有绒毛的抹布。

2. 燃油供给系统的压力释放

电控燃油喷射式发动机为便于再次起动，在发动机熄火后，燃油供给系统内仍保持有较高的残余压力。在拆卸燃油系统内任何元件时，都必须首先释放燃油系统压力，以免系统内的压力油喷出，造成人身伤害或火灾。燃油供给系统压力的释放方法如下：

- 起动发动机，维持怠速运转。
- 在发动机运转时，拔下油泵熔丝、继电器或电动燃油泵线束连接器，使发动机自行熄火。
- 再使发动机起动2~3次，即可完全释放燃油供给系统压力。
- 关闭点火开关，接上油泵熔丝、继电器或电动燃油泵线束连接器。

3. 燃油供给系统压力预置

在拆开燃油供给系统进行维修之后，为避免首次起动发动机时，因系统内无压力而导致起动时间过长，应预置燃油供给系统残余压力。燃油供给系统压力预置可通过反复打开和关闭点火开关数次来完成，也可按下述方法进行：

- 检查燃油供给系统所有元件和油管接头是否安装良好。
- 用专用导线将诊断座上的燃油泵测试端子跨接到12V电源上，如：日本丰田车系直接将诊断座上的+B端子（电源端子）与FP端子（燃油泵测试端子）跨接。
- 将点火开关转至“ON”位置，使电动燃油泵工作约10s。
- 关闭点火开关，拆下诊断座上的专用导线。

4. 燃油供给系统压力测试

通过测试燃油供给系统压力，可诊断燃油供给系统是否有故障，进而根据测试结果确定故障性质和部位。测试时需使用专用油压表和管接头，测试方法如下：

①检查油箱内燃油应足够。释放燃油供给系统压力。

②检查蓄电池电压，应在12V左右（电压高低直接影响燃油泵的供油压力），拆开蓄电池负极电缆线。

③将专用油压表连接到燃油供给系统中。不同车型测试压力表的连接方式有所不同，主要有两种连接方式：

- 一种是用专用接头将油压表连接在燃油分配管的进油管接头处，如图2-30所示；
- 另一种是拆下连接在燃油滤清器与输油管之间的脉动阻尼器（如有脉动阻尼器），用专用接头将油压表安装到脉动阻尼器的位置。

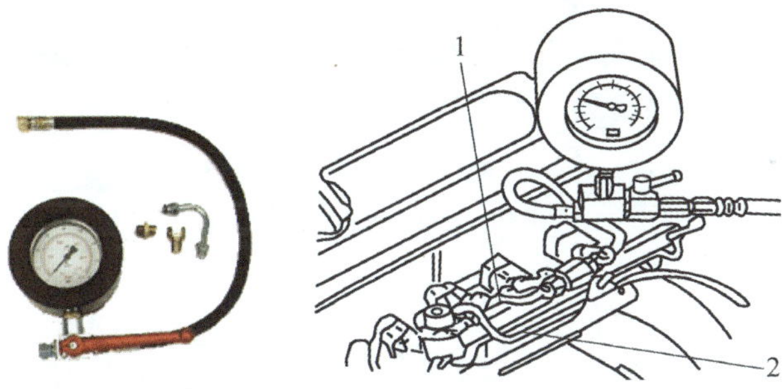

a）燃油压力表　　b）连接燃油压力表

图2-30　燃油压力表的连接
1—供油管　2—回油管

④将溅出的汽油擦净，重新接好蓄电池负极电缆线。起动发动机并维持怠速运转。

⑤拆开燃油压力调节器上的真空软管，并用手指堵住进气管一侧的管口。检查油压表指示压力是否符合标准。一般多点喷射系统压力应为0.25～0.35MPa，单点喷射系统压力应为0.07～0.10MPa。

要点

- 若燃油供给系统压力过低，可夹住回油软管以切断回油管路，再检查油压表指示压力，若压力恢复正常，说明燃油压力调节器有故障，应更换。若仍压力过低，应检查燃油供给系统有无泄漏，燃油泵滤网、燃油滤清器和油管路是否堵塞，若无泄漏和堵塞故障，应更换电动燃油泵。
- 若油压表指示压力过高，应检查回油管路是否堵塞。若回油管路正常，说明燃油压力调节器有故障，应更换。

⑥如果测试燃油供给系统压力符合标准，使发动机运转至正常工作温度后，重新接上燃油压力调节器上的真空软管，油压表指示压力应略有下降（约 0.05MPa），否则应检查真空管路是否堵塞或漏气；若真空管路正常，说明燃油压力调节器有故障，应更换。

⑦使发动机熄火，燃油泵停止工作，等待 10min 后，观察油压表压力（即燃油供给系统残余压力）：多点喷射系统压力应不低于 0.20MPa，单点喷射系统压力应不低于 0.05MPa。若压力过低，应检查燃油系统是否有泄漏，若无泄漏，说明燃油泵出油阀、燃油压力调节器回油阀或喷油器密封不良。

⑧检查完毕后，释放燃油供给系统压力，并拆下油压表，装复燃油系统。然后，预置燃油供给系统压力，并起动发动机检查有无泄漏。

5. 残余压力检测

要点

- 保证电源电压正常。
- 接通点火开关，发动机怠速运转，使油压表压力达到额定值。
- 断开点火开关，等待 10min 后，油压表压力必须高于 220kPa。
- 如果压力低于 220kPa，则重复接通点火开关，让发动机怠速运转，使油压表压力达到额定值。
- 断开点火开关，夹住回油管，同时观察油压表压力，等待 10min 后，如表压力高于 200kPa，说明油压调节器失效，应予更换。
- 如果燃油压力低于 200kPa，说明输油管、喷油器有泄漏或燃油泵单向阀故障或喷油器进油口 O 形密封圈失效，需逐项进行检修。

（二）电动燃油泵的故障诊断与维修

1. 电动燃油泵的常见故障

电动燃油泵本身最常见的故障是滤网堵塞、泵内安全阀泄漏和电动机故障，电动燃油泵因磨损而泵油压力不足的故障则较少见。燃油泵的常见故障及引起的故障现象如表 2-1 所示。

表 2-1　燃油泵的常见故障及引起的故障现象

故障部位	对电控燃油喷射系统的影响	引起的故障现象
安全阀漏油或弹簧失效	供油压力偏低，供油量不足	发动机工作不平稳或不工作发动机加不起速，发动机无力
单向阀漏油	输油管路不能建立残压	发动机起动困难
进油滤网堵塞	供油不足，燃油泵有时发出尖叫声	发动机高速“喘振”、无高速、加速不良、严重时怠速不稳
电动机烧坏	无燃油供应	发动机不工作
油泵磨损	泵油压力不足	发动机起动困难、动力不足、加速不良

2. 燃油泵电路检测

燃油泵电路检测前，应保证蓄电池电压正常，燃油泵熔丝和汽油滤清器良好。检测方法及步骤：

①接通点火开关，加油口处应能听到瞬间燃油泵运转声（由于燃油泵运转声很小，检测时应避免周围有噪声），或发动机回油管处应有明显的回油声。

②若听不见运转声，则应断开点火开关，检查燃油泵继电器及燃油泵熔丝是否良好。

③若燃油泵熔丝良好，则用万用表检测继电器电源端子与地线之间的电压，标准电压应当等于蓄电池电压，拔下油泵继电器 ，继电器线圈接柱外接电源，检查供电接柱的导通情况，如图 2-31 所示。

a）油泵继电器实物

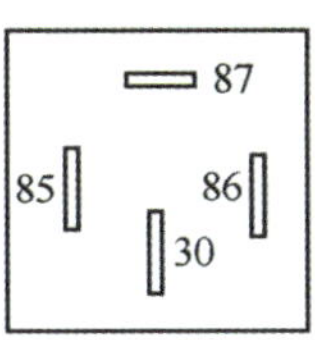

b）继电器端子

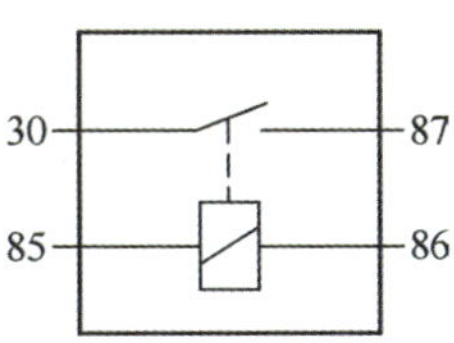

c）继电器电路

图 2-31　油泵继电器外形及电路

④若熔丝和继电器都完好，则用故障诊断仪驱动油泵，应能听到

燃油泵运转声。

⑤如果听不见运转声，拧下行李箱地毯下面连接法兰护板上的螺栓，小心地松开并拔下油泵插头。将万用表接到触点 1 和 4 之间，如图 2–32 所示，打开点火开关，瞬间应约为蓄电池电压。如果不符合，应检查供电及接地线是否良好。

⑥如果达到规定电压值，但听不见泵的运转声，拆下燃油泵，如图 2–33 所示，应检查法兰与燃油泵之间的导线是否断路。如果导线无故障，则说明燃油泵损坏。

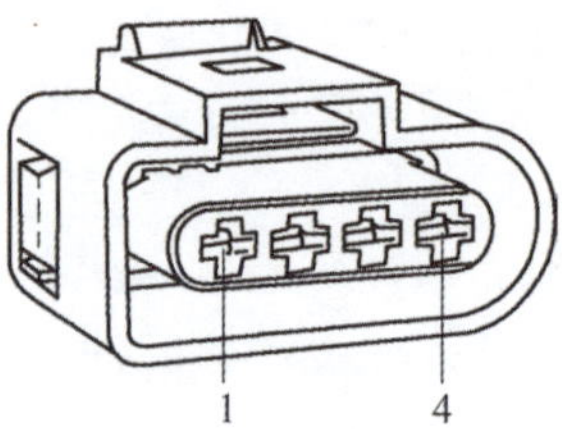

图 2-32　4 孔插头触点

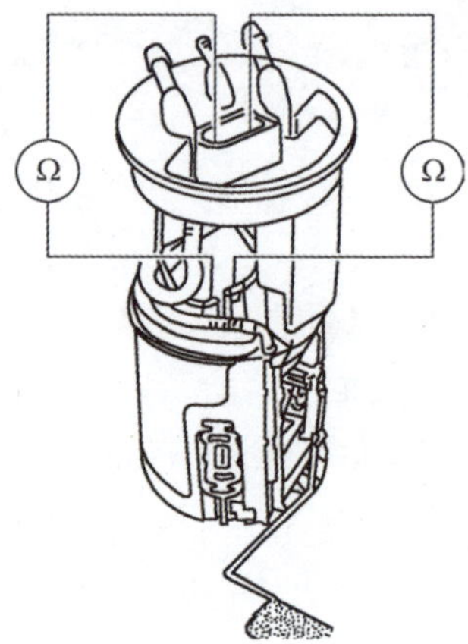

图 2-33　检查法兰与燃油泵之间的导线

3. 燃油泵的供油量检查

检测前必须满足蓄电池电压不低于 12V；燃油滤清器正常；燃油泵熔丝及继电器正常等条件。燃油泵供油量检测方法和步骤：

①关闭点火开关。

②从燃油分配管上拔下输油管，如图 2–34 所示。

③将一辅助软管接到燃油分配管上，然后将软管的另一端放入一量杯中。

④利用故障诊断仪执行原件测试功能驱动油泵。

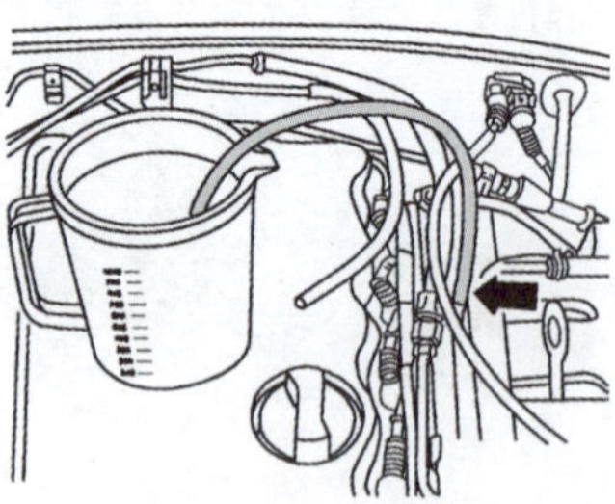

图 2-34　发动机燃油泵供油量

⑤驱动油泵工作 30s，观察排出的油量。额定值是 0.58L/30s，如果低于额定供油量，应检查油管、滤

清器、汽油泵是否有阻塞。

维修提示：

● 注意：在维修燃油系统前，先拆卸燃油箱盖并释放燃油系统压力，以减小人员受伤的风险。

释放燃油系统压力后，在维修燃油管路、喷油泵或接头时，会溢出少量燃油。在断开管路或接头前用棉丝抹布盖住燃油系统部件，以便吸附泄漏的燃油。当断开连接后，将棉丝抹布放入许可的容器内。

4. 燃油泵的拆装

以桑塔纳 2000 轿车的电动燃油泵为例，介绍其拆装过程。

维修提示：

● 注意：断开油管前应进行泄压，即可以拔掉油泵熔丝，起动发动机，熄火后连打两次起动机，直到发动机无法起动。

（1）电动燃油泵的拆卸

①关闭点火开关，拔下蓄电池接地线。

②拆下行李箱内地毯下的汽油箱密封凸缘的盖板。

③从密封凸缘上拔下进油管、回油管和通气管，再拔下导线插头，如图 2-35 所示。

④用专用工具旋下大螺母，如图 2-36 所示。

⑤从油箱开口处拉出密封凸缘和橡胶密封件。

⑥拔下密封凸缘内的燃油表导线插头。

⑦将专用工具插入到油箱内燃油泵壳体上的拆装缺口上，旋松燃油泵，如图 2-37 所示。

⑧从油箱中拉出燃油泵。

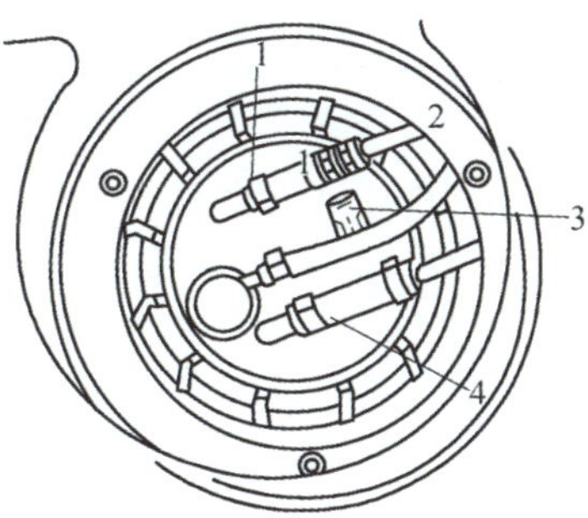

图 2-35　拔下电线插头

1 —回油管　2 —通气管
3 —导线插头　4 —进油管

维修提示：

- 注意：拆卸前，必须进行系统泄压；安装后，应进行系统预置油压。

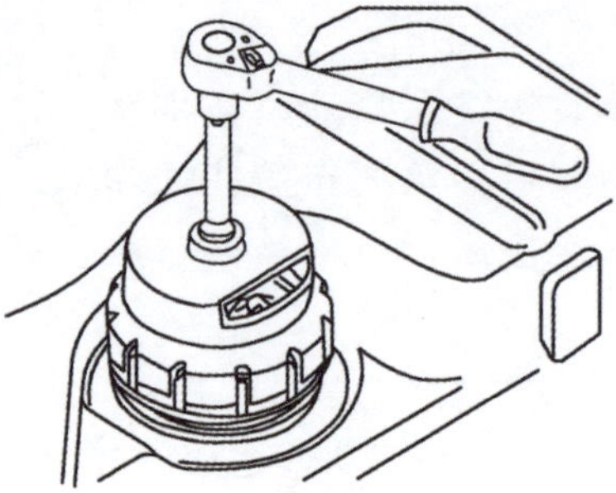

图 2-36　用专用工具旋下大螺母

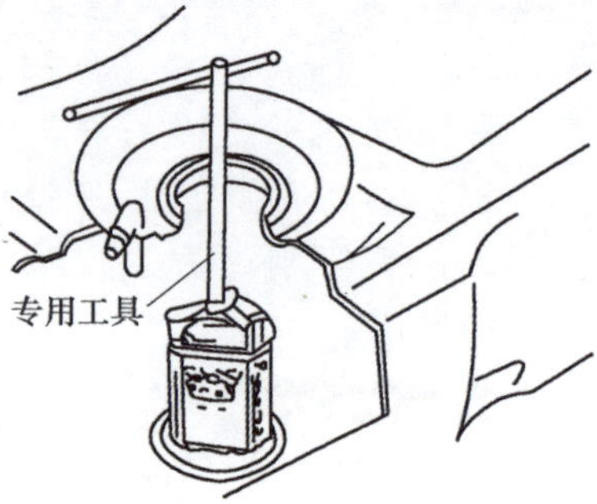

图 2-37　拆卸燃油泵

（2）电动燃油泵的安装

①检查燃油泵及附件要齐全、完好，如图 2-38 所示。

②将输油管和回油管以及接头插入到燃油泵上，并保证软管接头连接紧固。

③将燃油泵插入到汽油箱内，并用专用工具将燃油泵拧紧在固定位置上。

④安装好密封圈。

维修提示：

- 注意安装密封圈时应用汽油将密封圈润湿。

⑤将密封凸缘连同浮子和燃油传感器插入油箱内并压到底。注意：密封凸缘上的箭头必须对准油箱上的箭头，如图 2-39 所示。

⑥用专用工具拧紧大螺母。

⑦接上密封凸缘上部的进油管和回油管以及导线接头。

维修提示：

- 注意：汽油或汽油蒸气高度易燃。为避免火灾或爆炸危险，更换油泵时，请在附近准备一个干式化学灭火器。

（三）燃油压力调节器的维修

燃油压力调节器可就车检查进行检查，检查方法如下：

①将油压表接入燃油管路，用一根短导线将电动燃油泵的两个检测插孔短接，打开点火开关（旋到 ON 位置）并保持 10s，让电动燃油泵运转。

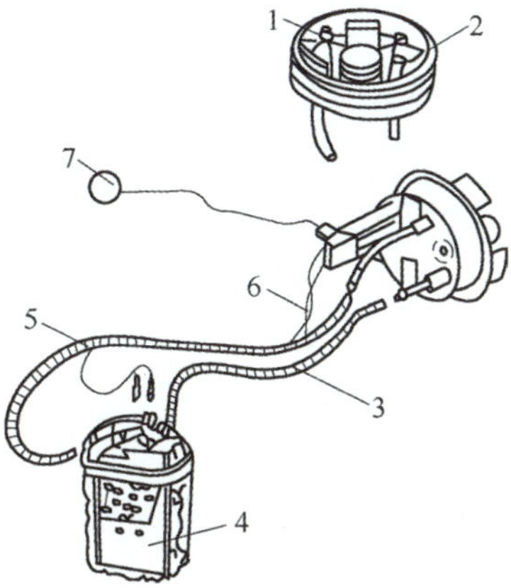

图 2-38　燃油泵及附件

1 —透气管（通向活性炭罐）
2 —密封凸缘　3 —回油管　4 —燃油泵
5 —进油管　6 —导线　7 —浮子

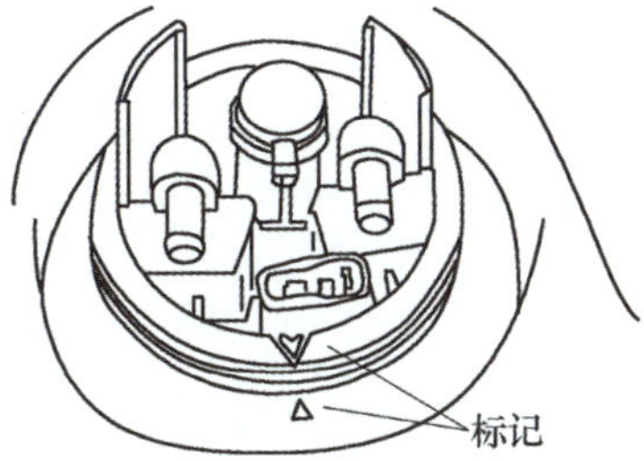

图 2-39　密封凸缘与汽油箱正对标记

②关闭点火开关，拔去检测孔上的短接导线。用包上的软布钳子将油压调节器的回油管夹紧，5min 后观察燃油压力，该压力称为油压调节器的保持压力。

③如果该压力仍然低于燃油系统保持压力的标准（如 147kPa），则说明燃油系统保持压力过低的故障不在油压调节器；相反，若此时压力大于 147kPa，则说明油压调节器有泄漏，应更换。

④将燃油压力表接在燃油管上，测量发动机运转时的压力。怠速运转时的燃油压力应在 250kPa 左右。拔下油压调节器真空软管，并检测燃油压力。此时的燃油压力应比怠速运转时的燃油压力高 20kPa 左右。如压力不符合要求，应更换油压调节器。

（四）燃油供给系统常见故障诊断

发动机电控系统中的燃油供给系统常见故障有油压过高、油压过低等，会造成发动机起动困难、加速无力或加速熄火等现象。

1. 油压过低故障诊断

油压过低故障诊断流程如图 2-40 所示。

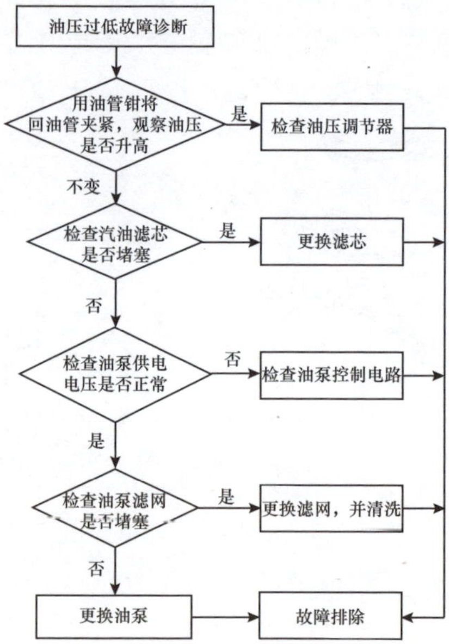

图 2-40　油压过低故障诊断流程

2. 油压过高故障诊断

油压过高故障诊断流程如图 2-41 所示。

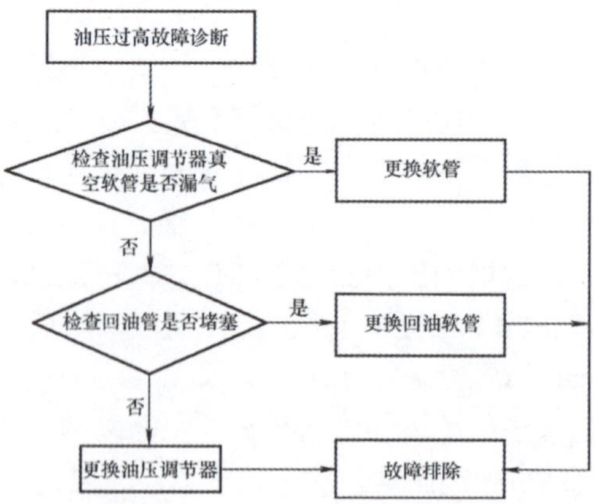

图 2-41　油压过高故障诊断流程

第三节 控制系统结构与维修

一、控制系统结构

（一）传感器

1. 空气流量计（英文缩写为 MAF）

空气流量计也称空气流量传感器，用于 L 型发动机电控系统中，其作用是将单位时间内吸入发动机气缸的空气量转换成电信号并输送给 ECU，作为决定喷油量和点火正时的基本信号之一。按结构形式和检测进气量的原理不同，空气流量计可分为叶片式、热线式、热膜式和卡门旋涡式四种类型。一般安装在空气滤清器和节气门体之间。

（1）叶片式空气流量计 叶片式空气流量计又称翼片式空气流量计、翼板式空气流量计，在发动机电控系统中，最早采用的空气流量计就是叶片式空气流量计，其主要由检测部件、电位计、调整部件、接线插座和进气温度传感器等组成，如图 2-42 所示。叶片 7 和缓冲叶片 4 制成一体，称为检测部件，安装在空气流量计壳体内的转轴上，转轴的一端装有回位弹簧 9，电位计 1 安装在空气流量计壳体的上方，电位计的滑动触点与叶片为同轴结构。

①叶片的作用是在空气流作用下而转动，通过转动角度的大小而测量进入的空气量。

②转轴及回位弹簧的作用是使叶片复位并平衡空气对测量叶片的推力。

③电位计：由滑动触点和镀膜电阻组成，在测量叶片的作用下，产生电压信号，并输送给 ECU。

④调整螺钉：可调节主空气道与旁通空气道的大小，以调节发动机工作时的混合气浓度。

⑤接线插座：一般为七端子插座，端子代号标示在插座护套的相应位置上。

⑥缓冲叶片：利用缓冲室内的空气对缓冲叶片的阻尼作用，可减小发动机进气量急剧变化时引起的测量叶片脉动，以提高空气流量计的测量精度。

a）实物

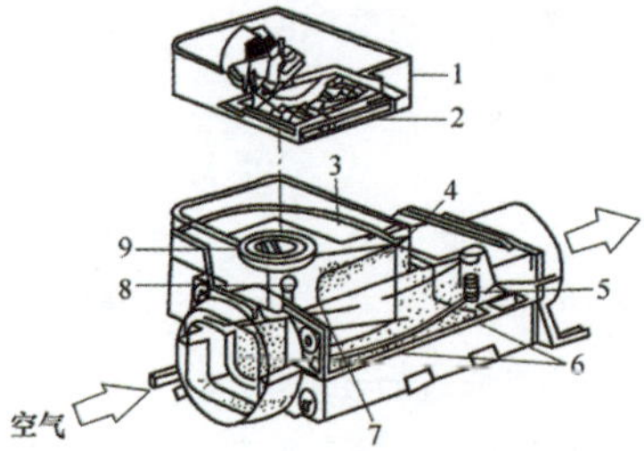

b）结构组成

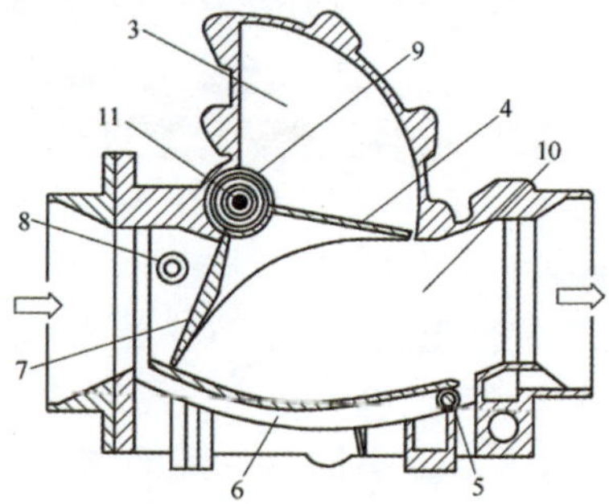

c）工作原理

图 2-42　叶片式空气流量计结构图

1 —电位计　2 —线束插接器　3 —缓冲室　4 —缓冲叶片　5 —调整螺钉　6 —旁通空气道　7 —测量叶片　8 —进气温度传感器　9 —回位弹簧　10 —主空气通道　11 —电位计转轴

叶片式空气流量计的控制电路如图 2-43 所示。发动机工作时，空气流推动叶片转动，同时带动电位计滑动触点转动，使电位计滑动触点（信号端子 V_S）与电源端子 V_C 之间的电阻值发生变化，电压 U_S 也发生变化。当空气流增加时，V_C 与 V_S 之间的电阻增大，输出电压 U_S 变大；当空气流减少时，V_C 与 V_S 之间的电阻值减少，输出 U_S 电压降低；电位计将相应的电压值，输送给 ECU，以确定发动机进气量的大小。

（2）热线式空气流量计

①热线式空气流量计的类型及组成。热线式空气流量计有两种：第一种是将热线电阻安装在主进气道中，称为主流测量方式的热线式空气流量计；第二种是将热线电阻安装在旁通气道中，称为旁通测量方式的热线式空气流量计。主要由防护网、采样管、热线电阻、温度补偿电阻和控制电路等组成，如图 2-44 所示。

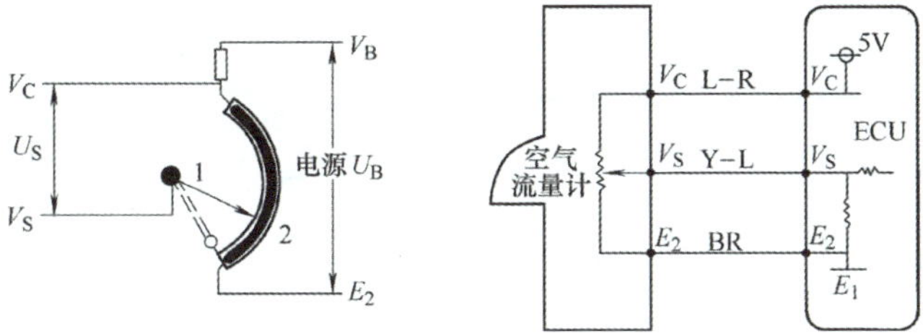

图 2-43　叶片式空气流量计的控制电路

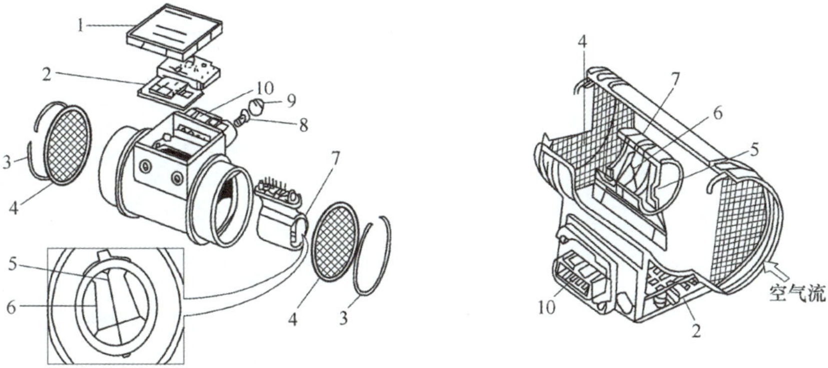

a）零件分解图　　b）剖面图

图 2-44　热线式空气流量计结构

1—密封盖　2—电路板　3—卡环　4—防护网　5—补偿电阻
6—热线电阻　7—取样管　8—螺钉　9—防护塞　10—线束插接器

②热线式空气流量计的控制电路。热线式空气流量计的控制电路如图 2-45 所示，当空气流流经发热元件使其冷却时，发热元件温度降低，阻值减少，电桥电压失去平衡，控制电路将增大共给发热元件的电流，使其温度保持高于温度补偿电阻温度 12℃。当电桥电流增大时，取样电阻 R_S 上的电压就会升高，从而将空气流量的变化转换为电压信号 U_S 的变化。信号电压输入 ECU 后，ECU 便根据信号的高低计算出空气流量的大小。

当发动机怠速时，空气量少，发热元件受到的冷却程度小，阻值变化小，保持电桥平衡所需的电流小，故取样电阻上的信号电压低；当发动机负荷大时，空气流量增大，发热元件受到的冷却程度增大，阻值变化大，信号电压升高。

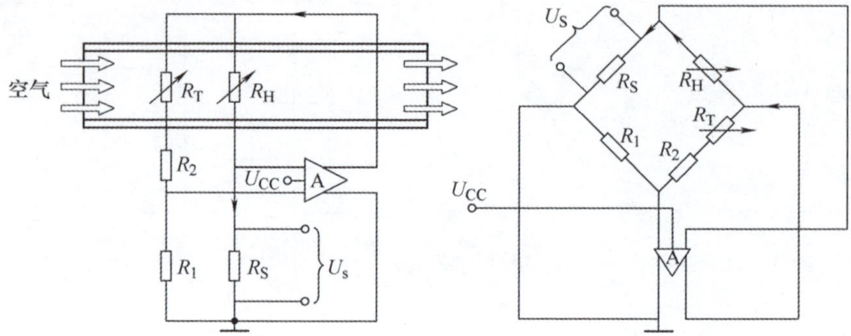

a）控制电路　　b）电桥电路

图 2-45　热线式空气流量计电路

R_H —温度补偿电阻　R_H —发热元件电阻　Rs —取样电阻
R_1、R_2 —精密电阻　Ucc —电源电压　Us —信号电压　A —控制电路

温度补偿电阻（进气温度传感器）感知进气温度，如图 2-46 所示。当进气温度低时，发热元件的温度变化增大，则使发热元件的电流增大，为了保持电桥平衡，温度补偿电阻上的电流也相应增大，以保证发热元件温度与补偿电阻温度之差保持恒定，使测量进气量的精度不会受到进气温度的影响。在一些 MAF 内还装有高温烧熔继电器及相关电路，具有自洁功能。当 ECU 接收到发动机熄火信号时，ECU 将自动接通此电路，将热丝加热到 1000℃并持续 1s，使沾附在热丝上的尘埃烧掉。

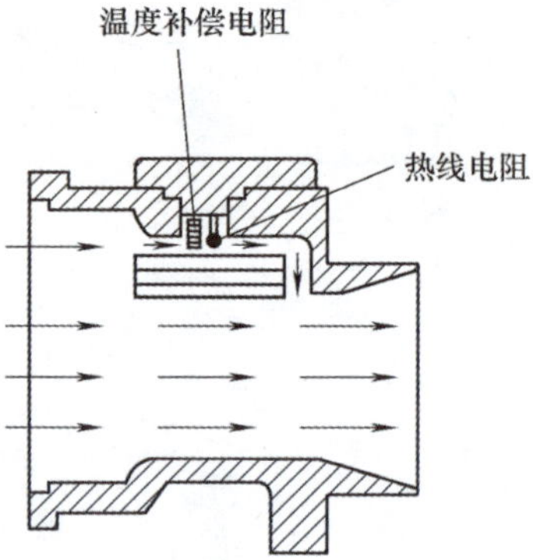

图 2-46　热线式空气流量计中温度补偿电阻的位置

（3）热膜式空气流量计　热膜式空气流量计是热线式空气流量计的改进产品，其发热元件采用平面形铂金属膜电阻器，故称为热膜电阻。结构如图 2-47a 所示。热膜电阻是在氧化铝陶瓷基片上采用蒸发工艺淀积铂金属薄膜，制成梳状图形的电阻，在其表面覆盖一层绝缘保护膜，再引出电极而成。在空气流量计内部的进气通道上设有一个矩形护套，热膜电阻设在护套中。在护套的空气入口侧

设有空气过滤层，用以过滤空气中的污物。

在热膜电阻附近设有温度补偿电阻，温度补偿电阻和热膜电阻成电桥控制电路，控制电路与线束连接器插座连接，如图 2-47b 所示。控制原理与热线式空气流量计相同。

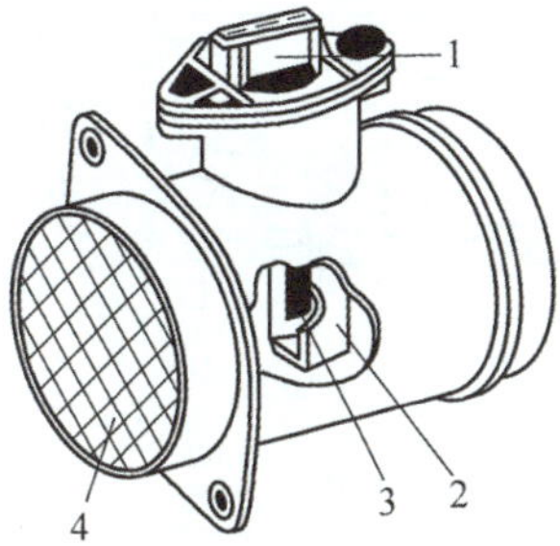

a）外形

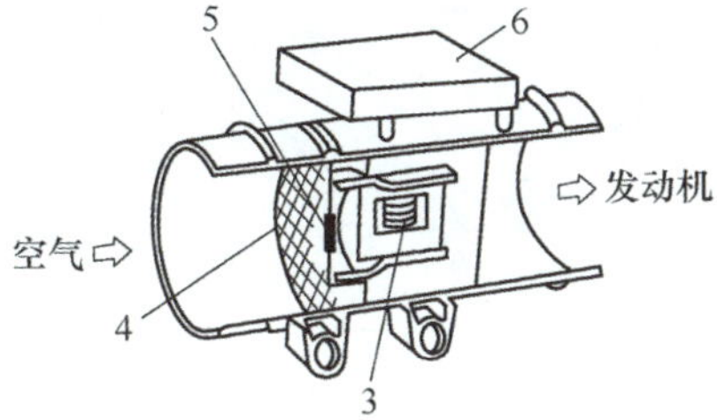

b）结构组成

图 2-47　热膜式空气流量计

1—接线插座　2—护套　3—金属膜　4—防护网　5—温度补偿电阻　6—控制电路

与热丝式流量传感器相比，热膜电阻的阻值较大，所以消耗电流较小，使用寿命较长。但是，由于其发热元件表面制做有一层绝缘保护薄膜，因此不会因沾有尘埃而影响测量精度，但存在辐射热传导作用，因此响应特性稍差。

（4）卡门旋涡式（也称卡曼涡旋式）空气流量计　卡门旋涡式空气流量计有光电检测漩涡式和超声波检测漩涡式两种类型。

光电检测漩涡式空气流量计结构如图 2-48 所示，主要由涡流 发生器、发光二极管 LED、光敏晶体管、反光镜、集成电路和进气温度传感器等组成。控制电路如图 2-49 所示，当空气流经涡流发生器时，会在涡流发生器的后部产生有规律的旋涡，从而导致涡流发生器两侧的空气压力发生变化。变化的压力经导压孔引向金属膜制成的反光镜使反光镜产生振动，其振动频率与涡流发生的频率相等，而涡流发生频率与空气流速成正比；反光镜再将发光二极管投射的光反射给光敏晶体管，光敏晶体管受到光照射时导通，不受光照射时截止，光敏晶体管的导通和截止频率与漩涡频率成正比。此信号输送给 ECU，ECU 则根据此信号确定发动机的进气量的大小。

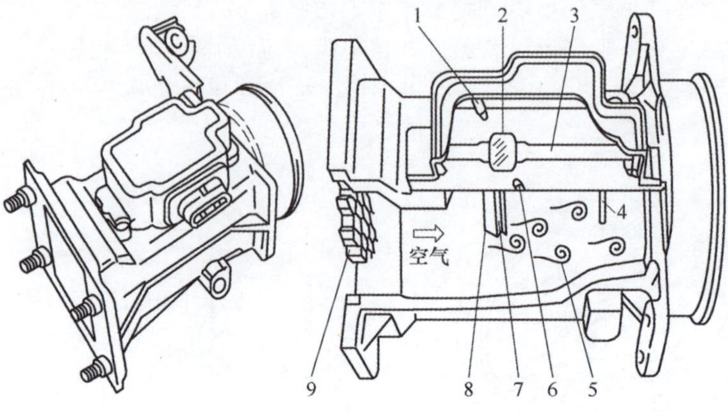

a）外形　　b）结构组成

图 2-48　光电检测旋涡式空气流量计

1 —发光二极管　2 —反光镜　3 —张紧带　4 —进气温度传感器　5 —涡流　6 —光敏晶体管　7 —导压孔　8 —涡流发生器　9 —整流网栅

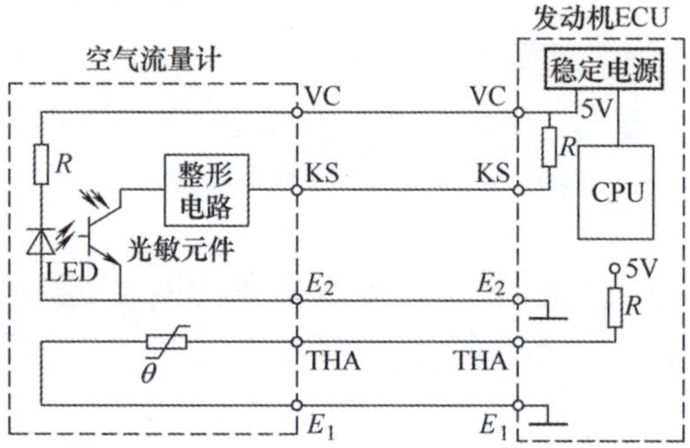

图 2-49　卡门旋涡式 MAF 控制电路

超声波检测旋涡式空气流量计主要由超声波发生器、涡流发生器、超声波接收器和控制电路等组成，其结构如图 2-50 所示。

超声波检测旋涡式空气流量计的控制电路如图 2-51 所示，发动机工作中，当空气流经涡流发生器时，产生有规律的涡流，超声波接收器接收信号并将其转变成机械波，再利用压电原理将机械波转换成电信号，此信号与涡流发生的频率成正比，再输送给 ECU，则 ECU 根据此信号确定发动机的进气量的大小。

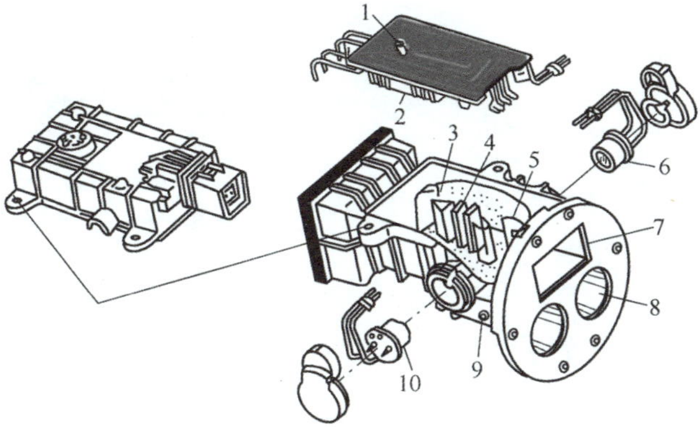

图 2-50　超声波检测旋涡式空气流量计结构图

1 —大气温度传感器　2 —控制电路　3 —涡流发生器　4 —涡流稳定板　5 —涡流　6 —超声波接收器　7 —主空气道　8 —旁通空气道　9 —进气温度传感器　10 —超声波发生器

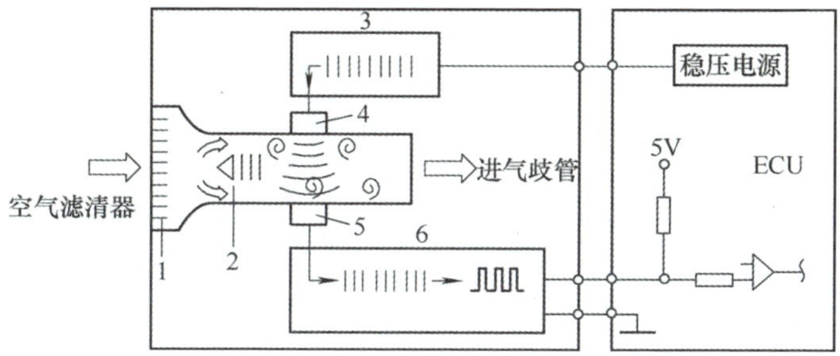

图 2-51　超声波检测旋涡式空气流量计电路

1 —整流网 2 —涡流发生器 3 —超声波 4 —超声波发生器 5 —超声波接收器 6 —信号处理电路

2. 进气压力传感器（英文缩写为 MAP）

进气压力传感器的作用是测量进气管压力，并将信号输入 ECU，作为燃油喷射和点火控制的主控制信号。基本结构形式有两种：一种是压敏电容式，常见于福特公司生产的汽车上；另一种是压敏电阻式，普遍应用于 D 型电控燃油喷射系统中。

（1）压敏电阻式 MAP 结构和原理　压敏电阻式 MAP 主要由绝对真空室、硅片（膜片）底座、真空管接头、引线电极和 IC 放大电路组成，结构如图 2-52 所示。

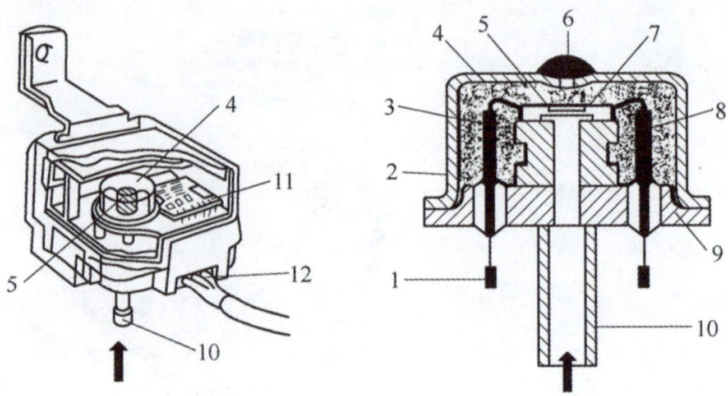

a）结构　　b）原理

图 2-52　压敏电阻式进气管绝对压力传感器

1—接线端子　2—壳体　3—硅杯　4—真空室　5—硅片　6—封口　7—电阻　8—电极　9—底座　10—真空管　11—IC 电路　12—线束插接器

硅片的一侧是真空室，压力是固定的，而另一侧与进气歧管相联，压力是变化内的。当发动机怠速时，进气歧管内压力小，使硅片变形小，产生的信号电压小；当发动机大负荷运转时，硅片的变形量增大，产生的信号电压也增大。所以，硅片是一个压力转换元件（压敏电阻），其电阻值随其变形量而变化，导致硅片所处的电桥电路输出电压发生变化，电桥电路输出的电压（很小）经 IC 放大电路放大后输送给 ECU。

（2）压敏电容式 MAP 结构和原理　压敏电容式 MAP 位于传感器壳体内脏的弹性膜片用金属制成，弹性膜片上、下两个凹玻璃的表面也均有金属涂层，这样在弹性膜片与两个金属涂层之间形成两个串联的电容，膜片上腔为真空室，下腔通进气管，如图 2-53 所示。

当发动机工作时，进气管内的空气压力作用于弹性膜片上，使弹性膜片产生位移，弹性膜片与两个金属涂层之间的距离发生变化，这样，两个电容的电容量也发生变化，电容量的变化量与弹性膜片的位移成正比，电容量的变化量再经过测量电路转换成电压信号输送给 ECU。当发动机怠速运转时，下腔压力小，电容的变化量小，产生的信号电压也小；当发动机大负荷运转时，下腔压力大，电容的变化量大，产生的信号电压也增加。

a）外形

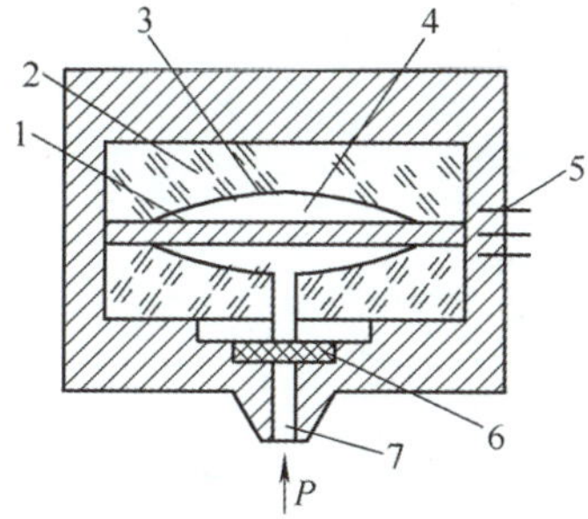

b）原理

图 2-53　电容式进气管绝对压力传感器

1—弹性膜片　2—凹玻璃　3—金属涂层　4—真空室
5—端子　6—滤网　7—真空管　8—线束插接器

3. 节气门位置传感器（英文缩写为 TPS）

节气门位置传感器，安装在节气门体轴上，其作用检测节气门的开度及开度变化，并转变成电信号，输送给 ECU，ECU 根据 TPS 信号来判别发动机的工况，根据工况不同来控制喷油时间。在自动变速器车上，TPS 信号同时输入给变速器电脑，来控制变速器换档时机和变矩器锁止时机。根据结构和原理不同，可分为可变电阻式、触点式和组合式三种。

（1）可变电阻式 TPS 结构与原理　可变电阻式节气门位置传感器是一个由节气门轴驱动的可变电阻，如图 2-54 所示。有三个端子，A 端子给传感器提供 5V 标准电压，B 端子将电压信号输送给 ECU，C 端子接地。节气门全关时应约为 0.5V，随节气门的开度增大输出信号电压增加，节气门全开时应接近 5V。

（2）触点式 TPS 结构与原理　部分车型采用触点式节气门位置传感器，此类型 TPS 主要由活动触点、怠速触点、功率触点、节气门轴等组成，如图 2-55 所示。活动触点随节气门轴一起转动，且在导向凸轮槽内移动，导向凸轮由固定在节气门轴上的控制杆驱动，通过活动触点所处的不同位置，ECU 可确定发动机工况，从而计算出对应的喷油量。

触点式 TPS 有三个连接端子，1 号端子给传感器提供 5V 标准电压，2 号端子将电压信号输送给 ECU，3 号端子接地。节气门全关时应约为 0.5V，随节气门的开度增大输出信号电压增加，节气门全开时应约为 5V。

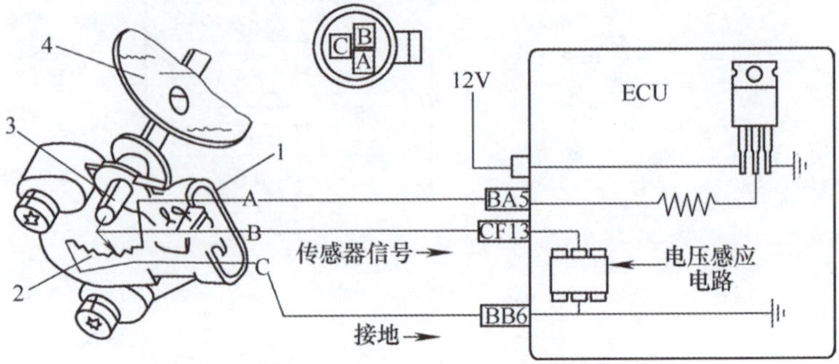

图 2-54 电位计式节气门位置传感器

1 —线束连接器 2 —滑动变阻器 3 —节气门轴 4 —节气门

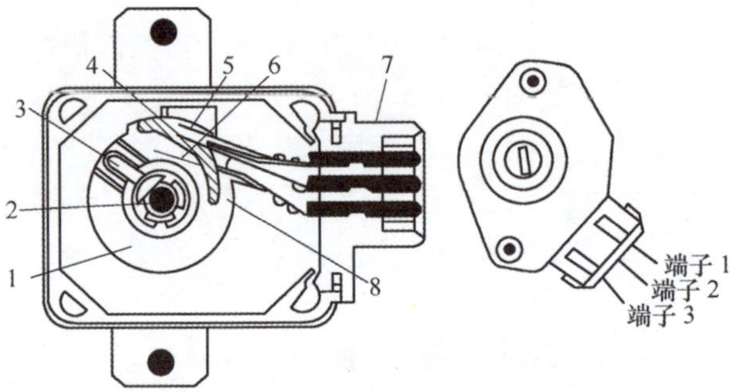

a）结构 b）外形

图 2-55 触点式节气门位置传感器

1 —导向凸轮 2 —节气门轴 3 —控制杆 4 —活动触点
5 —怠速触点 6 —功率触点 7 —线束插接器 8 —导向凸轮槽

（3）组合式 TPS 结构与原理 组合式节气门位置传感器由可变电阻、怠速触点、活动触点等组成，可变电阻的滑臂随节气门轴一同转动，并与输出端子 V_{TA} 相连，如图 2-56 所示。该传感器有四个端子，V_C 端子给传感器提供 5V 标准电压，V_{TA} 端子将电压信号输送给 ECU，IDL 端子输出怠速触点工作信号，E_2 端子接地。当节气门关闭或开度小于 1.2° 时，怠速触点闭合，IDL 端子输出 0V 电压；当节气门开度大于 1.2° 时，怠速触点断开，IDL 端子输出 5V 电压；当节气门开度变化时，V_{TA} 端子输出一个变化的信号电压，且随节气门的开大，输出电压越高。

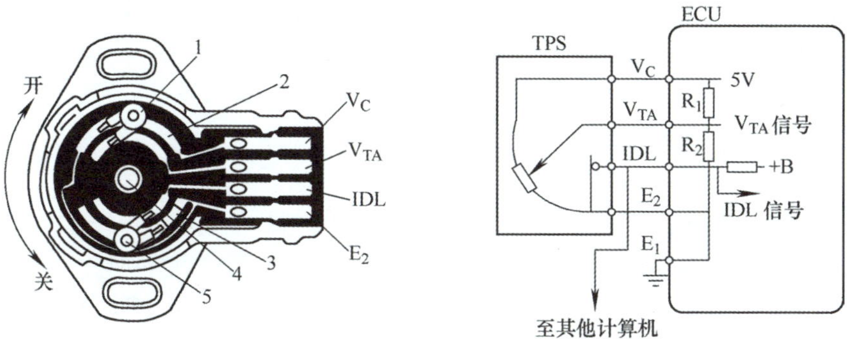

a）结构图　　b）电路图

图 2-56　组合式节气门位置传感器

1 —活动触点　2 —提供 5V 标准电压　3 — 绝缘部件　4 —节气门轴　5 —怠速触点

4. 进气温度传感器和冷却液温度传感器

（1）温度传感器作用和类型　进气温度传感器和冷却液温度传感器是 EFI 系统中重要的温度传感器，能反映发动机的热负荷状态。进气温度传感器（英文缩写为 IATS）安装在进气管路中，作用是检测进气温度，并将温度信号变化为电信号，输送给 ECU，是喷油和点火的修正信号。冷却液温度传感器（英文缩写为 CTS）安装在发动机冷却液出水管上，作用是检测发动机冷却液的温度，并转变为电信号，输送给 ECU，是喷油和点火的修正信号。

> **要点**
>
> - 温度传感器常见类型有热敏电阻式、半导体晶体管式和金属丝式等。
> - 热敏电阻式又分为正温度系数型（PTC）和负温度系数型（NTC）两种，而汽车上的进气温度传感器和冷却液温度传感器都属于正温度系数型（PTC）的。

（2）温度传感器结构与原理　热敏电阻式温度传感器的结构如图 2-57 所示，主要由热敏电阻、金属引线、接线插座和壳体等组成。接线插座有单端子式和双端子式，目前汽车电控系统多采用双端子接线插座。工作原理如图 2-58 所示，NTC 型热敏电阻具有温度升高时阻值减少；温度降低阻值增大的特性，而且是非线性关系。在 ECU 内部串联一个分压电阻，ECU 向热敏电阻和分压电阻组成的分压电路提供一个稳定的电压，一般为 5V，当被测对象的温度升高时，阻值减少，输出信号电压低；当被测对象的温度降低时，阻值增高，输出信号电压高。ECU 根据接受到的信号电压值，便可计算出对应的温度值，从而进行喷油和点火的修正控制。

5. 曲轴 / 凸轮轴位置传感器

曲轴位置传感器（英文缩写为 CPS）有时称为发动机转速传感器，用来检测曲轴转角和发动机转速信号，输送给 ECU，以便确定燃油喷射时刻和点火控制时刻。凸轮轴位置传感器（英文缩写为 CPS），用来检测凸轮轴位置信号，输送给 ECU ，以便 ECU 确定第一缸压缩上止点，从而进行顺序喷有控制和点火时刻控制；同时，还用于发动机起动时识别第一次点火时刻；因此也称为判缸传感器或相位传感器。

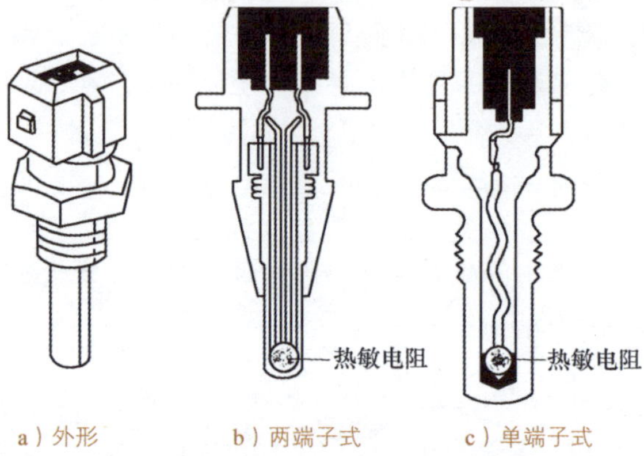

图 2-57　温度传感器的结构

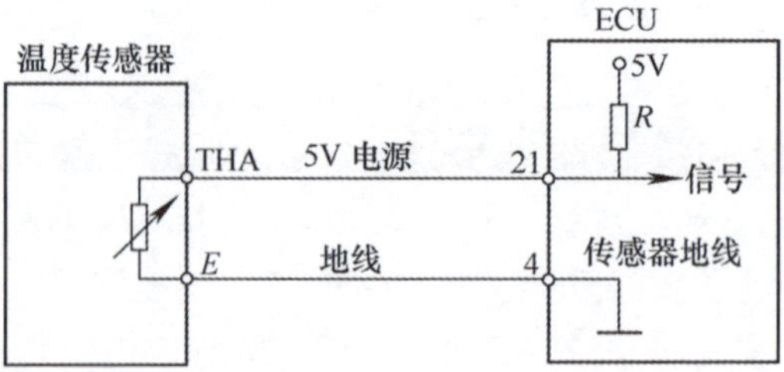

图 2-58　温度传感器的工作原理

要点

● 曲轴位置传感器和凸轮轴位置传感器有时安装在一起，有时又分别安装，只是各车型安装位置不同，如曲轴、凸轮轴、飞轮或分电器等处。

● 根据结构和工作原理不同，可分为电磁式、霍尔式和光电式三种类型。

（1）电磁式曲轴/凸轮轴位置传感器 电磁式传感器主要由信号转子、线圈和永久磁铁组成，如图2-59所示。磁力线路径为：永久磁铁N极→定子与转子间的气隙→转子凸齿→转子凸齿与定子磁头间的气隙→磁头→导磁板→永久磁铁S极。其工作原理：当信号转子旋转时，磁路中的气隙就会周期性的发生变化，磁路的磁阻和穿过信号线圈磁头的磁通量随之发生周期性的变化。根据电磁感应原理，线圈中就会感应产生交变电动势，如图2-60所示。

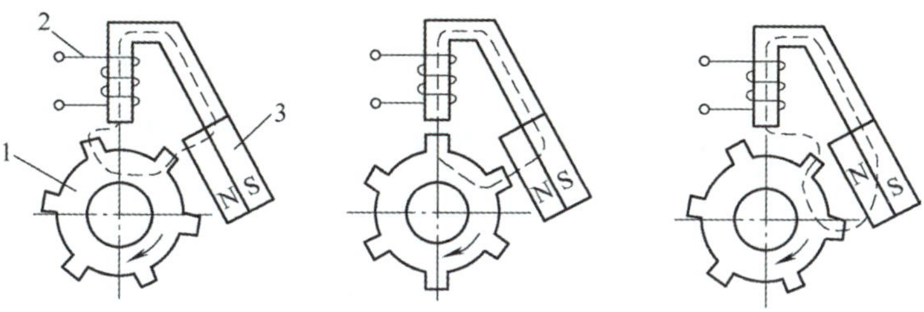

a）接近　b）对正　c）离开

图2-59　磁感应式传感器工作原理

1—信号转子　2—传感线圈　3—永久磁铁

当信号转子按顺时针方向旋转时，转子凸齿与磁头间的气隙减小，磁路磁阻减小，磁通量增多，直到转子凸齿接近磁头边缘时，磁通量中急剧增多，感应电动势增加到最大值，如图2-60中*b*点位置；当转子转过*b*点位置后，虽然磁通量仍在增多，但磁通变化率减小，因此感应电动势降低。

当转子旋转到凸齿的中心线与磁头的中心线对齐时，见图2-59b，虽然转子凸齿与磁头间的气隙最小，磁路的磁阻最小，磁通量最大，但是，由于磁通量不可能继续增加，磁通变化率为零，因此感应电动势为零，见图2-60中*c*点位置。

当转子沿顺时针方向继续旋转，凸齿离开磁头时，见图 2-59c，凸齿与磁头间的气隙增大，磁路磁阻增大，磁通量减少，所以感应电动势为负值，见图 2-60 中 *d* 点位置，当凸齿转到将要离开磁头边缘时，磁通量中急剧减少，感应电动势达到负最大值。所以，当信号转子每转过一个凸齿，线圈中就会产生一个周期的交变电动势，即电动势出现一次最大值和一次最小值，线圈也就相应地输出一个交变电压信号。

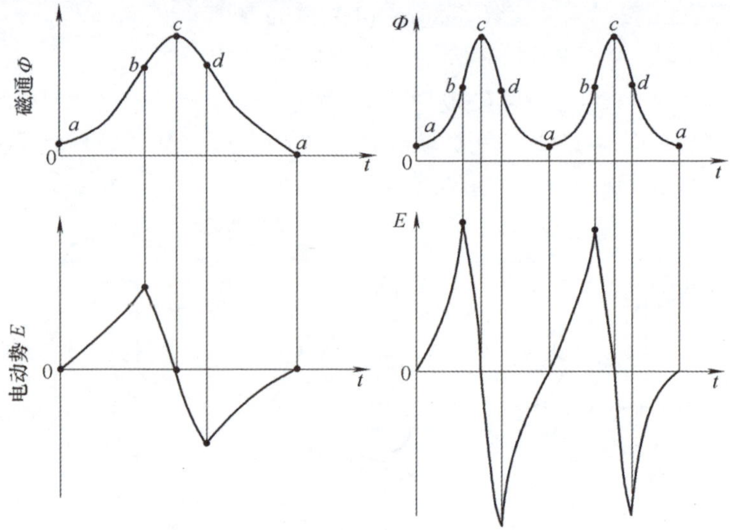

a）低速时输出波形　　b）高速时输出波形

图 2-60　传感线圈中磁通和电动势的波形

①桑塔纳 2000GSi 型轿车的电磁式 CPS（曲轴位置传感器）。桑塔纳 2000GSi 型轿车的电磁式 CPS 安装在曲轴箱内靠近离合器一侧的缸体上，主要由信号发生器和信号转子组成。信号发生器用螺钉固定在发动机缸体上，由永久磁铁、传感线圈和线束插头组成，永久磁铁带有一个磁头，其结构如图 2-61 所示。

信号转子的圆周上均匀地制成 58 个凸齿，其中有 57 个小齿缺和 1 个大齿缺。每个凸齿和小齿缺所占的曲轴转角均为 3°，大齿缺为 15°。信号转子每转过一个凸齿，线圈相应地输出一个交变电压信号，每当信号转子随曲轴转动一圈，线圈就会向控制单元 ECU 输入 58

个脉冲信号。因此，ECU 每接收到曲轴位置传感器 58 个信号，就可知道发动机曲轴旋转了一圈，计数 1min 内的信号，ECU 便可计算出曲轴转速。

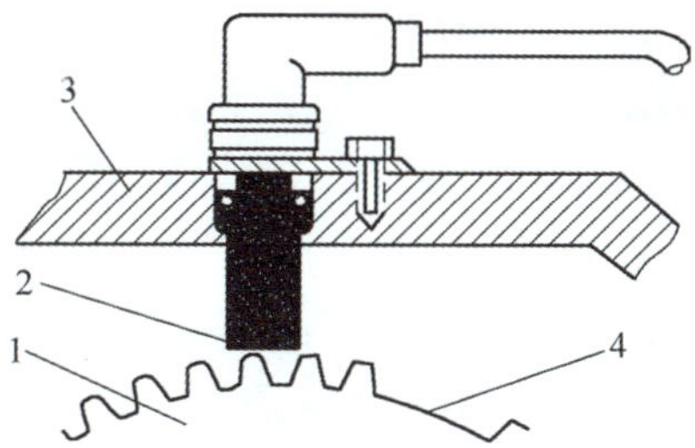

图 2-61　桑塔纳 2000GSi 型 CPS 结构
1 —信号转子　2 —传感器磁头
3 —缸体　4 —大齿缺

当大齿缺转过磁头时，信号电压所占的时间较长，即输出信号为一宽脉冲信号，如图 2-62 所示，该信号对应于 1 缸或 4 缸压缩上止点前一定角度。当 ECU 接收到宽脉冲信号时，便知道 1 缸或 4 缸上止点位置即将到来，ECU 再根据凸轮轴位置传感器输入的信号来确定是 1 缸或 4 缸上止点位置。由于信号转子上有 58 个凸齿，因此信号转子每转一圈（发动机曲轴转一圈），传感线圈就会产生 58 个交变电压信号输入电子控制单元。

②丰田皇冠轿车电磁式 CPS。丰田皇冠轿车电磁式 CPS 由分电器改进而成，其结构如图 2-63 所示，由上、下两部分组成。上部分称 G 转子，由一个凸齿和两个感应线圈 G1 和 G2；组成，用以产生第一缸上止点基准信号（G 信号）；下部分称 Ne 转子，由 24 个凸齿的和一个感应线圈组成，用以产生曲轴转角信号（Ne 信号）。

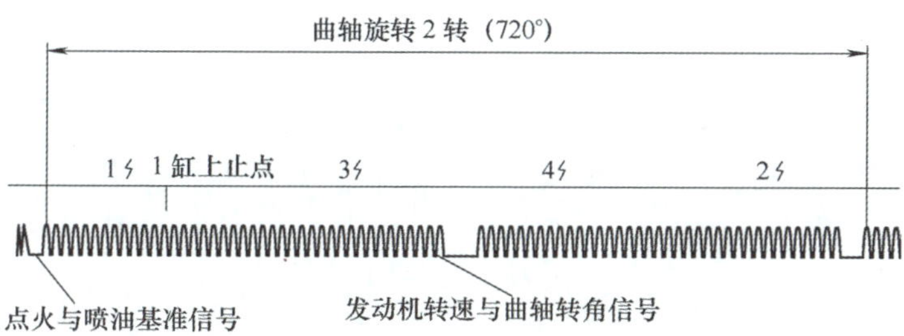

图 2-62　桑塔纳 2000GSi 型 CPS 输出信号

当发动机曲轴旋转时，凸轮轴驱动传感器信号转子旋转，转子凸齿与磁头间的气隙交替发生变化，传感线圈的磁通随之交替发生变化，在线圈中就会感应产生交变电动势，信号电压的波形如图 2-64 所示。

当转子旋转一圈时，Ne 转子传感线圈就会产生 24 个交变信号，G

转子传感线圈就会产生 1 个交变信号（1 个 G1 和和 1 个 G2 信号）。所以，ECU 每接收 Ne 信号发生器 24 个信号，即可知道曲轴旋转了两圈、分火头旋转了一圈，根据每个 Ne 信号周期所占时间，ECU 即可计算确定发动机曲轴转速和分火头转速；ECU 每接收 1 个 G1 信号，即可知道确定第六缸压缩上止点前 10° 位置，ECU 每接收 1 个 G2 信号即可确定第一缸压缩上止点前 10° 位置。

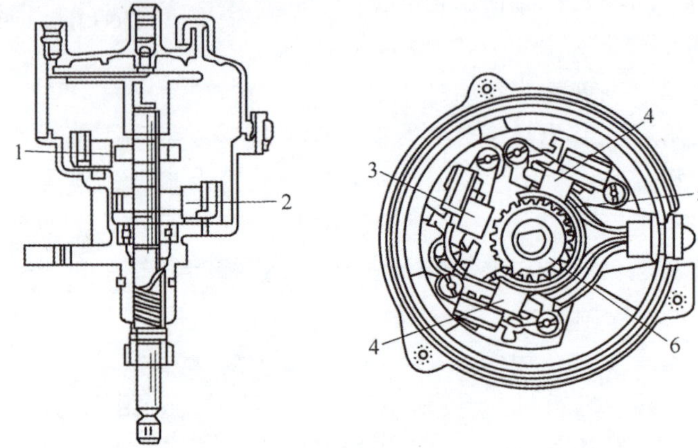

a）主视图　　b）俯视图

图 2-63　丰田皇冠 3.0 轿车电磁式 CPS 的结构

1 — G 信号发生器　2 — Ne 信号发生器　3 — Ne 传感线圈
4 — G2 传感线圈　5 — G2 信号转子　6 — G1 信号转子

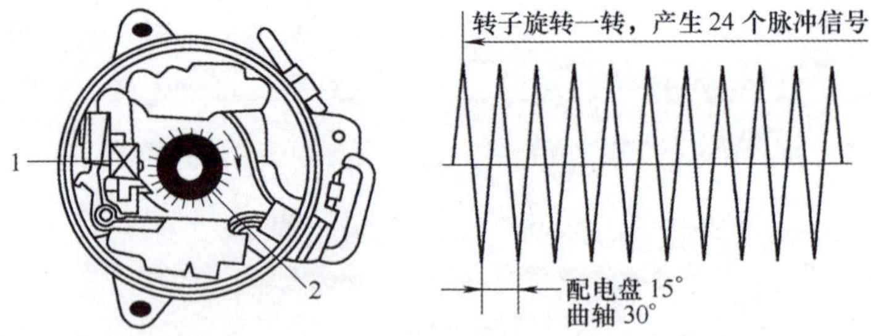

a）结构　　b）波形

图 2-64　电磁式 CPS 的信号发生器结构和输出波形

1 — Ne 传感线圈　2 — G2 信号转子

(2)霍尔效应式曲轴/凸轮轴位置传感器 利用霍尔元件制成的传感器称为霍尔效应式传感器，简称霍尔式传感器。霍尔式传感器输出电压信号近似于方波信号，且与被测物体的转速无关，但工作时需要外加电源。霍尔式传感器主要由触发叶轮、霍尔集成电路、导磁钢片（磁轭）与永久磁铁等组成，基本结构如图 2-65 所示。触发叶轮安装在转子轴上，叶轮上制有叶片（叶片数与发动机气缸数相等）。当触发叶轮随转子轴一同转动时，叶片便在霍尔集成电路与永久磁铁之间转动。霍尔集成电路由霍尔元件、放大电路、稳压电路、温度补偿电路、信号变换电路和输出电路等组成。

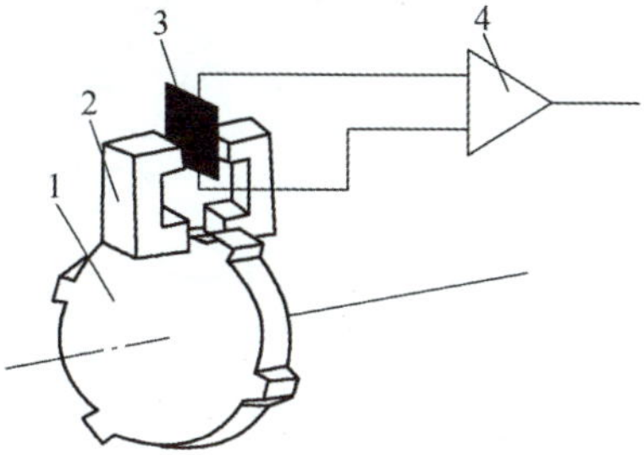

图 2-65 霍尔式传感器工作原理

1—转子 2—永久磁铁
3—霍尔晶体管 4—放大器

要点

● 当叶片进入气隙时，霍尔集成电路中的磁场被叶片旁路，霍尔电压为零，传感器输出的信号电压为高电平。

● 当叶片离开气隙时，永久磁铁的磁通便经霍尔集成电路和导磁钢片构成回路，此时霍尔元件产生电压，传感器输出的信号电压为低电平。

工作时，由 ECU 提供电源电流给霍尔元件，当触发叶轮的叶片便从霍尔集成电路与永久磁铁之间的气隙中转过，使磁场强度改变，霍尔晶体管产生的霍尔电压经放大后输送给 ECU。ECU 根据霍尔电压产生的时刻确定凸轮轴位置，根据霍尔电压产生的次数确定曲轴转角和发动机转速。

1）桑塔纳 2000GSi 型轿车的霍尔式 CPS（凸轮轴位置传感器）。桑塔纳 2000GSi 型轿车采用的霍尔式 CPS 安装在发动机进气凸轮轴的一端，主要由霍尔信号发生器和信号转子组成。信号转子又称为触发叶轮，安装在进气凸轮轴上，用定位螺栓和座圈定位固定，信号转子的隔板又称为叶片，如图 2-66 所示。

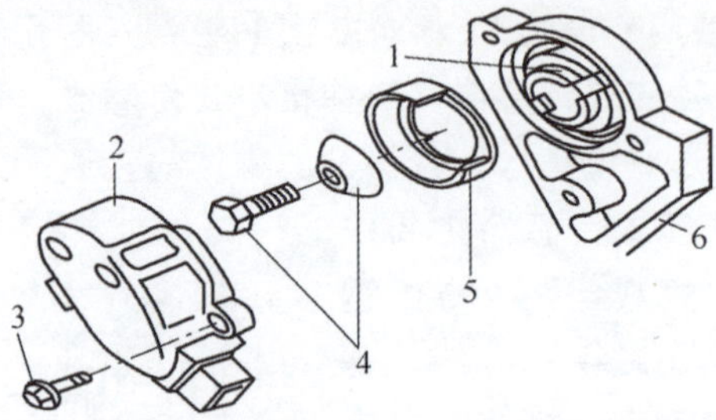

图 2-66　桑塔纳 2000GSi 型霍尔式 CPS 的结构

1 —进气凸轮轴　2 —凸轮轴位置传感器　3 —传感器固定螺钉
4 —定位螺栓和座圈　5 —信号转子　6 —缸盖

当隔板（叶片）进入气隙（即在气隙内）时，霍尔元件不产生电压，传感器输出高电平（5V）信号；当隔板（叶片）离开气隙，霍尔元件产生电压，传感器输出低电平信号（0.1V），如图 2-67 所示。发动机曲轴每转两转（720°），霍尔传感器信号转子就转一圈（360°），对应产生一个低电平信号和一个高电平信号，其中低电平信号对应于 1 缸压缩上止点前一定角度。

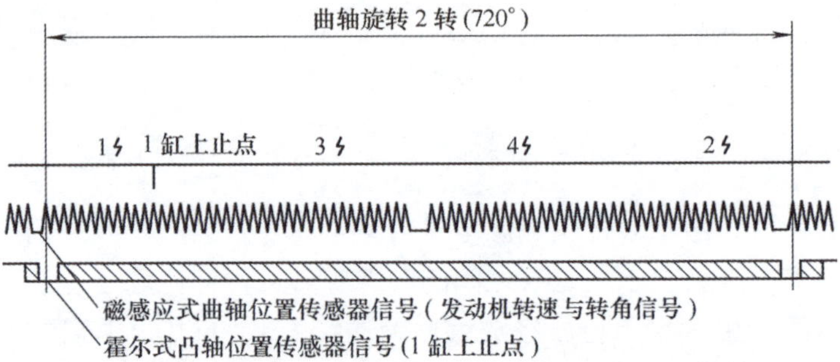

图 2-67　桑塔纳 2000GSi 曲轴 / 凸轮轴位置传感器输出波形的对应关系

发动机工作时，磁感应式 CPS 和霍尔式 CPS 凸产生的信号电压不断输入控制单元 ECU，当 ECU 同时接收到磁感应式 CPS 的大齿缺对应的低电平和霍尔式 CPS 的低电平信号时，便可识别出此时为 1 缸活塞处于压缩行程、4 缸活塞处于排气行程，并根据曲轴位置传感器小齿缺对应输出的信号控制点火提前角。控制单元识别出 1 缸压缩上止点位置后，便可进行顺序喷油控制和各缸点火时刻控制。

2）切诺基（Cherokee）吉普车的霍尔式 CPS。切诺基吉普车 2.5L（四缸)、4.0L(六缸)电控燃油喷射式发动机采用霍尔式曲轴/凸轮轴位置传感器，曲轴位置传感器安装在变速器壳体上，向ECU提供发动机转速与曲轴位置(转角)信号;凸轮轴位置传感器安装在分电器内，向ECU提供气缸判别信号，又称为同步信号传感器。

①霍尔式曲轴位置传感器。四缸发动机的飞轮上制有8个齿缺，每4个齿缺为一组，分成两组，两组之间相隔角度为180°，同一组中相邻两个齿缺之间间隔角度为20°，如图2-68a所示。六缸发动机的飞轮上制有12个齿缺，每4个齿缺为一组，分成三组，相邻两组之间相隔角度为120°，同一组中相邻两个齿缺之间间隔角度也为20°，如图2-68b所示。

工作时，飞轮上的每一组齿缺转过霍尔探头时，传感器就会产生一组共4个脉冲信号。四缸发动机每转一圈产生两组共8个脉冲信号;六缸发动机每转一圈产生三组共12个脉冲信号。对于四缸发动机，ECU每接收到8个信号，即可知道曲轴旋转了一转，再根据接收8个信号所占用的时间，就可计算出曲轴转速。对于六缸发动机，ECU接收到12个信号，即可知道曲轴旋转了一转，再根据接收12个信号所占用的时间，就可计算出曲轴转速。

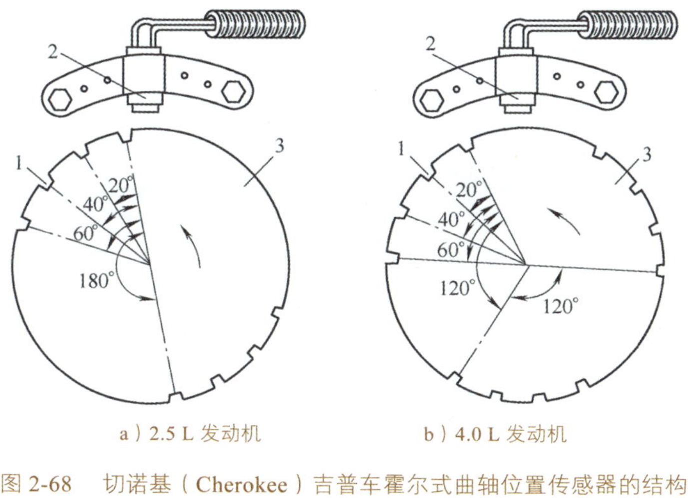

a)2.5 L 发动机　　b)4.0 L 发动机

图2-68　切诺基(Cherokee)吉普车霍尔式曲轴位置传感器的结构
1—齿缺　2—信号发生器　3—飞轮

当某一组信号输入 ECU 时，ECU 就知道有两个气缸的活塞即将到达上止点位置。例如：在四缸发动机控制系统中，利用一组信号，ECU 可知 1、4 缸活塞接近上止点；利用另一组信号可知 2、3 缸活塞接近上止点。但 ECU 不能确定是哪一缸位于压缩行程，哪一缸位于排气行程。

②霍尔式凸轮轴位置传感器。霍尔式凸轮轴位置传感器，向 ECU 提供气缸判别信号，主要由脉冲环（信号转子）。霍尔信号发生器组成，脉冲环安装在分电器轴上，随分电器轴一同转动，如图 2-69 所示。

工作时，叶片进入信号发生器，传感器输出高电平（5V）；当叶片离开信号发生器时，传感器输出低电平（0V）。分电器轴转一圈，传感器输出一个高电平和一个低电平，信号波形如图 2-70 所示。对于四缸发动机，传感器输出高电平（5V）时，表示 1、4 缸活塞即将到达上止点，其中 1 缸活塞位于压缩行程，4 缸活塞位于排气行程。对于六缸发动机，表示 3、4 缸活塞即将到达上止点，其中 4 缸活塞位于压缩行程，3 缸活塞位于排气行程。传感器输出低电平（0V）时，表示即将到达上止点的仍然是 1、4 缸活塞，其中 4 缸活塞位于压缩行程，1 缸活塞位于排气行程。对于六缸发动机，表示 3 缸活塞位于压缩行程，4 缸活塞位于排气行程。

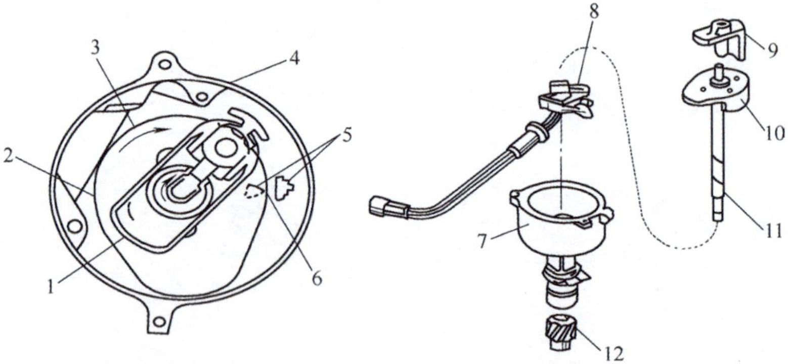

图 2-69　切诺基（Cherokee）吉普车霍尔式凸轮轴位置传感器的结构

1—转子　2—脉冲后沿　3—脉冲环　4—分电器壳　5—信号发生器　6—脉冲前沿　7—壳体　8—定子　9—分火头　10—脉冲环　11—轴　12—驱动齿轮

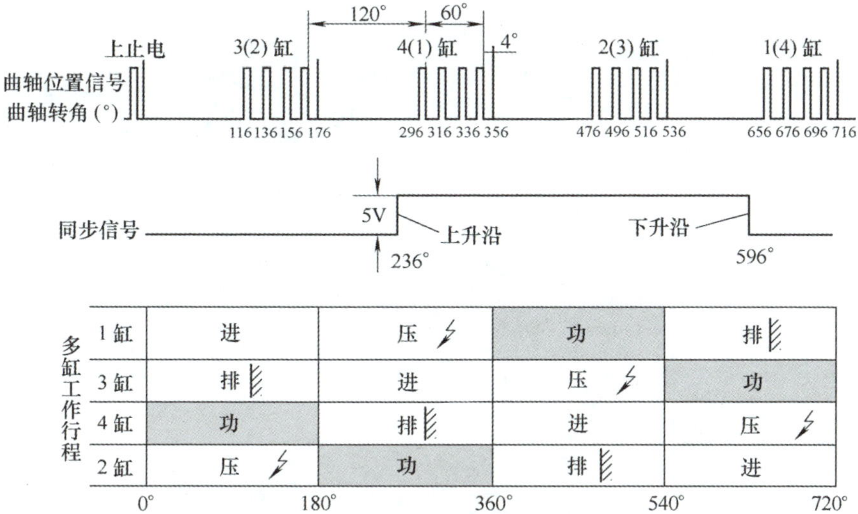

图 2-70 切诺基（Cherokee）吉普车霍尔式曲轴 / 凸轮轴位置传感器的信号与正时关系

要点

ECU 利用凸轮轴位置传感器判别出是哪一气缸即将到达排气上止点之后，再根据曲轴位置传感器信号，即可控制喷油提前角和点火提前角。

（3）光电式曲轴 / 凸轮轴位置传感器 光电式凸轮轴 / 曲轴位置传感器，主要由信号盘（即信号转子）、信号发生器、配电器、传感器壳体和线束插头等组成，如图 2-71 所示。转子上制有一定数量的透光孔，利用发光二极管作为信号源，随转于转动当透光孔与发光二极管对正时，光线照射到光敏晶体管上产生电压信号，经放大电路放大后输送给 ECU。转子内、外两圈的透光孔数量不等，分别用以产生 G 信号和 Ne 信号。

信号盘压装在传感器轴上，在其边缘位置制做有间隔弧度均匀的内、外两圈透光孔。其中，外圈制做有 360 个透光孔（缝隙），间隔弧度为 1°，用于产生曲轴转角与转速信号；内圈制做有 6 个透光孔（长方形孔），间隔弧度为 60°，用于产生每个气缸的上止点信号，其中有一个长方形的宽边稍长，用于产生第 1 缸上止点信号。日产轿车光电式传感器输出波形如图 2-72 所示。

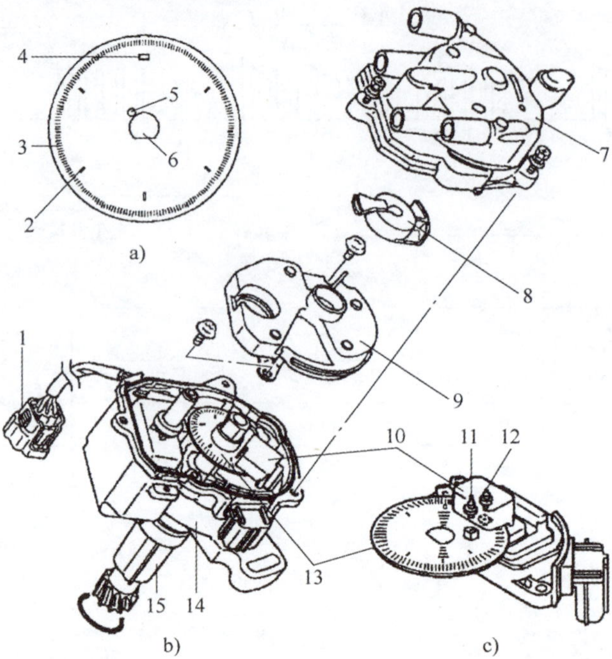

a）信号盘结构　　b）传感器结构　　c）信号发生器结构

图 2-71　光电式曲轴 / 凸轮轴位置传感器结构

1 —线束插头　2 —上止点信号透光孔　3 —曲轴转角信号透光孔　4 — 1 缸上止点信号透光孔　5 —定位销　6、15 —传感器轴　7 —传感器盖　8 —分火头　9 —防护盖　10 —信号发生器　11 —上止点信号传感器　12 — Ne 信号传感器　13 —信号盘　14 —壳体

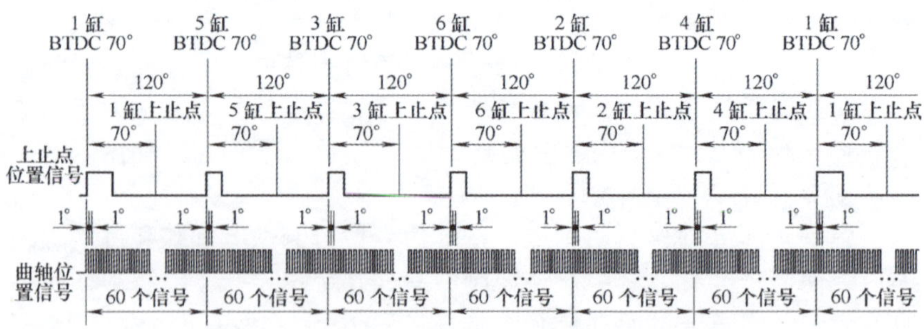

图 2-72　日产轿车六缸发动机光电式传感器输出波形

光电式传感器工作原理如图 2-73 所示。当传感器轴随曲轴和配气凸轮轴转动时，信号盘上的透光孔和遮光部分便从 LED 与光敏晶体

管之间转过，MD发出的光线受信号盘透光和遮光作用就会交替照射到信号发生器的光敏晶体管上，光敏晶体管集电极就会交替地输出高电平和低电平。光线就会照射到光敏晶体管上时，输出低电平（0.1～0.3V）；光线就不能照射到光敏晶体管上，输出高电平（4.8～5.2V）。

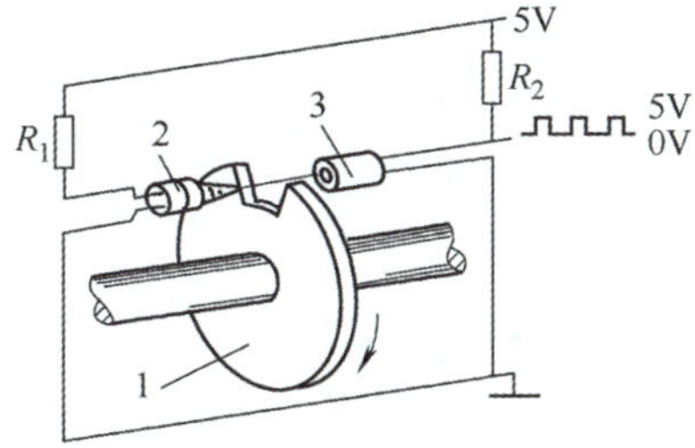

图 2-73　光电式传感器工作原理
1 —发光二极管　2 —信号盘
3 —光敏晶体管

6. 车速传感器（英文缩写为VSS）

车速传感器可检测汽车的行驶速度，给ECU提供车速信号（SPD信号），用于巡航定速控制和限速断油控制。在汽车集中控制系统中，也是自动变速器的主控制信号。

车速传感器通常安装在组合仪表内或变速器输出轴上。车速传感器有舌簧开关式和光电式两种类型，光电式车速传感器的结构和工作原理与光电式曲轴/凸轮轴位置传感器类似，在此不再重述。

舌簧开关式车速传感器的结构如图2-74所示。车速表软轴由安装在变速器输出轴上的齿轮驱动，车速表软轴驱动磁铁旋转，每转一圈相对固定的舌簧开关，磁铁的极性变换4次，从而使开关触点闭合或断开，ECU根据触点开闭的频率即可确定车速。

舌簧开关式车速传感器电路如图2-75所示，ECU给车速传感器提供12V标准电压并进行监控，舌簧开关控制接地，当舌簧开关闭合使电路接通时，传感器便产生一个脉冲信号输送给ECU。在维修时，检查车速传感器电源电压是否正常，然后转动驱动车轮，测量车速传感器输出的信号电压（信号输出端子与接地间），车速表软轴每转一圈应产生4个脉冲信号，信号电压约为12V蓄电池电压。

7. 信号开关

在发动机控制系统中，ECU还必须根据一些开关的信号确定发动机或其他系统的工作状态，常用的信号开关有起动开关（STA）、空调开关（A/C）、档位开关、制动灯开关、动力转向开关、巡航控制开关等。

随着控制系统功能的扩展，输入信号也将不断增加。控制系统所用传感器及信号开关的数量必将有所增加。

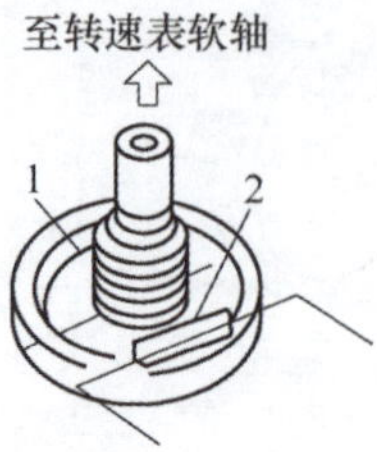

图 2-74　舌簧开关式车速传感器的结构图

1—磁铁　2—舌簧开关

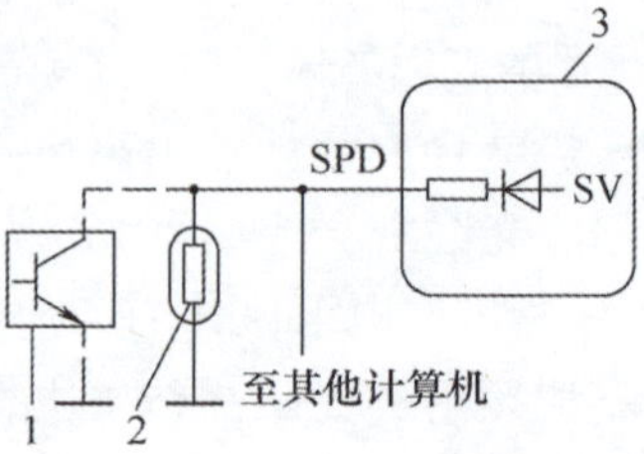

图 2-75 舌簧开关式车速传感器电路图

1—组合仪表计算机　2—舌簧开关　3—ECU

（二）发动机电控单元（ECU）构造

发动机集中系统中使用的 ECU 主要由输入回路、模/数转换器（A/D 转换器）、微型计算机（简称微机）和输出回路组成，如图 2-76 所示。

1. 输入回路

发动机工作时，各种传感器的信号输入 ECU 后，首先进入输入回路进行处理。传感器输入的信号不同，处理的方法也不同，一般是先将输入信号滤除杂波和将正弦波转变为矩形波后，再转换成输入电平。输入回路的作用如图 2-77 所示。

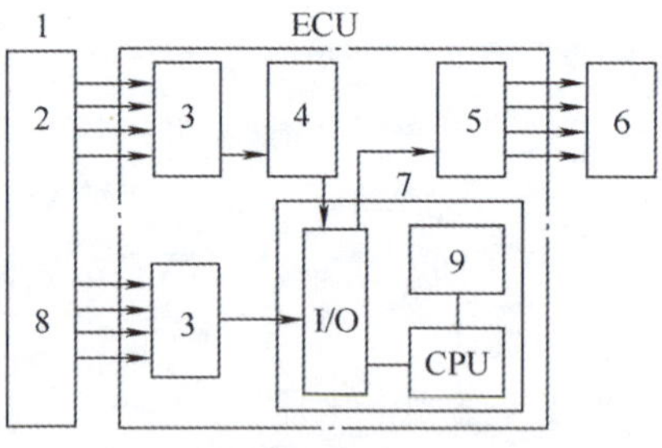

图 2-76　ECU 的组成

1—传感器　2—模拟信号　3—输入回路　4-A/D 转换器　5—输出回路　6—执行元件　7—微机　8—数字信号　9—ROM/RAM 记忆装置

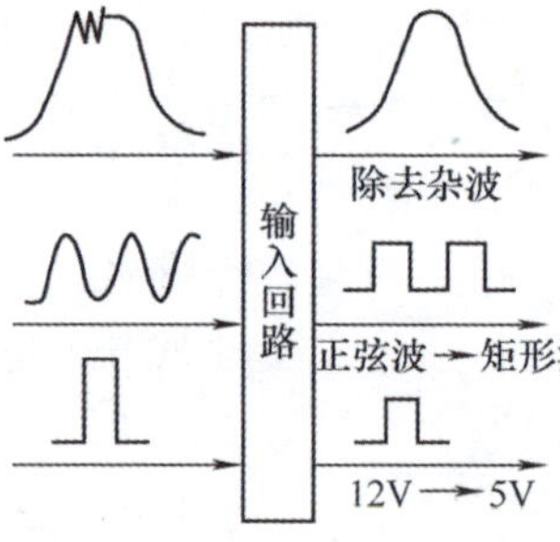

图 2-77　输入回路的作用

2. A/D 转换器

传感器输送给 ECU 的信号有数字信号（如卡门旋涡式空气流量计

信号、转速信号等）和模拟信号（如叶片式空气流计信号、进气温度传感器信号、节气门位置传感器信号等）两种，如图 2-78 所示。数字信号可直接输入微机，但微机不能直接接收模拟信号，必须由 A/D 转换器转换成数字信号后再输入微机。

3. 微机

微机是控制系统的神经中枢，其功用是根据工作需要，利用其内存程序和数据对各传感器输送来的信号进行运算处理，并将处理结果送往输出回路。

微机主要由中央处理器（CPU）、存储器（RAM/ROM）和输入/输出（I/O）装置组成，如图 2-79 所示。

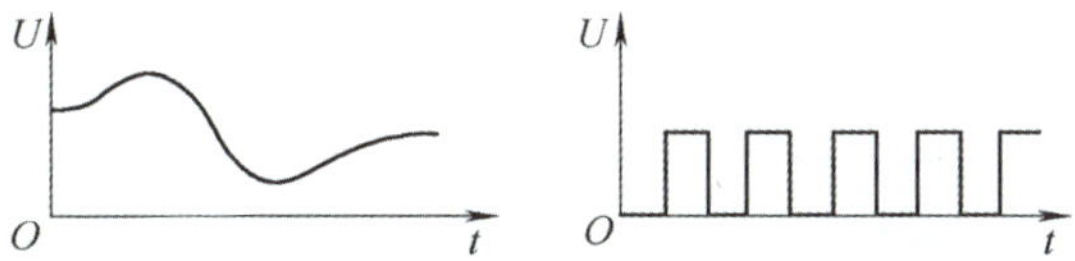

a) 模拟信号　　b) 数字信号

图 2-78　传感器信号类型

①中央处理器。中央处理器主要由进行算术运算和逻辑运算的运算器、暂时存储数据的寄存器、按照程序在各装置之间完成信号输送及控制任务的控制器等组成。其功用是读出命令并执行数据处理任务。

②存储器。存储器的功用是存储信息资料，包括随机存储器（RAM）和只读存储器（ROM）。

RAM 是用来暂时存储信息的，如存储微机输入、输出和计算过程中产生的中间数据等，存储的信息可随时调出或被新的数据取代，当切断电源时，存储在 RAM 中的信息将丢失。为使故障码等信息在 RAM 中能保存较长时间，一般用不受点火开关控制的专用电路给 RAM 提供电源。当然，专用电路断开时（如拆开蓄电池电缆），存储在 RAM 中的信息仍会丢失。

ROM 是用来存储固定信息（如控制程序、发动机特征参数等）的，存储的内容一般由制造商一次性存入，使用中不能更改，但可以随时调出使用。即使切断电源，ROM 中存储的信息也不会丢失。

③输入/输出装置。输入/输出装置是微机与外界进行信息交流的纽带，在控制系统工作时，输入，输出装置根据中央处理器的命令，

在中央处理器与输入回路和输出回路之间负责数据传送。

输入/输出装置一般称为 I/O 接口，具有数据缓冲、电平匹配、时序匹配等多种功能。

4. 输出回路

微机输出的数字信号电压很弱，不能直接驱动执行元件工作。作为微机与执行元件之间连接桥梁的输出回路，其主要功用就是将微机的处理结果放大，生成能控制执行元件工作的控制信号。

输出回路一般采用的是功率晶体管，根据微机的指令通过导通或截止来控制执行元件的接地回路。控制喷油器的输出回路如图 2-80 所示，功率晶体管导通时，喷油器通电喷油，截止时则断电停油。

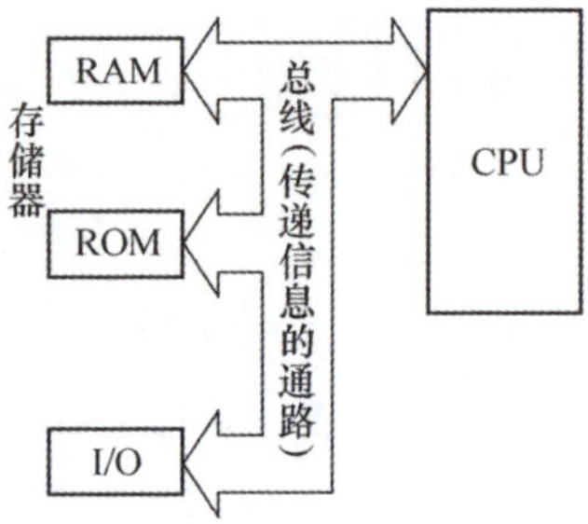

图 2-79　微机组成图

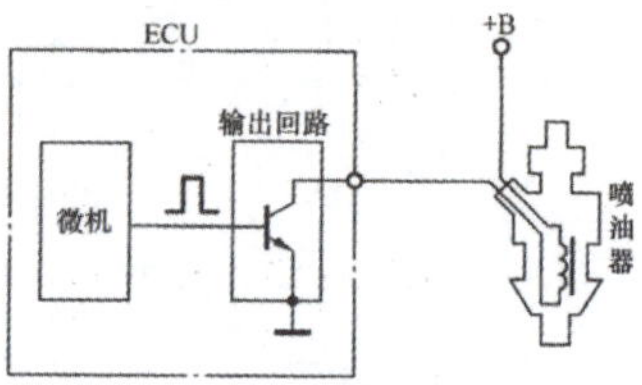

图 2-80　控制喷油器的输出回路图

（三）执行器（喷油器）构造

喷油器（英文缩写为 INJ，全称电磁喷油器）是电控燃油喷射系统的执行元件，作用是根据ECU发出的脉冲喷油信号，控制燃油喷射量。单点喷射系统的喷油器安装在节气门体空气入口处，多点喷射系统的喷油器安装在各缸进气歧管或气缸盖上的各缸进气道处。

按喷油口的结构不同，喷油器可分为轴针式、球阀式和孔式。轴针式电磁喷油器应用较为广泛。喷油器的分类方法有两种：

- 按喷油器电磁线圈阻值大小，喷油器可分为高电阻型（13~18Ω）和低电阻型（1~3Ω）两种。
- 按驱动方式可分为电流驱动和电压驱动两种。

1. 喷油器结构与工作原理

喷油器主要由滤网、线束连接器、电磁线圈、回位弹簧、衔铁和针阀等组成，针阀与衔铁制成一体，针阀下部有轴针，如图 2-81 所示。

孔式喷油器在电控汽油喷射系统应用较少，其结构原理与轴针式喷油器相似。

单点燃油喷射系统中电磁喷油器结构见图 2-81，由线束连接器、电磁线圈、回位弹簧、衔铁和球阀等组成，工作原理与轴针式相同。

喷油器喷油过程如下：电磁线圈通电时，产生电磁吸力，将衔铁吸起并带动针闹离开阀座，同时回位弹簧被压缩，燃油经过针间并由轴针与喷口的环隙或喷孔中喷出。

喷油器不喷油过程如下：电磁线圈断电时，电磁吸力消失，回位弹簧迅速使针阀关闭，喷油器停止喷油。在喷油器的结构和喷油压力一定时，喷油器的喷油量取决于针阀的开启时间，即电磁线圈的通电时间。

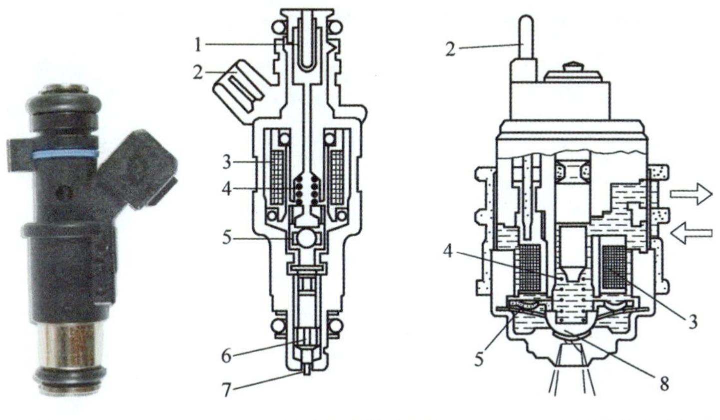

a）实物　　b）用于多点喷射系统　　c）用于单点喷射系统

图 2-81　喷油器

1 — 进油滤网　2 — 线束连接器　3 — 电磁线圈　4 — 弹簧
5 — 衔铁　6 — 针阀　7 — 轴针　8 — 喷嘴

要点

● 电磁喷油器孔阻塞或泄漏会引起加速不良、怠速发抖、耗油量增加等现象。

2. 喷油器的控制电路

各车型喷油器的控制电路基本相同，一般都是通过点火开关和主继电器（或熔丝）给喷油器供电，ECU 控制喷油器接地，驱动电路如图 2-82 所示。

低阻电压驱动电路见图 2-82a，驱动回路中串入一个附加电阻，增加回路的阻抗。高阻电压驱动电路，没有附加电阻，因喷油器电磁线圈阻值为 12～17Ω，故电路比较简单。低阻电流驱动电路见图 2-82b，ECU 通过电流进行控制。因为通过喷油器电磁线圈的电流能在极短的时间内达到最大，使针阀开启，所以这种喷油器具有良好的响应性。当针阀开到最大而需要保持开度时，电流下降为 1～2A，这样可防止线圈发热，减少了电能的消耗。

桑塔纳 2000 型轿车喷油器控制电路如图 2-83 所示。各种传感器的信号输入给 ECU 后，ECU 根据计算和逻辑分析判断结果，发出脉冲信号指令控制喷油器喷油。当脉冲信号的高电平加到驱动晶体管 VT 基极时，VT 导通，喷油器线圈电流接通，产生电磁吸力将阀门打开，喷油器开始喷油；当脉冲信号的低电平加到驱动晶体管 VT 基极时，VT 截止，喷油器线圈电流切断，在回位弹簧作用下阀门关闭， 喷油器停止喷油。由于雾状燃油喷射在进气门附近，与吸入空气混合形成可燃混合气，燃油雾化很好。

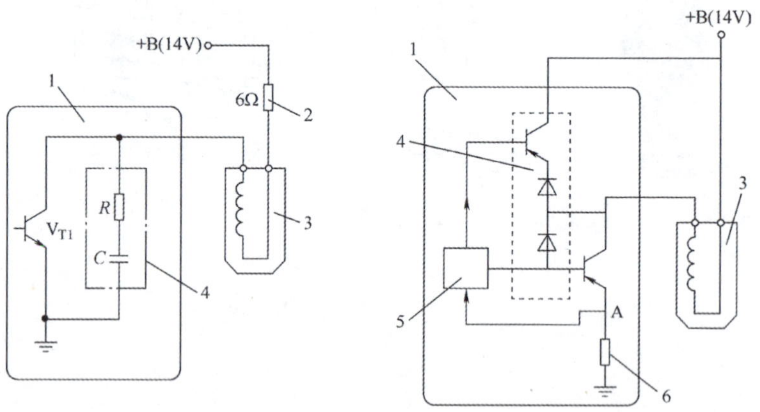

a）低阻电压驱动电路　　b）低阻电流驱动电路

图 2-82　喷油器的控制电路

1 — ECU　2 —附加电阻　3 —喷油器　4 —消弧电路　5 —电流控制回路　6 —电流检测电阻

3. 冷起动喷油器及其控制电路

部分在用的老款车还使用冷起动喷油器，冷起动喷油器安装在进气总管上，其功用是在发动机冷起动时喷油，以加浓混合气，改善发动机的冷起动性能。其结构如图 2-84a 所示，工作原理与前述喷油器相同，不同之处主要是采用旋流式喷孔，喷油时将燃油喷成螺旋雾状，有利于燃油的雾化和蒸发。由正时开关控制冷起动喷油器的工作。

正时开关安装在发动机冷却水路上，其结构见图 2-84b，主要由线束连接器、壳体、双金属片、加热线圈和触点组成。冷起动喷油器控制电路如图 2-85 所示。

发动机低温起动时，点火开关转至“ST”档，起动继电器线圈通电，正时开关触点闭合，冷起动喷油器工作；同时，通电的加热线圈使双金属片受热而弯曲变形，当双金属片弯曲到一定程度时，触点断开，冷起动喷油器停止工作。当发动机暖机后，由于冷却液温度升高，正时开关的触点保持常开，冷起动喷油器不工作。发动机热机起动时，冷起动喷油器不工作。

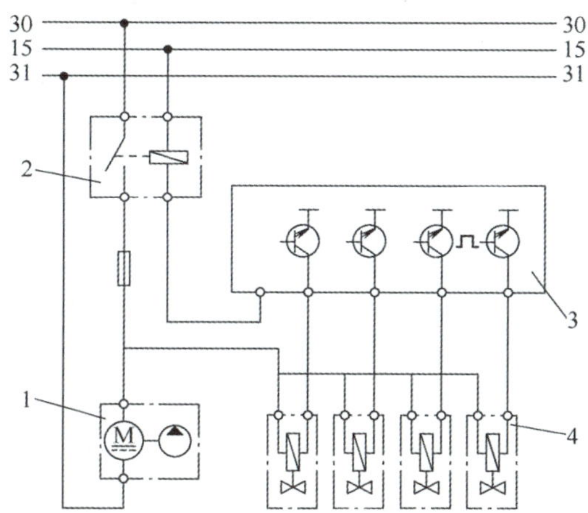

图 2-83　桑塔纳 2000 型轿车喷油器控制电路
1 —燃油泵　2 —燃油泵继电器　3 — ECU　4 —喷油器

目前，发动机都采用集中控制系统，很多车已取消了冷起动喷油器，而冷起动时的喷油量，由 ECU 控制各缸喷油器来完成，这样，不仅可使各缸供油均匀，也可减少控制系统元件。

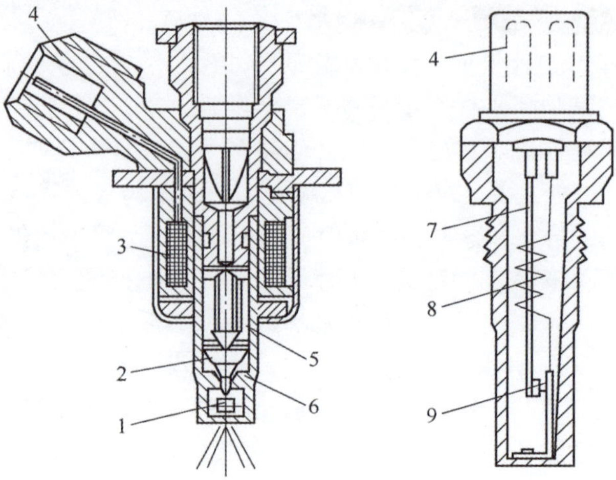

a）冷起动喷油器　　b）正时开关

图 2-84　冷起动喷油器与正时开关

1 —喷嘴　2 —针阀　3 —电磁线圈　4 —线束插头
5 —衔铁　6 —阀座　7 —双金属片　8 —加热线圈　9 —触点

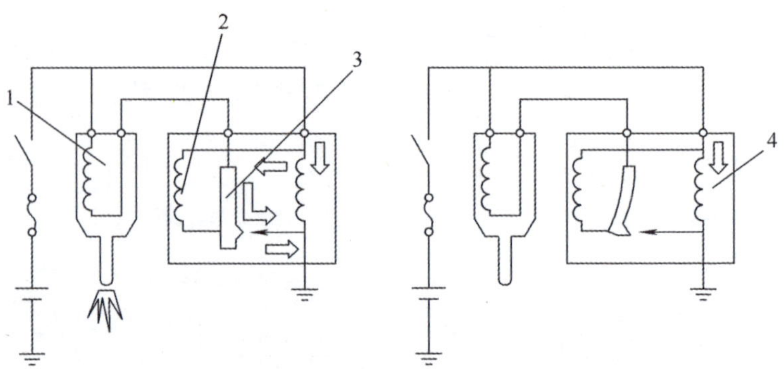

a）冷起动喷油器工作　　b）冷起动喷油器不工作

图 2-85　冷起动喷油器控制电路

1 —冷起动喷油器　2 —加热线圈 L1　3 —双金属片　4 —加热线圈 L2

冷起动喷油器及其控制电路故障会引起冷车起动困难，热车又无故障现象。对于这种控制方式的电控系统冷起动故障首先要考虑冷起动喷油器及其控制电路故障。

二、控制系统维修

（一）传感器维修

1. 空气流量计

（1）用万用表检测

1）叶片式空气流量计的万用表检测。叶片式空气流量计线束连接器一般为 7 端子，其电路有两种类型，一种是用于模拟控制系统中，另一种是用于数字控制系统中，如图 2-86 所示。检测叶片式空气流量计时，可以从车上拆下，也可以在汽车上进行。

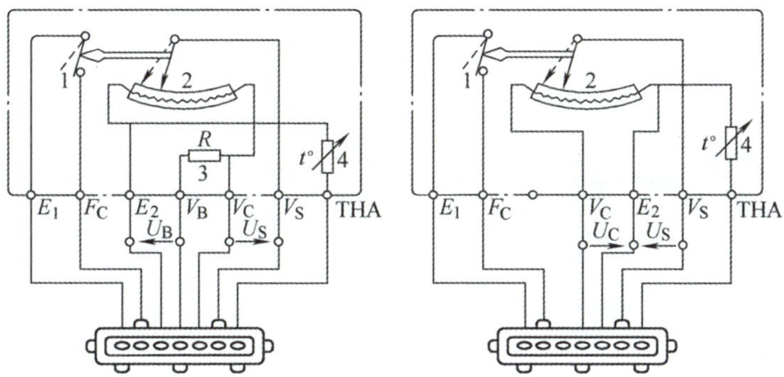

a）模拟控制系统用　b）数字控制系统用

图 2-86　叶片式空气流量计电路

1—油泵触点　2—电位计　3—限流电阻　4—进气温度传感器

要点

- 应先断开点火开关，拔下线束插头。
- 用万用表电阻档测量传感器插座上各端子之间的阻值。
- 用旋具拨动叶片，如图 2-87 所示，同时用万用表测量各端子之间阻值。如果任何一项检测结果与维修手册提供的标准阻值比较后，若偏差过大，就应更换空气流量计。表 2-2 为丰田皇冠（CROWN）3.0 轿车用叶片式空气流量计的标准阻值。
- 打开点火开关，测量传感器插座上电源电压，见图 2-86a 中的 V_B，标准值应为 12V；见图 2-86b 中的 V_C，标准值应为 5V。

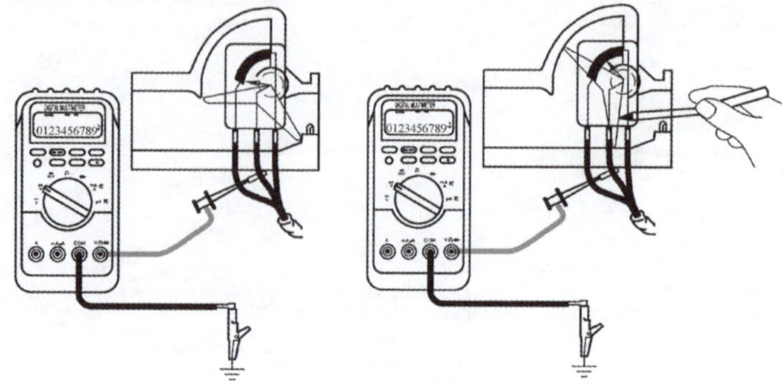

a）叶片关闭的测量　　b）叶片打开的测量

图 2-87　叶片式空气流量计检测

表 2-2　叶片式空气流量计的标准阻值

端子名称	测试条件	电阻值 / Ω	
		5M-E 发动机	2TZ-FE 发动机
Fc - E_1	叶片关闭	∞	∞
	叶片打开位置	0	0
V_B - E_2	20℃	200~400	-
V_c - E_2	20℃	100~300	200~600
V_s - E_2	叶片关闭	20~100	200~400
	任何位置	20~1000	200~1200
THA - E_2	-20℃ ~+60℃	从 10000~20000 到 400~700	

2）热线式空气流量计的万用表检测。

要点

● 关闭点火开关，拔下传感器线束插头。

● 接通点火开关，用万用表直流电压档检测传感器插座上电源端子与接地端子之间的电压，日产轿车热线式空气流量计的电路，如图 2-88 所示。

● 将一个 5V 电源接在 D 与 E 之间，如图 2-89 所示。

● 用电吹风机向空气流量计的空气入口吹气，同时再测量信号电压。

● 先将线束插头插上，并拆下空气流量传感器空气入口端的进气管；起动发动机并将转速升高到 2500r/min 以上，再使发动机怠速运转，然后使发动机熄火，同时观察热丝，应在 5S 后红热并持续 1s，否则，自洁功能失效。

● 日产轿车空气流量计检测参考数据如表 2-3 所示。

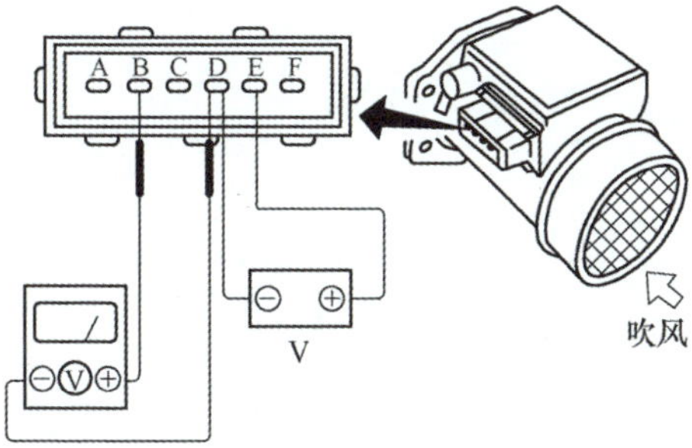

图 2-88 日产轿车空气流量计检测端子

A —可变电阻器 B —输出信号 C —接地 D —接地
E- 蓄电池电压 F- 自洁信号

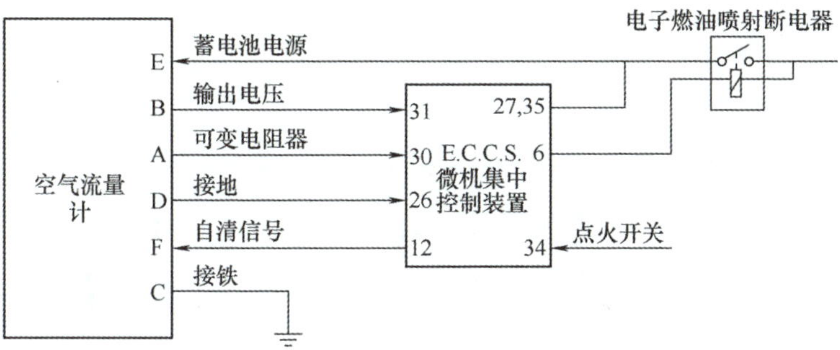

图 2-89 日产轿车空气流量计控制电路

表 2-3 日产轿车空气流量计检测参考数据

输出信号检测	B 与 C	发动机怠速时，1.0~1.5V 之间
		增加空气量时，2.0~4.0V 之间
供电电压检测	E 与 D	应为蓄电池电压 12V
	E 与 C	应为蓄电池电压 12V
自洁功能检测	F 与 D	发动机 OFF 时，电压为 0V，5s 后又上升，经过 1s 后又为 0V

维修提示：

注意：动态检测时，先关闭所有用电设备，起动发动机并怠速运转，怠速稳定后，用万用表检查空气流量计的信号输出电压，并进行急加速减速试验，观察空气流量计的信号输出电压的变化情况。

通常热线式空气流量计信号输出电压范围为怠速 0.2V 到高速 4.0V 以上，急减速电压应比怠速时略低。

要点：

- 拔下插接器，打开点火开关。
- 用万用表检测端子2与缸体、端子2与端子3之间电压，应为12V；否则应检查油泵继电器及相关电路。
- 用万用表检测端子4与缸体、端子4与端子3之间电压，应为5V；否则说明4与11是否断路，应检查发动机ECU及相关电路。
- 将发动机转速逐渐升高，再逐渐降低时，3与5间电压应在1.0~4.0V之间变化；否则应更换空气流量计。

3）热膜式空气流量计的万用表检测。热膜式与热丝式空气流量传感器的维修方法基本相同，现以桑塔纳2000AJR发动机用的热膜式空气流量计为例说明检测过程。桑塔纳2000AJR发动机用的热膜式空气流量计控制电路及插接器端子如图2-90所示。

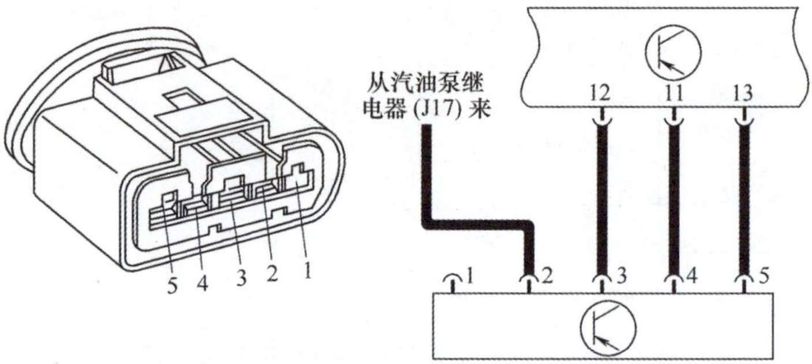

图2-90　桑塔纳2000AJR空气流量计

1—空端子　2—接J17　3—接地　4—5V供电线　5—信号线

故障诊断仪检测热膜式空气流量计，检测内容和方法，在后面讲述。

4）卡门漩涡式空气流量计的万用表检测。以日本丰田凌志LS400轿车用空气流量计为例，检测端子如图2-91所示，检测参考数据如表2-4所示。

表2-4　检测参考数据

VC与E2	电阻值/Ω	
THA与E2	20℃	2000~3000
	40℃	900~1300
	60℃	400~700

（2）用故障诊断仪检测

汽车故障诊断仪是综合检测仪器，既能读取故障码，也能读取数据块（流），同时也能测试出信号波形。

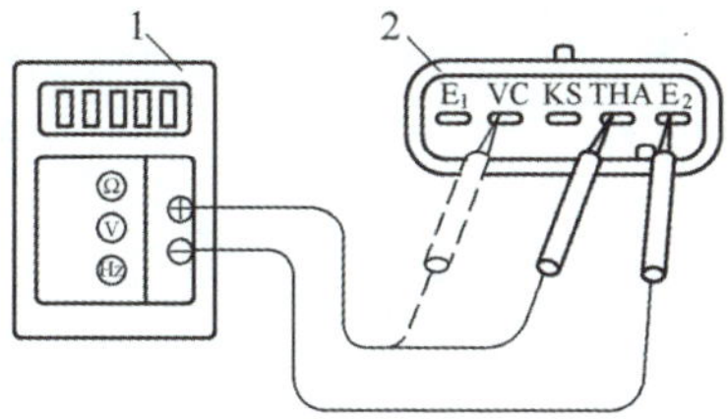

图 2-91　凌志 LS400 轿车空气流量计的检测
1 —万用表　2 —空气流量计　E_2 —接地端子
VC — 5V 电压　KS —信号电压
THA —进气温度传感器端子

1）故障码的读取与清除。不同车型空气流量计的故障码也不同。故障码读取和清除方法和步骤如下：

①连接诊断仪，打开点火开关，读取故障码。

②解读故障码。

③排除故障。

④清除故障码。

⑤关闭点火开关，拆下诊断仪。

要点

- 拔下插接器，打开点火开关。
- 将万用表调整到频率档，表笔接空气流量计 KS 与 E2 间，加减发动机节气门，频率应随发动机转速平稳变化，怠速时的频率约为 2.77kHz。
- 将万用表调整到电压档，表笔接空气流量计 KS 与 E2 间，盘转发动机时正常应为 2.0~4.0V。
- 万用表检测 E2 与 THA 电阻，不同温度下应符合维修手册的阻值要求，也可参考数据表 2-3。
- 测量 VC 与 E2 之间电压，应为 5V，否则检查发动机 ECU 及相关电路。

2）数据块的读取。以帕萨特 1.8T 为例介绍读取空气流量计数据块过程。

①起动发动机将冷却液温度提高到 80℃以上，关闭所有用电设备，换挡杆在 P 位或 N 位。

②将故障阅读仪 V.A.G1551（或 V.A.G1552）与发动机控制单元连接并输入地址码 01。发动机保持在怠速工况，屏幕显示：

快速数据传递　　帮助
选择功能 XX

③按 0 和 8 键，选择“读取测量数据块”，按 Q 键确认。屏幕显示：

读取测量数据块　　Q
输入显示组号 XXX

④输入 02 组号并按 Q 键确认，屏幕显示：

读取测量数据块 0　　→
1　2　3　4　5　6　7　8　9　10

帕萨特 1.8T 02 显示组，怠速时的基本参数如图 2-92 所示。可通过怠速进气量、发动机加速时进气量数据变化状态，判断 MAF 及有关系统是否有故障。

维修提示：

- 注意：数据块中 MAF 信号是以 g/s 为单位的。

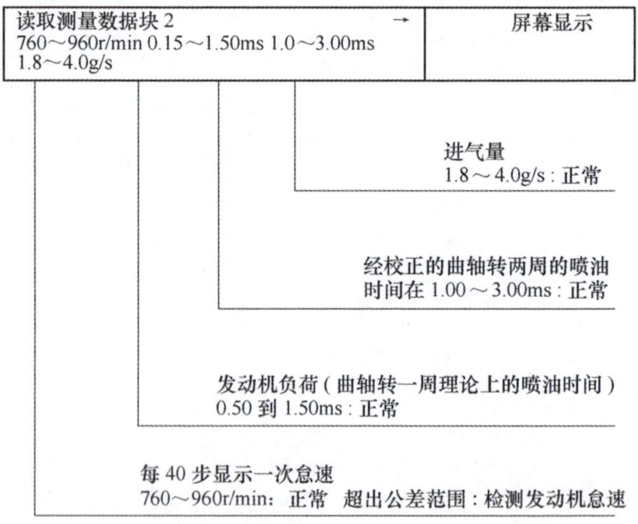

图 2-92　显示组 02 怠速时基本参数

发动机怠速时，空气流量一般为 1.8～4g/s，当转速增加时，这个数据也逐渐增加。转速不变时，读数应基本保持不变，否则，检查MAF及相关电路。

（3）信号波形的测试 空气流量计类型不同时，其标准波形也不同。MAF标准波形有模拟型和频率型两种，标准波形如图2-93所示。

1）将示波器的正极接到空气流量计的信号端子上，而负极接到接地位置。

2）起动发动机并稳定在某一转速，在示波器的屏幕上应显示一个稳定的电压信号，若出现突变或不稳定的电压信号，则该MAF有故障。

3）若测试的空气流量计波形为模拟型时，应参照图2-93a所示进行分析。图2-93a中1表示：进入进气管的空气流量逐渐增加；2表示：节气门全开并最大加速；3表示：由测量叶片运动而造成的阻尼现象；4表示：由怠速旁通气道补偿来的空气进入了进气管 。怠速输出电压约为1V，节气门全开时应超过4V，全减速时输出的电压并不是从全加速电压回到怠速电压，而是比怠速时低些。

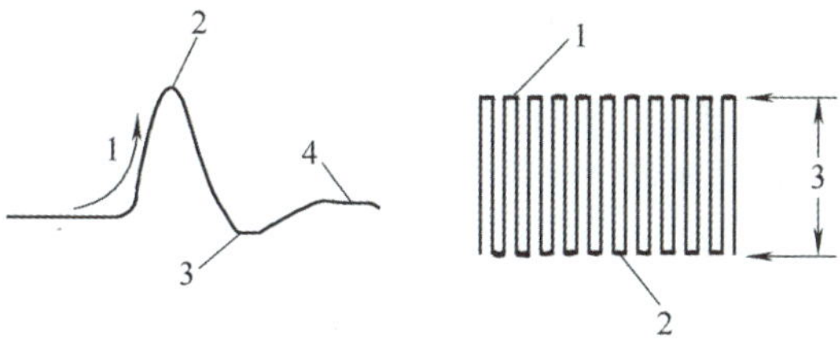

a）模拟型空气流量计波形　　b）频率型空气流量计波形

图2-93　空气流量计标准波形

4）若测试的空气流量计波形为频率型时，应参照如图2-93b所示进行分析。图2-93b中1表示：水平上线，指信号高电位；2表示：水平下线，指信号低电位；3表示：峰值电压，为信号电压。幅值应为5V，形状要一致，矩形拐角和垂直下降沿应一致。水平下线几乎为地电位，水平上线应为参考电压。

频率型MAF波形应是一连串的方波，当发动机转速和进气量增加时，MAF信号频率应平滑的增加，并且与发动机的转速变化成比例。如果MAF本身或连线有故障，则信号频率会出现不稳定的变化。

维修提示：

注意：部分频率型空气流量计（如三菱发动机采用的卡门旋涡式空气流量计），其频率与脉冲宽度随发动机转数一同变化，这是为了加速时能向ECU提供异步加浓信号，改善发动机加速性能。

波形如图2-94所示。

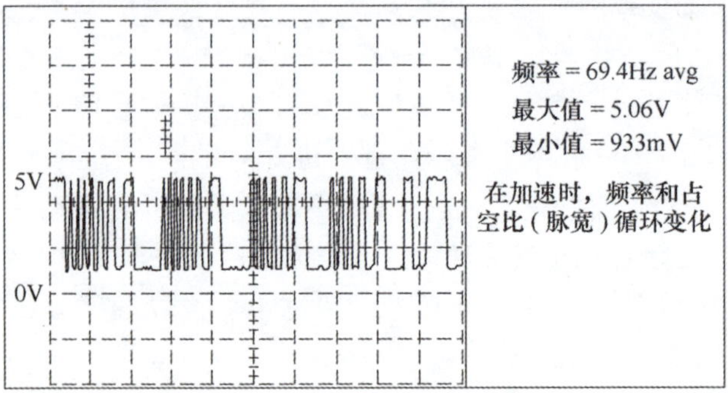

图2-94　三菱发动机卡门旋涡式空气流量计急加速波形

2. 进气压力传感器

（1）用万用表检测 进气压力传感器（MAP）和电脑之间的电路如图2-95所示。根据产生的电压信号不同，有模拟电压型MAP和变频型MAP，其检测方法有所不同。

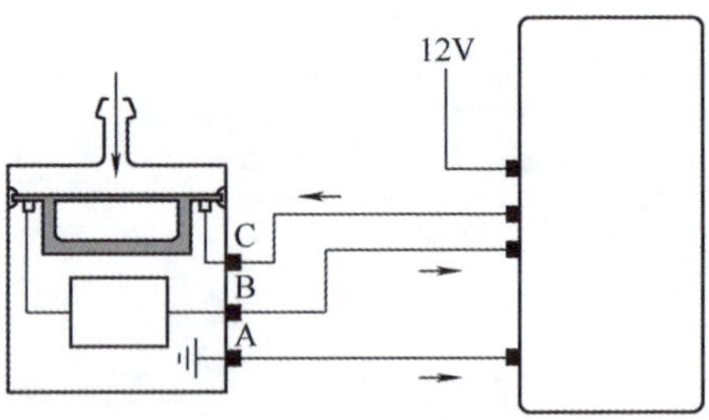

图2-95　进气压力传感器（MAP）和电脑之间的电路连接

1）基准电压的检测。

①拔下传感器的插头，打开点火开关。

②测量插头上电源端子与接地线端子之间电压，应为4.5～5V，

否则应检查电脑上相应端子上的电压，应为 4.5～5V。

③若电脑上相应端子的电压正常，而插头上电源端子与接地线端子之间电压不正常，则为电脑至传感器之间线路有故障。

④若电脑上相应端子没有电压，应检查电脑上的电源线和接地线是否正常，若正常则说明电脑有故障。

2）标准大气压力下输出电压的检测。

①将插接器插上，拆下传感器上的软管，使其置于大气中。

②打开点火开关，用万用表测量传感器信号输出端子与接地线之间的输出电压，正常值应为 4～5V。

③当发动机在热机空档怠速运转时，测量输出电压应降到 1.5～2.1V。此时，如从 ECU 线束侧相应端子处测试，其电压值也应是上述数值；如不符，则为传感器信号连线断路或连接器接触不良。

3）在真空作用下的输出电压检测。对传感器上的软管施加一个 13.3～66.7kPa 的负压（真空度），如图 2-96 所示，再测电脑连接器上输出端电压与接地之间的变化，应符合表 2-5 的变化规律。

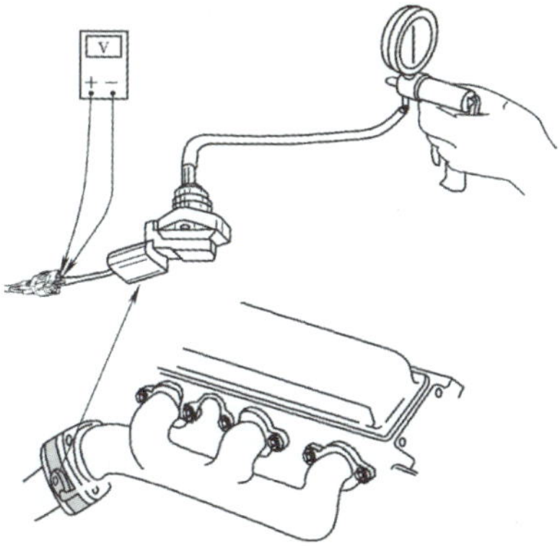

图 2-96　真空作用下的输出电压检测

表 2-5　不同真空度（进气压力）时对应输出的电压值

真空度 / kPa	电压 / V
13.3	0.3～0.5
26.7	0.7～0.9
40	1.1～1.3
53.5	1.5～1.7
66.7	1.9～2.1

4）传感器的接地情况检测。用万用表电阻档，从传感器的端子接地处，测试其接地电阻。如电阻值不接近为零或电阻值较大，应检修相关线束及接地点连接。

5）测试 ECU 地线的接地情况检测。用万用表电阻档测试 ECU 接地线与发动机地线接柱之间的电阻值。若它们之间的电阻值均为 0Ω 或小于 1Ω，传感器地线接地良好；若电阻值大于 1Ω 或更大，则传感器地线接地不良，应查明原因并予以排除。

（2）用故障诊断仪检测

1）读取故障码。将故障诊断仪连接好，将点火开关打到 ON 位置，读取故障码。若有故障码，则按故障码指示进行检测或更换传感器；若无故障码，则进行读取数据流。

2）读取数据流。

①将故障诊断仪连接好，起动发动机。

②进入诊断仪数据流功能选项；读取发动机不同运行工况下进气压力传感器的压力值。桑塔纳 2000GLi 型轿车进气压力传感器数据流，如表 2-6 所示，参照标准值进行分析。

表 2-6 桑塔纳 2000GLi 型轿车进气压力传感器数据流

不同工况	MAP 传感器瞬时数据 /kPa
怠 速	57.33~71.33
急加速	最大 84.66
急减速	最小 6.66

维修提示：

注意：为了防止损坏诊断仪，在连接或断开诊断仪之前一定将点火开关旋至“LOCK（OFF）”位置。

3）波形测试。以桑塔纳 2000GLi 型轿车进气压力传感器为例，介绍其测试方法：

①将示波器连接到进气压力传感器信号输出端，起动发动机。

②使其稳定怠速后，观察输出电压的信号波形。

③将节气门逐渐开大至全开，保持约 2s。

④回到怠速并保持 2s。

⑤再急加速至节气门全开，并怠速。

⑥锁定波形，对照标准波形进行分析，不同工况下的波形如图 2-97 所示。

图 2-97 中 1 表示怠速状态；标注 2 表示缓慢加速；标注 3 表示节气门全开；标注 4 表示全减速，节气门迅速关闭；5 表示急加速；6 表示全减速后，保持 2s 时的波形。

3. 节气门位置传感器

（1）常规检测方法

1）节气门位置传感器供电电压检查

①拔下气门位置传感器线束插接器。

②打开点火开关。

③用万用表测量电脑提供的电源电压应在 4.9~5.1V，检测方法如图 2-98 所示。如果测得电脑提供的电源电压不符合标准，应检查相关电路及发动机电脑。

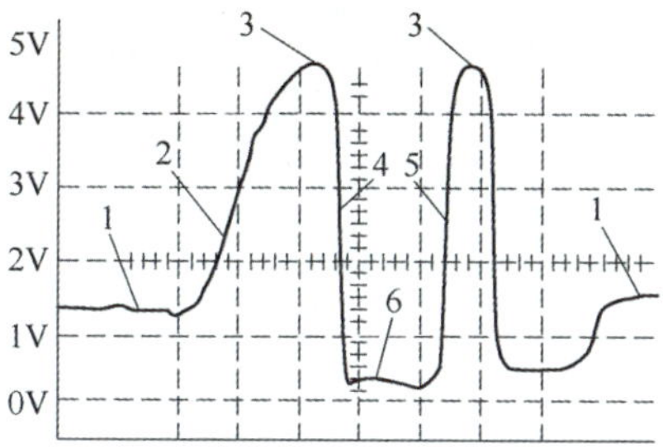

图 2-97 正常 MAP 不同工况时的测试波形

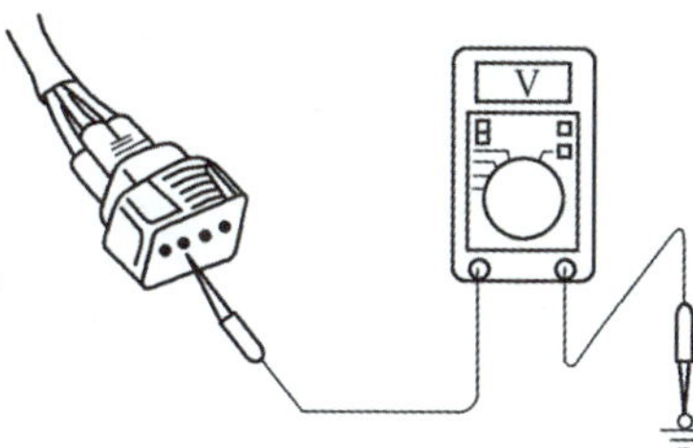

图 2-98 供电电压检查

2）检查节气门位置传感器与电脑连接线路

①关闭点火开关。

②检查传感器上各接线与电脑端子的电阻，不得有短路和断路现象。

3）检查节气门位置传感器

①关闭点火开关。

②拔下节气门位置传感器线束插头。

③缓慢踩加速踏板，测量电源接线端与信号输出端的电阻，应平

稳的变化，如图 2-99 所示，否则应更换节气门位置传感器。

④插上节气门位置传感器线束插头，打开点火开关。

⑤测量传感器信号输出端的电压，如图 2-100 所示。电压信号应随节气门的开度逐渐改变，应在 0.4～4.8V 之间变化，否则应更换节气门位置传感器。

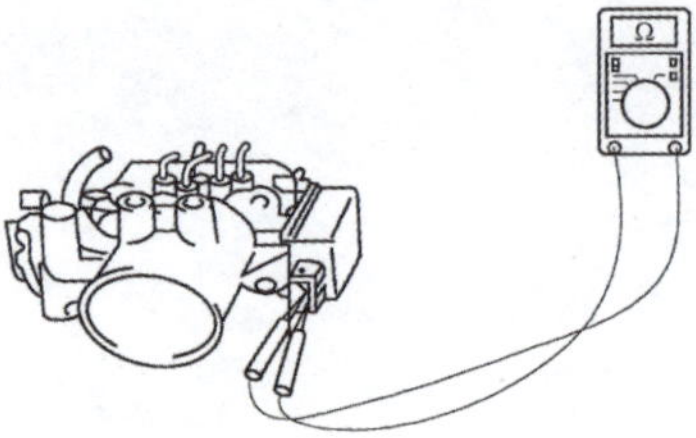

图 2-99　节气门位置传感器导通性检查

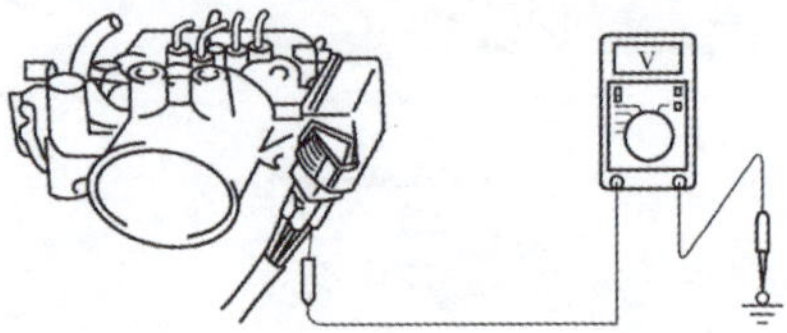

图 2-100　传感器输出端信号电压的测量

(2) 故障诊断仪及示波器检测　以桑塔纳 2000 GLi 发动机节气门位置传感器检测为例，控制电路如图 2-101 所示，其检测内容和要求如下（实训教师可根据实际情况改换车型）。

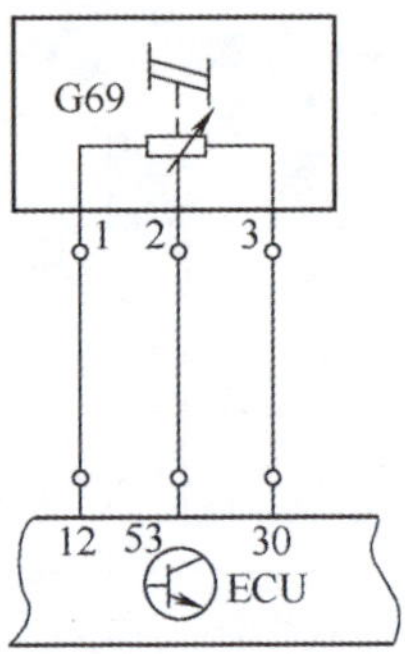

图 2-101　桑塔纳 2000GLi 节气门位置传感器接线图

1）供电电压的检查

①接通点火开关，测量传感器端子“1”与端子“3”之间的电压，约为 5V。

②接通点火开关，且节气门关闭，测量传感器信号端子“2”与端子“3”之间的电压，应为 0.1～0.9V。

2）线路的检查。拔下控制器和传感器插头，用电阻档测量控制器“12”至“1”、“53”至“2”、“30”至“3”之间的阻值，应小于 0.5Ω。

3）信号电压的检查。接通点火开关，且节气门全开，测量传感器信号端子“2”与端子“3”之间的电压，应为 3.0～4.8V。

4）用 V. A. G1551 或 V. A. G1552 诊断仪读取故障码，并进行解读。

5）用故障诊断仪读取数据块，并进行分析。

6）用示波器测试节气门位置传感器波形，为模拟型波形如图

2-102 所示。

要求波形上不应有任何断点、对地尖峰或大的波折，特别是在前 1/4 节气门开度运动中的波形要圆滑，节气门全开时，应接近 5V，节气门关闭时，应低于且接近 1V。若某处出现波形落下的尖峰时，则表示该位置是损坏点。如图 2-102b 所示为碳膜断裂的故障波形。

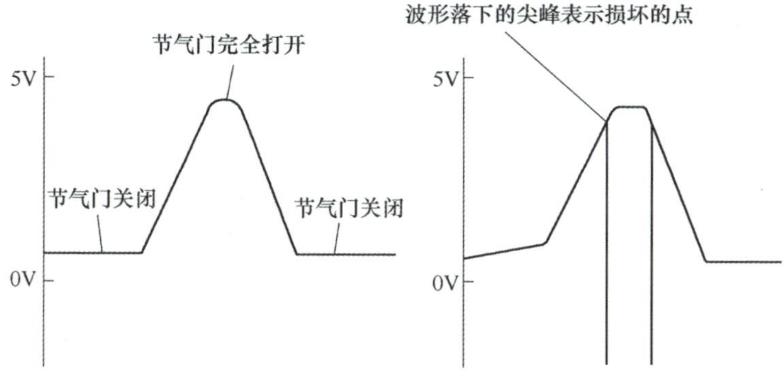

a）模拟型 TPS 标准波形　　b）模拟型 TPS 碳膜断裂故障波形

图 2-102　节气门位置传感器信号波形

4．冷却液温度传感器

（1）元件检测

①断开点火开关，拔下冷却液温度传感器线束连接器，从发动机上拆下传感器。

②用万用表测量传感器的两端子分别与传感器的壳之间的电阻，其电阻应为无穷大。

③将冷却液温度传感器放到盛水的烧杯中。如图 2-103 所示；用加热器加热烧杯中的水。

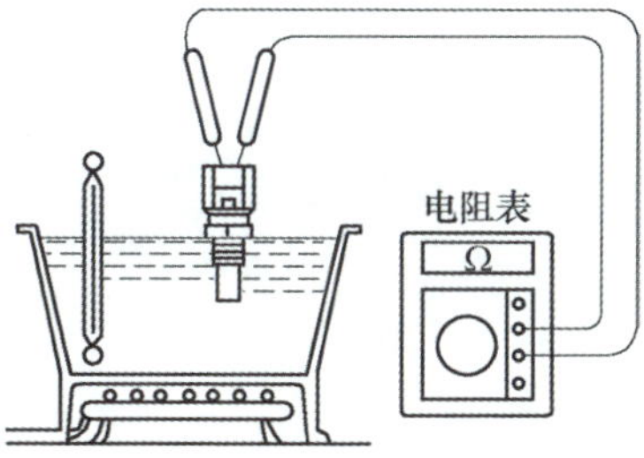

图 2-103　温度传感器检测方法

④用万用表测量传感器两端子之间的电阻，其电阻值随温度而变化。桑塔纳 2000GSi 型轿车用温度传感器的标准电阻值如表 2-7 所示，如电阻值偏差过大、过小或为无穷大，说明传感器失效，应予更换。

表 2-7 温度传感器的标准阻值

温度 /℃	电阻值 /Ω	温度 /℃	电阻值 /Ω
-20	14000~20000	40	1000~1400
0	5000~6500	60	530~650
10	3300~4200	80	280~350
20	2200~2700	100	170~200

（2）在线检测 冷却液温度传感器的控制电路如图 2-104 所示。

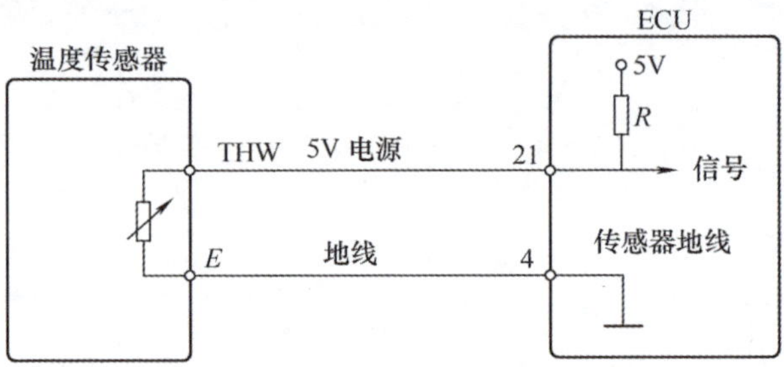

图 2-104 冷却液温度传感器的控制电路

①拔下传感器线束插头，打开点火开关，测量插头上的电压，应为 5V 左右。

②测量电脑端的输出电压，也应为 5V。

③将线束插头接好，起动发动机，将发动机逐渐升温，测量传感器侧两端子之间的电压，应在 0.5～4V 之间变化，温度越低时电压越高；温度越高时电压越低，参照表 2-8 所列数值。

（3）线路检测 检测时，先拆开冷却液温度传感器线速连接器及电脑端子，再测量两个端子与电脑相应端子之间有无断路，对地有无短路，电阻值过大（大于 0.5Ω）等故障，否则应维修或更换相关线束。

表 2-8 冷却液温度传感器不同温度时的电压值

发动机处于冷态		发动机处于热态	
温度 /℃	电压 /V	温度 /℃	电压 /V
-29	4.7	43	4.2
-17	4.4	55	3.7
-7	4.1	65	3.4
5	3.6	76	3.0

（续）

发动机处于冷态		发动机处于热态	
温度 /℃	电压 /V	温度 /℃	电压 /V
15	3.0	82	2.8
27	2.4	93	2.4
49	1.25	115	1.62

提示：

● 多数电控发动机电脑内部有一个与冷却液温度传感器串联的电阻，这个电阻将在 50℃左右（电压在 1.25V 左右）时打开，所以传感器两端的电压降在冷态和热态时会有很大变化。

（4）读取数据块

①发动机怠速工况，解码器进入“读测量数据块”功能。

②选择相应显示组。

③读取冷却液温度传感器数据。

④如果显示数据与实际温度不符，关闭点火开关，检查传感器插头上端子和发动机控制单元线束插头间的线路是否有断路或短路，如果线路正常，更换冷却液温度传感器。

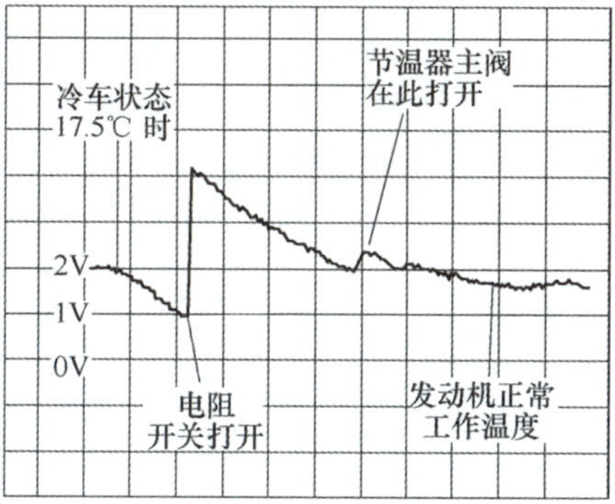

图 2-105 冷却液温度传感器标准波形

（5）电压波形测试 用示波器可以对冷却液温度传感器测试波形，标准波形如图 2-105 所示。

5. 进气温度传感器的检测

（1）开路检测 进气温度传感器检测方法及参考值与冷却液温度传感器的检测方法相同。

（2）传感器及线路检测 就车检测进气温度传感器时，首先将电压表连接到传感器的端子上，然后起动发动机，观察电压表读数。在不同温度下，传感器应该有一个对应的电压降，参照表 2-9 所示。若不符合规定，应更换传感器。

表 2-9　进气温度传感器不同温度时的电压值

温度 /℃	电压 /V	温度 /℃	电压 /V
−20	4.7	40	2.5
0	4.0	60	1.5
20	3.5	80	1.0

维修提示：

注意：当进气温度传感器电路断路时，将出现电压升高直至5V的现象；当进气温度传感器电路对地短路时，将出现电压向下直至0V的现象。

6．曲轴 / 凸轮轴位置传感器

（1）电磁式曲轴 / 凸轮轴位置传感器检测　曲轴位置传感器故障会导致发动机起动困难、无法起动等故障，检测方法步骤如下：

1）故障诊断仪读取故障码。如果报曲轴位置传感器故障码进行下面基本检查：

①检查传感器插接器连接状况。

②测量信号转子凸齿与磁头间的气隙，信号转子凸齿与磁头间的气隙应在 0.2~0.4mm 范围内（相关车型参考维修手册）。

2）测量相关电阻。如果以上检查正常，进行下面基本检查：

①拔下传感器线束插头。

②用万用表测量传感器电阻及传感器与电脑间的线路侧各端子阻值，车型不同时，传感器阻值不同，桑塔纳 2000GSi 型轿车的电磁式曲轴位置传感器线圈阻值及相关线路电阻如表 2-10 所示。线路连接如图 2-106 所示。

表 2-10　各端子间的阻值

测试端子	电阻值 /Ω
1 与 2	450~1000
2 与 3	∞
1 与 3	∞
3 与接地	不超过 1.5
2 与 56	不超过 1.5
13 与 63	不超过 1.5

3）测量其输出信号

①可通过转动曲轴，用万用表测量其输出信号情况，若无电压输出说明传感器有故障。

②对于安装在分电器内的电磁感应式传感器，也可以将分电器拆下，用手转动分电器轴，用万用表测量其输出信号情况，若有电压输出，说明传感器能工作，否则，说明传感器有故障。

4）测量其输出波形

①正确连接示波器。

②起动发动机，使之怠速工作。

③观察并记录测量的波形。

④参照标准波形如图 2-107 所示，进行分析。

各种电磁感应式曲轴位置传感器输出信号波形基本相同，若又出现波形过于平缓，或有间断时，说明传感器有故障。

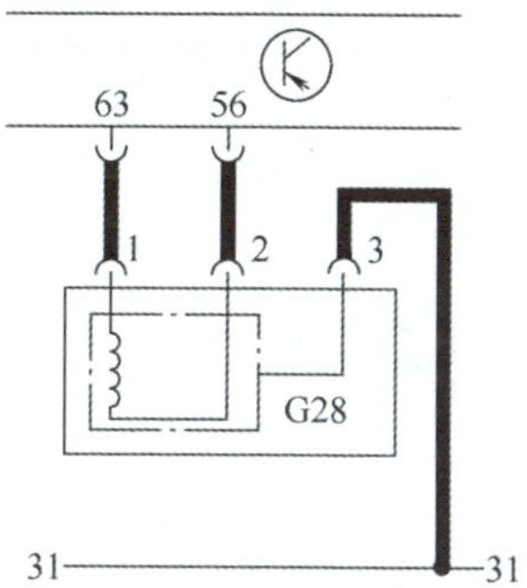

图 2-106　桑塔纳电磁式曲轴位置传感器

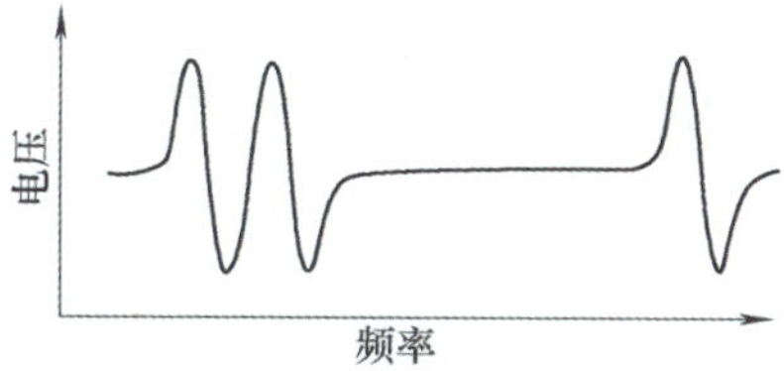

图 2-107　电磁感应式曲轴位置传感器标准波形

（2）霍尔式凸轮轴位置传感器检测　以桑塔纳 2000GSi 型轿车的霍尔式凸轮轴位置传感器为例进行说明。当发动机运行时，若霍尔凸轮轴位置传感器出现故障而导致信号中断时，则发动机将立刻熄火而无法运转，这时，电控单元 ECU 能够检测到故障信息，利用 V.A.G1551/2 故障诊断仪，可以读取故障信息。如故障码显示霍尔传感器有故障，可用万用表检测传感器电源电压和导线电阻，传感器插头接线如图 2-108 所示。

1）故障诊断仪读取故障码。如果报凸轮轴位置传感器故障码进行下面基本检查：

①检查传感器插接器连接状况。

②测量信号转子与磁头间的气隙，信号转子凸齿与磁头间的气隙应在标准范围内（相关车型参考维修手册）。

2）测量相关线路电阻、电压。如果以上检查正常，进行下面基本检查（以桑塔纳2000GSi型轿车的霍尔式凸轮轴位置传感器检测为例）：

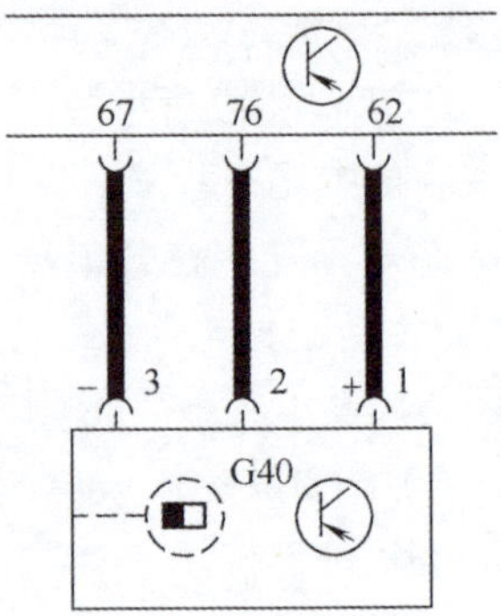

图2-108 桑塔纳霍尔式凸轮轴位置传感器

①拆下传感器的插头。

②打开点火开关，完成表2-11的第一项检查，观察万用表测量值，并对结果进行分析。

③关闭点火开关，用万用表测量各端子阻值，测量数值参照表2-11所示。

若测量数值不符合表中要求，说明相关线路有故障。

表2-11 测试参考条件和数据

测试条件	测试端子	测试结果
点火开关ON	1与3	4.5～5.0V，若过低或过高，说明线束断路、短路或控制单元ECU有故障
点火开关OFF	1与62	应不大于1.5Ω
	2与76	应不大于1.5Ω
	3与67	应不大于1.5Ω
	1（62）与2	应为∞
	1（62）与3	应∞

3）测量传感器输出波形

①正确连接示波器。

②起动发动机，使之怠速工作。

③观察并记录测量的波形。

④参照标准波形如图2-109所示，进行分析。

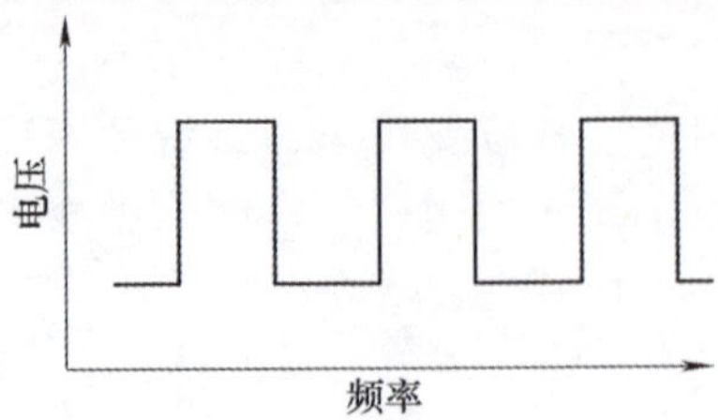

图2-109 霍尔式传感器标准波形

各种霍尔式传感器输出信号波形基本相同，为方波形。若波形不符，说明传感器有故障。

(3) 光电式曲轴 / 凸轮轴位置传感器检测

1) 测量各端子。光电式曲轴 / 凸轮轴位置传感器控制电路如图 2-110 所示。检测时，先拆下线束插头，将点火开关转至 "ON" 位置。

①测量电脑侧 1 与 2 端子之间电压应为 12V，否则说明线路或 ECU 有故障。

②给传感器侧的 1 与 2 端子之间直接施加 12V 电源电压，并分别在信号输出端子 3 和 4 与 1 之间接上电流表，转动转子一圈时，两个电流表应分别摆动 1 次和 4 次（与透光孔数量相等），每次电流表指示电流应约为 1mA，否则应更换传感器。

2) 测量其输出波形

①正确连接示波器。

②起动发动机，使之怠速工作。

③观察并记录测量的波形。

④参照标准波形如图 2-111 所示，进行分析，若波形不符，说明传感器有故障。

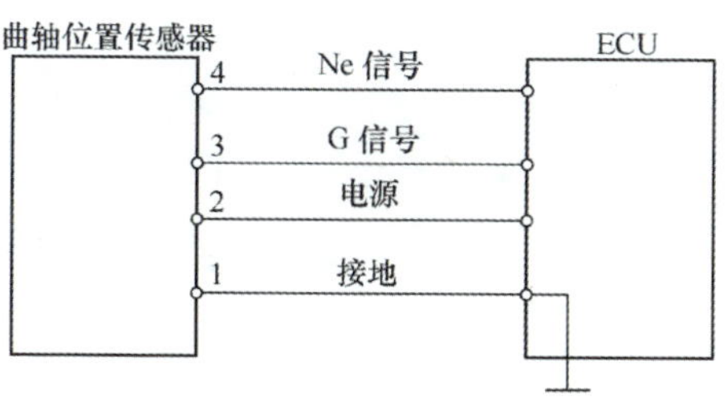

图 2-110　光电式曲轴 / 凸轮轴位置传感器检测电路

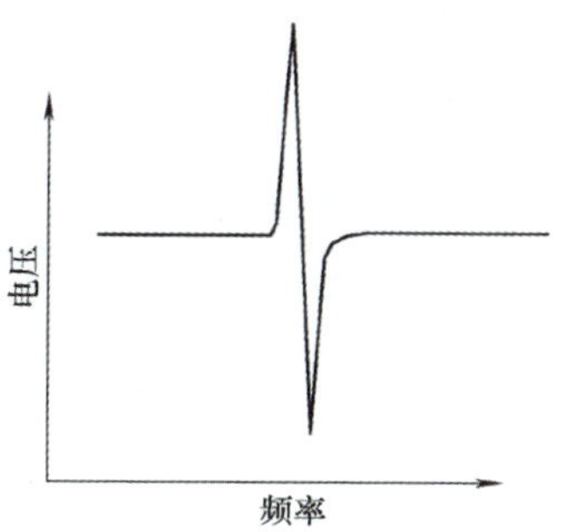

图 2-111　光电式传感器的标准波形

(二) 发动机电控单元 (ECU) 维修

1. 发动机电控单元维修注意事项

在用万用表检测 ECU 端子的电压和电阻时应注意以下事项:

- 在检测之前，应先检查各熔断器、熔丝及有关的线束插接器是否良好。
- 蓄电池电压应不低于 11V，蓄电池电压过低会影响测量结果。
- 必须使用高阻抗（大于 10MΩ/V）的万用表，最好使用汽车专用万用表检测。
- 如图 2-112 所示，必须在线束插接器处于连接状态时测量 ECU 相应端子间的电压，并且万用表的测笔应从线束插头的导线一侧插入。
- 不可在拆开线束插接器的状态下，直接测量 ECU 端子间的电阻，否则会损坏 ECU。
- 若需拆开 ECU 线束插接器检测各控制线路，则应先拆下蓄电池负极接地线。在蓄电池连接完好的状态下拆开 ECU 线束插接器，可能会损坏 ECU。

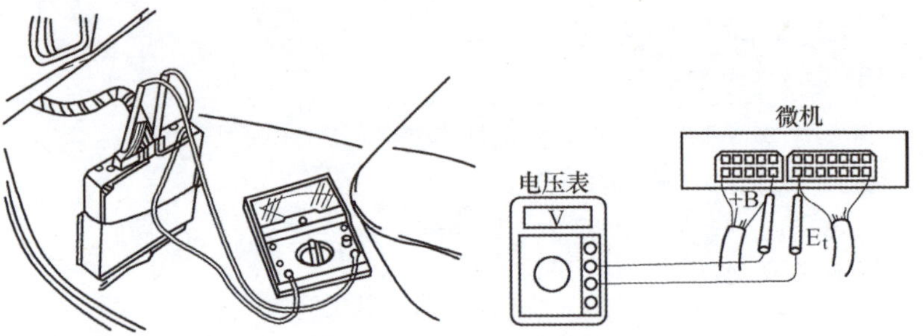

a）线束插接器处于连接状态　　b）万用表的测笔从线束插头的导线一侧插入

图 2-112　ECU 端子间电压测量方法

2. 发动机电控单元的维修

发动机电控单元的维修，主要是线路的维修。以桑塔纳 2000GSi 轿车为例，电控系统版本号为 M3.8.2 的 ECU 线束插接器插头端子的布置如图 2-113 所示。

发动机 ECU 共有 80 个端子，线束插接器接线与一个 52 个端子的插头和一个 28 个端子的插头相连接。

（1）线路电阻的检测　关闭点火开关，从 ECU 上拔下插头，再拔下要检测的组件插头，检测其接线的电阻。

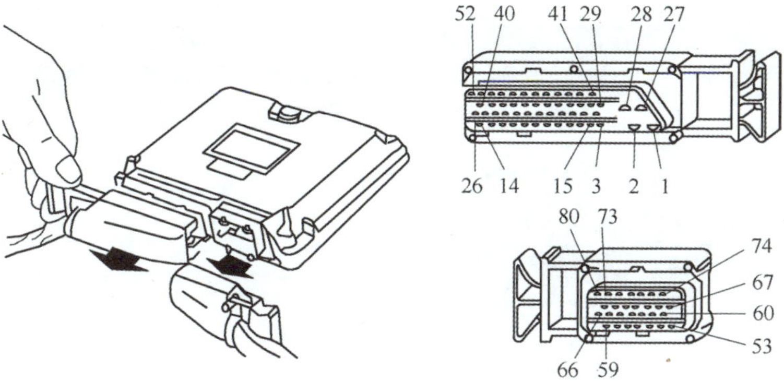

a）拔下插头　b）插头端子的布置

图 2-113　M3.8.2ECU 的插头与插座

维修提示：

- 检测时，为了避免损坏电子组件，要注意量程必须符合检测条件。

检测步骤与标准值如表 2-12 所示。

表 2-12　线路电阻的检测

检测步骤	检测项目		检测部位		标准电阻值 / Ω
			ECU 插座端子号	组件插座端子号	
1	至空气流量计（G70）		11	4	<0.5
			12	3	<0.5
			13	5	<0.5
2	节气门控制部件（J338）	至节气门定位器（V60）	66	1	<1
			59	2	<1
		至怠速开关（F60）	69	3	<0.5
		至节气门电位计（G69）	62	4	<0.5
		至怠速开关（F60）	75	5	<0.5
			67	7	<0.5
		至节气门定位电位计（G88）	74	8	<0.5
		怠速开关闭合	67 与 69		<1
		怠速开关打开	67 与 69		∞

（续）

检测步骤	检测项目	检测部位		标准电阻值 /Ω
		ECU 插座端子号	组件插座端子号	
3	至冷却液温度传感器（G62）	67	1	<1
		53	3	<0.5
4	至进气温度传感器（G72）	54	1	<0.5
		67	2	<1
5	至发动机转速传感器（G28）	发动机接地点	1	<0.5
		63	2	<0.5
		56	3	<0.5
		6	D26	<0.5
6	至氧传感器（G39）	熔丝 530	1	通
		27	2	<20
		25	3	<1.5
		26	4	<1.5
7	至点火线圈（N152）	接地点	4	通
			2 与 D23	通
		78	3	<0.5
		71	1	<0.5
8	至霍尔传感器（G40）	62	1	<0.5
		76	2	<0.5
		67	3	<1
9	至活性炭罐电磁阀（N80）	15	2	<0.5
		熔丝 530	1	通
10	至空调压缩机	8	压缩机电磁开关插头触点	<0.5
10	至空调压缩机	10	空调（A/C）开关	<0.5
11	至车速传感器	20	3	<0.5

（续）

检测步骤	检测项目	检测部位		标准电阻值 /Ω
		ECU 插座端子号	组件插座端子号	
12	至爆燃传感器（G61）	68	1	<0.5
		67	2	<1
		2	3	<0.5
13	至爆燃传感器（G66）	60	1	<0.5
		67	2	<1
		2	3	<0.5
14	至 1 缸喷油器（N30）	73	2	<1.0
15	至 2 缸喷油器（N31）	80	2	<1.0
16	至 3 缸喷油器（N32）	58	2	<1.0
17	至 4 缸喷油器（N33）	65	2	<1.0

（2）线路组件的检测

①在进行各线路组件检测时，应首先检查蓄电池电压是否正常（应大于 11V），燃油泵继电器、熔丝是否正常。

②从汽车上拆下 ECU，测量电压的时候应使线束插接器处于连接状态。

③将点火开关转到“ON”位置，不起动发动机。

④用万用表按表 2-13 所示的步骤和检测条件，依次检测 ECU 相应端子之间的电阻或电压，测量值应符合标准值，否则说明 ECU 或控制线路有故障。

维修提示：

● 注意：测量电压时，万用表的测笔应从线束插接器的插头导线一侧插入，也可插入大头针来作为引出的导线。

表 2-13　线路组件检测步骤（接 ECU）

检测步骤	检测项目	检测条件（附加操作）	检测部位	标准值
1	1~4 缸喷油器电阻	关闭点火开关，拔下 1~4 缸喷油器插座	插座两端子	13~18 Ω
2	1~4 缸喷油器供电电压	喷油器插座端子 1 和喷油器熔丝间线路正常	插头端子 1 和发动机接地点	蓄电池电压

（续）

检测步骤	检测项目	检测条件（附加操作）	检测部位	标准值
3	燃油泵继电器	关闭点火开关，从中央拔下燃油泵继电器，测 2 号位继电器上端子 4 和接地点	-	接近 12V
4	氧传感器（λ 传感器）加热装置	关闭点火开关，拔下氧传感器 4 个端子的插头	插座端子 1 和 2	1~5Ω（电阻随温度升高）
5	氧传感器输出电压	发动机正常工作，改变工况	插座端子 3 和 4	0.1~0.3V 与 0.7~1.1V 间变化
6	氧传感器供电电压	加热正常，打开点火开关	插头端子 3 和 4	蓄电池电压
7	活性炭罐电磁阀（ACF 阀）	关闭点火开关，拔下插头	插座两端子	22~30Ω
8	节气门电位计（G69）	关闭点火开关，拔下插座，再打开点火开关	插头端子 5 和 7	约 5V
9	节气门定位电位计（G88）	关闭点火开关，拔下插座，再打开点火开关	插头端子 4 和 7	约 5V
10	空气质量计（G70）供电电压	燃油泵继电器和熔丝正常	插头端子 4 和接地点	约 5V
11	发动机转速传感器	关闭点火开关，拔下发动机转速传感器插头	插座端子 2 和 3	480~1000Ω
12	发动机 ECU 供电电压	蓄电池电压高于 11V，熔丝 517 正常，关闭点火开关打开点火开关	V.A.G1598/22 测试盒端子 3 和 2V.A.G1598/22 测试盒端子 1 和 2	接近蓄电池电压 接近蓄电池电压
13	爆燃传感器输出电压	发动机运转	插座端子 1 和 2	0.3~1.4V
14	霍尔传感器（G40）输出电压	拔下插座，打开点火开关	插座端子 1 和 3	接近 5V
15	霍尔传感器（G40）输入电压	拔下插座，打开点火开关	插头端子 2 和 3	接近蓄电池电压

（三）执行器维修

1. 喷油器的检测

（1）喷油器就车诊断 接通点火开关，使发动机怠速运转；用旋具或听诊器测试各缸喷油器工作声音，如图 2-114 所示。若各缸喷油器工作声音清脆均匀，说明各缸喷油器工作正常；若听不到某缸喷油器工作声音，则应测量该喷油器的电磁线圈电阻及检查喷油器控制线路。

（2）喷油器线圈阻值检测 拔下喷油器线束插头，用万用表测量喷油器两端子之间的电阻，如图 2-115 所示，低阻值喷油器应为 2～3Ω，高阻值喷油器应为 13～16Ω，否则应更换喷油器。

（3）喷油器控制电路检查

①拆开喷油器线束连接器，接通点火开关，但不起动发动机。

②用万用表检测喷油器的供电电压，应为蓄电池电压（即端子 1 与发动机接地之间的电压）。

③若供电电压不符合，应检查供电线路、点火开关、继电器或熔丝是否正常。

④测量各喷油器插头负极端子与发动机 ECU 喷油器端子之间的阻值应小于 1Ω，如图 2-116 所示，如测量桑塔纳 2000 型喷油器端子 2 与 ECU 端子 73、80、58、65 之间的阻值应小于 1Ω，否则线路有断路或接触不良。

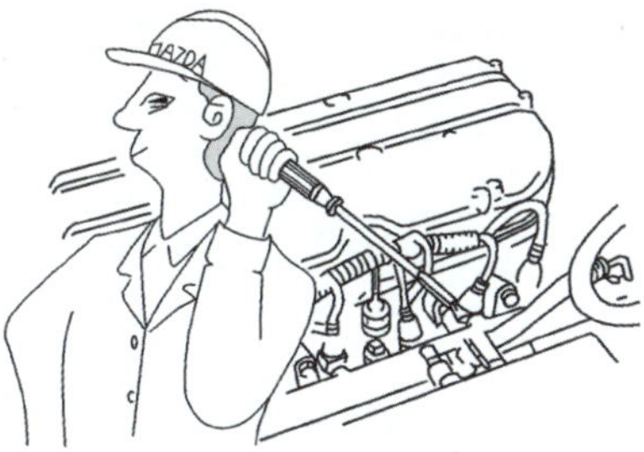

图 2-114　听诊器各缸喷油器

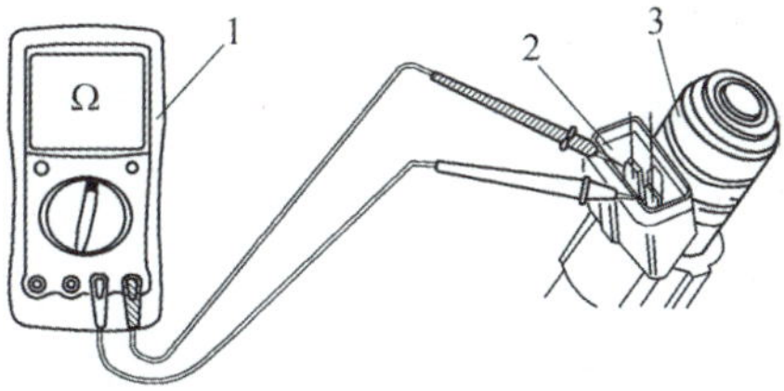

图 2-115　测量喷油器电阻

1 —万用表　2 —线束插头　3 —喷油器

（4）喷油器的喷油量检查 喷油器的喷油量检查可在专用设备上进行，也可按图 2-117 所示方法检查。检查方法是：

①将被测喷油器插入量杯中。

②使燃油泵工作。

③用导线让蓄电池直接给喷油器通电，使喷油器喷油 30s，观察喷油量。一般喷油量为 85～105mL/30s（具体车型请以维修手册数据为准），各缸喷油器的喷油量相差不超过 5％。

④每个喷油器应重复检查 2~3 次，各缸喷油器的喷油量和均匀度应符合标准。

⑤观察燃油从喷孔喷出的形状，应为 35° 左右的圆锥雾状。

（5）喷油器密封性检查 喷油器密封性可在专用设备上进行，在检测喷油量之前，直接给燃油泵通电工作，油压达到正常时，观察喷油器有无滴漏现象。也可将喷油器和输油管从安装位置上拆下，再与燃油系统悬空连接好，打开点火开关，让燃油泵通电工作，观察喷油器有无滴漏现象。

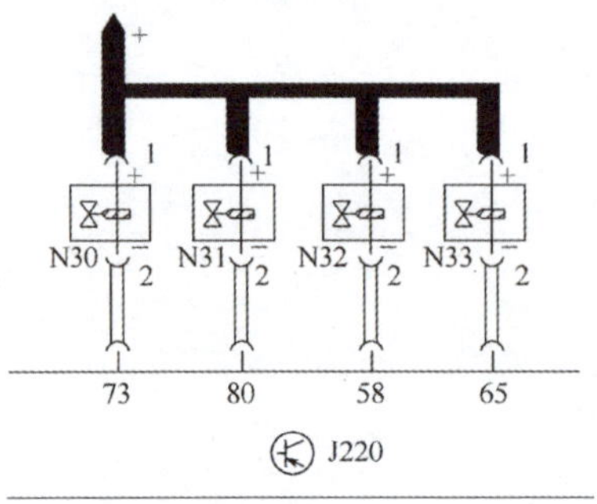

图 2-116　桑塔纳 2000 型喷油器控制电路

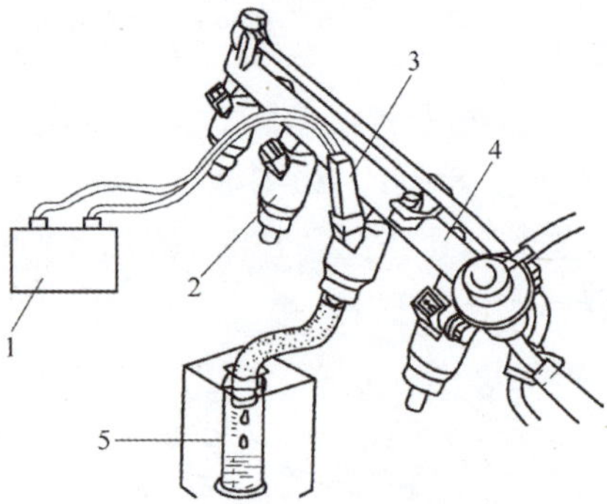

图 2-117　喷油器喷油量的测试

1—蓄电池　2—喷油器　3—专用检测线　4—燃油总管　5—量杯

维修提示：

● 一般要求 2min 内喷油器滴油不超过 1 滴，说明喷油器密封性良好，否则应更换喷油器。

● 注意：低阻喷油器不能直接与蓄电池连接，必须串联一个 8~10Ω 的附加电阻。同时要求作业环境要通风，避免烟火。

2. 喷油器的清洗

（1）超声波清洗方法 把喷油器放入超声波清洗仪中，调整好时间（10~20min），按开始键进行清洗。常用超声波清洗机结构如图 2-118 所示。

（2）简易清洗方法 将喷油器进油口与燃油系统清洗剂连接，

利用蓄电池驱动喷油器，压开燃油系统清洗剂出口，反复清洗，如图 2-119 所示。清洗喷油器时，应注意以下几点：

图 2-118　单槽式超声波清洗机

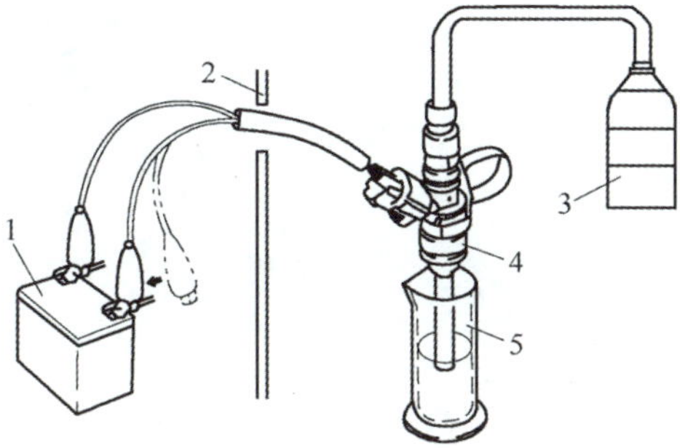

图 2-119　喷油器简易清洗方法
1 —蓄电池　2 —防火隔断　3 —清洗剂
4 —喷油器　5 —玻璃容器

维修提示：

- 清洗剂是易燃品，清洗作业应在空气流通的地方进行。
- 利用蓄电池驱动喷油器易产生火花，应将喷油器与蓄电池隔开。
- 低阻抗的喷油器应串联电阻以防烧坏喷油器线圈。
- 废旧清洗液应环保化处理。
- 注意眼睛保护。在执行本程序时，应佩戴经许可的安全眼镜和手套，以减小人员眼睛、皮肤受伤的风险。

3. 喷油器的拆装

（1）拆卸喷油器

①发动机停机后，燃油系统当中会有较大的压力，必须释放燃油压力，然后拆卸喷油器。

②拆下蓄电池负极线及各缸喷油器线束插头，如图 2-120 所示。

③拆下燃油分配管上的进油管和回油管。

④拆下油压调节器上的真空软管，再拆下油压调节器。

⑤松开燃油分配管上的紧固螺栓，将燃油分配管及喷油器一起拆下。

⑥从燃油分配管上拆下喷油器及密封垫圈。

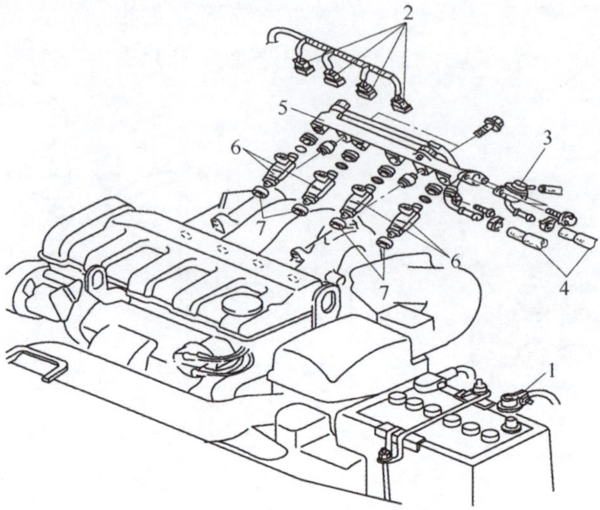

图 2-120　喷油器拆装示意图

1 —蓄电池负极　2 —喷油器线束插头　3 —油压调节器
4 —油管　5 —油轨　6 —喷油器　7 —密封圈

（2）安装喷油器

①将喷油器装在燃油分配管上，安装时应不断转动喷油器，以免损坏 O 形圈。

②在进气歧管上相应的喷油器孔的位置处，放好橡胶密封圈。

③将喷油器连同燃油分配管一起装在发动机上，并拧紧固定螺栓。

④用手转动喷油器，如果能平稳转动，说明安装良好；否则说明 O 形圈安装不当，应重新安装。

⑤安装进油管和回油管，插上真空软管及各缸喷油器线束。

⑥检查并确认无漏装零件。

⑦预置燃油系统压力，检查有无漏油现象。

⑧起动发动机，检查发动机怠速是否平稳，检查喷油器密封圈有无漏气现象。

维修提示：

注意：在安装喷油器 O 形圈时，应用凡士林或其他不伤害橡胶和塑料的的润滑油脂涂抹后，再安装，以避免损坏 O 形圈。

4. 喷油器的常见故障及检查

（1）常见故障及影响 喷油器是燃油喷射系统中故障较多的部件之一，其常见故障及影响如表 2-14 所示。

表 2-14 喷油器的常见故障及影响

故障部位	对电控燃油喷射系统的影响	对电控发动机的影响
喷油器阀胶结、喷油器堵塞	喷油器不喷油或喷油量少喷油雾化不良	发动机动力下降、加速迟缓、怠速不稳容易熄火、发动机不能工作、发动机工作不稳
电磁线圈或内部线路连接处断路	喷油器不喷油	发动机工作不稳或不工作
喷油器密封不严	喷油器滴油	油耗上升、排气管放炮、发动机起动困难或不能起动，排气冒黑烟
喷油器阀口积污	喷油量减少	发动机工作不稳、进气管回火，发动机动力不足、加速性差

（2）故障检查方法

1）就车检查。发动机热车后使其怠速运转，用听诊器测听各缸喷油器有无工作时的“嗒嗒”声响。若各缸喷油器工作声音清脆均匀有节奏，则说明各缸喷油器工作正常；若某缸喷油器的工作声音很小或工作声音较其他缸沉闷，则说明该缸喷油器工作不正常，可能是针阀卡滞，应作进一步的检查；若听不到某缸喷油器的工作声音，说明该缸喷油器不工作，则应检查喷油器控制线路或测量喷油器电磁线圈电阻；若控制线路及电磁线圈正常，则说明喷油器针阀完全卡死，应更换喷油器。

如为发动机工作不平稳，可以采用断缸方法来判断各缸喷油器工作良好与否：发动机热车后使其怠速运转，依次拔下各缸喷油器的线束插头，使喷油器停止喷油，进行断缸检查。若拔下某缸喷油器的线束插头后，发动机转速有明显下降，则说明该缸喷油器工作正常；相反，若拔下某缸喷油器线束插头后发动机转速无明显下降，则说明该缸喷油器不工作或工作不良，应作进一步检查。

2）喷油器电阻检测。如果怀疑某缸喷油器不工作，可用万用表检测该缸喷油器电磁线圈的电阻（如图 2-121 所示），是否正常。电流驱动型（低阻抗型）喷油器电磁线圈电阻值一般在 1.5~5Ω，电压驱动型（高阻抗型）喷油器电磁线圈的阻值一般在 12~16Ω。如测得的电阻过小或过大，都需要更换该缸喷油器。

3）喷油器的单件检查。

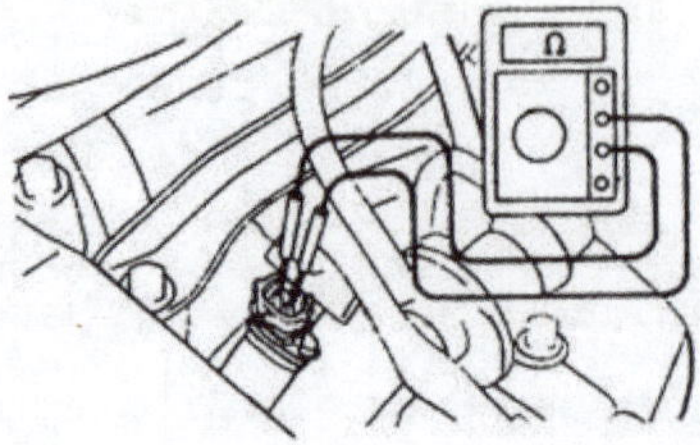
图 2-121 喷油器电磁线圈电阻的测量

①目测检查。在工作台上铺一块干净的白布，将分配油管及喷油器内的残余汽油倒在白布上。若发现有铁锈或水珠自分配油管内或喷油器进油口处倒出，说明喷油器已锈蚀，应更换。

②喷油器喷油量和漏油的检查。将已从发动机上拆下的喷油器用软管与发动机输油管路相连接，再用专用接线器将喷油器线端子接上蓄电池电压，燃后将燃油泵检查插接器短接，并接通点火开关，使燃油泵工作（发动机不工作），看喷油器喷油是否正常。喷油量应在 40～50mL/15s 范围内（不同的发动机标准不同），各缸喷油器喷油量之间差值应少于 5mL。

喷油器接蓄电池需用专用接线器，是因为对于电流驱动型喷油器或一些低电阻的电压驱动型喷油器来说，由于喷油器的电磁线圈电阻较小，直接接蓄电池 12V 的电压，会因电流过大而烧坏。

喷油器泄漏的检查（密封性检查），只需在上述条件下拆下专用接线器，使喷油器停止喷油，看喷油器是否漏油，要求喷油器 1min 内的漏油量少于 1 滴（说明密封性能良好），否则需更换喷油器。

要点

◎ 有条件的最好用喷油器清洗试验台进行清洗和测试。在喷油器清洗试验台上可以观察喷油器喷油雾化状况，测定喷油器在一定时间或一定喷油次数内的喷油量，检查喷油器针阀的密封性能。对于工作不良的喷油器，还可以在清洗试验台上进行超声波清洗和反流清洗，以达到彻底清洁喷油器，使之恢复良好的喷油雾化性能的目的。

（3）喷油器驱动电路的常见故障及检查方法

1）喷油器不工作是造成发动机不能起动或运转不平稳的常见原因之一。喷油器不工作的可能原因有：

①喷油器电磁线圈不良或内部接线断脱。

②喷油器外串联电阻断路或漏电（低电阻电压驱动型喷油器）。

③线路断脱或插接器有接触不良之处。

④线路熔断器烧断。

⑤电子控制器（ECU）有故障。

2）故障检查方法。以图 2-122 所示的喷油器驱动电路为例，可用以下方法来确定故障的具体部位。

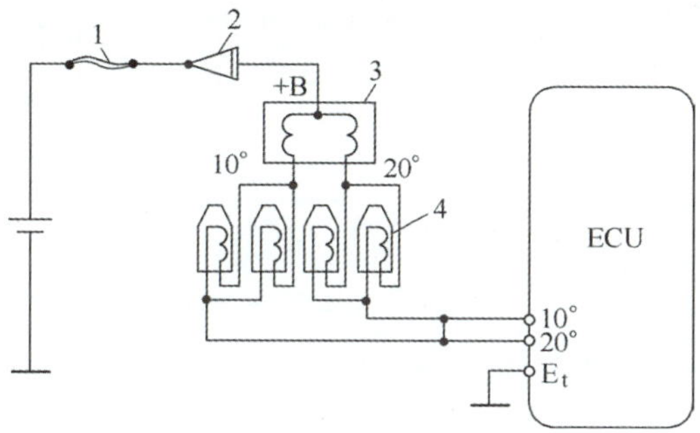

图 2-122　喷油器驱动电路的检查

1 —熔断器　2 —点火开关　3 —电阻器　4 —喷油器　5 —蓄电池

①拔下喷油器上线路插接器，接上一个高阻抗的试灯，摇转发动机，看试灯是否闪亮。若试灯闪亮，则检查喷油器电磁线圈电阻，若电阻过大或不通，需更换喷油器；若试灯不闪亮，则作下一步检查。

②用试灯接接线端子“+B”与接地之间，检查“+B”点火通电与否，若试灯不亮，说明“+B”点未通电，需检查点火开关及有关的线路；若试灯亮，则说明“+B”通电，需作下一步检查。

③用万用表电阻档检查串联电阻是否正常（无串联电阻的则无此步诊断）。若电阻不正常或不通，则更换串联电阻；若电阻正常则作下一步检查。

④检查喷油器及其与 ECU 的连接线路。若喷油器或线路不良，更换或检修不良处；若喷油器和线路均良好，则需更换 ECU。

5. 冷起动喷油器与温度时间开关的常见故障及检查

（1）常见故障及影响　冷起动喷油器和温度时间开关的常见故障及影响见表 2-15 所示。

表 2-15　冷起动喷油器和温度时间开关常见故障及影响

故障部位	对电控燃油喷射系统的影响	对电控发动机的影响
冷起动喷油器电磁线圈不良	冷起动时冷却喷油器不喷油	发动机冷起动困难
冷起动喷油器堵塞	冷起动时冷起动喷油器不喷油	发动机冷起动困难
冷起动喷油器关闭不严、卡滞	冷起动喷油器滴油	排气管放炮、油耗增大，热车起动困难、不能起动等
温度时间开关触点接触不良	冷起动时冷起动喷油器不喷油	发动机冷起动困难
温度时间开关加热线圈不良	冷起动喷油器喷油时间不受限制	发动机易出现进油过多而被“淹死”的现象；冷起动容易，热起动困难；发动机运转中突然熄火等

（2）故障检查方法　冷起动喷油器的故障检查方法类似于主喷油器，这里不再赘述。温度时间开关的检查可以用万用表的电阻档通过测试其接线端子间的电阻来检查，所测得的数据与标准值不符时，应更换新件。

第三章　发动机电控点火系统

CHAPTER 3

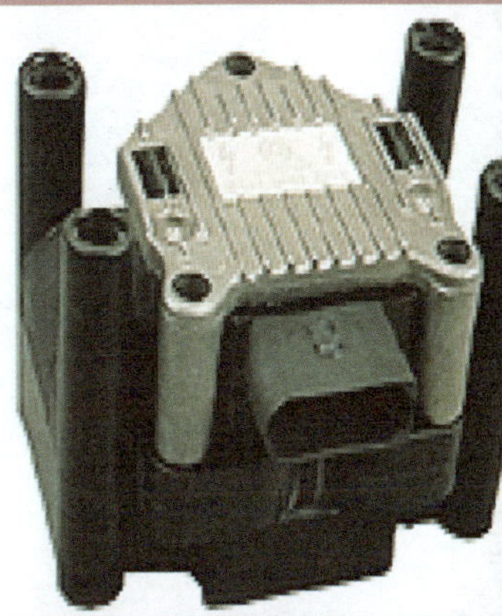

第一节　有分电器电控点火系统结构与维修

第二节　无分电器电控点火系统结构与维修

第一节　有分电器电控点火系统结构与维修

电控发动机两大核心控制功能是电控燃油喷射控制和电控点火控制。采用电控点火控制技术可以满足现代高速发动机对点火系统较高的点火能量和较高的击穿电压的要求，可以实现点火时刻与发动机运行工况更好的匹配；能够实现对点火系统更加优化的集中控制功能，更好地满足对发动机动力性和经济性的要求。电控点火系统按照是否安装分电器可分为有分电器电控点火系统和无分电器电控点火系统。

一、有分电器电控点火系统的组成与结构

（一）有分电器电控点火系统的组成

有分电器微机控制点火系统的组成如图3-1所示，主要由输入信号（各种传感器和开关）、电子控制单元（ECU）、分电器（内装点火控制器）、高压线和火花塞等组成，各组成部件的作用如表3-1所示。

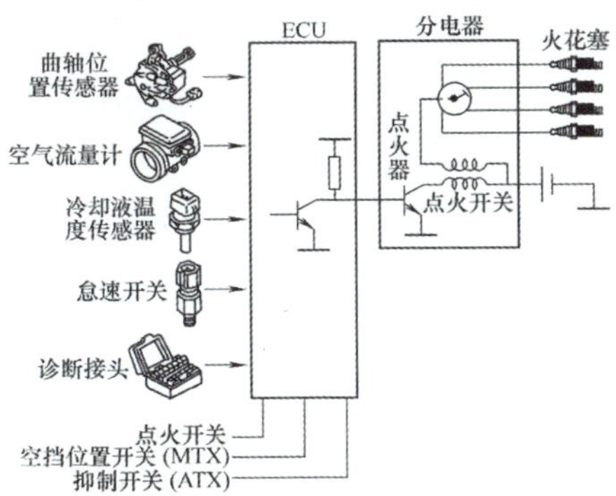

图3-1　有分电器式微机控制点火系统的组成

表 3-1　有分电器电控点火系统各组成部件的功用

组成		功用
输入信号	空气流量计（L 型）	检测进气量信号输入 ECU，点火系统的主控信号
	进气歧管绝对压力传感器	
	曲轴位置传感器（Ne）	检测曲轴转速（转角）信号输入 ECU，点火系统的主控信号
	凸轮轴位置传感器（G1、G2)	检测凸轮轴转角信号输入 ECU，点火系统的主控信号
	节气门位置传感器	检测节气门开度信号输入 ECU，点火系统的修正信号
	冷却液温度传感器	检测发动机冷却液信号输入 ECU，点火系统的修正信号
	进气温度传感器	检测进气温度信号输入 ECU，点火系统的修正信号
	爆燃传感器	检测发动机爆燃信号输入 ECU，点火系统的修正信号
	起动开关	向 ECU 输入起动信号，点火系统的修正信号
	空调（A/C）开关	向 ECU 输入空调工作信号，点火系统的修正信号
	空档位置开关	向 ECU 输入 P 位和 N 位信号，点火系统的修正信号
执行器	点火控制器	根据 ECU 输出的控制指令，控制点火线圈初级电路的通断，以产生次级高压，并向 ECU 反馈点火确认信号
控制单元（ECU）		根据各输入信号输入的信息，计算出最佳的控制参数，并向执行器发出控制指令
点火线圈		点火线圈利用变压器的原理可将汽车电源提供的 12V 低压电转变成能击穿火花塞电极间隙的 15~20kV 的高压直流电
分电器		按照发动机的工作顺序将产生的高压电送至各缸火花塞
火花塞		火花塞的作用是将高压电引入气缸燃烧室，产生电火花点燃可燃混合气
高压线		高压导线用以连接点火线圈与分电器中心插孔以及分电器旁电极和各缸火花塞

1. 输入信号

输入信号的作用是检测发动机各种运行参数，为控制单元提供点火控制所需的各种信号。主要包括各种传感器（曲轴位置传感器、凸轮轴位置传感器、爆燃传感器、进气管绝对压力传感器、节气门位置传感器、冷却液温度传感器等）和开关（A/C 开关、空档位置开关等），与电控燃油喷射系统共用输入信号。

2. 控制单元（ECU）

控制单元是电控点火系统的控制中枢。在发动机工作时，它不断接收各输入信号输入的信息，并进行运算、分析、比较，按内部存储的程序计算出最佳的控制参数，并向执行器发出控制指令。同时，控制单元还具有自诊断功能，当各传感器的输入信号和执行器的工作情况出现异常时，会记录相应的故障信息，以便于诊断时读取。

3. 点火线圈

点火线圈利用变压器的原理可将汽车电源提供的12V低压电转变成能击穿火花塞电极间隙的15～20kV的高压直流电。按其磁路结构形式的不同，点火线圈一般分为开磁路式和闭磁路式两种。

（1）开磁路点火线圈 开磁路点火线圈的结构如图3-2所示，点火线圈中心是用硅钢片叠成的条形铁心，由于铁心没有构成闭合回路，所以称为开磁路点火线圈，其磁路如图3-3所示。铁心外部套有绝缘的纸板套管，套管上绕有次级绕组，直径为0.06～0.10mm的漆包线，次级绕组一般约为2万匝。初级绕组是直径为0.5～1.0mm的高强漆包线，绕在次级绕组的外面，初级绕组一般约为200匝，绕组和外壳之间装有导磁钢套。为加强绝缘与防潮，条形铁心底部装有瓷绝缘支座，外壳内充满沥青或变压器油等绝缘物。点火线圈的顶部是胶木盖，并加以密封。

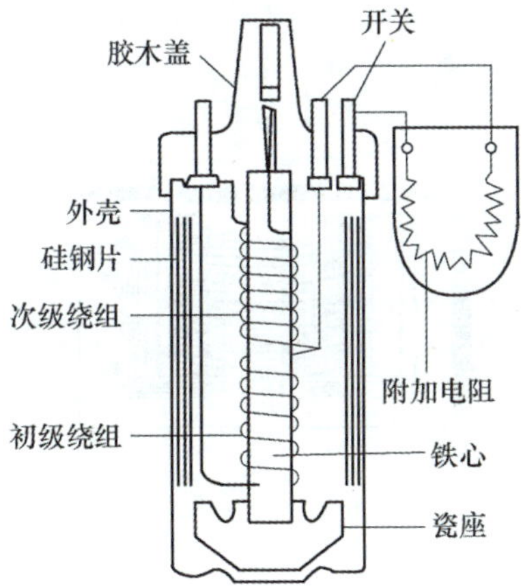

图3-2 点火线圈的结构

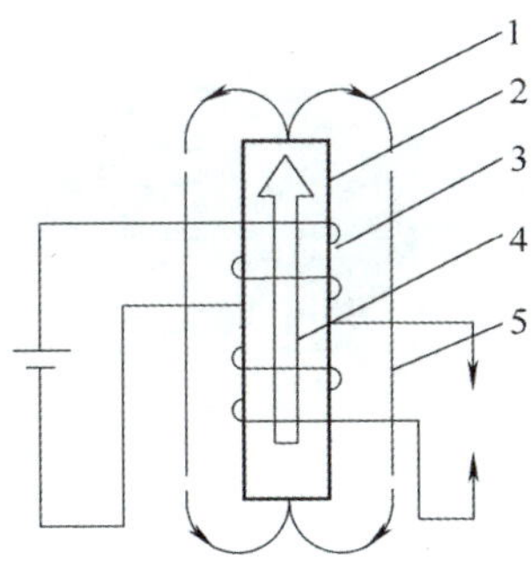

图3-3 开磁路点火线圈的磁路

1—磁力线 2—铁心 3—初级绕组
4—次级绕组 5—导磁钢套

为改善点火性能，在应用开磁路点火线圈的点火系初级电路中，一般设有附加电阻（热敏电阻），温度升高，附加电阻阻值增大。这样，当点火线圈温度高时，可减小初级电流，防止点火线圈过热。同时，在起动机起动发动机时，利用起动电路将附加电阻短路，增大初级电流，提高次级电压，有利于发动机起动。附加电阻有两种结构形式，一种是设在点火线圈外部，这种形式的点火线圈有三个接线柱；还有一种附加电阻为导线形式，用来连接点火开关与点火线圈，这种形式的点火线圈有两个接柱。

> **要点**
>
> 在早期的点火系中，开磁路点火线圈应用较多。但由于开磁路点火线圈磁路磁阻大，磁通量泄漏多，因此，能量转换效率低，现已很少应用。

（2）闭磁路点火线圈 闭磁路点火线圈也称为高能点火线圈，其结构如图 3-4 所示。在“口”字形或“日”字形铁心内绕有次级绕组，在次级绕组外面绕有初级绕组，初级绕组产生的磁通量通过铁心构成闭合磁路，其磁路如图 3-5 所示。与开磁路点火线圈相比，闭磁路点火线圈具有漏磁少、能量损失小、转换效率高、体积小、质量轻和易散热等优点，因此在点火系中广泛应用。

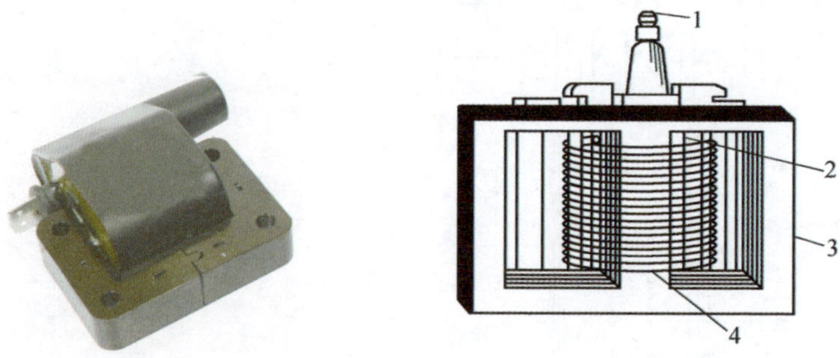

a）实物图　　b）结构图

图 3-4　闭磁路点火线圈的结构

1 —中央高压线接线柱　2 —次级绕组　3 —铁心　4 —初级绕组

4. 分电器

分电器的结构如图 3-6 所示，主要由配电器、信号发生器。配电器（分火关、分电器盖等）的作用是将点火线圈产生的高压电，按照发动机的工作顺序送至各缸火花塞；信号发生器的作用是产生脉冲信号，送给点火控制器，由点火控制器控制初级电路的通断。

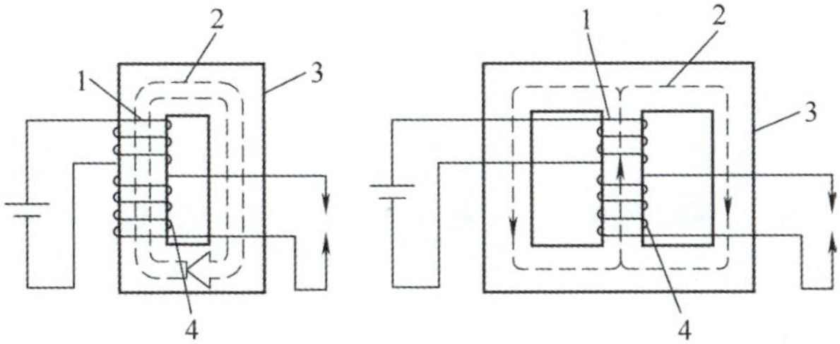

a）“口”字形铁心　b）“日”字形铁心

图 3-5　闭磁路点火线圈的磁路

1 —初级绕组　2 —磁力线　3 —铁心　4 —次级绕组

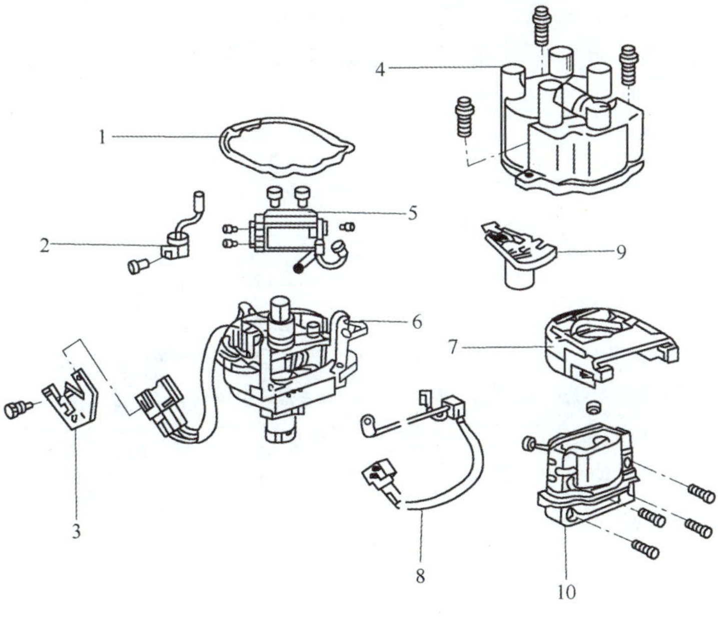

图 3-6　分电器的结构

1 —垫片　2 —电容器　3 —导线夹　4 —分电器盖　5 —点火控制器　6 —分电器壳体　7 —点火线圈防尘罩　8 —分电器电缆　9 —分火头　10 —点火线圈

5. 点火控制器

点火控制器也称为点火模块是电控点火系统的执行元件，其主要功用是根据控制单元（ECU）的指令来控制点火线圈初级电路的导通与截止。其内部为集成电路集成电路，全密封结构。

6. 高压线

高压导线用以连接点火线圈与分电器中心插孔以及分电器旁电极和各缸火花塞。由于工作电压很高（一般在15kV以上），电流强度较小，因此高压导线的绝缘包层很厚，耐压性能好，但线芯截面积很小。汽车用高压线有铜芯线和阻尼线两种，其电阻值因车型的不同而不同。

7. 火花塞

火花塞的作用是将高压电引入汽缸燃烧室，产生电火花点燃可燃混合气。由于火花塞的工作条件十分恶劣，它要承受高压、高温及燃烧产物的强烈腐蚀，因此，火花塞必须具有足够的强度，能承受温度的强烈变化，应有良好的热特性，火花塞的电极一般采用耐高温、耐腐蚀的镍锰合金钢或铬锰氮、钨、镍锰硅等合金制成，也有采用镍包铜材料制成，以提高散热性能。火花塞的结构如图3-7所示，主要由接线帽、瓷绝缘体、中心电极、侧电极和壳体等组成。中心电极用镍铬合金制成，具有良好的耐高温、耐腐蚀性能，中心电极做成两段，中间加有导电玻璃，由于导电玻璃和瓷绝缘体的膨胀系数相近，因此，导电玻璃主要是起密封作用。火花塞的间隙一般为1.0～1.2mm。

a）火花塞实物图

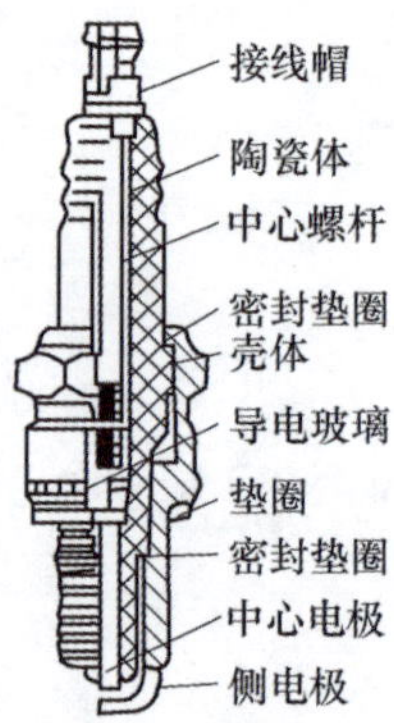

b）火花塞结构图

图3-7　火花塞的结构

火花塞根据其热特性（用热值表示，数字越大，热值越小）的不同，可分为冷型火花塞、中型火花塞和热型火花塞。

要点

- 绝缘体裙部长的火花塞，其受热面积大，传热距离长，散热困难，裙部温度高，称为热型火花塞。热型火花塞用于低压缩比、低转速、小功率的发动机。
- 裙部短的火花塞，吸热面积小，传热距离短，散热容易，裙部温度低，称为冷型火花塞。冷型火花塞用于高压缩比、高转速、大功率的发动机。

（二）有分电器电控点火系统工作原理

发动机工作时，ECU根据接收到的各传感器信号，按存储器中存储的有关程序和相关数据，确定出该工况下最佳点火提控制参数（点火时间和通电时间），并向点火器发出指令。点火器则根据ECU的指令，控制点火线圈初级电路的导通和截止。

要点

- 当电路导通时，有电流从点火线圈中的初级电路通过，点火线圈将点火能量以磁场的形式储存起来。
- 当初级电路中的电流被切断时，在次级绕组中将产生很高的感应电动势(15~20kV)。
- 而此时，随分电器轴一同旋转的分火头正好对准分电器盖上某缸的旁电极，高压电由分缸高压线送给火花塞，点火能量经火花塞瞬间释放，使火花塞跳火，产生的电火花点燃气缸内的混合气，使发动机完成做功过程。

根据以上分析，点火系统的工作过程可分成三个阶段：即初级电路导通，点火能量储存；初级电路截止，次级电路产生高压电；火花塞电极产生电火花，点燃混合气。

此外，在具有爆燃控制功能的电控点火系统中，ECU还根据爆燃传感器的输入信号来判断发动机有无爆燃及爆燃的强度，并对点火提前角进行闭环控制。

（三）有分电器电控点火系统的控制功能

1. 点火时间控制

（1）控制方式 有分电器电控点火系统是由控制单元（ECU）来控制一次线圈电流的接通及切断。ECU根据发动机转速以及吸入的空气量即可进行点火时间的控制；此外也可以根据发动机冷却液的温度做点火正时修正。根据所使用曲轴位置传感器的不同，可分为表 3-2 所示的三种控制方式。

要点

◎ 方法Ⅰ中，在各缸间隔度数，即四缸为 180°CA 时，曲轴位置传感器产生信号；以曲轴位置信号产生时刻为基准时，只要先求出整个步骤进行的通电时间，就可以计算出从通电开始至电源切断时的点火时间，然后根据此项数据便可以利用微计算机的处理器来进行控制。此方法是三种方法中构造最简单的一种。

◎ 方法Ⅱ是采用产生气缸间隔为 180° CA 信号与 30° CA 信号的曲轴位置传感器，以 180° CA 信号算出通电开始时间，然后由处理器控制从 30° CA 信号到通电开始至电源切断的时间。

◎ 方法Ⅲ是采用产生气缸信号 1° CA 信号的曲轴位置传感器。以气缸信号为基准，每隔 1° CA 信号递减计数一次，再以所定的曲轴角度产生通电开始及切断信号，方法Ⅱ、Ⅲ的控制精度良好，但曲轴位置传感器的构造较复杂。

表 3-2　三种曲轴位置传感器与点火控制方式

	曲轴位置传感器	控制方法
Ⅰ	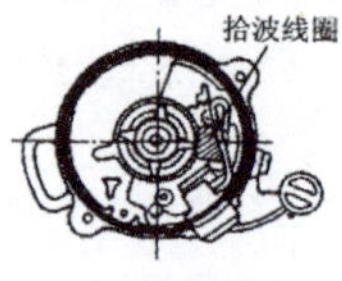	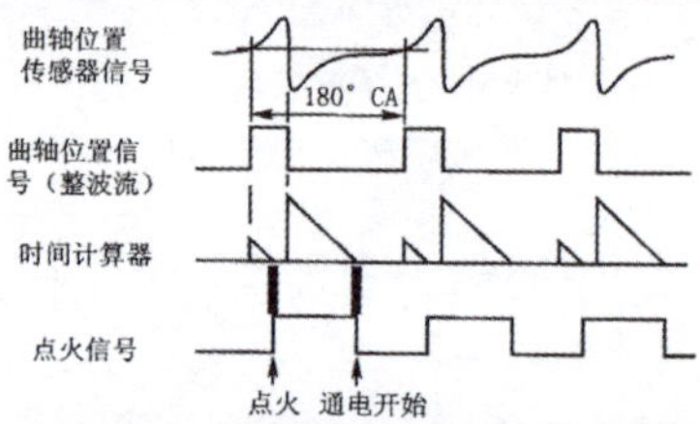
Ⅱ	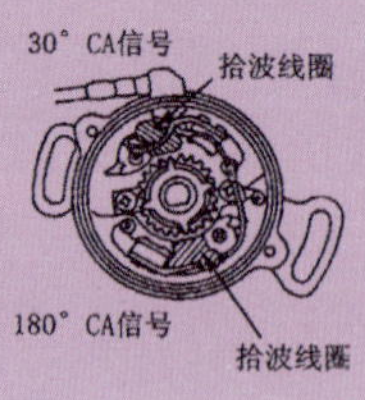	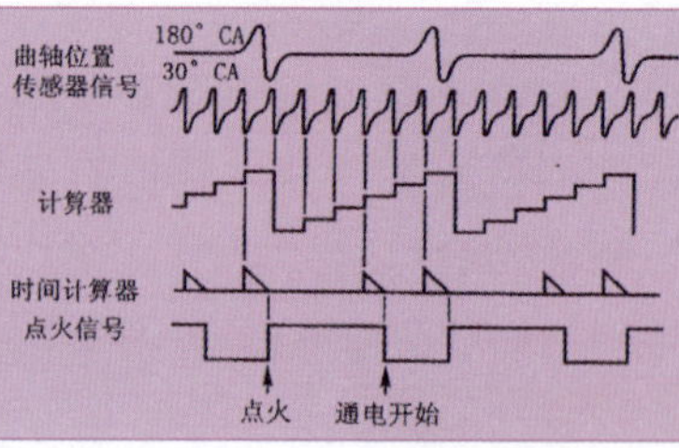

（续）

	曲轴位置传感器	控制方法
III	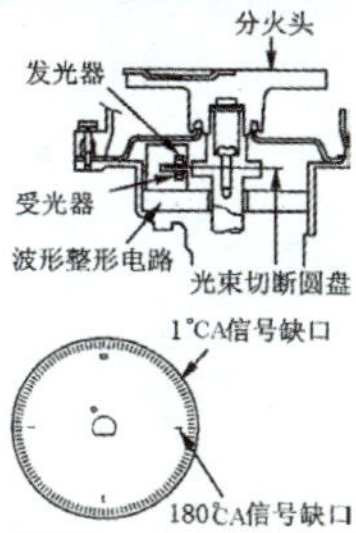	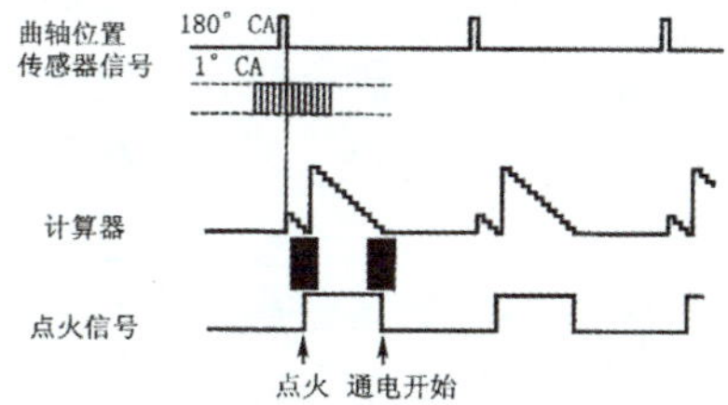

（2）点火时间的确定 点火时间控制可分为两个阶段控制，第一阶段是起动时点火时间控制，第二阶段是起动后点火时间控制。

①起动时点火时间控制。起动时发动机转速通常都低于 500r/min，由于进气量或进气歧管压力信号不稳定，故根据发动机形式，将点火时间固定在一定值。通常由 ECU 内的备用 IC 直接设定固定点火时间。

②起动后点火时间控制。

起动后的点火时间＝固定时间＋基本点火时间＋修正点火时间

基本点火时间是由进气量或进气歧管压力信号与发动机转速信号决定。在 ESA 中，基本点火时间相当于传统式的离心提前与真空提前角度。有些形式的发动机存储器中储存有两组基本点火时间数据，要使用哪一组，是由汽油的辛烷值而定，驾驶人可通过手动开关控制，或系统可自动切换。修正点火时间是由各相关传感器的信号为基础而修正。

（3）点火时间修正 ECU 可根据各传感器的输入信号对点火进间进行修正，修正内容如下：

①低温修正。根据冷却液温度传感器等信号，在低温时，ECU 使点火提前，以保持低温运转性能；当气温极低时，点火提前可达约 15° 。

②暖车修正。根据冷却液温度传感器等信号，当发动机冷却液温度低时，ECU 使点火提前，以改善驾驶性能。有些形式发动机在暖车修正时，会根据空气流量计信号，以适当提前点火角度。

③怠速稳定修正。怠速运转时，转速因空调等的发动机负荷改变而变化时，ECU 会改变点火时间，使怠速转速稳定。ECU 不断的计算

发动机转速平均值，若转速低于目标转速时，ECU使点火提前；若转速高于目标转速时，ECU使点火延后。最大点火时间修正值为±5°，当发动机转速超过预设值时，怠速稳定修正不再作用。

④高温修正。根据冷却液温度传感器信号，当冷却液温度过高时，为避免发动机过热与爆燃，ECU会使点火时滞，高温修正时的最大点火时滞为5°。

⑤空燃比回馈修正。发动机的空燃比回馈系统作用时，转速会随燃油喷射量的增加或减少而变化，而怠速对空燃比的改变特别敏感。因此根据氧传感器、节气门位置传感器、车速传感器等信号，配合空燃比回馈修正的喷油量，ECU将点火提前，以确保怠速稳定。空燃比回馈修正的最大点火提前角度为5°，在车辆行驶时，此修正会停止作用。

⑥转矩控制修正。配备电子控制自动变速器的车辆，在换档时，行星齿轮组的离合器或制动器接合时会产生某种程度的振动。因此根据曲轴位置传感器、节气门位置传感器、冷却液温度传感器等信号，在档位开始变化时，ECU使点火时滞，减低发动机转矩，以降低向上或向下换档产生的振动。当冷却液温度或蓄电池电压低于预设值时，转矩控制修正不起作用。

⑦爆燃修正。当发动机产生爆燃时，ECU根据信号的程度，分成强、中、弱三种，爆燃较强时，点火时滞较多；爆燃较弱时，点火时滞较少。当爆燃停止时，ECU停止点火延迟，并开始提前点火，一次一个固定角度。爆燃修正时的最大点火提前角度为10°。

2. 通电时间控制

（1）通电时间控制方法 通电时间控制也称闭合角控制。对于电感储能式电控点火系统，当点火线圈的初级绕组被接通后，通过绕组的电流是按指数规律增大的。初级绕组被断开瞬间所能达到的断开电流值与初级绕组接通时间长短有关。只有通电时间达到一定值时，初级电流才可能达到饱和。次级绕组高压的最大值与初级断开电流成正比，而次级电压的高低又直影响点火系工作的可靠性，所以在发动机工作时，必须保证点火线圈的初级电路有足够的通电时间。但如果通电时间过长，点火线圈又会发热并增大电能消耗。要兼顾上述两方面的要求，就必须对点火线圈初级电路的通电时间进行精确控制。

影响初级绕组通过电流的主要因素有发动机转速和蓄电池电压。为了保证在不同的蓄电池供电电压和不同的转速下都具有相同的初级断开电流，电控单元根据蓄电池电压和发动机转速信号，从预置的通电时间数据表中查出相应的数值，对通电时间进行控制，如图 3-8 所示。

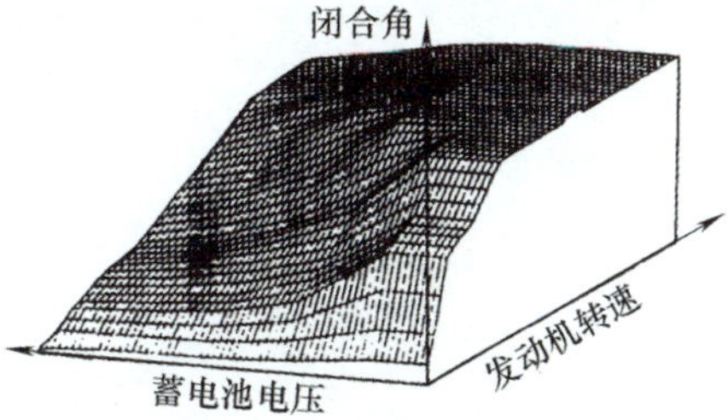

图 3-8　闭合角控制模型

当发动机转速高时，适当增大闭合角，以防止初级绕组通过电流值下降，造成次级高压下降，点火困难；当蓄电池电压下降时，基于相同的理由，也应适当增大闭合角。

通过对通电时间的准确调节，不但改善了点火系统的点火性能，而且还可以防止初级绕组发热和电能的无效损耗。

（2）点火线圈恒流控制

在电控点火系统中，为了减小转速对次级电压的影响，提高点火能量，采用了初级绕组电阻很小的高能点火线圈，其初级电流最高可达 30A 以上。为了防止初级电流过大烧坏点火线圈，在电控点火系统的点火控制电路中增加了恒流控制电路，保证在任何转速下初级电流均为规定值（7A），既改善了点火性能，又能防止初级电流过而烧坏点火线圈。

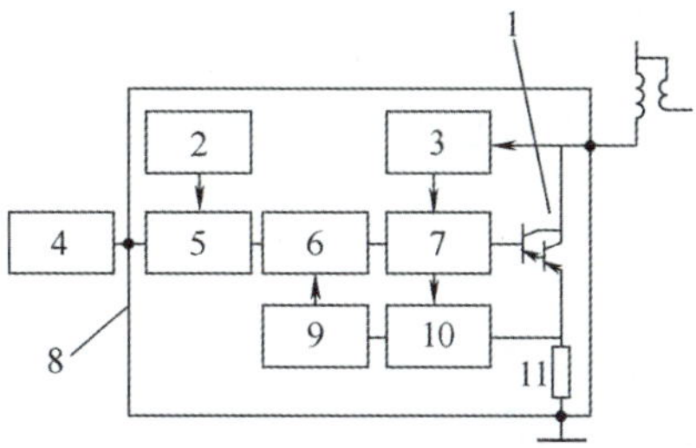

图 3-9　恒流控制电路

1 —功率晶体管　2 —偏流回路　3 —过压保护回路　4 —传感器　5 —波形整形回路　6 —通电发生回路　7 —放大回路　8 —点火器　9 —通电率控制回路　10 —恒流控制回路　11 —电流检测电阻

恒流控制电路如图 3-9 所示。恒流控制的基本方法是：在点火器功率晶体管的输出回路中增设一个电流检测电阻，用电流在该电阻上形成的电压降反馈控制晶体管的基级电流，只要这种反馈为负反馈，就可使晶体管的集电极电流稳定，从而实现恒流控。

3. 爆燃控制

爆燃是汽油机工作时的一种不正常燃烧现象，是汽油机运行中最有害的一种故障现象。

从最佳点火提前角的分析中可知，为了最大限度地发挥汽油机的潜能，应把点火提前角控制在接近临界爆燃点，同时又不能使发动机发生爆燃。要使点火系统达到这样的性能要求，除了必须采用电子控制的点火系统外，还必须对点火提前角采用爆燃反馈控制。为此，需要对发动机的气缸压力或其他能对发动机爆燃作出判断的相关参数进行检测，ECU 根据检测传感器信号，对发动机是否发生爆燃作出判断，然后发出相应的执行指令。

要点

- 轻微的爆燃，可使发动机功率上升，油耗下降。
- 爆燃严重时，气缸内发出特别尖锐的金属敲击声，且会导致冷却液过热、火花塞或活塞产生过热、熔损等，造成发动机的严重损坏，因此必须防止爆燃的发生。

（1）爆燃传感器 对发动机爆燃的检测可以采用气缸压力检测、燃烧噪声检测和发动机机体振动检测等方法，燃烧噪声检测是一种非接触式检测方法，其耐久性好，但精度和灵敏度偏低。气缸压力检测方法精度最高，但传感器的耐久性差，安装困难。发动机机体振动检测方法，也称缸壁振动型检测方法，这种检测方法具有较高的检测精度，传感器安装方便灵活，耐久性也较好，是目前最常用的爆燃检测方法。

发动机机体振动检测方法所使用的传感器安装在发动机机体上，将发动机的振动转换成电压信号输送到 ECU，ECU 根据输入电压信号对是否爆燃进行判断。检测机体振动所用的传感器有磁致伸缩式和压电式两种类型。

1）磁致伸缩式爆燃传感器。磁致伸缩式爆燃传感器的外形和结构如图 3-10 所示。它由高镍合金的磁心、永久磁铁、感应线圈、壳体等构成。

当机体振动时，磁心受到机体振动的影响，在传感器内产生轴向振动，使通过感应线圈的磁通发生变化，在感应线圈产生感应电动势，此电动势即是爆燃传感器输出电压信号。传感器输出的电压信号的大小与发动机振动的频率有关，当传感器自振频率与设定爆燃强度时发动机的振动频率产生谐振时，传感器的输出电压将达到最大值，如图3-11所示，ECU根据该传感器的输出电压，就可以对发动机是否爆燃作出判断。

2）压电式爆燃传感器。压电式爆燃传感器是一种利用压电原理检测机体振动的传感器。根据它们的结构特点，它又分为共振型、非共振型等形式。

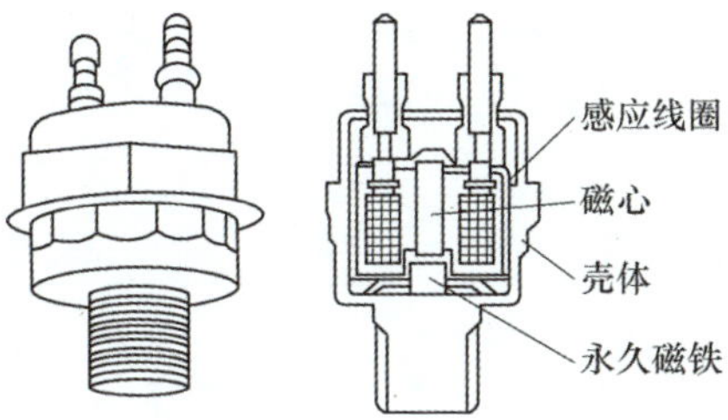

图 3-10　磁致伸缩式爆燃传感器

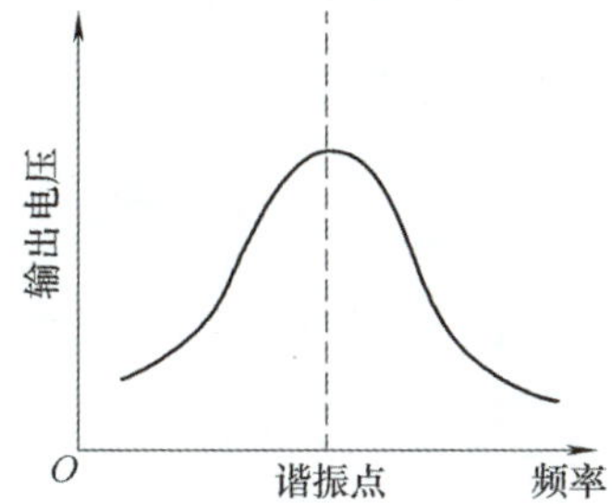

图 3-11　磁致伸缩式爆燃传感器输出特性

①共振型压电式爆燃传感器。共振型压电式爆燃传感器，是利用产生爆燃时发动机振动频率与传感器本身的固定频率“合拍”时产生共振现象，来检测爆燃是否发生的，其结构如图3-12所示。该传感器由压电元件、振荡片、基座等构成。压电元件紧密贴合在振荡片上，振荡片则固定在传感器的基座上。

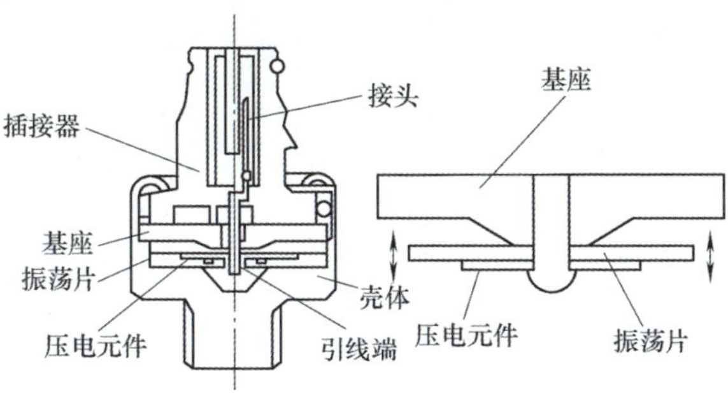

图 3-12　共振型压电爆燃传感器

要点

● 发动机工作时，振荡片随机体的振动而振荡，振荡片的振荡使与它紧密贴合的压电元件变形，并产生电压信号，此电压信号即是传感器的输出信号。

当发动机爆燃时的振动频率与振荡片的固有频率“合拍”时，振动荡片产生共振，此时压电元件将产生最大的电压信号，如图 3-13 所示，这种传感器在爆燃发生时的输出电压比无爆燃时的输出电压高得多，因此不需要滤波器，ECU 即可判别是否发生爆燃。

②非共振型压电式爆燃传感器。非共振型压电式爆燃传感器是以接收加速度信号的形式来判断是否产生爆燃，其结构如图 3-14 所示。它由两个同极性相向对接的压电元三件和配重构成，结构简单，制造时不需调整。

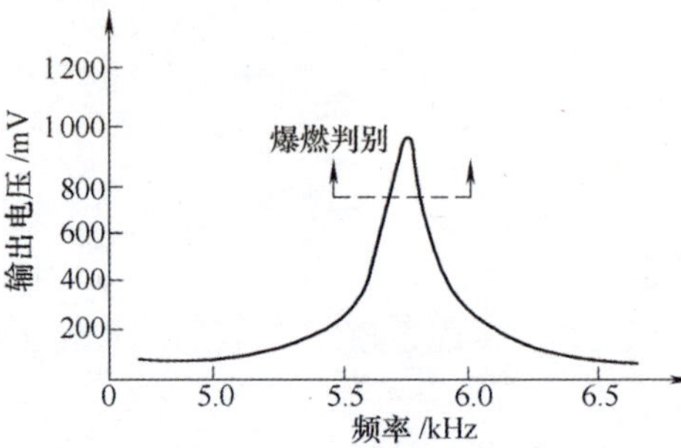

图 3-13 共振型压电爆燃传感器的输出特性

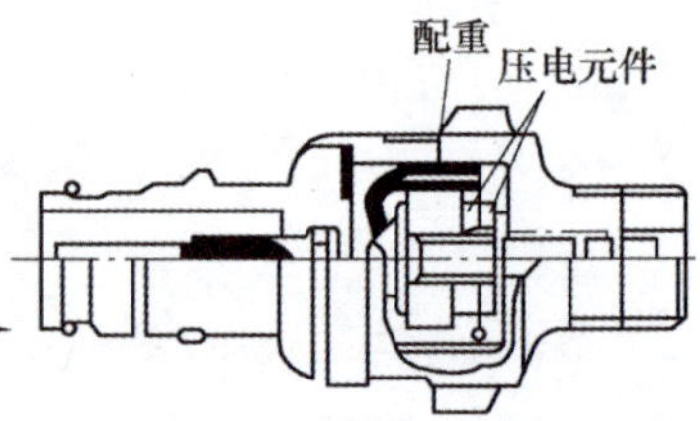

图 3-14 非共振型压电式爆燃传感器

发动机机体振动时，传感器内部的配重受机体振动的影响而产生加速度，压电元件就会受到配重加速时惯性力的作用，而产生电压信号。在爆燃发生时的频率及该频率附近，这种频率传感器输出的信号不会很大，而是具有平的输出特性如图 3-15 所示。因此，为了能够根据该传感器输出的电压识别发动机是否发生爆燃，必须将反映发动机振动频率的输出电压信号送到识别爆燃的滤波器中，以判别是否有爆燃信号产生。

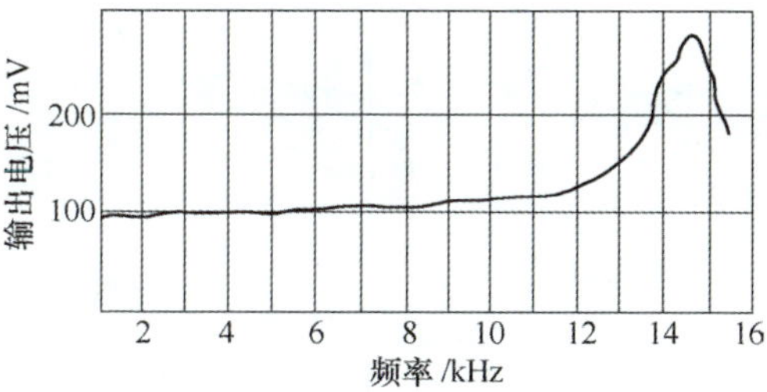

图 3-15　非共振型压电式爆燃传感器输出特性

非共振型压电式爆燃传感器感测频率范围设计成零至数千赫兹，可检测具有较宽频率带的发动机振动频率。用于不同发动机上时，只需调整滤波器的过滤频率就可使用，而不需更换传感器，这是非共振型压电式爆燃传感器最突出的优点。

（2）爆燃控制方法　点火时刻是影响爆燃的主要因素之一，推迟点火时刻（即减小点火提前角）对消除爆燃有明显的作用。ECU 对爆燃的控制过程如图 3-16 所示，ECU 首先把来自爆燃传感器的输入信号进行滤波处理，滤波电路只允许特定范围频率的爆燃信号通过滤波电路，由此达到将爆燃信号与其他振动信号分离的作用。然后，ECU 将此信号的最大值与爆燃强度基准值进行比较，对是否发生爆燃及爆燃的强弱程度作出判断，如信号最大值大于基准值，则表示发生爆燃，ECU 逐渐推迟点火时刻（减小点火提前角），直到爆燃消失为止。无爆燃时则逐渐提前点火时刻（增大点火提前角），当再次出现爆燃时，ECU 又开始逐渐减小点火提前角。

要点

● 爆燃控制过程就是对点火时刻进行反复调整的过程，爆燃控制可以使实际的点火提前角始终保持最佳，使发动机的动力性、经济性和控制有害物的排放都达到较佳的水平。

由于发动机工作时振动较剧烈，为了防止产生错误的爆燃判别，ECU 对爆燃信号的监测不是连续进行的，只限于发动机点火后可能发生爆燃的时段的振动信号，才被输入比较电路进行比较和判别，如图 3-17 所示。

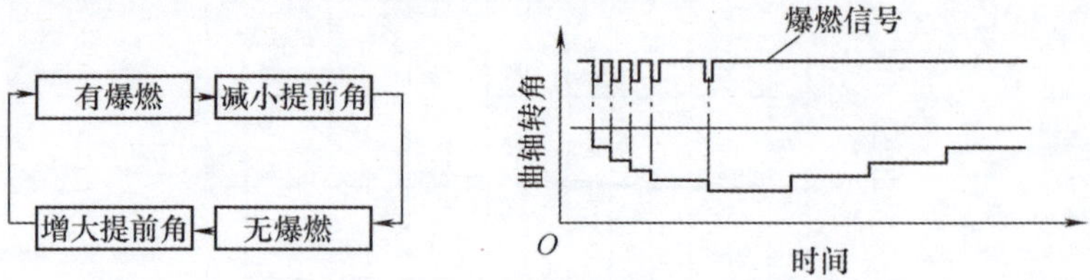

a）爆燃控制原理框图　　　　b）爆燃控制过程

图 3-16　爆燃控制过程

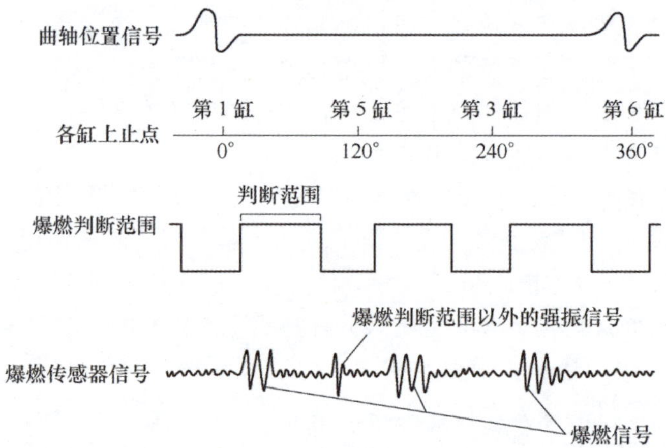

图 3-17　爆燃判断的范围

当发动机的负荷低于一定值时，一般不会发生爆燃，此时 ECU 对点火提前角实行开环控制。在这种情况下，ECU 对爆燃传感器的输入信号不再进行判别分析，只按预置数据及相关传感器的输入信号控制点火提前角的大小。对于应采用开环控制还是闭环控制，ECU 通过对反映发动机负荷状况的传感器的输入信号的分析，作出相应的处理。

二、有分电器电控点火系统的维修

下面以本田轿车雅阁有分电器电控点火系统为例介绍有分电器电控点火系统维修方法。

广州本田雅阁轿车的有分电器电控点火系统主要由蓄电池、分电器、高压线、火花塞和 ECM/PCM 等组成。点火系统的点火线圈和点火控制模块 ICM（内置防噪声电容器）均装合在分电器内。另外气缸位

置（CYP）传感器也安装在分电器内。其控制电路及元件在车上的布置如图 3-18 和图 3-19 所示

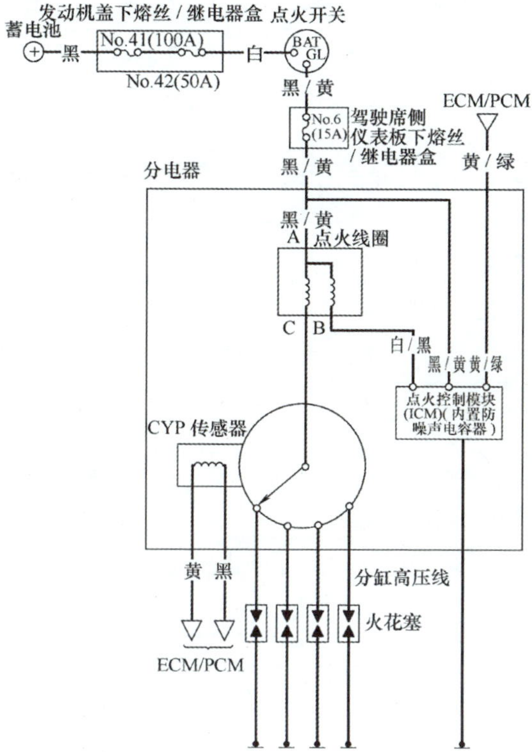

图 3-18　广州本田雅阁轿车点火系统的电路

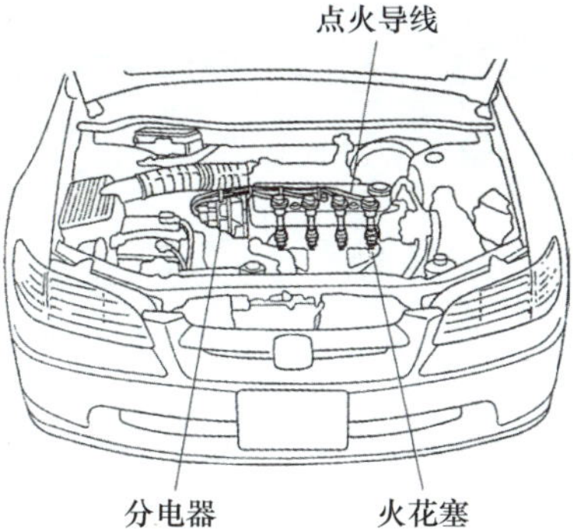

图 3-19　广州本田雅阁轿车点火系统主要元件在车上的分布

1. 故障自诊断

该电控点火系统控制单元具有自诊断功能，通过专用故障诊断仪可对其进行自诊断，具体步骤如下：

1）关闭点火开关。

2）将故障诊断仪连接到诊断插口上，如图 3-20 所示。

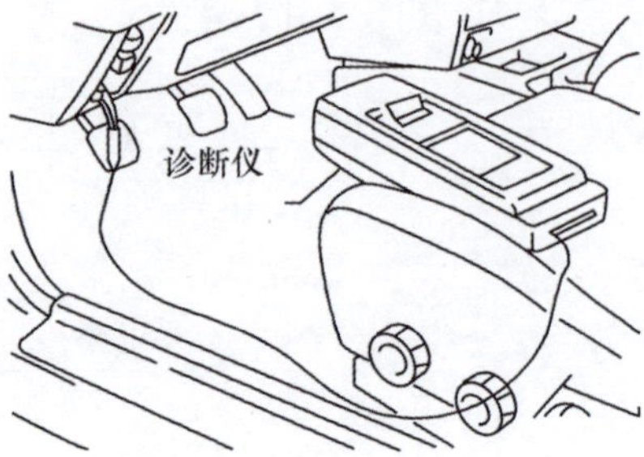

图 3-20 连接故障诊断仪

3）打开点火开关。

4）按下故障诊断仪“START”键，根据故障诊断仪的提示选择自诊断功能，读取故障码。

故障码如表 3-3 所示。

表 3-3 本田雅阁轿车故障码内容及故障原因

故障码	故障内容	故障原因
故障灯一直点亮	ECM/PCM 工作不良	ECM/PCM 损坏
1	加热型氧传感器 (HO2S) 工作不良	HO2S 故障；HO2S 配线不良；ECM/PCM 故障
3	进气歧管绝对压力 (MAP) 传感器信号不良	MAP 传感器故障；MAP 配线不良；ECM/PCM 故障
4	曲轴位置 (CKP) 传感器信号不良	CKP 传感器故障；CKP 传感器配线不良，ECM/PCM 故障
6	冷却液温度 (ECT) 传感器信号不良	ECT 传感器故障；ECT 传感器配线不良；ECM/PCM 故障
7	节气门位置 (TP) 传感器信号不良	TP 传感器故障；TP 传感器配线不良；ECM/PCM 故障
8	上止点位置 (TDC) 传感器信号不良	TDC 传感器故障；TDC 传感器配线不良
9	第 1 缸位置 (CYP) 传感器信号不良	第 1 缸 CYP 传感器故障；第 1 缸 CYP 传感器配线不良；ECM/PCM 故障
10	进气温度（IAT）传感器信号不良	IAT 传感器故障；IAT 传感器配线不良；ECM/PCM 故障
13	大气压力 (BARO) 传感器信号不良	BARO 传感器故障；BARO 配线不线不良；ECM/PCM 故障
14	怠速空气控制（IAC）阀工作不良	IAC 阀故障；IAC 阀配线不良 ECM/PCM 故障
15	点火输出信号信号不良	点火线圈故障；点火控制模块故障；点火输出信号配线不良；ECM/PCM 故障

（续）

故障码	故障内容	故障原因
21	VTEC 电磁阀工作不良	VTEC 电磁阀故障；VTEC 电磁阀配线不良；ECM/PCM 故障
23	爆燃传感器 (KS) 信号不良	KS 故障；KS 配线故障；ECM/PCM 故障
41	加热氧传感器 (HO2S) 加热器工作不良	HO2S 加热器故障；HO2S 加热器配线不良；ECM/PCM 故障

如果存在故障码，则根据故障码提示进行相应故障的维修。

2. 工作测试（试火）

可通过对点火系统工作测试检查其是否正常工作，具体的检查方法如下：

1）拆下火花塞。

2）断开喷油器线速插接器。

3）将火花塞安装到高压线上，并将火花塞接地，如图 3-21 所示。

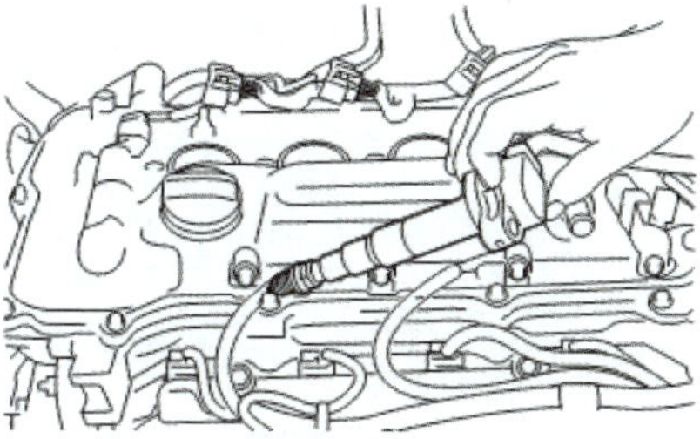

图 3-21 点火系统工作测试

4）起动发动机，检查火花塞是否出现火花。

要点

● 测试结果如果出现正常火花，说明点火系统控制电路及该气缸高压线、火花塞工作正常。

● 如果没有出现火花或出现的火花不正常，说明点火系统有故障，则进行相应线路检查。

3. 线路的检查

（1）供电线路检查

①将点火开关转至“OFF”位置。

②断开从分电器上的 4 端子线束插接器。

③将点火开关转至“ON”位置。

④如图 3-22 所示，用万用表直流 20V 档位检测分电器 4 端子线束连接器 4 号端子与车体接地之间的电压。

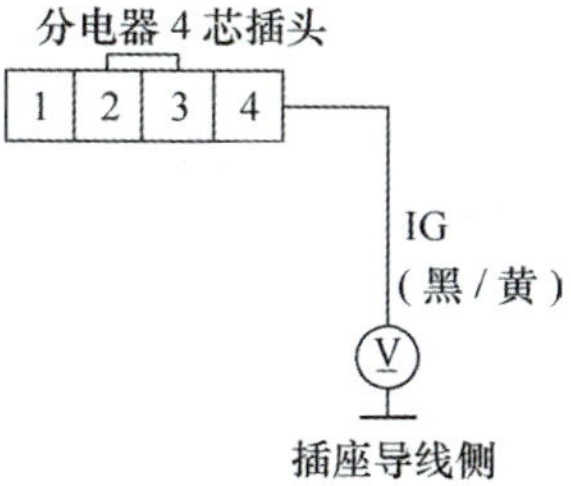

图 3-22 测量供电电压

要点

如果被测得的电压为蓄电池电压，则说明分电器与点火开关之间的供电线路正常，否则，检查供电线路。

如果被测得的电压不为蓄电池电压，则应检查 ICM 与 ECM/PCM 的端子 B13 之间的连接导线是否有断路或短路故障，必要时更换点火控制模块 ICM。说明：如果黄 / 绿导线短路，则 ICM 有可能损坏。

（2）控制线路的检查

①将点火开关转至“OFF”位置。

②断开从分电器上的 4 端子线束插接器。

③断开控制单元 ECM/PCM 的线束插接器。

④用万用表电阻档测量分电器线束 1 端子与控制单元 ECM/PCM 线束 B13 端子之间的电阻，正常值应小 1Ω。否则说明控制线路有故障，应对其进行维修。

4. 点火输出信号的检查

在点火控制系统中，ECM/PCM 将根据有关传感器输入的信号计算出最佳点火时刻，并输出点火正时信号，以控制点火控制模块 ICM(安装在分电器内) 按规定要求进行点火。点火输出信号电路的维修方法和步骤如下：

①发光二极管试灯的一端接分电器线束插接器的信号端子，一端接地。

②起动发动机，观察试灯是否闪烁。如果试灯不闪烁，则说明 ECM/PCM 没有输出控制信号。如果在控制线路正常的情况下应检查 ECM/PCM 是否损坏。

③用一确信无故障的 ECM/PCM 进行替换，并再次进行检查。如果此时试灯闪烁，则更换原来的 ECM/PCM。

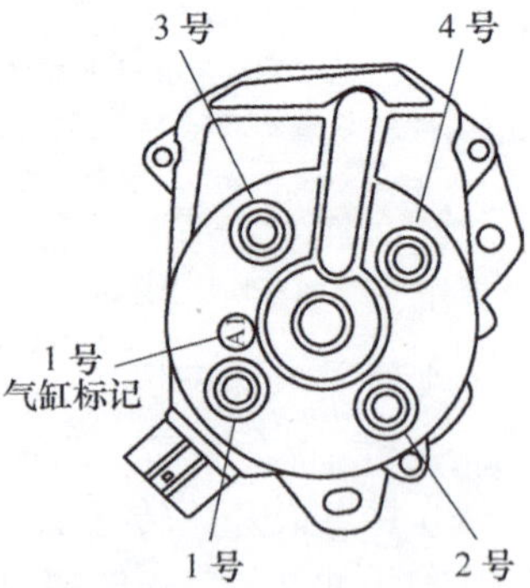

图 3-23 测量分电器盖插孔的绝缘电阻

5. 元件检查

（1）分电器盖的检查

①检查分电器盖是否有灰尘、积碳和裂纹。

②测量图 3-23 所示分电器盖各插孔之间的绝缘电阻，正常值应高于 50MΩ，低于规定值应更换。

（2）分缸高压线的检查

①拉下橡胶套，小心地拆下分缸高压线。

维修提示

注意：切勿弯曲分缸高压线，否则可能会将导线内部折断。

②外观检查分缸高压线有无锈蚀、弯曲（两端头）和破裂现象，并视情予以更换。

③如图 3-24 所示，用万用表电阻档检测各分缸高压线的电阻值。电阻值应不大于 25kΩ（在 20℃时），否则应予以更换分缸高压线。

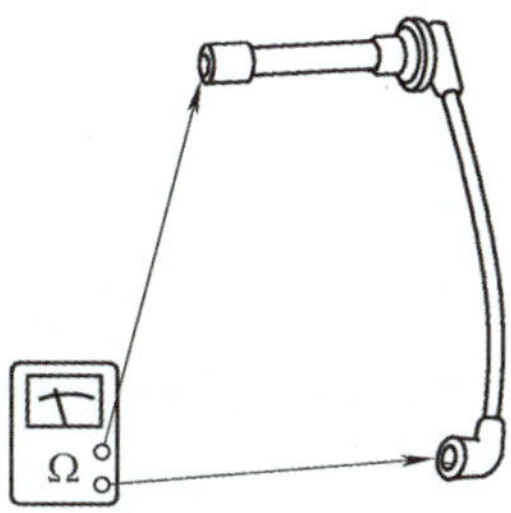

图 3-24　检测分缸高压线的电阻值

（3）点火线圈的检查

①关闭点火开关（OFF），拆下分电器盖。

②如图 3-25 所示，分别拆开点火线圈的正、负极端子上的黑 / 黄与白 / 黑导线。

③用万用表分别测量正极端子 A 与端子 B(初级绕组）以及正极端子 A 与端子 C(次级绕组）之间的电阻值。电阻值的标准值为：端子 A 和端子 B 之间的电阻为 0.45～0.55Ω；端子 A 和端子 C 之间的电阻为 16.8～25.2kΩ。若检测值不符合要求，则应更换点火线圈。

（4）火花塞的检查

①火花塞外观检查。检查火花塞的中央电极、接地电极、螺纹、垫片及瓷体等，看其是否有烧损、损坏、破裂，并将积炭清除，如图 3-26 所示。

②火花塞间隙检查。如图 3-27 所示，使用间隙量规检查火花塞间隙。火花塞间隙为 1.0～1.1mm。

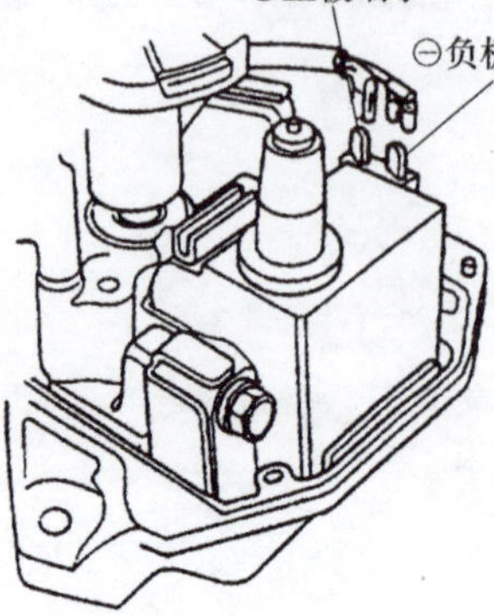

图 3-25 点火线圈的正、负极端子

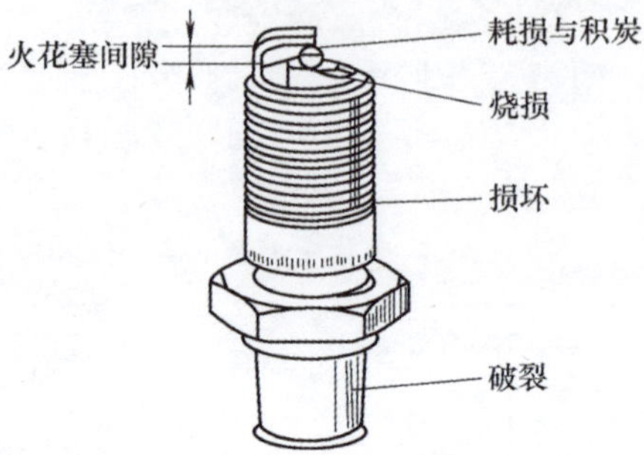

图 3-26 检查火花塞

（二）爆燃传感器的检查

1. 爆燃传感器的就车检查

检查爆燃传感器的安装情况，爆燃传感器应牢固安装在气缸体上，安装位置如图 3-28 所示。

2. 爆燃传感器安装螺栓预紧力检查

①关闭点火开关。

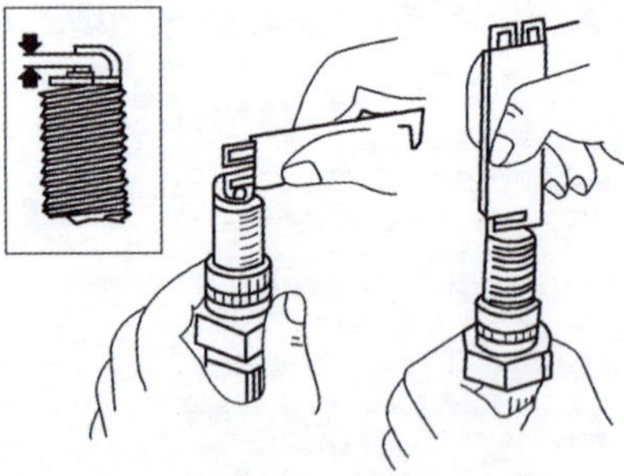

图 3-27 检查火花塞间隙

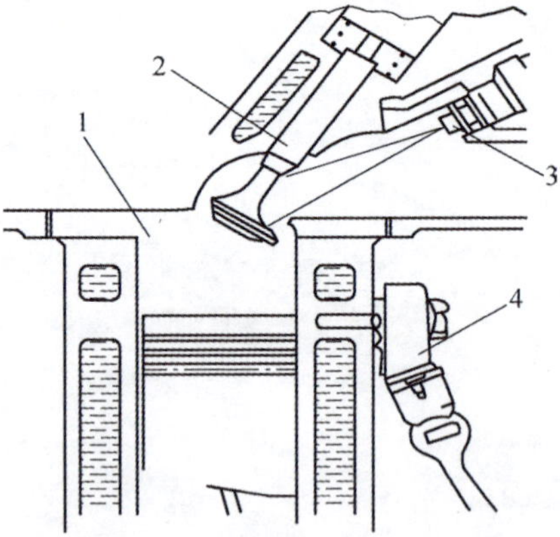

图 3-28 爆燃传感器的安装位置

1 —缸体 2 —进气门 3 —喷油器 4 —爆燃传感器

②拔下线束插接器。

③卸下传感器。

④清洁缸体和爆燃传感器之间接触面。

⑤用 20N·m 的力矩装回爆燃传感器，并重新安上插头。

3. 检查爆燃传感器信号电压

①起动发动机并使其处于怠速状态。

②用一把榔头轻轻敲击靠近爆燃传感器的缸体部分（不要用力太大，决不能直接敲击传感器本身）。

③用万用表观察信号电压的变化。信号电压应随着敲击强度的加大而加大，否则应更换爆燃传感器。

维修提示

注意：爆燃传感器是不可分解的整体，一旦有问题就要更换。

4. 传感器及连接线路检查

爆燃传感器控制电路如图 3-29 所示。其检查方法如下：

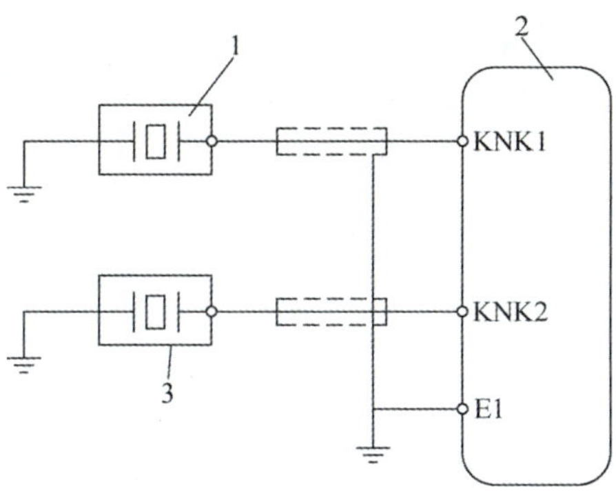

图 3-29 爆燃传感器控制电路
1—1 号爆燃传感器 2—ECU 3—2 号爆燃传感器

①关闭点火开关，拆下爆燃传感器线束插接器。

②打开点火开关，用万用表测量线束侧导线与地线之间的电压，应为 4～6V。

③若电压不符合，则测量电脑侧导线与地线之间的电压，应为 4～6V；若电压符合，说明传感器与电脑之间的导线损坏；如电压不符合，说明电脑损坏。

④测量传感器端子与地线之间的阻值，应为 3300～4500Ω，若不符合，说明传感器损坏。

⑤传感器插头端与电脑端导线电阻不得大于 0.5Ω，如有屏蔽线的应检查屏蔽线与接地之间的电阻，其电阻值应为 0Ω，否则应更换线束。

5. 桑塔纳 2000 轿车爆燃传感器检测

桑塔纳 2000GSi 型轿车爆燃传感器电路连接及线束插头如图 3-30 所示。其检测方法如下：

①断开点火开关，拔下传感器线束插头。用万用表电阻档检测端子 1 与 2 之间阻值应大于 1MΩ；端子 1 与 3 之间阻值应大于 1MΩ；端子 2 与 3 之间阻值应大于 1MΩ；各线路上阻值应小于 0.5Ω，否则更换传感器或检查相关线路。

②连接 V. A. G1551/2 故障诊断仪，起动发动机并怠速；

输入地址码 01，输入 08 读取测量数据组。输入组号 13，读取 4 个缸的爆燃控制点火滞后角数据（发动机大节气门开度，3 档行驶，冷却液温度大于 80℃）。应在 0° ~15° 之间。

输入组号 14 和 15，分别读取 4 个缸的爆燃控制点火滞后角数据（某一转速和负荷下），应在规定范围内。

输入组号 16，读取爆燃传感器信号电压（发动机怠速），应为 0.3~1.4V。同时要求各缸爆燃传感器信号电压之间的偏差不得大于 50%。

③连接示波器，起动发动机并怠速运转，可对发动机加载，再察看波形显示。标准波形如图 3-31 所示，波形的峰值电压和频率将随发动机的负荷和转速的增加而增加。若发动机点火过早、燃烧温度不正常、废气再循环不正常时，其幅度和频率也会增加。

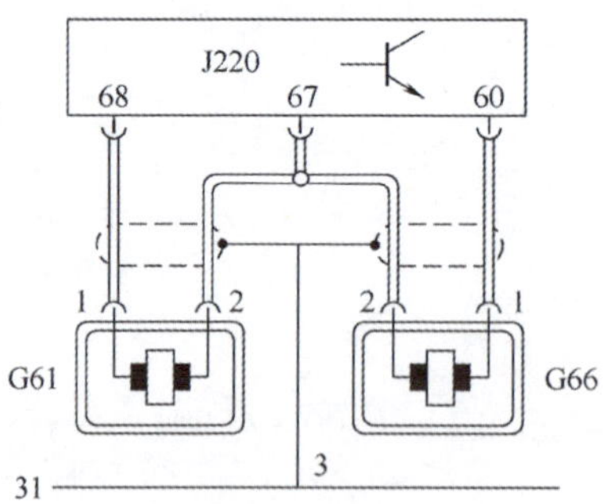

图 3-30 桑塔纳 2000GSi 型轿车爆燃传感器电路

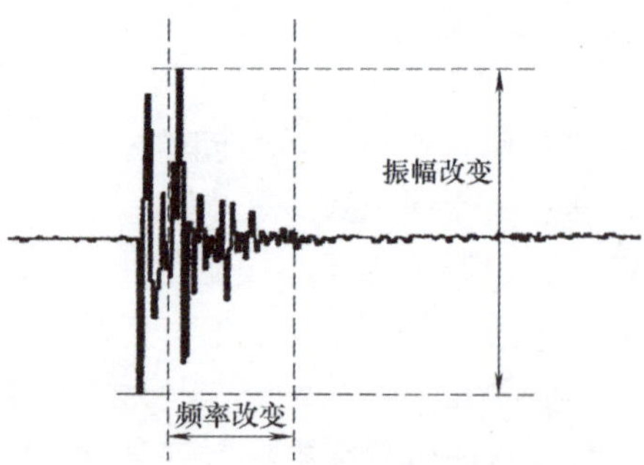

图 3-31 爆燃传感器标准波形

维修提示

● 注意：猛踩加速踏板时爆燃传感器信号最大可达 5.1V。

④打开点火开关，不起动发动机，用金属物敲击爆燃传感器附近的缸体。在敲击发动机缸体后，示波器上应有一突变波形，敲击越大，幅值也越大，如果波形显示只是一条直线，则说明爆燃传感器没有信号输出，应检查线路和爆燃传感器。

第二节 无分电器电控点火系统结构与维修

要 点

● 无分电器式的电控系统又称为直接点火系统，它取消分电器、分火头、中央高压线等装置，直接将点火线圈次级绕组的两端与火花塞相连，即把点火线圈产生的高压电直接送给火花塞进行点火。

一、无分电器电控点火系统结构

（一）无分电器电控点火系统组成

无分电器电控点火系统的组成如图 3-32 所示，主要由传感器、电控单元（ECU）及执行器组成。传感器用来检测发动机工作状态，并将信号传给 ECU；ECU 负责对传感器传送的信号进行分析、比较、处理，向执行器发出控制命令；执行器（点火控制器）接收 ECU 发出的控制指令，并按指令对点火线圈初级绕组电流进行控制，以产生足够的点火高压电。

无分电器电控点火系统由于取消了分电器、分火头、中央高压线等装置，使其具有出现故障的概率低、维修方便、所需的保养更少、高压电传送的耗损小、不需做点火正时调整、电波干扰更少，点火时间的控制更加精确度等优点。

（二）无分电器电控点火系统的分类与简单工作原理

要 点

● 无分电器的电子点火控制系统按配电方式的不同可分为双缸同时点火的配电方式、二极管配电点火方式和单独点火的配电方式三种类型。

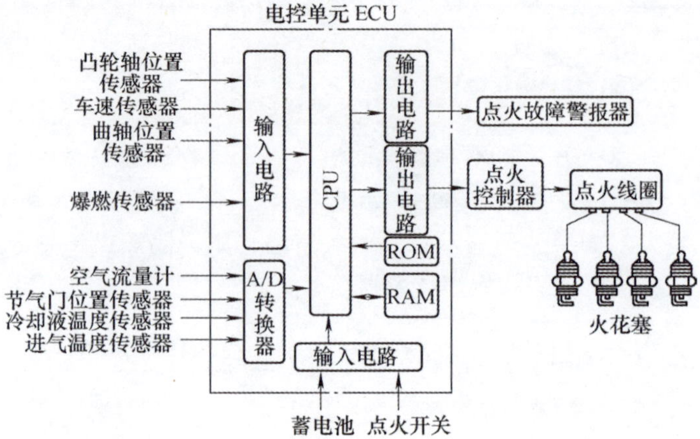

图 3-32　计算机控制点火系统的组成

1. 双缸同时点火的配电方式

双缸同时点火配电方式是两个火花塞共用一个点火线圈且同时点火，故这种方式只能用在缸数为双数的发动机上，其实物及工作原理如图 3-33 所示。发动机 ECU 交替控制点火线圈内的两个功率晶体管的通断，使点火线圈的初级电流根据点火顺序 1-3-4-2 中断并产生高压电，点火线圈 A 和 B，分别提供高压电给 1、4 缸及 2、3 缸。此种形式点火系统取消了分电器、分火头和中央高压线，但仍保留了点火线圈与火花塞之间的高压线。串联在高压回路的二极管，可用来防止点火线圈在初级绕组导通瞬间所产生的次级电压（1000～2000V）加在火花塞上发生误点火而消耗点火能量。

双缸同时点火要求共用一个点火线圈的两个气缸工作相位差 360° 曲轴转角，点火时，同时点火的两个气缸处于排气行程的气缸由于缸内气体压力较小，且缸内混合气又处于后燃期，易产生火花，这样放电能量损失小，而大部分点火高压和点火能量被加在压缩行程的火花塞上，故处于压缩行程的火花塞的跳火情况与单独点火的火花塞跳火情况基本相同（图 3-34）。

a）双缸同时点火系统点火线圈实物（大众车型用）

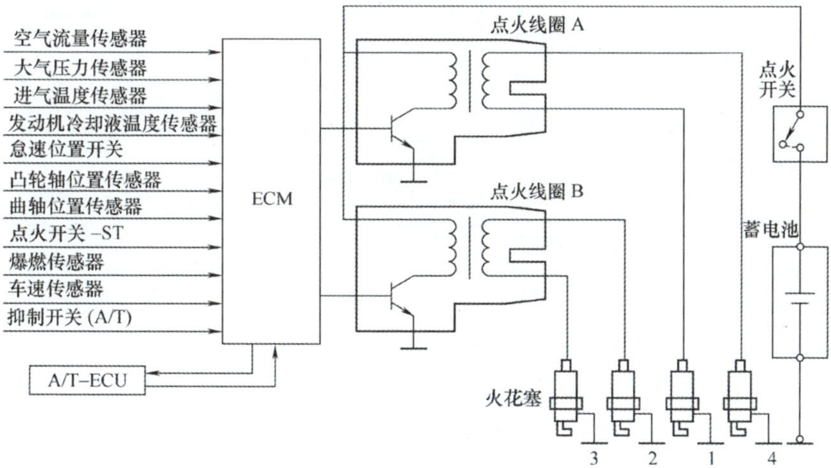

b）双缸同时点火系统的线路图

图 3-33　双缸同时点火系统工作原理图

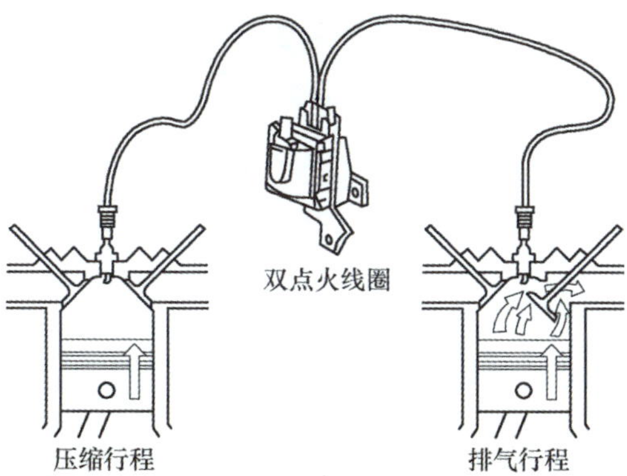

图 3-34　双缸同时点火系统工作原理图

2．二极管配电点火方式

二极管配电方式点火系统的特点是 :4 个气缸共用一个点火线圈，该点火线圈为内装双初级绕组和双输出次级绕组的特制点火线圈，且利用 4 个二极管的单向导电性交替完成对 1、4 缸和 2、3 缸配电过程，如图 3-35 所示。这种点火配电方式与双缸同时点火配电方式相比有相同的特性，但对点火线圈要求较高。

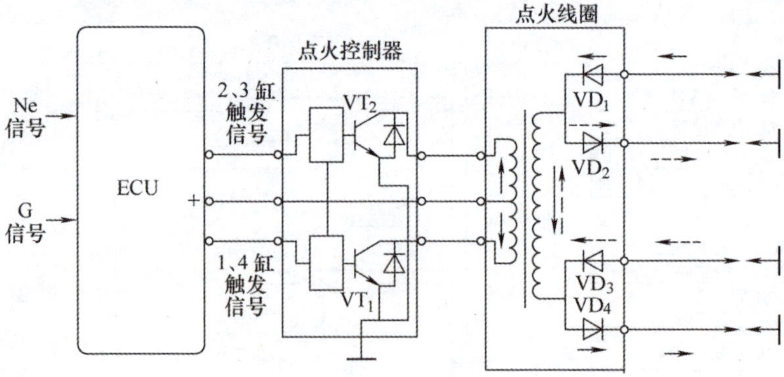

图 3-35　二极管配电式点火系统工作原理图

3．独立点火配电方式

独立点火配电方式的点火系统可将点火线圈直接安装在火花塞的顶上，这样不仅取消了分电器，也同时取消了高压线，故分火性能更好，相比而言，其结构与点火控制电路最为复杂。其结构组成如图 3-36 所示。

无分电器电控点火系统的工作过程与控制内容与有分电器电控点火系统基本相同，只是由于其取消了分电器和高压线等装置，使控制系统布置更加灵活，控制更加精确。

二、无分电器电控点火系统维修

下面以卡罗拉轿车为例，介绍无分电器电控点火系统维修方法及步骤。

卡罗拉轿车无分电器电控点火系统控制电路及元件在车上的布置如图 3-37 和图 3-38 所示。

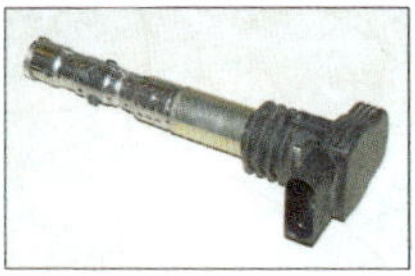

a）点火线圈实物图

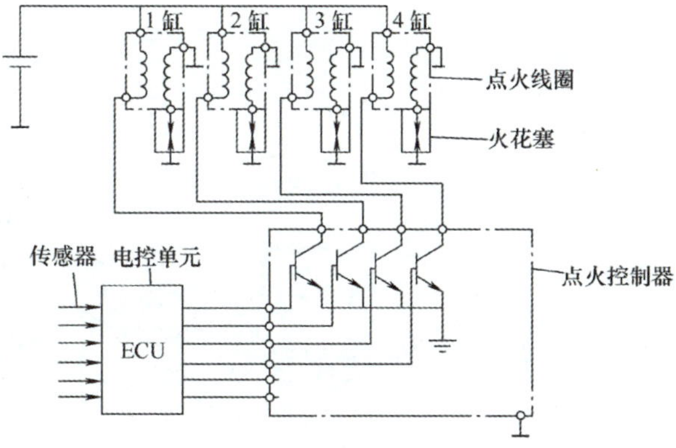

b）独立点火配电方式点火系统工作原理图

图 3-36　独立点火配电方式点火系统控制原理图

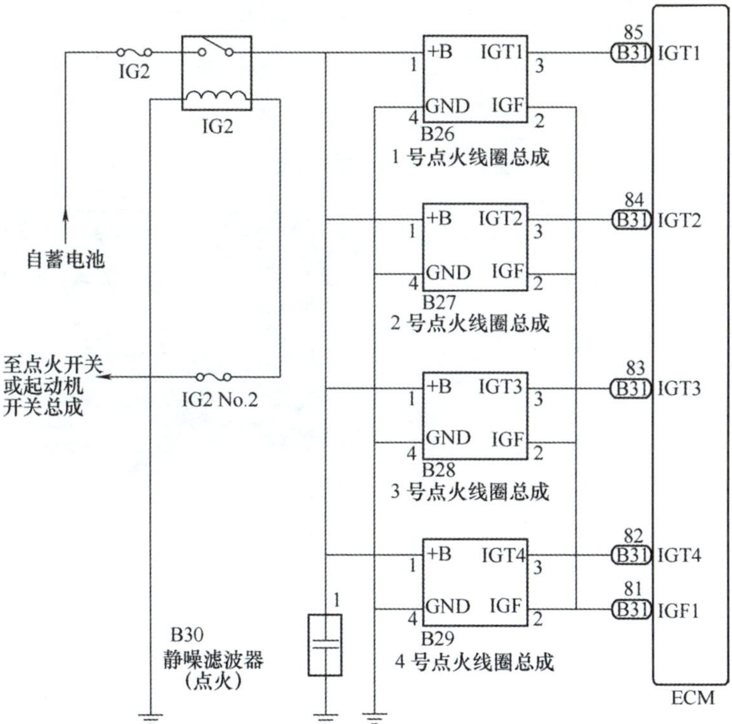

图 3-37　卡罗拉轿车点火系统电路图

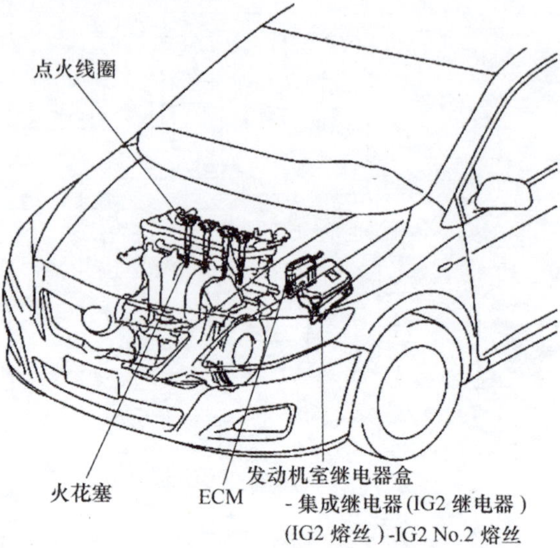

图 3-38　卡罗拉轿车点火系统部件安装位置

（一）故障自诊断

卡罗拉轿车无分电器电控点火系统控制单元同样具有自诊断功能，能够将发动机工作过程中发生的故障以故障码形式存储起来，通过专用故障诊断仪读取，以方便维修，具体方法如下：

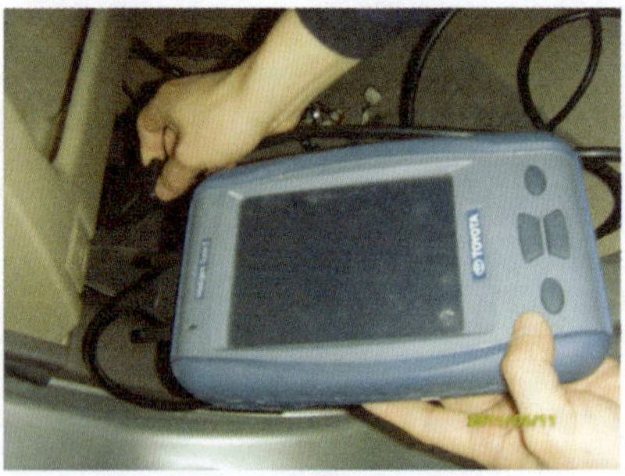

图 3-39　连接故障诊断仪

1）将故障诊断仪连接到诊断插口 DLC3，如图 3-39 所示。

2）将点火开关置于“ON”位置。

3）开启故障诊断仪。

4）选择菜单项 Powertrain/Engine and ECT/DTC。

5）读取故障码，并记录下来。

故障码见表 3-4。

表 3-4　故障码表

P0301	检测到 1 号气缸缺火
P0302	检测到 2 号气缸缺火
P0303	检测到 3 号气缸缺火
P0304	检测到 4 号气缸缺火
P0327	爆燃传感器 1 电路低输入
P0328	爆燃传感器 1 电路高输入
P0335	曲轴位置传感器“A”电路故障
P0339	曲轴位置传感器“A”电路间歇性故障
P0340	凸轮轴位置传感器“A”电路故障
P0342	凸轮轴位置传感器“A”电路低输入
P0343	凸轮轴位置传感器“A”电路高输入
P0351	点火线圈“A”初级 / 次级电路故障
P0352	点火线圈“B”初级 / 次级电路故障
P0353	点火线圈“C”初级 / 次级电路故障
P0354	点火线圈“D”初级 / 次级电路故障
P0365	凸轮轴位置传感器“B”电路故障
P0367	凸轮轴位置传感器“B”电路低输入
P0368	凸轮轴位置传感器“B”电路高输入

如果存在故障码，则根据故障码提示进行相应故障的维修。

（二）工作测试（试火）

卡罗拉轿车无分电器电控点火系统同样也可以通过试火法对其工作情况进行检查，其方法与有分电器电控点火系统基本相同，可参照无分电器电控点火系统的试火方法进行操作。

（三）线路维修

1. 供电与接地线路检查

断开点火线圈总成线束插接器，将点火开关置于“ON”位置，用万用表测对点火线圈总成线束插接器进行测量。具体测量方法见表 3-5。如果测量结果与规定值不相符，则说明点火系统线路存在故障。

2. 控制线路检查

分别断开点火线圈总成线束插接器，断开控制单元线束插接器，测量各点火线圈线束插接器 2、3 端子与控制单元相应端子的电阻。正常值应小于 1Ω，否则说明控制线路有故障。

表 3-5　点火系统线路检测表

测量端子	测量条件	规定值
4 与接地	点火开关置于“ON”（万用表直流 20V）	蓄电池电压
1 与接地	万用表 200Ω	小于 1Ω

（四）输入与输出信号检查

对于卡罗拉轿车无分电器电控点火系统同样也可以用发光二极管试灯对点火输出信号与点火输出信号进行检查，检查的方法和步骤如下:

1）断开点火线圈总成线束插接器。

2）发光二极管试灯的一端分别接线束插接器的信号输入端子 3 与信号输出端子 2，另一端接地。

3）起动发动机，观察试灯是否闪烁。如果试灯不闪烁，则说明 ECM/PCM 没有输出控制信号。如果在控制线路正常的情况下应检查 ECM/PCM 是否损坏。

4）用一确信无故障的 ECM/PCM 进行替换，并再次进行检查。如果此时试灯闪烁，则更换原来的 ECM/PCM。

（五）点火控制器及点火线圈总成

如果试火测试中无火花，而线路检查、输入信号与输信号检查及火花塞都正常的情况下，可用一确信无故障的点火控制器总成进行替换检查，如果替换后故障排除，则说明原来的点火控制器有故障，进行更换。

第四章　发动机辅助控制系统

第一节　怠速控制系统结构与维修

一、怠速控制系统的结构

（一）怠速控制系统的功用及组成

1. 怠速控制系统功用

怠速是指节气门关闭，加速踏板完全松开，且发动机对外无功率输出并保持最低转速稳定运转的工况。电控汽油喷射式发动机在怠速工况时，空气通过节气门缝隙或旁通的怠速空气道进入发动机，并由空气流量计（或进气管绝对压力传感器）对进气量进行检测，电控燃油喷射系统则根据各传感器信号控制喷油量，保证发动机以最佳的怠速转速运转。此时，驾驶人无法进行怠速进气量的调节与控制。

> **要点**
>
> 在怠速控制系统中，ECU 根据节气门位置传感器信号和车速信号确认怠速工况，只有在节气门全关、车速为零时，才进行上述的怠速控制。

2. 怠速控制系统的组成

怠速控制系统主要由传感器、ECU 和执行元件三部分组成，如图 4-1 所示。各组成部分的功用如表 4-1 所示。首先，ECU 根据各传感器的检测信号进行判断发动机是否处于怠速工况及发动机负荷的变化情况，并根据存储在

CHAPTER 4

第一节　怠速控制系统结构与维修

第二节　排放控制系统结构与维修

第三节　进气增压系统结构与维修

ECU的怠速控制程序确定一个怠速运转的目标转速，并与实际怠速转速进行比较，根据比较结果控制执行元件工作，以调节进气量，使发动机的怠速转速达到所确定的目标值。

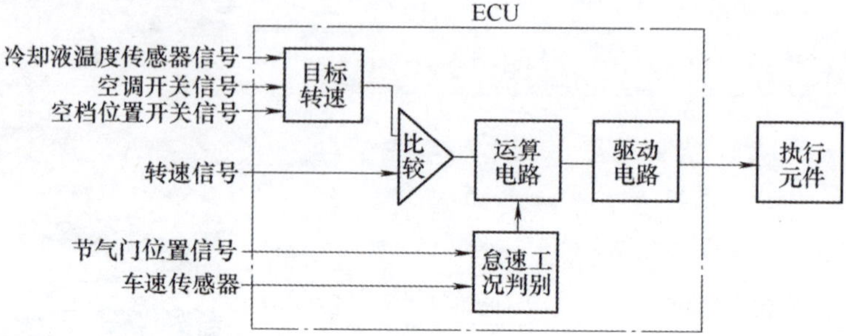

图 4-1　怠速控制系统的组成

表 4–1　怠速控制系统组成部分及其功用

组件		功能
传感器	发动机转速传感器	检测发动机转速
	节气门位置传感器	检测发动机怠速状态
	车速传感器	检测汽车行驶速度
	冷却液温度传感器	检测发动机冷却液温度
	起动开关信号	检测发动机的起动工况
	空调开关（A/C）信号	检测空调的工作状态
	空档起动开关（P/N）信号	检测变速杆位置
	动力转向开关信号	检测动力转向装置的工作状态
	发电机负荷信号	检测发电机负荷的变化
	液力变矩器负荷信号	检测液力变矩器负荷的变化
执行器	怠速控制阀	控制怠速进气量
ECU		根据各传感器的输入信号，把发动机的实际转速与各传感器信号所确定的目标转速进行比较。根据比较结果，确定相当于目标转速的控制量，驱动执行机构，使怠速保持在目标转速范围内

（二）怠速控制系统的类型与控制内容

1. 怠速控制系统的类型

怠速控制的实质就是对怠速工况下的进气量进行控制。根据控制进气量方式的不同，怠速控制可分为节气门直动式和旁通空气道式两种控制类型，如图 4-2 所示。

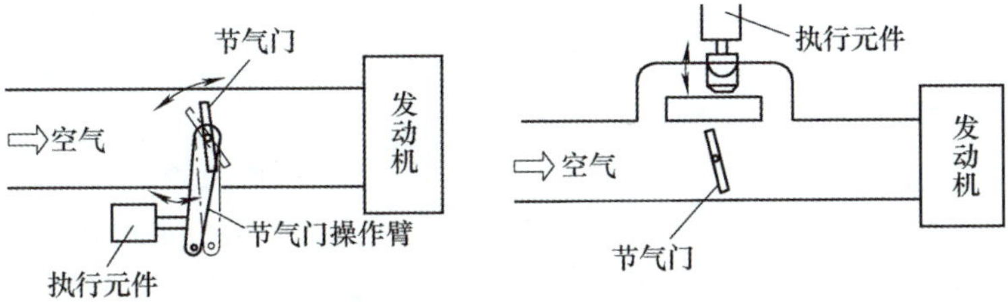

a）节气门直动式　　b）旁通空气式

图 4-2　怠速控制系统的控制类型

要点

● 节气门直动式是通过执行元件改变节气门的最小开度来控制怠速进气量。

● 在旁通空气道式怠速控制系统中，设有旁通节气门的怠速空气道，由执行元件控制流经怠速空气道的空气量。

2．怠速控制系统的控制内容

为了实现发动机在目标怠速转速下稳定运转，怠速控制系统主要完成起动初始位置的设定、起动控制、暖机控制、怠速稳定控制、怠速预测控制、电器负荷增多时的怠速控制等控制内容。

（1）起动初始位置的设定　为了改善发动机的起动性能，关闭点火开关使发动机熄火后，ECU 继续给怠速控制执行机构供电约 2~3s，使怠速控制执行机构回到起动初始（全开）位置。当怠速控制执行机构回到起动初始位置后，ECU 停止给怠速控制执行机构供电，怠速控制执行机构保持全开不变，为下次起动须做好准备。

（2）起动控制　发动机起动时，由于怠速控制执行机构预先设定在全开位置，在起动期间经怠速空气道可供给最大的空气量，有利于发动机起动。但怠速控制阀如果始终保持在全开位置，发动机起动后的怠速转速就会过高，所以在起动期间，ECU 根据冷却液温度传感器信号来控制怠速控制执行机构，调节怠速控制阀的开度，使之达到起动后暖机控制的最佳位置，此位置随冷却液温度的升高而减小，控制特性存储在 ECU 内。

（3）暖机控制 暖机控制又称快怠速控制，在暖机过程中，ECU 根据冷却液温度信号按内存的控制特性控制怠速控制阀开度，随着温度上升，怠速控制阀开度逐渐减小。当冷却液温度达到设定温度时，暖机控制过程结束。

（4）怠速稳定控制 在怠速运转时，ECU 将接收到的转速信号与确定的目标转速进行比较，其差值超过一定值（一般为 20r/min）时，ECU 将通过怠速控制执行机构控制怠速控制阀，调节怠速空气供给量，使发动机的实际转速与目标转速相同。怠速稳定控制又称反馈控制。

（5）怠速预测控制 发动机在怠速运转时，如变速器档位、动力转向、空调工作状态的变化都将使发动机的转速发生可以预见的变化。为了避免发动机怠速转速波动过大或熄火，在发动机负荷出现变化时，不等发动机转速变化，ECU 就会根据各负载设备开关信号（A/C 开关等），通过怠速控制执行机构提前调节怠速控制阀的开度。

（6）电器负荷增多时的怠速控制 在怠速运转时，如使用的电器负载增大到一定程度，蓄电池电压就会降低。为了保证电控系统正常的供电电压，ECU 根据蓄电池电压信号，通过怠速控制执行机构调节怠速控制阀的开度，提高发动机的怠速转速，以提高发电机的输出功率。

（7）学习控制 在发动机使用过程中，由于磨损等原因会导致怠速控制阀的性能发生改变，怠速控制阀的位置相同时，但实际的怠速转速会与设定的目标转速略有不同。在此情况下，ECU 在利用反馈控制使怠速转速回归到目标值的同时，还可将怠速控制执行机构的运行情况存储在 ROM 存储器中，以便在此后的怠速控制过程中使用。

（三）怠速控制执行机构的结构与工作原理

1. 节气门直动式怠速控制执行机构的结构与工作原理

（1）节气门直动式怠速控制执行机构的结构。

要点

- 节气门直动式怠速控制执行机构，是通过节气门体怠速稳定控制器控制节气门的开启来实现怠速稳定控制的。
- 怠速稳定控制器由一个直流电动机通过齿轮传动，控制节气门的开启。

图 4-3 所示为大众轿车采用的节气门直动式怠速控制执行机构，节气门体主要由节气门和怠速稳定控制器组成，该怠速稳定控制器主要由怠速电动机、齿轮减速机构、应急弹簧、节气门电位计、怠速节气门电位计和怠速开关等构成。怠速电动机可正反两方向旋转，通过减速机构直接驱动节气门转动，使节气门开度增大或减小。节气门电位计相当于电喷发动机的节气门位置传感器，怠速节气门电位计相当于一个高灵敏度的，仅用于检测节气门怠速开度的节气门位置传感器，怠速开关则用来判定节气门是否进入怠速状态。

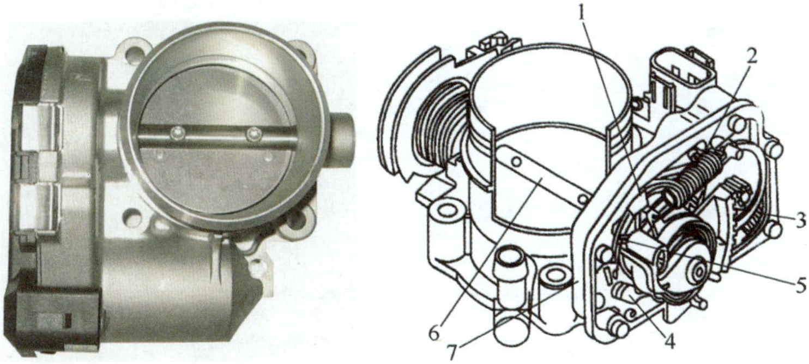

a）实物图　　b）结构图

图 4-3　节气门直动式怠速控制执行机构的结构
1 —怠速节气门电位计　2 —应急弹簧　3 —怠速电动机　4 —节气门位置传感器
5 —怠速触点　6 —节气门　7 —怠速稳定控制器

（2）节气门直动式怠速控制执行机构的工作原理　节气门直动式怠速控制执行机构的控制电路如图 4-4 所示，节气门体上的怠速稳定控制器通过一个 8 端子连接器与 ECU 相连，各端子排列如图 4-5 所示。ECU 的 62 端子向节气门电位计和怠速节气门电位计提供 5V 工作电压，67 端子则通过 ECU 内部接地，75 端子和 74 端于分别接收来自节气门电位计和怠速节气门电位计的信号，69 端子与怠速开关相连，用来判定节气门是否进入怠速状态。当怠速开关闭合，69 端子电位为 0 的情况下，ECU 通过 66 端子和 59 端子向怠速电动机输出正向或反向的工作电流，使怠速电动机驱动节气门开大或关小，达到稳定和调节怠速的目的。当需要锁定怠速电动机从而锁定节气门开度时，ECU 通过内部将 66 端子与 59 端子短接，即将怠速电动机的两个输入端子短接，利用电动机电枢感应电流所产生的磁场，形成电动机的转动阻力，从而产生制动效果。

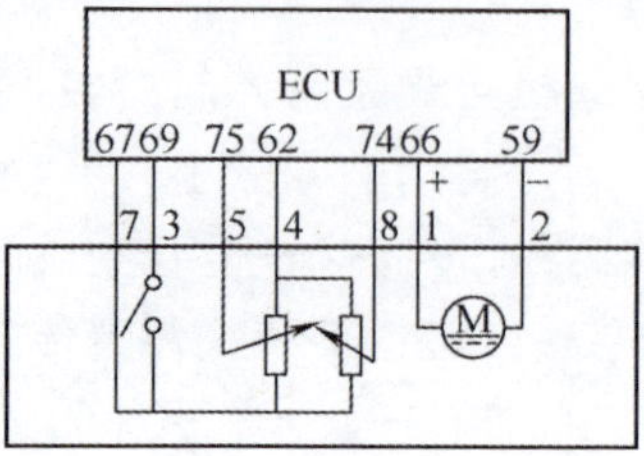

图 4-4　节气门直动式怠速控制执行机构的控制电路

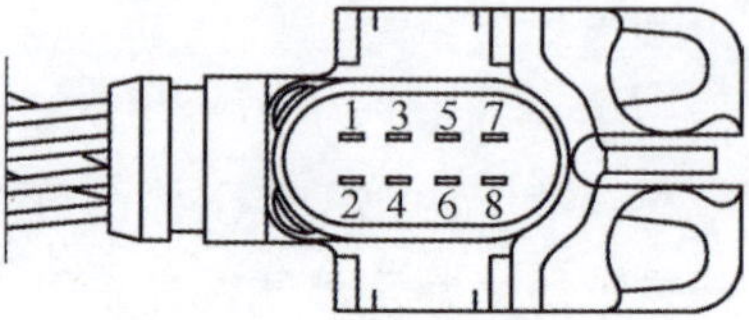

图 4-5　怠速稳定控制器端子排列顺序

1—怠速电动机正极端子 2—怠速电动机负极端子 3—怠速开关正极端子 4—电位计正极端子 5—节气门电位计信号端子 6—空端子 7—怠速开关负极、电位计负极端子 8—怠速节气门电位计信号端子

当 ECU 根据转速、冷却液温度、空调开关等信号判定需要调节节气门开度来稳定或控制发动机的怠速转速时，就会向怠速电动机提供正向或反向工作电流，使怠速电动机正向或反向运转，并通过齿轮减速机构驱动节气门开度增大或减小，怠速节气门电位计则将节气门怠速开度的变化情况随时 反馈给 ECU。当发动机转速或节气门开度达到理想值时，ECU 又会将怠速电动机锁定，从而使节气门开度锁定。当节气门由大开度突然关闭时，怠速电动机还可以减缓节气门的关闭速度，起到节气门缓冲器的作用。

此外，ECU 具有自适应学习功能。在稳定的怠速工况下，电脑可将对应的怠速节气门开度位置存储记忆，以便下次起动后在稳定怠速控制过程中参考。当发动机技术状况发生变化（例如磨损、积炭等情况）时，要维持同样的怠速转速所需要的节气门开度可能会发生变化，这种自适应学习功能则可保证在发动机技术状态发生变化的情况下，其怠速转速基本维持不变。

节气门直动式怠速控制器的结构比较简单，但采用齿轮减速机构后，会导致执行速度变慢，动态响应性差，控制器的外形尺寸也比较大，安装时受到一定的限制，其主要应用在大众、奥迪等车系上。

要点

● 当发动机熄火时，应急弹簧将节气门拉开至某特定开度，保证下次起动后，发动机处于高怠速运转状态，随着冷却液温度的升高，ECU 通过怠速电机将节气门开度逐渐减小，发动机逐渐恢复到正常怠速状态。

● 当控制电路或怠速电动机等发生故障的情况下，应急弹簧还可将节气门拉开到某一预定的开度，保证发动机能以较高怠速应急运转，从而避免了熄火。

2. 旁通空气式怠速执行机构的结构及原理

按执行元件的类型不同，旁通空气式怠速控制系统又分为步进电动机型、旋转电磁阀型、占空比控制电磁阀型等。

（1）步进电动机型怠速控制执行机构的结构与工作原理 步进电动机型怠速控制执行机构的结构如图 4-6 所示，步进电动机主要由转子和定子组成，丝杠机构将步进电动机的旋转运动转变为阀杆的直线运动，控制阀与阀杆制成一体，使阀心作轴向移动，改变阀心与阀座之间的间隙。步进电动机型怠速控制阀安装在节气门体上。

a）实物图

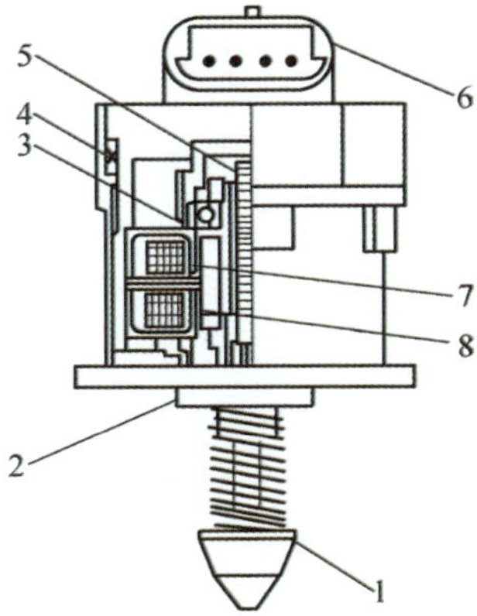

b）结构图

图 4-6 步进电动机型怠速控制执行机构的结构
1 —控制阀 2 —前轴爪 3 —后轴承 4 —密封圈
5 —丝杠机构 6 —线束连接器 7 —定子 8 —转子

步进电机的结构如图 4-7 所示，主要由用永久磁铁制成的有 16 个（8 对）磁极的转子和两个定子（定子 A 和定子 B）组成。每个定

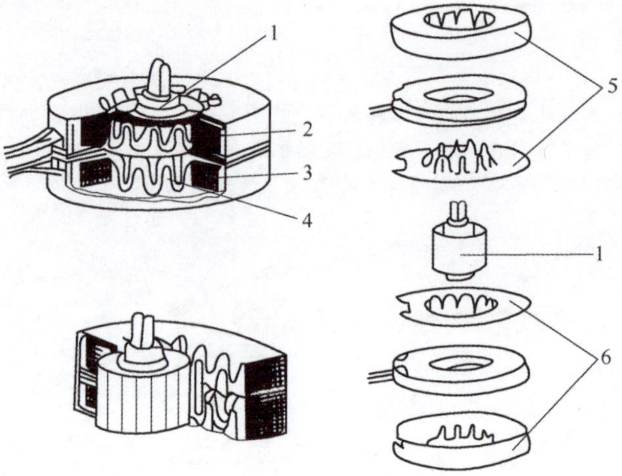

图 4-7 步进电动机的结构

1 —控制阀 2 —线圈 A 3 —线圈 B 4 —爪极 5 —定子 A 6 —定子 B

子都由两个带 16 个爪极的铁心交错装配在一起，每对爪极（N 极与 S 极）之间的间距为一个爪极的宽度，A、B 两定子相差一个爪极的位差（图 4-8），两个定子上分别绕有 1、3 相和 2、4 相两组线圈，每个定子上两线圈的绕制方向相反。ECU 控制步进电动机工作时，给线圈输送的是脉冲电压，4 个线圈的通电顺序（相位）不同，步进电动机的转动方向就不同，当按一定顺序输入一定数量的脉冲时，步进电动机就向某一方向转过一定的角度，步进电动机的转动量取决于输入脉冲的数量。因此，ECU 通过对定子线圈通电顺序和输入脉冲数量的控制，即可改变步进电动机式怠速控制阀的位置（即开度），从而控制怠速空气量。由于给步进电动机每输入一定量的脉冲只转过一定的角度，其转动是不连续的，所以称为步进电动机。

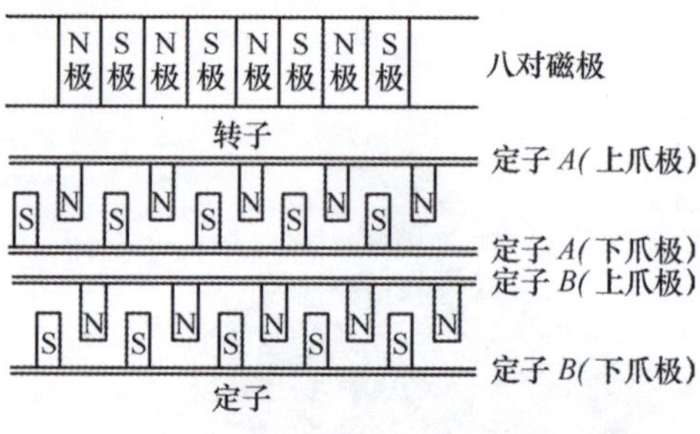

图 4-8 定子爪极的位置

步进电动机的工作原理如图 4-9 所示。当 ECU 控制使步进电动机的线圈按 1-2-3-4 顺序依次接地时，定子磁场顺时针转动，由于与转子磁场间的相互作用（同性相斥，异性相吸），使转子随定子磁场同步转动。同理，步进电动机的线圈按相反的顺序通电时，转子则随定子磁场同步反转。转子每转一步与定子错开一个爪极的位置，由于定子有 32 个爪极（上、下两个铁心各 16 个），所以步进电动机每转一步为 1/32 圈（约 11° 转角），步进电动机的工作范围为 0～125 个步进级。

a）输入脉冲

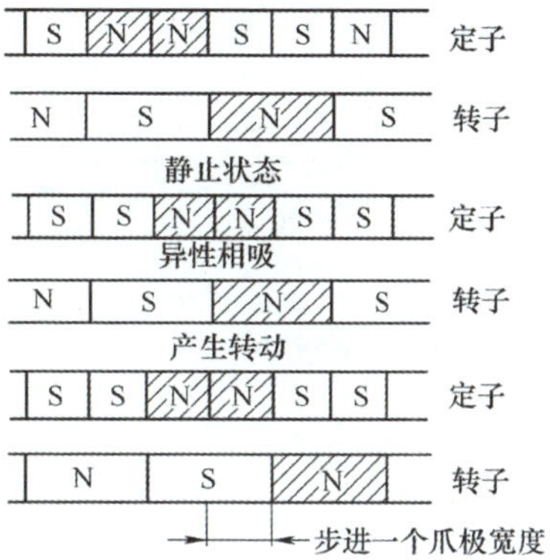

b）工作过程

图 4-9　步进电动机工作原理

图 4-10 所示为皇冠 3.0 轿车步进电动机型怠速控制执行机构电路图。主继电器触点闭合后，蓄电池电源经主继电器到达怠速控制阀的 B1 和 B2 端子、ECU 的＋ B 和＋ B1 端子，B1 端子向步进电动机的 1、3 相两个线圈供电，B2 端子向 2、4 相两个线圈供电。4 个线圈的分别通过端子 S1、S2、S3 和 S4 与 ECU 端子 ISC1、ISC2、ISC3 和 ISC4 相连，ECU 控制各线圈的接地回路，以控制怠速控制阀的工作。

（2）旋转电磁阀型怠速控制执行机构的结构与工作原理　旋转电磁阀型怠速控制执行机构的结构如图 4-11 所示，怠速控制阀安装在阀轴的中部，阀轴的一端装有圆柱形永久磁铁，永久磁铁对应的圆周位置上装有位置相对的两个线圈。ECU 控制两个线圈的通电或断开，改变两个线圈产生的磁场，两线圈产生的磁场与永久磁铁形成的磁场相互作用，可改变控制阀的位置，从而调节怠速空气口的开度，以实现怠速控制。由双金属片制成的卷簧，外端用固定销固定在阀体上，内端与阀轴端部的挡块相连接。阀轴上的限位杆穿过挡块的凹槽，使阀轴只能在挡块凹槽限定的范围内摆动。流过阀体冷却液腔的冷却液温度变化时，双金属片变形，带动挡块转动，从而改变阀轴转动的两个极限位置，以控制怠速控制阀的最大开度和最小开度。此装置主要起保护作用，可防止怠速控制系统电路出现故障时，发动机转速过高或过低，只要怠速控制系统工作正常，阀轴上的限位杆不与挡块的凹槽两侧接触。

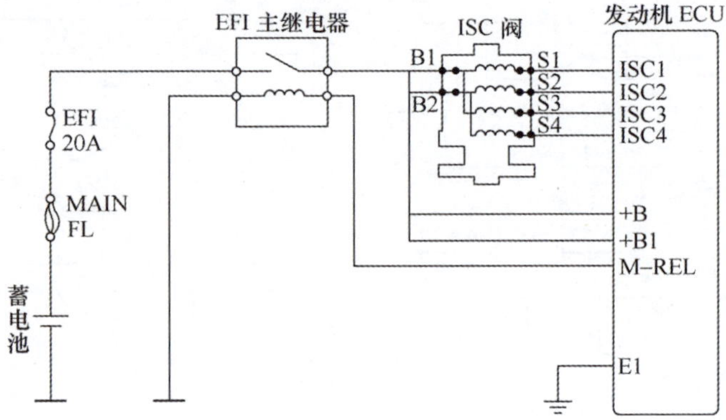

图 4-10　步进电动机型怠速控制阀电路

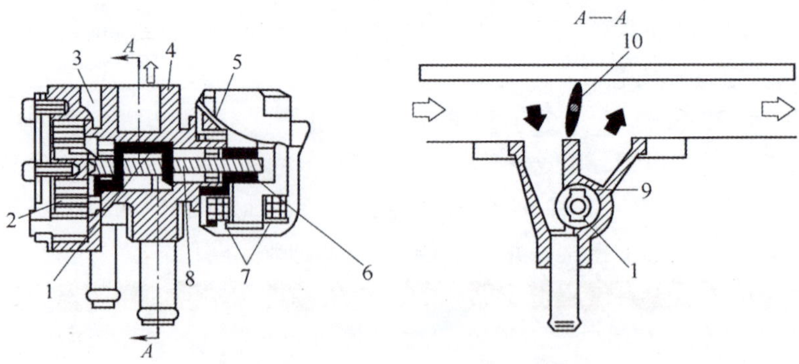

图 4-11　旋转电磁阀型怠速控制阀结构

1—控制阀　2—双金属片　3—冷却液腔　4—阀体

5、7—线圈　6—永久磁铁　8—阀轴　9—怠速空气口　10—节气门体

图 4-12 所示为旋转电磁阀型怠速控制执行机构的控制电路，ECU 通过控制旋转电磁阀型怠速控制执行机构两个线圈的平均通电时间（占空比）来实现对怠速控制阀开度的控制。占空比是指脉冲信号的通电时间与通电周期之比（如图 4-13 所示），通电周期一般是固定的，所以占空比增大，即是延长通电时间。当占空比为 50% 时，两线圈的平均通电时间相等，两者产生的磁场强度相同，电磁力相互抵消，阀轴不发生偏转。当占空比大于 50%，两个线圈的平均通电时间一个增加，而另一个减小，两者产生的磁场强度也不同，所以使阀轴偏转一定角度，控制阀开启怠速空气口。占空比越大，两个线圈产生的磁场强度相差越多，控制阀开度越大。因此，ECU 通过控制脉冲信号的占空比即可改变控制阀开度，从而控制怠速时的空气量。控制阀从全闭位置到全开位置之间，旋转角度限定在 90° 以内，ECU 控制的占空比调整范围约为 18%~82%。

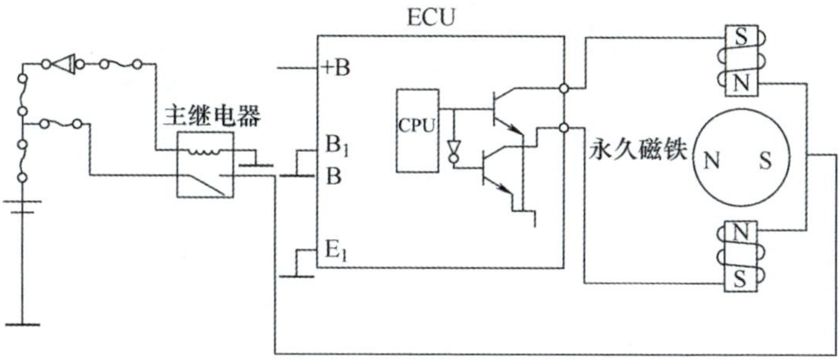

图 4-12　旋转电磁阀型怠速控制执行机构的控制电路

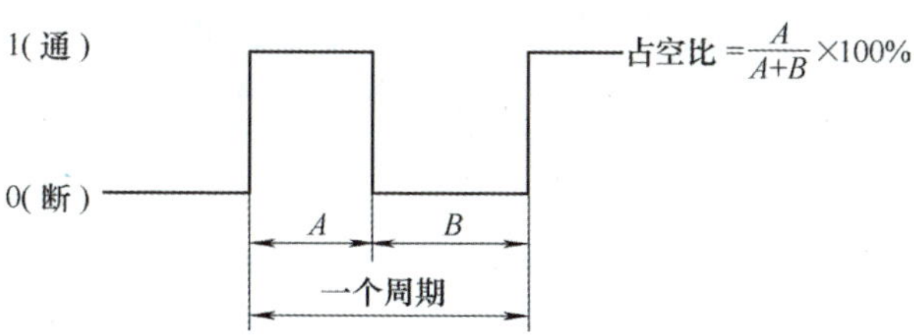

图 4-13　占空比

（3）占空比控制电磁阀型怠速控制执行机构的结构与工作原理

占空比控制电磁阀型怠速控制执行机构的结构如图 4-14 所示，主要由控制阀、阀杆、线圈和弹簧等组成。控制阀与阀杆制成一体，当线圈通电时，线圈产生的电磁力将阀杆吸起，使控制阀打开。

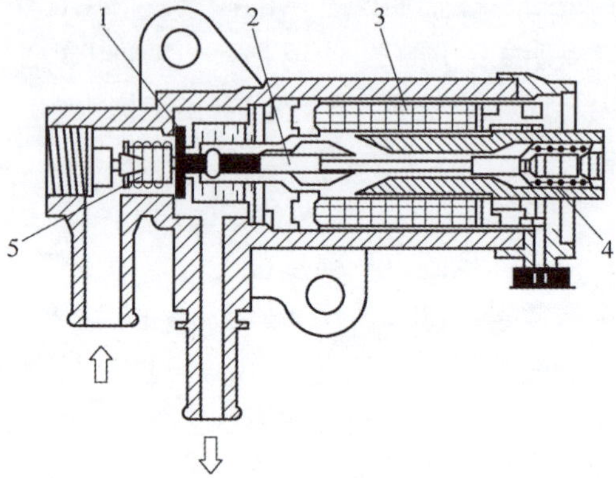

图 4-14　占空比控制电磁阀型怠速控制阀结构
1 —控制阀 2 —阀杆 3 —线圈 4、5 —弹簧

图 4-15 为占空比控制电磁阀型怠速控制执行机构的电路图，怠速控制阀的开度取决于线圈产生的电磁力大小，与旋转阀型怠速控制阀相同，ECU 通过控制输入线圈脉冲信号的占空比来控制磁场强度，以调节控制阀的开度，从而实现怠速空气量的控制。

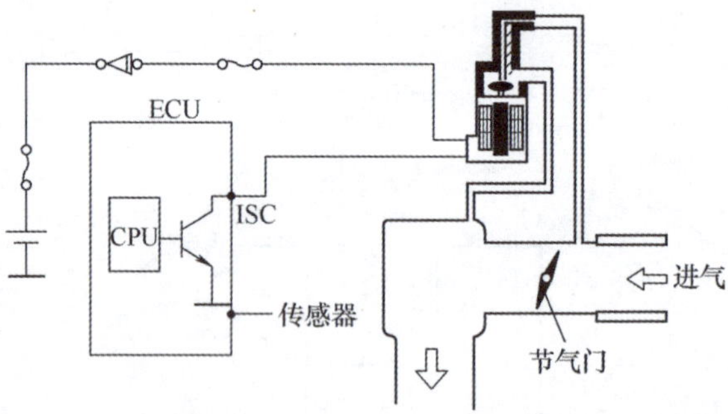

图 4-15　占空比控制电磁阀型怠速控制执行机构电路图

由于占空比控制电磁阀型怠速控制阀控制的旁通气量少，因此需要辅助空气阀控制发动机快怠速暖机过程的空气量。辅助空气阀有双金属片式和石蜡式两种，其结构如图 4-16 和图 4-17 所示。

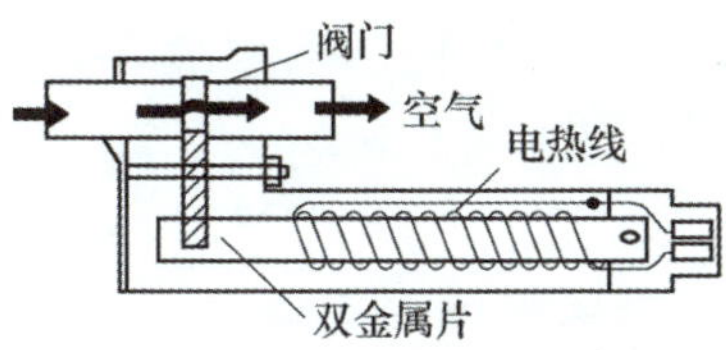

a）阀门打开　　b）阀门关闭

图 4-16　双金属片式辅助空气阀的结构

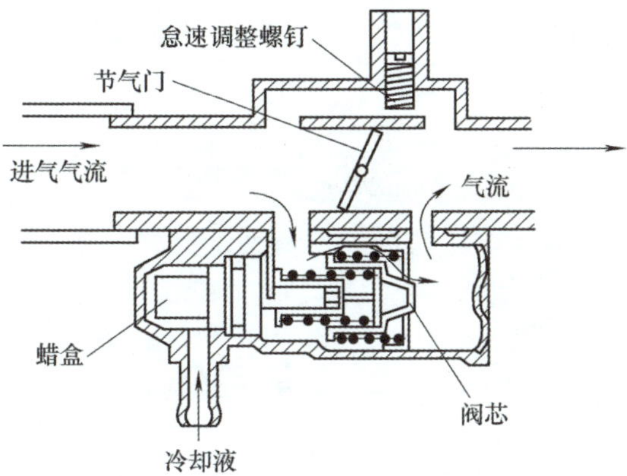

图 4-17　石蜡式辅助空气阀的结构

二、怠速控制系统的维修

（一）节气门直动式怠速控制执行机构的维修

节气门直动式怠速控制执行机构的控制电路见图 4-4，可按如下方法和步骤进行维修：

1. 基本设定

用专用故障诊断仪对怠速控制执行机构进行基本设定，根据故障诊断仪的屏幕提示“发动机电控系统→故障诊断→基本调整→通道号 060”操作故障诊断仪，如果能够完成基本设定，则说明怠速控制执行机构系统正常，否则应检查控制线路、ECU 或怠速稳定控制器

2. 线路检查

拔下怠速稳定控制器连接器，点火开关“ON”，测量线束连接器 4 端子对地电压，应为 4.5~5.5V；测量线束连接器 3 端子的对地电压，

应为蓄电池电压，测量线束连接器7端子的对地电阻，应小于1Ω。如果测量结果与上述不符，则说明控制线路或ECU存在故障。

3. 怠速稳定控制器的检查

拔下怠速稳定控制器连接器，测量怠速稳定控制器1端子与2端子间的电阻应为5Ω；4端子与5端子之间的电阻，在节气门开度变化时，阻值连续变化：测3端子与7端子之间电阻，在节气门打开和关闭情况下，应通断变化；将1端子与2端子分别与蓄电池正极和负极连接，电动机应转动。如果检查结果与上述不相符，则更换怠速稳定控制器。

（二）旁通空气式怠速控制执行机构的维修

1. 步进电动机型怠速控制执行机构的维修

步进电动机型怠速控制执行机构的控制电路见图4-10，可按如下方法和步骤进行维修：

1）发动发动机后在熄火2~3s内在怠速控制阀附近应能听到内部发出的“嗡嗡”响声，否则说明怠速控制执行机构、控制线路或ECU存在故障。

2）拆下怠速控制执行机构线束连接器，点火开关置于“ON”位置，不起动发动机，分别检测B1和B2与接地间的电压，均应为蓄电池电压，否则说明怠速控制执行机构电源线路存在故障。

3）拆下控制执行机构线束连接器，测量B1与S1、S3，B2与S2、S4之间的电阻，均应为10~30Ω，否则更换怠速控制执行机构。

4）拆下怠速控制执行机构，将蓄电池正极接至B1和B2端子，负极按顺序依次接通S1—S2—S3—S4端子时，随步进电动机的旋转，控制阀应向外伸出，若负极按反方向接通S4—S3—S2—S1端子，则控制阀应向内缩回，如图4-18所示。

5）用诊断仪检测步进电动机的步级数。显示的步级数应在所0~125之间，怠速控制阀全部伸出时步级数为0，旁通空气道全关闭；怠速控制阀全部缩回时为125，旁通空气道全部开启；冷车时步级数为55；热车时步级数为52；空调开关（A/C）开关接通时为63。

2. 旋转电磁阀型怠速控制执行机构的维修

旋转电磁阀型怠速控制执行机构的控制电路见图4-12，可按如下方法和步骤进行维修：

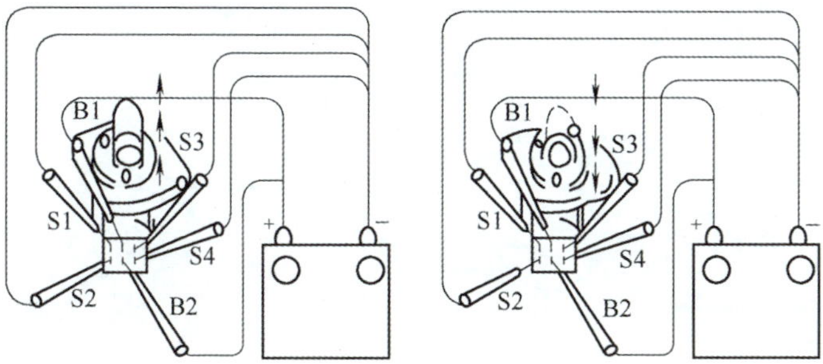

a）阀伸出　　b）阀缩回

图 4-18　检查步进电动机型怠速控制执行机构

1）起动发动机，当发动机达到正常工作温度、变速器处于空档位置时，使发动机维持怠速运转，打开空调，观察发动机转速表，发动机转速应升高至 1000～1200r/min，若不符合上述要求，应进一步检查怠速执行机构、控制线路和 ECU。

2）拆下怠速控制执行机构的线束连接器，将点火开关置“ON”位置，不起动发动机，分别检测电源端子与接地之间的电压，应为蓄电池电压，否则说明怠速控制执行机构电源线路存在故障。

3）拆开怠速控制执行机构的线束连接器，在控制阀侧分别测量中间端子（+B）与两侧端子（ISC1 和 ISC2）的电阻应为 18.8～22.8Ω，否则应更换怠速控制执行机构。

4）怠速控制执行机构工作情况检查。拆下怠速控制执行机构，按如图 4-19 所示方法对其进行工作情况检查。当将端子 B+、ISCC 分别与蓄电池的正极、负极相连时，控制阀应旋转至全开位置；当将端子 B+、ISCO 分别与蓄电池的正极、负极相连时，控制阀应旋转至全关位置。如果控制阀不能正常开启和关闭，则更换怠速控制执行机构。

3. 占空比控制电磁阀型怠速控制执行机构的维修

占空比控制电磁阀型怠速控制执行机构的控制电路见图 4-15，可按下述方法和步骤对其进行维修。

1）起动发动机，使发动机怠速运转，拔下怠速控制执行机构的线束连接器，观察发动机转速是否发生变化。若发动机转速发生变化，则说明怠速控制执行机构工作性能良好，否则检查怠速控制执行机构、控制线路和 ECU。

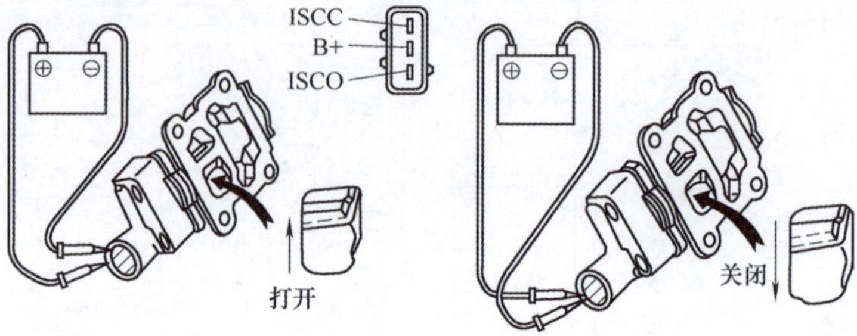

图 4-19　旋转电磁阀工作情况检查

2）拆下怠速控制执行机构的线束连接器，将点火开关置于“ON”位置，不起动发动机，分别检测电源端子与接地间的电压，应为蓄电池电压，否则说明怠速控制执行机构电源电路有故障。

3）拆下怠速控制执行机构上的两端子线束连接器，在怠速控制阀侧测量两端子之间电阻，正常应为 10～15Ω，否则应更换怠速控制阀。

4）拆下怠速控制执行机构，用导线将执行机构的两个端子分别与蓄电池的正极和负极相连时，应能听到电磁阀工作的“咔嗒”声，否则，更换怠速控制执行机构。

4. 辅助空气阀的维修

辅助空气阀常见故障有不能开启或不能关闭，检测方法和步骤如下：

发动机起动时，实际怠速转速可能比规定值高，在暖机过程中，空气阀将逐渐关闭，经空气阀附加的空气量则不断减少，直至发动机完全热车，辅助空气阀完全关闭，恢复正常怠速转速为止。如果辅助空气阀出现故障，而不能开启时，将会导致发动机冷车怠速过低；反之，若辅助空气阀不能关闭时，则会导致发动机热车后怠速过高。

1）用温度法检查辅助空气阀的开度。当室温低于 10℃时，辅助空气阀应处于半开状态；当室温为 20℃时，辅助空气阀应处于微开状态（约 1/3 开度）。

2）用真空法检查辅助空气阀。

①将真空软管拆下，接上真空表，如图 4-20 所示。

②起动发动机并怠速运转。

③观察真空表数值变化，正常应在 16inHg（1inHg=3386.39Pa）以上。若压力低于这个值，应检查软管是否有泄漏或堵塞。

④如果软管良好，应拆下空气阀与空气滤清器之间的软管。

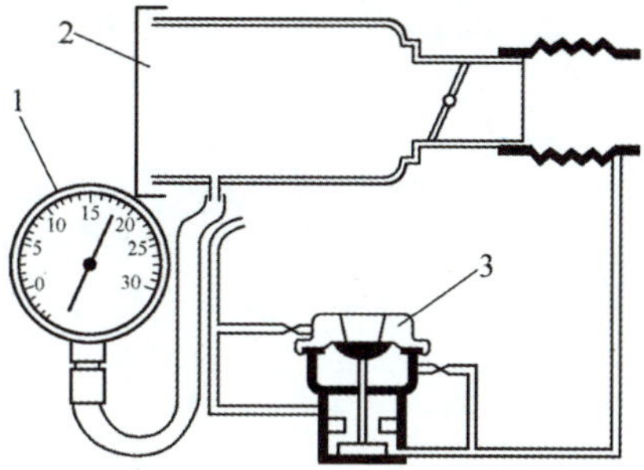

图 4-20 真空法检查辅助空气阀
1 —真空表 2 —进气管 3 —空气阀

⑤起动发动机时，应该有空气通过空气阀与空气滤清器之间的软管；当发动机稳定怠速运转时，则不应该有空气通过空气阀与空气滤清器之间的软管；否则，应更换空气阀。

3）对于电加热的辅助空气阀，可在接线插座处测量辅助空气阀电热丝电阻，其值应为 30～50Ω。将蓄电池正极接到辅助空气阀接线插座上，观察辅助空气阀能否在通电后逐渐关闭。

4）对于石蜡式辅助空气阀，可用热水法检测，将石蜡式辅助空气阀放入热水中，将水温加热到 80℃左右，观察空气阀，应完全关闭。

第二节 排放控制系统结构与维修

一、排放控制系统的结构

随着汽车保有量的不断增加，汽车所造成的环境污染，已越来越引起人们的关注。汽车所产生的有害气体主要来自发动机燃烧后所排放的废气、曲轴箱的废气和汽油蒸发形成的废气。各国的废气排放标准越来越严格，各汽车制造厂为能顺利达到汽车废气检验标准，便研究开发出控制废气排放的各种方法。

要点

● 应用在汽车上的主要有三元催化转化（TWC）系统、废气再循环（EGR）系统、汽油蒸气排放（EVAP）控制系统、曲轴箱强制通风（PCV）系统、二次空气喷射系统等。

（一）燃油蒸气排放控制系统

1. 燃油蒸气排放控制系统功能

为防止燃箱内的汽油蒸气排入大气造成污染，在发动机控制系统中采用了由发动机 ECU 控制的活性炭罐燃油蒸气（英文缩写为 EVAP）排放控制系统，用来收集汽油箱内蒸发的汽油蒸气，并根据发动机工况，将适量的汽油蒸气导入气缸参加燃烧，从而防止汽油蒸气直接排入大气而造成污染。

2. 燃油蒸气排入控制系统的组成与工作原理

在装有燃油蒸气排放控制系统的汽车上，油箱盖上只有空气阀，而不设蒸气放出阀。燃油蒸气控制系统的组成如图 4-21 所示，主要由单向阀、进气管、电磁阀、真空控制阀、定量排放孔、活性炭罐等组成。

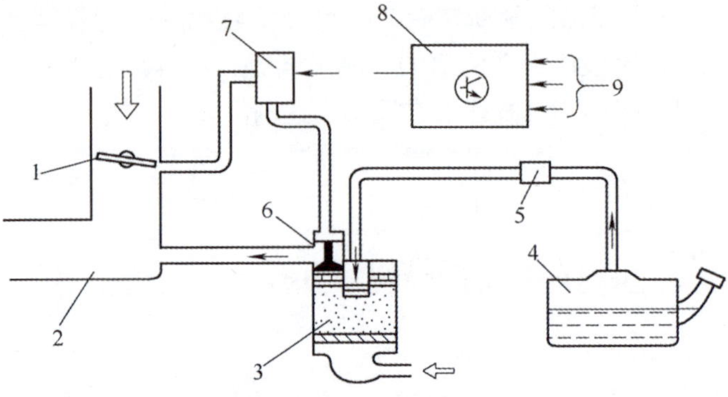

图 4-21 燃油蒸气控制系统的组成

1 —节气门 2 —进气管 3 —活性炭罐 4 —油箱 5 —单向阀
6 —真空控制阀 7 —电磁阀 8 — ECU 9 —传感器信号

在活性炭罐与油箱之间设有排气管和单向阀，当汽油箱内的汽油蒸气超过一定压力时，顶开单向阀经排气管进入活性炭罐，活性炭罐内的活性炭将燃油蒸气吸附在炭罐内。发动机工作时，ECU 根据发动机转速、温度、空气流量等信号，控制炭罐电磁阀的开闭来控制排放控制阀上部的真空度，从而控制排放控制阀的开度。当排放控制阀打开时，燃油蒸气通过排放控制阀被吸入进气歧管。

要点：

● 活性炭罐下方设有进气滤芯并与大气相通，使部分清洁空气与活性炭罐内的燃油蒸气一起被吸入进气管，从而防止混合气变浓。

在部分电控 EVAP 控制系统中，活性炭罐上不设真空控制阀，而将受 ECU 控制的电磁阀直接装在活性炭罐与进气管之间的吸气管中，如图 4-22 所示。电脑根据节气门位置传感器、水温传感器和进气温度传感器信号控制电磁阀通电或断电，电磁阀直接控制活性炭罐与进气管之间的吸气通道。当发动机怠速（进气量较少）或温度较低时，电脑使电磁阀断电，关闭吸气通道，活性炭罐内的燃油蒸气不能被吸入进气管。

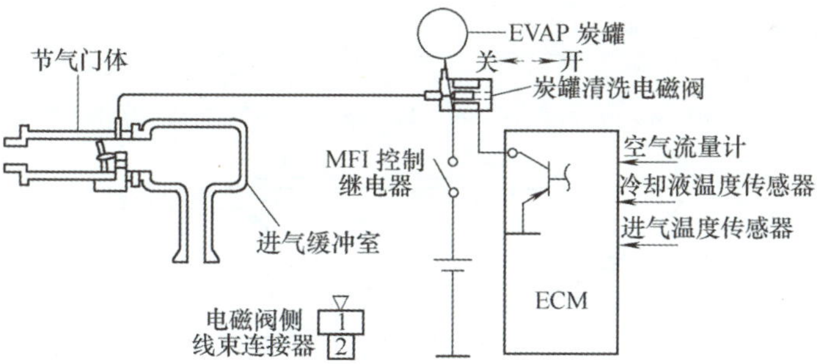

图 4-22　电磁阀直接控制的燃油蒸气排放控制系统

（二）废气再循环控制系统

1. 废气再循环控制系统功能

NO_X 是空气中的氮气与氧气在高温、高压条件下形成的。发动机排出的 NO_X 量主要与气缸内的最高温度有关，气缸内最高温度越高，排出的 NO_X 量越多。

要点

● 废气再循环（英文缩写为 EGR）控制系统的功能是将适量的废气重新引入气缸参加燃烧，由于废气中含有大量的不能燃烧的惰性气体二氧化碳，能够吸收燃烧时的热量，从而可降低气缸内的最高温度，减少 NO_X 的排放量。

采用废气再循环会使混合气气着火性能及发动机输出功率下降，因此，应在发动机 NO_X 排放量多的运行工况范围进行适量的废气再循环。

过量的废气再循环会影响发动机的正常运行，特别是在怠速、低转速小负荷及发动机处于冷车运行时，再循环的废气将会使发动机的性能明显降低。EGR 的控制量指标大多采用 EGR 率表示，其定义如下：

EGR 率 =EGR 气体流量 /（吸入空气量 +EGR 气体流量）×100%

为保证发动机正常工作和性能不受过多影响，必须根据发动机工况的变化，控制废气再循环量。进入进气歧管的废气量一般控制在 6%～15% 范围内。

目前采用 ECU 控制的 EGR 系统主要有开环控制 EGR 系统和闭环控制 EGR 系统两种类型。

2. 废气再循环控制系统的组成及工作原理

（1）开环控制 EGR 系统的组成及工作原理 开环控制 EGR 系统主要由各种传感器、EGR 阀、EGR 电磁阀和 ECU 等组成，如图 4-23 所示。

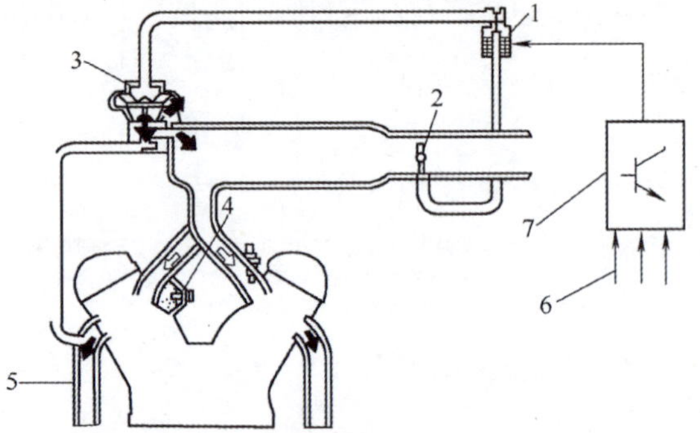

图 4-23 开环控制 EGR 系统

1 — EGR 电磁阀 2 — 节气门 3 — EGR 阀 4 — 冷却液温度传感器
5 — 排气管 6 — 起动信号 7 — ECU

EGR 阀安装在废气再循环通道中，用以控制废气再循环量。EGR 电磁阀安装在通向 EGR 真空通道中，ECU 根据发动机冷却液温度、节气门开度、转速和起动等信号来控制电磁阀的通电或断电。ECU 不给 EGR 电磁阀通电时，控制 EGR 阀的真空通道接通，EGR 阀开启，进行废气再循环；ECU 给 EGR 电磁阀通电时，控制 EGR 阀的真空度通道被切断，EGR 阀关闭，停止废气在循环。

当发动机处于起动工况（起动开关信号）、怠速工况（节气门位置传感器怠速触点闭合信号）、暖机工况（冷却液温度信号）、转速过低或过高（一般低于 900r/min 或高于 3200r/min）时，ECU 给 EGR 电磁阀通电停止废气再循环。在除上述以外的其他工况，ECU 均不给电磁阀通电，都进行废气再循环。废气再循环量取决于 EGR 阀的开度，而 EGR 阀的开度直接由真空度控制。由于真空管口设在靠近节气门全闭位置的上方。随发动机转速和负荷（节气门开度）的增大，真空管口处的真空度增加，EGR 阀的开度增大；随发动机转速和负荷减小，EGR 阀开度也减小。

要点

● 现在多数 EGR 控制系统的 EGR 电磁阀多采用占空比控制型电磁阀，ECU 通过占空比控制电磁阀的开度，调节作用在 EGR 阀上的真空度，控制 EGR 阀的开度，以实现对废气再循环量的控制。

（2）闭环控制 EGR 系统的组成及工作原理 闭环控制 EGR 系统通过检测实际的 EGR 阀开度或废气压力作为反馈控制信号，其控制精度更高。

用 EGR 阀开度作为反馈信号的闭环控制 EGR 系统如图 4-24 所示。与采用占空比控制型电磁阀的开环控制 EGR 系统相比，只是在 EGR 阀上增设了一个 EGR 阀开度传感器。闭环控制 EGR 系统工作时，ECU 可根据 EGR 阀开度传感器的反馈信号修正电磁阀的开度，使 EGR 率保持在最佳值。

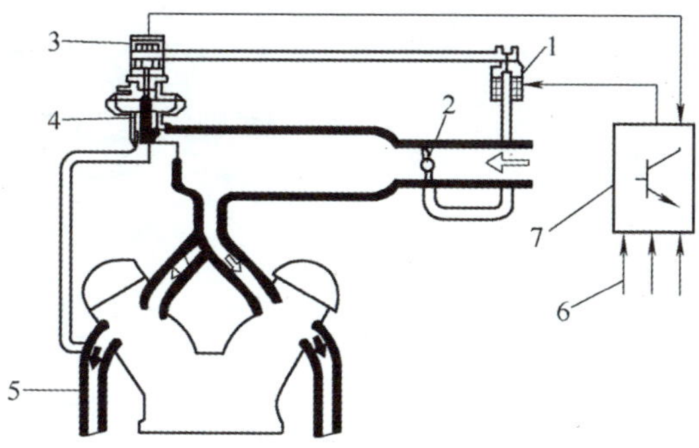

图 4-24 用 EGR 阀开度作为反馈信号的闭环控制 EGR 系统
1 — EGR 电磁阀 2 —节气门 3 — EGR 阀开度传感器 4 — EGR 阀
5 —排气管 6 —起动信号 7 — ECU

用废气压力作为反馈信号的闭环控制 EGR 系统如图 4-25 所示，ECU 根据废气压力传感器信号对 EGR 电磁阀实行反馈控制。废气压力传感器安装在排气通道上，该传感器将废气的压力信号转变成电信号输送给 ECU，使 ECU 知道 EGR 的废气流量，ECU 根据此反馈信号修正 EGR 电磁阀的开度，使 EGR 率保持在最佳值。

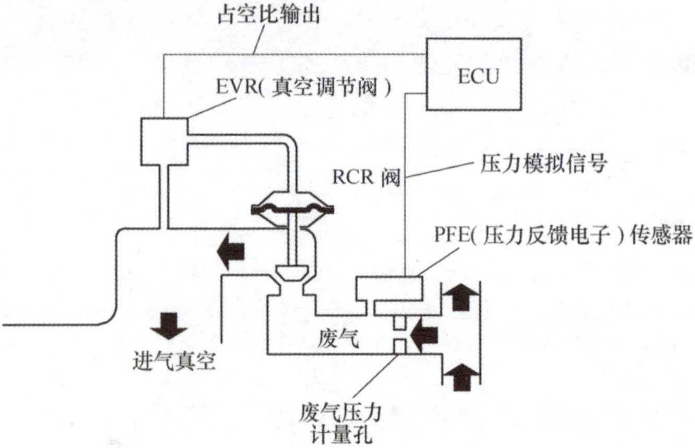

图 4-25　用废气压力作为反馈信号的闭环控制 EGR 系统

3. EGR 阀结构

（1）背压式 EGR 阀　在背压式 EGR 阀的膜片的中央有一个常闭通风阀，如图 4-26 所示，通风阀在一个小弹簧的作用下，保持关闭状态，通风阀到锥形阀 F 端之间有一条通道。当发动机不工作时，EGR 阀关闭；当发动机低速运转时，在排气背压作用下，通风阀打开，尽管有真空源作用于膜片上方，也会由通风口泄漏掉；当发动机高速运转时，排气背压减小，并将通风口关闭，若此时真空源作用于膜片上方，则 EGR 阀打开。

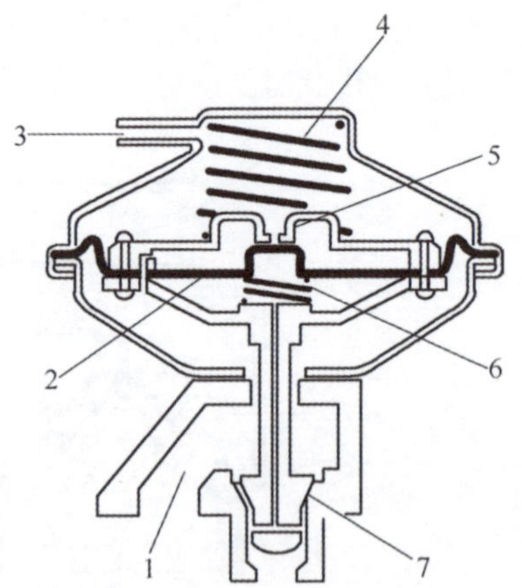

图 4-26　背压式 EGR 阀结构

1—进气口　2—膜片　3—真空口　4、6—弹簧　5—空气分离口　7—锥形阀

背压式 EGR 阀可分为正背压式 EGR 阀和负背压式 EGR 阀。正、负背压式 EGR 阀可通过 EGR 阀顶部的字母标记 “N” 或 “P” 来识别，“N” 表示负背压式 EGR 阀，“P” 表示正背压式 EGR 阀，如图 4-27 所示。

(2) 数字式 EGR 阀 在数字式 EGR 阀内可以安装 1~3 个由 ECU 直接控制的电磁线圈，如图 4-28 所示。每个电磁线圈围绕着一个活动衔铁，当电磁线圈通电时，产生的吸力吸起衔铁，这样废气便可以通过阀孔进入进气歧管。ECU 可以控制电磁阀的工作，来控制发动机工作时所需要的再循环废气量。

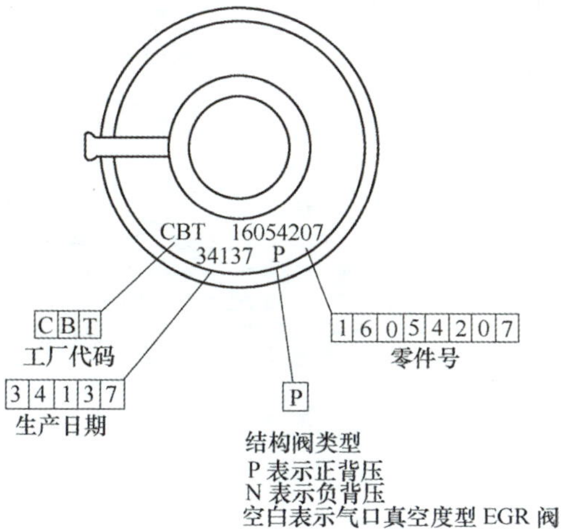

图 4-27 背压式 EGR 阀型号

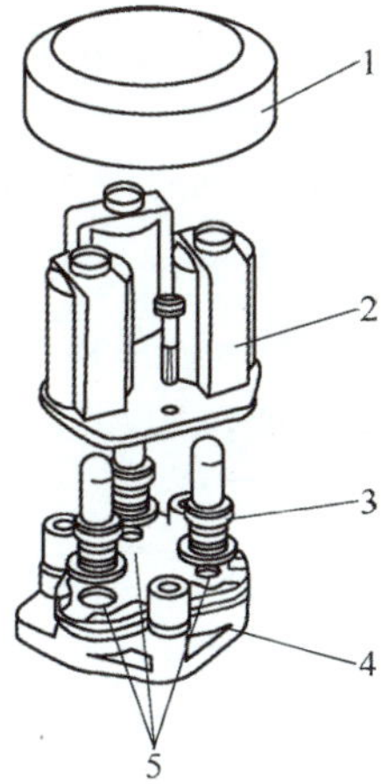

图 4-28 数字式 EGR 阀

1 —盖 2 —电磁阀总成 3 —电枢总成 4 —基座 5 —阀孔

(3) 线性式 EGR 阀 在线性式 EGR 阀的内部，装有一个受 ECU 控制的电磁阀。电磁阀由衔铁、电磁线圈、锥形阀和 EGR 阀位置传感器等组成。衔铁的一端固定一个锥形阀，当电磁线圈通电时，衔铁和锥形阀被吸起，废气可以进入进气歧管。EGR 阀位置传感器为线性电位计式，可以将 EGR 阀关闭时的约 1V 到 EGR 阀全开时的 4.5V EGR 阀位置信号输送给 ECU，ECU 再向电磁线圈发送通断脉冲信号，以精确控制衔铁和废气再循环量。

(4) 带排气温度传感器的 EGR 阀 在有些 EGR 阀上，装有排气温度传感器，排气温度传感器是一个电阻值随温度变化的热敏电阻，即当排气温度升高时，排气温度传感器的电阻值下降。用两条导线将排气温度传感器与 ECU 相连，通过排气温度对废气再循环量进行反馈修正控制。当排气温度较低时，传感器电阻较大，ECU 则会检测到一个高电压信号；相反，排气温度较高时，传感器电阻较小，ECU 则检测到一个低电压信号。

（三）三元催化转化器与空燃比反馈控制系统

1. 三元催化转化器的功能

三元催化转化器安装在排气管中部，其功能是利用转化器中的三元催化剂的作用，将发动机排出废气中的有害气体如碳氢化合物（HC）、一氧化碳（CO）、氮氧化合物（NO_X）转变为无害二氧化碳（CO_2）、水（H_2O）及氮气（N_2）。

2. 三元催化转化器的结构与原理

三元催化转化器一般由壳体、减振层、载体和催化剂涂层部分组成，如图 4-29 所示。催化转化器壳体由不锈钢材料制成，以防氧化皮脱落造成载体堵塞。载体一般由氧化铝制成，是承载催化剂的一种支撑体。催化剂又称为触媒，常用贵重金属如铂、钯、铑制成，可以促进废气中 CO、HC 氧化反应及 NO_X 还原反应的速度，而其本身不被消耗和改变。减振层一般采用膨胀垫片或钢丝网垫，起密封、保温和固定载体的作用，防止催化转化器壳体受热变形等对载体造成损害。

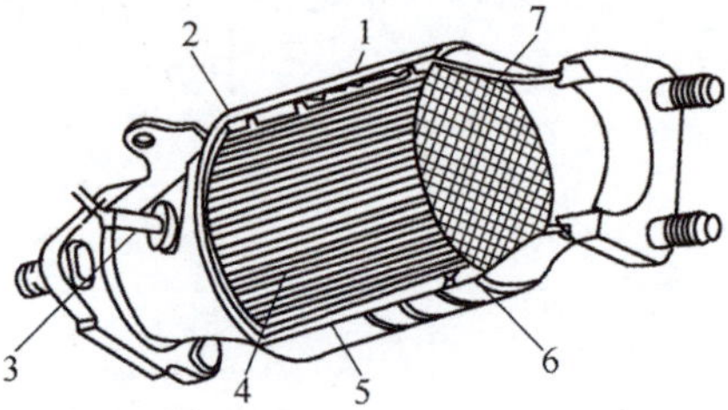

图 4-29　三元催化转化器的结构
1 —波纹网眼环　2、5 —密封层　3 —氧传感器　4 —载体　6 —外壳　7 —蜂窝状小孔

三元催化转化器一般为整体不可拆卸式。根据催化剂载体的结构特点，TWC 可分为颗粒型和蜂巢型两种类型，前者将催化剂沉积在颗粒状氧化铝载体表面，后者将催化剂沉积在蜂巢状氧化铝载体表面，氧化铝表面有形状复杂的表层，可增大催化剂与废气的实际接触面积。

当发动机排出的废气经过三元催化转化器时，三元催化转化器中的铂催化剂就会促使 HC 与 CO 氧化生成水蒸气和二氧化碳，铑催化剂

会促使 NO_X 还原为氮气和氧气，如图 4-30 所示。

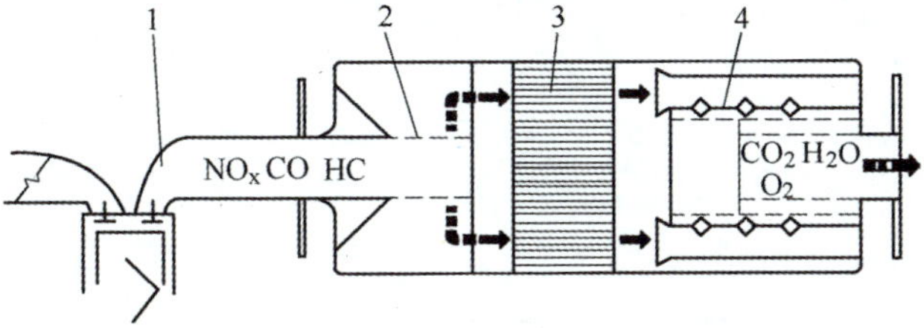

图 4-30　三元催化转化器工作原理

1 —排气管 2 —消音器 3 —催化剂载体 4 —消声器

3．影响三元催化转化器转化效率的因素

三元催化转化器的转化效率是指废气经过催化转化器后，催化剂使 HC、CO 和 NO_X 氧化还原成水蒸气、二氧化碳和氮气的程度。

三元催化转化器将有害气体转变成无害气体的效率受诸多因素的影响，其中影响最大的是混合气的浓度和排气温度。

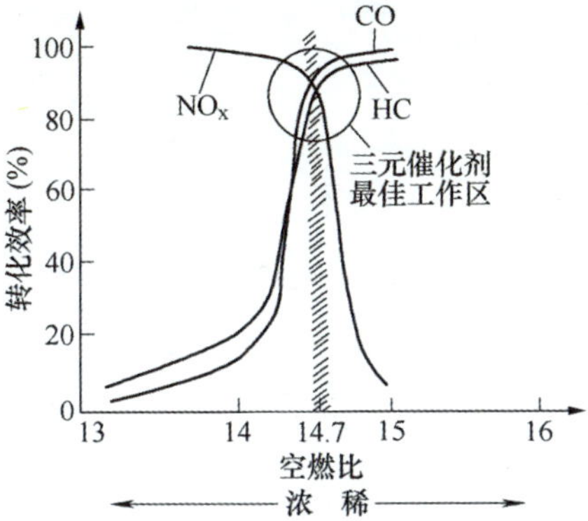

图 4-31　三元催化转化器的转化效率与混合气浓度的关系

三元催化转化器的转化效率与混合气浓度的关系如图 4-31 所示，可见在标准的理论空燃比 14.7 附近，对废气中三种有害气体（HC、CO、NO_X）的转化效率均比较高。混合气过浓或过稀时，都将使三元催化转化器的转化效率降低。在发动机工作中，为将实际空燃比精确控制在标准的理论空燃比附近，在装用三元催化转化装置的汽车上，一般在三元催化转化器与发动机之间的排气管或排气歧管上都装有氧传感器，用来检测废气中的氧浓度，氧传感器信号输送给 ECU，ECU 根据此信号对喷油器的喷油量进行修正，使实际的空燃比更接近理论空燃比，即电控燃油喷射系统的闭环控制，如图 4-32 所示。在有些发动机上，在三元催化转化器的后面还装有一个氧传感器，用来监测三元催化转化器的转换效率。

在装有氧传感器的电控燃油喷射发动机上，电控燃油喷射（EFI）系统并不是在所有工况下都进行闭环控制，在发动机起动、怠速、暖机、加速、全负荷、减速断油等工况下，发动机不可能以理论空燃比工作，仍采用开环控制方式。此外，氧传感器温度在400℃以下、氧传感器或其电路发生故障时，也只能采用开环控制。电控燃油喷射系统进行开环控制还是进行闭环控制，由ECU根据相关输入信号确定。

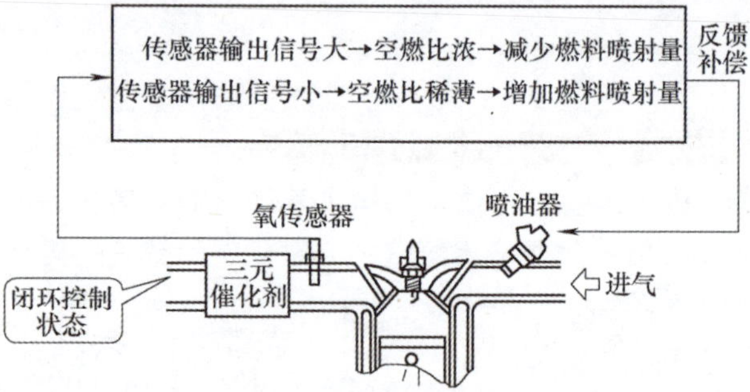

图4-32　空燃比的闭环控制

此外，发动机的排气温度过高（815℃以上）时，TWC的转换效率将明显下降。有些三元催化转化装置中装有排气温度报警装置，当ECU收到排气温度传感器高温信号后，发出报警信号，当报警装置发出报警信号时，应停机熄火，查明排气温度过高的原因，进行排除。在使用中，排气温度过高一般是由于发动机长时间在大负荷下工作或因故障而燃烧不完全所致。

另外，铅和硫等元素对催化转化器会造成不利的影响，因为铅和硫等会与催化剂作用形成新的结晶体沉积在催化剂上面，从而破坏催化剂的表面活性，这就是所谓的催化剂中毒，是影响催化转化器寿命的最为严重的物理现象。因此，使用催化转化器的前提是汽油的无铅化。硫主要对稀土类催化器的寿命有较大影响。

4. 氧传感器

氧传感器（O_2S）安装在排气管上，用来检测排气中氧含量，并将该信号转变为电信号输入ECU，ECU根据该信号，对喷油量进行修正，实现空燃比的反馈控制。

要点

- 氧传感器按其结构和工作原理可分为氧化锆（ZrO_2）式和氧化钛（TiO_2）式两种。
- 按照其检测信号的范围可分为普通型和宽频型两种。

（1）氧化锆（ZrO_2）氧传感器 氧化锆氧传感器的构造如图4-33所示，其基本元件是氧化锆管，氧化锆管固定在带有安装螺纹的固定套内，在氧化锆管的内、外表面均覆盖着一薄层铂作为电极，传感器内侧通大气，外侧直接与排气管中的废气接触。在氧化锆管外表面的铂层上，还覆盖着一层多孔的陶瓷涂层，并加有带槽口的防护套管，用来防止废气对铂电极产生腐蚀；在传感器的线束连接器端有金属护套，其上设有小孔，以便使氧化锆管内侧通大气。

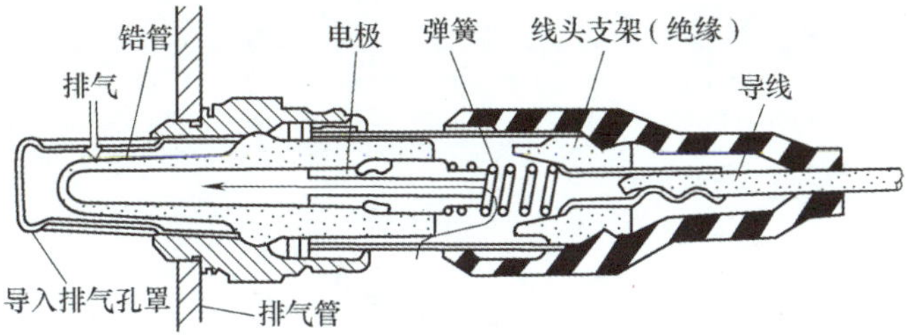

图 4-33 氧化锆式氧传感器结构

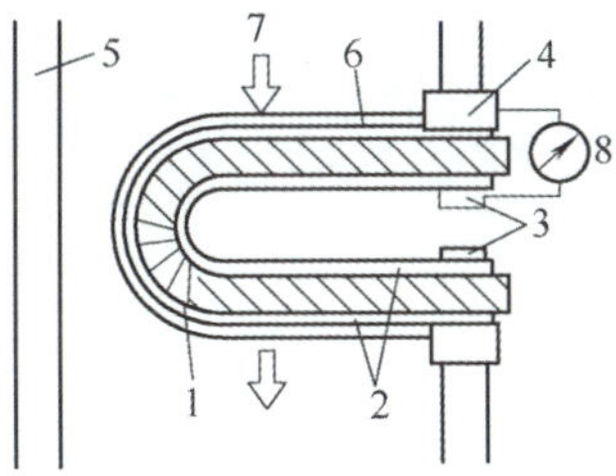

图 4-34 氧化锆式氧传感器的工作原理
1—陶瓷体 2—铂电极 3、4—电极引线 5—排气管 6—陶瓷防护层 7—废气 8—大气

氧化锆氧传感器实质是一个化学电池，又称氧浓度差电池。其工作原理如图4-34所示，在400℃以上的高温时，若氧化锆管内、外表面接处的气体中氧的浓度有很大差别，在氧化锆管内、外表面的两个铂电极之间将会产生电动势。发动机工作时，由于氧化锆管内表面接触的大气中氧浓度是固定的，而与外表面接触的废气中氧浓度是随空燃比变化的，所以将

氧化锆管内、外表面两个电极间产生的电动势输送给 ECU，即可作为判断实际空燃比的依据。当混合气过稀时，排出的废气中氧含量高，传感器内、外侧氧浓度差小，两电极间产生的电压很低（接近 0V）；反之，混合气过浓时，排出的废气中氧含量低，传感器内、外侧氧浓度差大，两电极间产生的电压高（接近 1V）。在理论空燃比附近，氧传感器输出的电压信号有一突变，其输出特性如图 4-35 所示。

要点

- 由于氧化锆只能在 400℃以上的高温时才能正常工作，为保证发动机在进气量少、排气温度低时也能正常工作，有的氧传感器内装有加热器。
- 加热器也由发动机 ECU 控制，带加热器的氧传感器称为热型氧传感器。

（2）氧化钛氧传感器 氧化钛式传感器的结构如图 4-36 所示，主要由二氧化钛元件、导线、金属外壳和接线端子等组成。

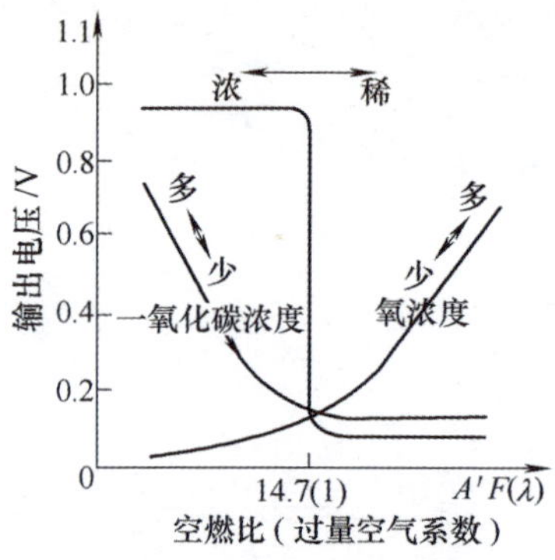

图 4-35 氧化锆式氧传感的输出特性

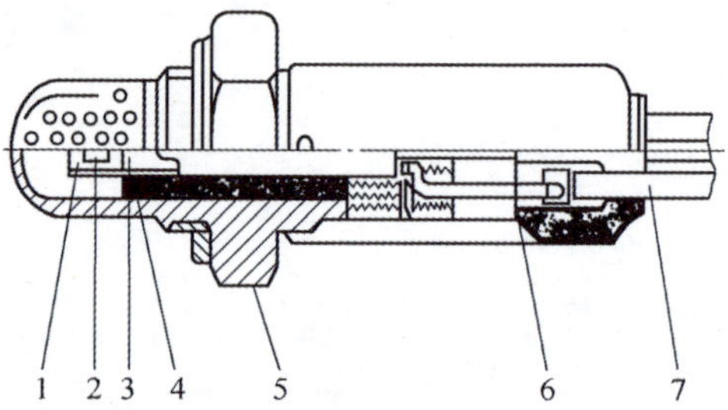

图 4-36 氧化钛式传感器结构

1—二氧化钛元件 2—金属外壳 3—陶瓷绝缘体 4—接线端子 5—陶瓷元件 6—导线 7—金属保护套

这种氧传感器是利用化学反应强、对氧气敏感、易于还原的半导体材料氧化钛与氧气接触时发生氧化还原反应，使晶格结构发生变化，从而导致电阻值变化的原理工作的，它是一种电阻型气敏传感器，也称电阻值变化型氧传感器，信号源相当于一个可变电阻，其输出特性如图 4-37 所示。

要点

● 当废气中的氧含量高时，二氧化钛的电阻值增大；反之，废气中氧含量较低时二氧化钛的电阻值减小，利用适当的电路对电阻变量进行处理，即转换成电压信号输送给ECU，用来确定实际的空燃比。

（3）宽频氧传感器 上述普通型氧传感器只能对排气中的氧含量在比较狭窄的范围进行检测，对于过浓或过稀的尾气则无法进行测量，已无法满足对汽车尾气排放控制的要求，因此，在有些车上安装了一种新型的宽频氧传感器，能够在较宽的空燃比范围内对尾气中的含氧量进行测量。

宽频氧传感器的结构及工作原理如图 4-38 所示，它是在普通型氧传感器的基础上增加了一个单元泵和一个测量室。测量室上有一个扩散通孔，尾气通过扩散通孔进入测量室。单元泵受 ECU 控制，可将尾气中的氧泵入测量室，也可将测量室中的氧泵入排气管。ECU 一直控制着单元泵的工作电流，通过改变测量室中氧的含量，使氧传感器的信号电压始终保持在 450mV。

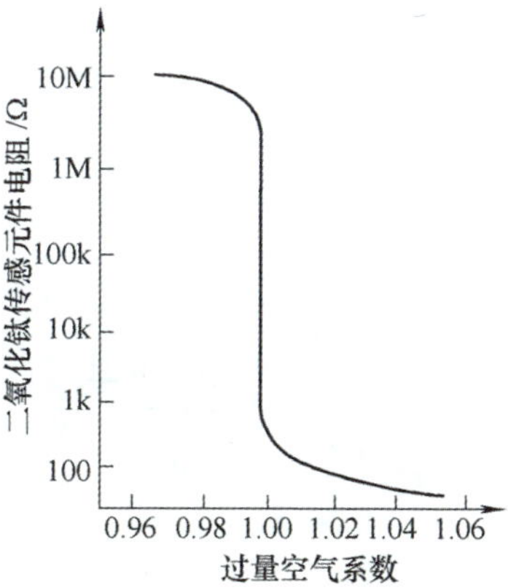

图 4-37 氧化锆式氧传感器输出特性

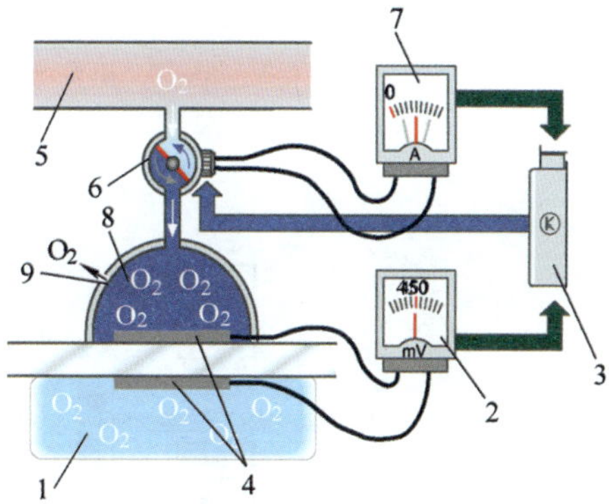

图 4-38 宽频氧传感器的结构及工作原理
1—空气 2—传感器电压 3—控制单元 4—测量片 5—尾气 6—单元泵 7—单元泵电流 8—测量室 9—扩散通道

当混合气过浓时，氧传感器电压值超过 450mV，如图 4-39a 所示。单元泵若仍以原来转速工作，测试室的氧量少。此时，控制单元通过控制电路增大单元泵的工作电流，使单元泵旋转速度增加，增加泵氧速度。单元泵泵入测试室中的氧量增加，使氧传感器电压值恢复到 450mV，如图 4-39b 所示。

当混合气过稀时，氧传感器电压值低于 450mV，如图 4-40a 所示，单元泵若仍以原来的转速运转，会泵入较多的氧，测试室中氧的含量较多。为能使氧传感器电压值尽快恢复到 450mV 的电压值，控制单元通过控制电路减小单元泵的工作电流，使泵入测试室的氧量减少，如图 4-40b 所示。

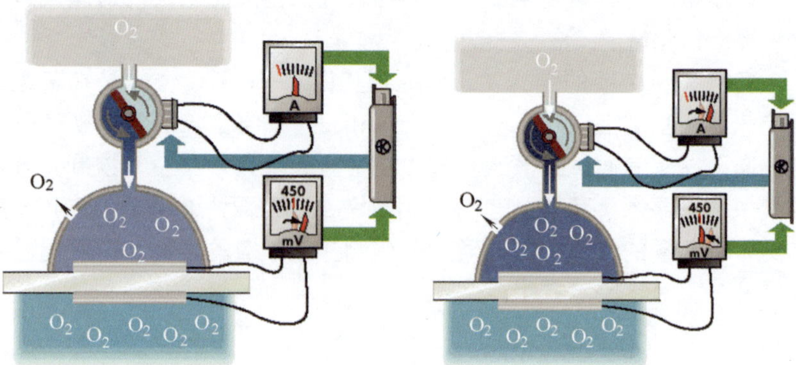

a）混合气过浓时　　b）加速泵氧后

图 4-39　浓混合气时宽频氧传感器的工作过程

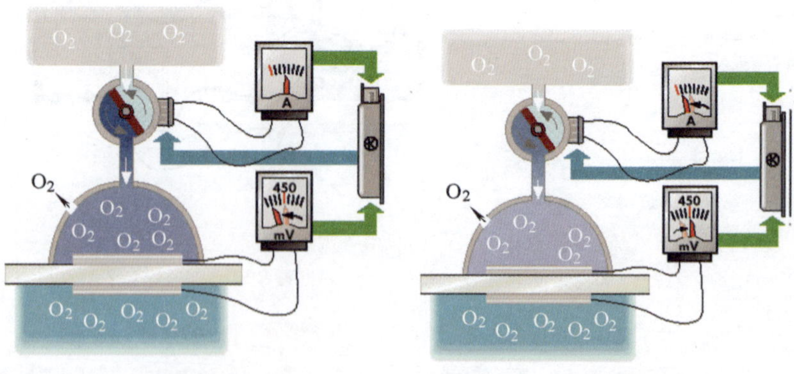

a）混合气过稀时　　b）减少泵氧后

图 4-40　稀混合气时宽频氧传感器的工作过程

将单元泵的变化的工作电流转变为电压信号传给控制单元，控制单元要根据此电压信号便能够精确判别出混合气的浓度。此型氧传感器的电压信号能在 0～5V 之间连续变化，能够检测到 10～20 之间的空燃比变化范围。

（四）曲轴箱强制通风装置

1. 曲轴箱强制通风装置的功用

发动机工作时，不可避免地会有一定量的混合气与废气从燃烧室窜入曲轴箱。因此，曲轴箱内的润滑油，在高温废气中的热量、水分以及汽油等的影响下，将被稀释和发生变质。同时，曲轴箱窜气直接排入大气，将导致 HC 等排放放污染物的增加。

要点

- 曲轴箱强制通风装置的功用就是将窜入曲轴箱内的气体导入发动机进气系统，使之重新回到燃烧室参加燃烧，从而降低汽油机的排放污染。
- 为保证发动机的工作性能，该系统利用 PCV 阀来控制吸入气缸的窜气量。

2. 曲轴箱强制通风装置的组成及工作原理

曲轴箱强制通风装置的组成如图 4-41 所示，主要由 PCV 阀、PCV 软管和平衡管组成，发动机工作时，利用进气歧管内的真空度将窜入曲轴箱的气体经 PCV 阀和 PCV 软管吸入进气歧管，随着新鲜空气一起进入气缸参加燃烧。采用 PCV 装置的发动机曲轴箱是密封的，为防止曲轴箱内产生负压或压力过高，设有平衡管。

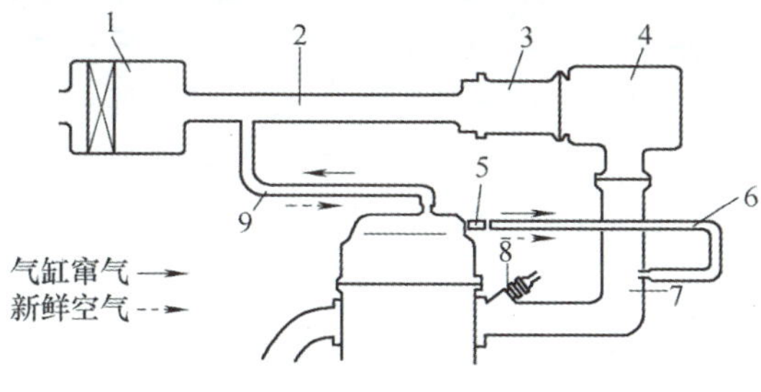

图 4-41　曲轴箱强制通风系统

1—空气滤清器　2—进气软管　3—节气门体　4—进气缓冲室
5—PCV 阀　6—PCV 软管　7—进气歧管　8—喷油器　9—平衡管

PCV 阀是一个单向阀，其结构如图 4-42 所示。发动机工况不同，进气歧管真空度也不同，对单向阀产生的吸力与 PCV 阀弹簧的弹力平衡时，单向阀的位置不同，由于单向阀进气歧管侧为锥形，所以随单向阀位置的不同可改变 PCV 阀的开度，从而实现对吸入窜气量的自动调节。在怠速小负荷或减速时，进气歧管内的真空度较小，PCV 阀开度减小；在大负荷或加速时，PCV 阀开度则增大。

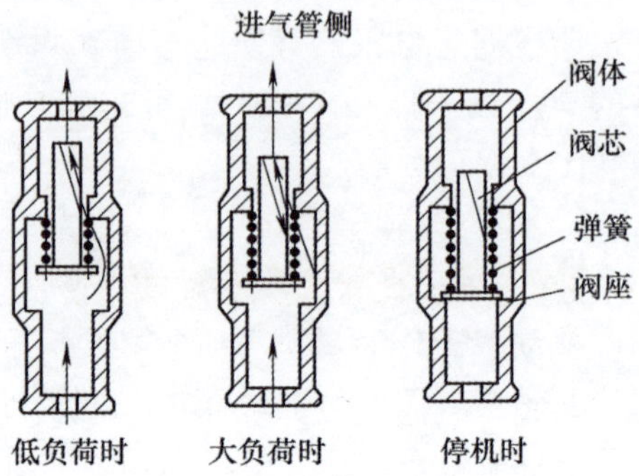

图 4-42　PCV 阀的结构

（五）二次空气喷射系统

1. 二次空气供给系功能

在一定工况下，将新鲜空气送入排气管，促使废气中的一氧化碳和碳氢化合物进一步氧化，从而降低一氧化碳和 HC 的排放量，同时加快三元催化转换器的升温。

二次空气喷射系统根据控制原理不同，可分为空气喷射式和吸气式两种。

2. 二次空气喷射系统的组成与工作原理

（1）空气喷射式二次空气喷射系统的组成及工作原理　空气喷射式二次空气喷射系统的组成如图 4-43 所示，它主要由二次空气电磁阀、空气泵、二次空气控制阀、单向阀、继电器和 ECU 等组成。二次空气电磁阀控制二次空气控制阀的工作；空气泵为电动式，提供一定压力的空气；ECU 控制二次空气电磁阀电磁阀工作，当 ECU 给电磁阀通电时，接通二次空气控制阀的真空通路，二次空气控制阀打开，空气泵将新鲜空气通过单向阀强制泵入排气管。

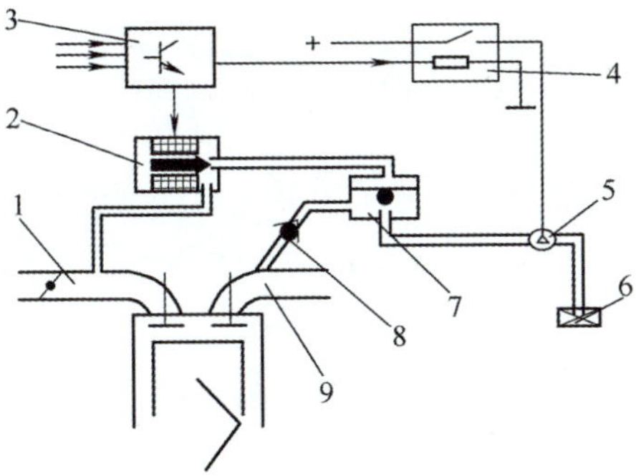

图 4-43 空气喷射式二次空气喷射系统的组成

1 —进气管 2 —二次空气电磁阀 3 — ECU 4 —继电器 5 —空气泵 6 —空气滤清器 7 —二次空气控制阀 8 —单向阀 9 —排气管

(2) 吸气式二次空气喷射系统的组成及工作原理 吸气式二次空气喷射系统的组成如图 4-44 所示，主要由二次空气电磁阀、二次空气控制阀、单向阀、舌簧阀和 ECU 等组成。ECU 给二次空气电磁阀通电，电磁阀开启真空通道，进气管真空度将二次空气控制阀吸起，排气管内的脉动真空即可吸开舌簧阀，使二次空气进入排气管。

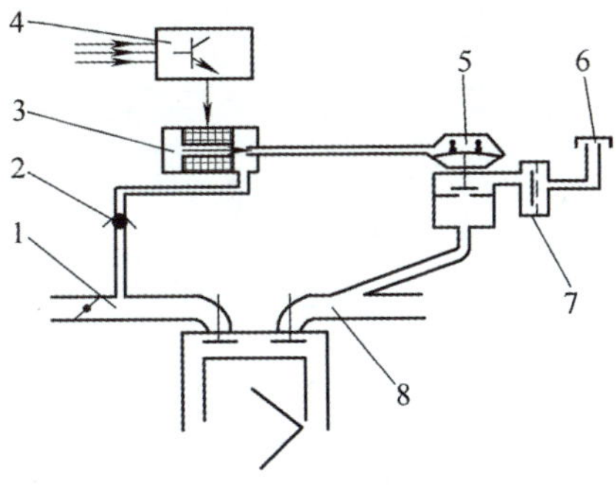

图 4-44 吸气式二次空气喷射系统的组成

1 —进气管 2 —单向阀 3 —二次空气电磁阀 4 — ECU 5 —二次空气控制阀 6 —空气滤清器 7 —舌簧阀 8 —排气管

要点

- 舌簧阀是一个单向阀，主要用来防止排气管中的废气倒流。

在下列情况下，ECU 不给二次空气电磁阀通电：

- 电控燃油喷射系统进入闭环控制。
- 冷却液温度超过规定范围。
- 发动机转速和负荷超过规定值。
- ECU 发现有故障。

二、排放控制系统的维修

（一）燃油蒸气控制系统的维修

1. 一般检查

1）检查各连接管路有无破损或漏气，必要时更换连接软管。

2）检查活性炭罐壳体有无裂纹、底部进气滤芯是否脏污，必要时更换炭罐或滤芯。

2. 控制管路检查

1）将发动机热车至正常工作温度，并使之怠速运转。

2）拔下蒸气回收罐上的真空软管，检查软管内有无真空吸力。

3）若控制装置工作正常，在发动机怠速运转中电磁阀应不通，软管内应无真空吸力。

4）踩下加速踏板，使发动机转速大于2000r/min，同时检查上述软管内有无真空吸力。

5）若控制装置工作正常，此时应有吸力。

如果检查结果与上述不符，应检查电磁阀及控制线路。

3. 真空控制阀检查

1）从活性炭罐上拆下真空控制阀。

2）用手动真空泵由真空管接头给真空控制阀施加约5kPa真空度时，从活性炭罐侧孔吹入空气应畅通。

3）不施加真空度时，吹入空气则不通。

若不符合上述要求，应更换真空控制阀。

4. 电磁阀检查

1）发动机不工作时，拆开电磁阀进气管一侧的软管。

2）用手动真空泵由软管接头给控制电磁阀施加一定真空度，电磁阀不通电时应能保持真空度，若给电磁阀接通蓄电池电压，真至度应释放。

3）用万用表测量电磁阀两端子间电阻应为36～44Ω。

若不符合上述要求，应更换电磁阀。

（二）废气再循环控制系统的维修

1. 工作情况检查

1）发动机起动后，让其怠速运转。

2）将手指伸入EGR阀，按在膜片上，检查EGR阀有无动作。

3）在冷车状态下，踩加速踏板，使发动机转速上升到2000r/min左右，此时阀应不开启，手指上应感觉不到膜片的动作。

4）在热车状态（冷却液温度高于50°）下，踩下加速踏板，使发动机转速上升到1000r/min左右，此时EGR阀应开启，手指应可感觉到膜片的动作，若此时拔下EGR阀上的真空软管，发动机转速应明显提高，否则，说明系统工作不正常，应进一步检查系统各部件。

2. EGR电磁阀的检查

冷态测量电磁阀电阻应为33～39Ω。如图4-45所示，电磁阀不通电时，从进气管侧吹入空气应畅通，从滤网处吹应不通；接上蓄电池电压时，应相反。

3. 检查EGR阀

（1）检查背压式EGR阀 如图4-46所，用手动真空泵给EGR阀膜片上方施加约15Kpa的真空度，EGR阀应能开启，不施加真空度，EGR阀应能完全关闭，否则应更换EGR阀。

（2）检查数字式EGR阀

1）用故障诊断仪检查。将诊断仪连接到DLC上，起动发动机并使其怠速运转，用诊断仪选择EGR控制，然后激活EGR电磁阀，EGR阀应正常工作。

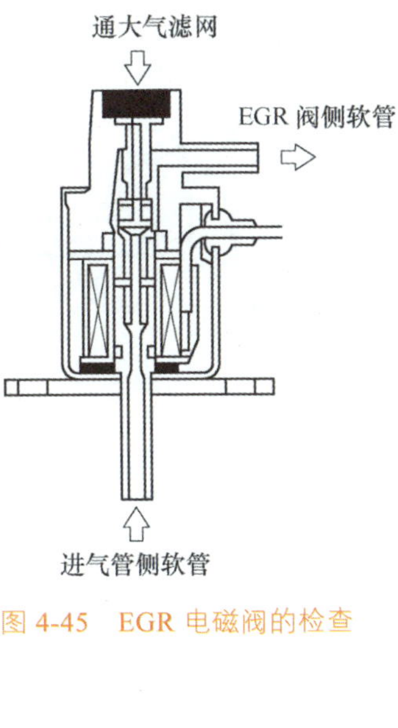

图4-45　EGR电磁阀的检查

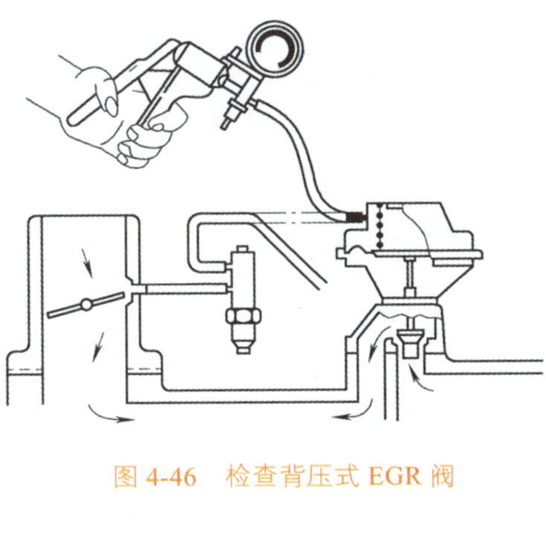

图4-46　检查背压式EGR阀

2）电阻检查。用万用表测量 EGR 阀电磁线圈的电阻值，应与标准值相符，否则更换 EGR 阀。

（3）检查线性式 EGR 阀

1）利用故障诊断仪检查。线性式 EGR 阀的诊断程序根据车辆制造年份和车型的不同而不同，诊断时，应使发动机怠速运转，并工作在正常工作温度；使用诊断仪使枢轴处于特定的位置，在怠速工况下，枢轴的位置变化不应该超过 3%。实际枢轴的位置可以由诊断仪检测。例如 75%，并且在 2s 内就能达到这个位置。发动机处于怠速时，选择不同的枢轴位置并检查实际的枢轴位置。通常枢轴位置应该和诊断仪指示其到达的位置的差值在 10% 以内。

2）信号电压检查。将电线束从阀门处断开，并拆下阀门。将数字式电压表一端接到 EGR 阀枢轴位置处，另一端接地，并用手将枢轴向上推。电压表读数应该在 1～4.5V 之间变化，否则应更换 EGR 阀。

3）电阻检查。用万用表测量 EGR 阀的电阻值，应与标准值相符，否则更换 EGR 阀。

4. 检查排气温度传感器

拆下排气温度传感器，将其放在一个装有机油的容器中；再将一个温度计放于机油中，并加热容器；用万用表连接传感器的端子，如图 4-47 所示。读取传感器在不同温度下的电阻值，如果标准值不符，则更换排气温度传感器。

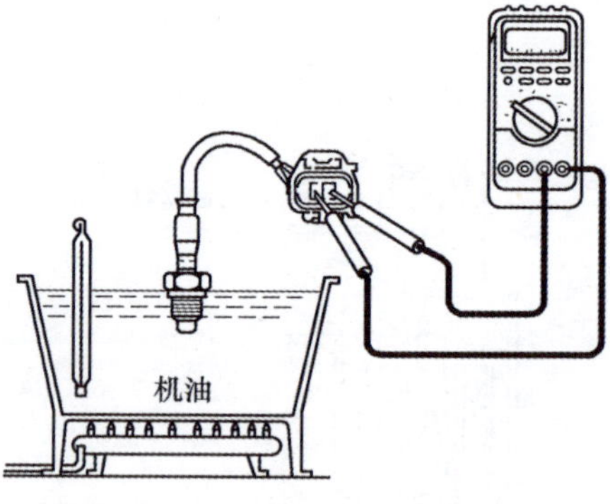

图 4-47　检查排气温度传感器

5. 测试 EGR 阀转换效率

用废气分析仪可以检查 EGR 系统工作状况，分析 EGR 阀转换效率。测试方法和步骤如下：

1）起动发动机，使发动机保持正常工作温度。

2）将发动机转速提高至 2000r/min 时，观察分析仪上 NO_X 的读数。

3）参照标准，分析测试数据。

若 NO_X 的测量值小于 1000×10^{-6}，说明系统工作正常；若 NO_X 的测量值大于 1000×10^{-6}，说明系统工作不正常。

（三）三元催化转化器维修

对三元催化转化器进行维修的方法有敲打法、进气歧管真空度检测法、排气背压检测法、尾气分析法、红外温度计测量法、利用氧传感器信号电压波形分析等。

1. 敲打法

1）通过人工检查可以从一开始判断三元催化转化器是否有损坏。

2）用橡胶锤轻轻敲打三元催化转化器，听有无“咔啦”声，并伴随有散碎物体落下。

如果有此异响，则说明三元催化转化器内部催化物质剥落或蜂窝陶瓷载体破碎，必须更换整个转化器。

2. 进气歧管真空度检测法

1）如图 4-48 所示，将废气再循环（EGR）阀上的真空管取下，并将管口塞住。

2）将真空表接到真空管上，让发动机缓慢加速到 2500r/min。

3）观察真空表，若真空表读数瞬间又回到原有水平（47.5～74.5kPa）并能维持 15s，则说明三元催化转化器没有堵塞，否则应该是三元催化转化器或排气管堵塞。

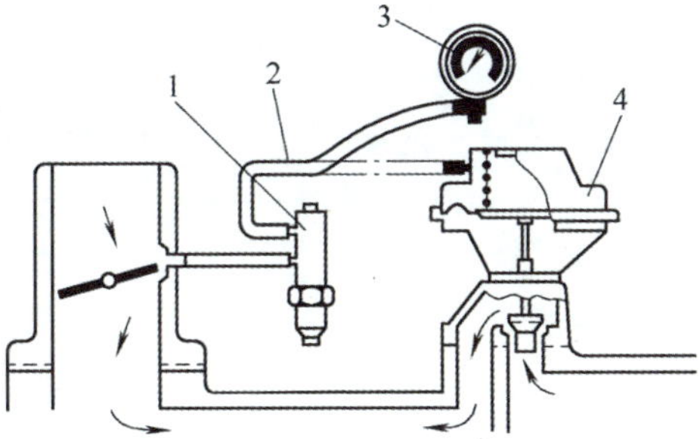

图 4-48　用真空度检查法检查三元催化转化器
1 —真空阀　2 —软管　3 —真空表　4 — EGR 阀

3. 排气背压检测法

1）如图 4-49 所示，从二次空气喷射管路上脱开空气泵单向阀的接头，并在二次空气喷射管路中接一个压力表。

2）起动发动机，使发动机转速为 2500r/min。

3）观察压力表的读数，读数小于 17.24kPa 时，应为正常，若排气背压大于或等于 20.70kPa，则表明排气系统堵塞。

4）如果观察三元催化转化器、消声器及排气管没有外伤，则可将三元催化转化器出口和消声器脱开后观察压力表读数是否有变化。

5）若压力表显示排气背压仍然较高，则为三元催化转化器损坏；若压力表显示排气背压陡然下降，则说明堵塞发生在三元催化转化器出口后面的部件。

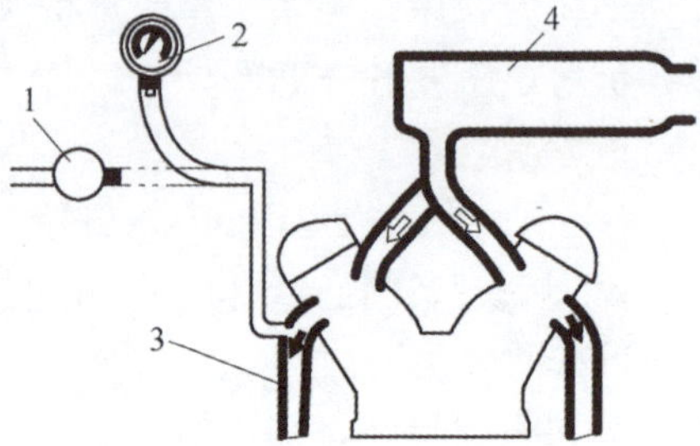

图 4-49　排气背压检测法

1—空气泵　2—压力表　3—排气管　4—进气管

4. 尾气分析法

怠速尾气分析法是让发动机怠速运转，使用尾气分析仪测量排气中的 CO 质量分数。当发动机正常工作时（空燃比为 14.7 ：1），这时的 CO 质量分数为 0.5%~1%，当使用二次空气喷射和催化转化技术可以使怠速时的 CO 质量分数接近于 0，最大不应超过 0.3%，否则说明三元催化转化器损坏。

另外，据经验分析，通常在怠速时候的 NO_X 数值应不高于 100×10^{-6}，而在稳定工况下，NO_X 数值应该不高于 1000×10^{-6}，在发动机一切正常的情况下，而 NO_X 过高就可能为三元催化转化器故障。

5. 红外温度计测量法

这是一种比较简单的测量方法。三元催化转化器在实际使用过程中，其出口管道温度比进口管道温度至少高出 40℃左右，在怠速时，其温度也相差 10%。但是若出口与进口处的温度没有差别或出口温度低于进口温度，则说明三元催化转化器没有发生氧化反应，就说明三元催化转化器已经损坏。

6. 利用氧传感器信号电压波形分析

在许多发动机燃油喷射反馈控制系统中，都安装两个氧传感器，分别装在三元催化转化器的前、后两端。这种结构在装有 OBD- Ⅱ系统的汽车上，可以有效地检测三元催化转化器的性能。

OBD- Ⅱ诊断系统改进了三元催化转化器的随车监视系统，由于三元催化转化器转化 CO 和 HC 时会消耗氧气，因此安装在三元催化转化器后端的氧传感器电压波动要比安装在三元催化转化器前端的氧传感器电压波动少得多。

若三元催化转化器损坏，其转换能力基本丧失，使前、后端的氧气值接近，此时氧传感器信号的电压波形和波动范围均趋于一致，此时需要更换三元催化转化器。

（四）氧传感器维修

1. 外观检查

将传感器从排气管拆下，观察端部颜色，可判断其技术状况的变化情况。

1）如果端部为淡灰色时，氧传感器技术状况正常。

2）如果端部为棕色时，是铅污染造成的，应更换传感器并避免使用含铅汽油。

3）如果端部为黑色时，是积炭造成的，在清除积炭和排除混合气过浓故障后，可继续使用。

4）如果端部为白色时，是硅污染造成的，应更换氧传感器并应避免使用硅密封胶。

维修提示：

- 当发动机运行时，排气系统的温度会很高。不要接触热排气系统，以免烫伤。

2. 线路及传感器检测

以桑塔纳 2000GLi 型轿车氧传感器的测量为例，线路连接如图 4-50 所示。连接端子如图 4-51 所示，其检测方法：

1）起动发动机并怠速，将发动机温度提高到正常温度。用万用表检测氧传感器信号线和地线之间（3-4 脚间）的电压，应在 0～1V 之间变化，否则进行下一步。

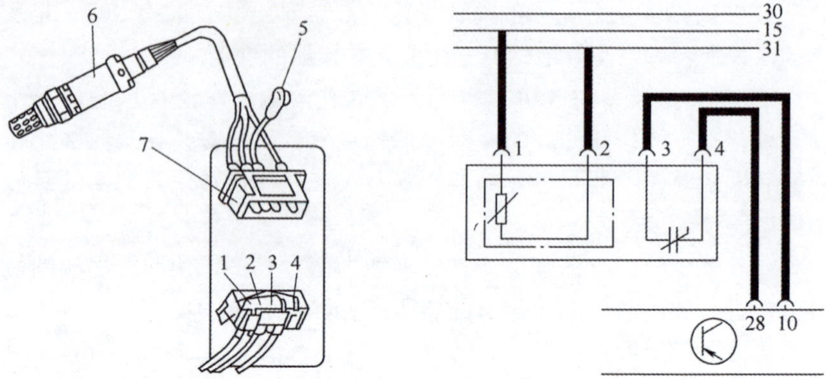

图 4-50　桑塔纳 2000GLi 型轿车氧传感器接线

1 —加热元件正极　2 —加热元件负极　3 —信号线负极
4 —信号线正极　5 —接地线　6 —氧传感器　7 —连接器

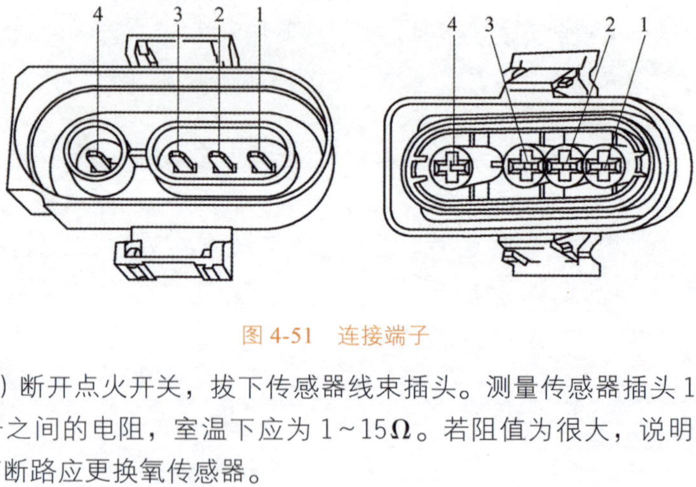

图 4-51　连接端子

2）断开点火开关，拔下传感器线束插头。测量传感器插头 1 和 2 号端子之间的电阻，室温下应为 1～15Ω。若阻值为很大，说明加热元件有断路应更换氧传感器。

3）检测氧传感器加热器的供电电压，即发动机接地与线束插头的 1 号端子之间的电应为 12～14V；　否则检查相关线路是否有断路或短路故障。

3. 数据流读取

当怀疑氧传感器出现故障，而发动机 ECU 又检测不到故障信息时，发动机仍能以开环控制方式继续运转，只是发动机工作状态不是最佳，排气中有害气体的含量以及发动机的燃油消耗量将增加。这时可利用故障诊断仪，读取氧传感器的工作参数和故障信息。以桑塔纳 2000 轿车 M154 电控发动机的氧传感器检测为例。

1）起动发动机至工作温度正常或至少 80℃。

2）检查蓄电池电压、排气系统应正常，氧传感器加热元件应正常。

3）连接故障诊断仪，进入发动机控制系统数据流读取功能。

4）将发动机转速提高到大约 2500r/min，运行 1min，然后使发动机进入怠速运转，读取显示区 3 上的氧传感器电压，其电压应在 0.1V～0.9V 间波动，否则应进行电气电路检查，必要时更换氧传感器。

维修提示：

- 注意：如果氧传感器的电压信号波动较慢，应检测氧传感器的加热器。
- 如果氧传感器的电压信号保持在 0.45 ～ 0.5V 之间，说明氧传感器导线断路，应进行检测。
- 如果氧传感器的电压信号保持在 0 ～ 0.5V 之间（混合气太稀），说明空燃比控制已达到加浓极限，但是空燃比控制还记忆“混合气太稀”。
- 如果氧传感器的电压信号保持在 0.5 ～ 1.0V 之间（混合气太浓），说明空燃比控制已达到变稀的极限，但是空燃比控制还记忆“混合气太浓”。

4. 信号波形测试

用示波器可以检测氧传感器信号电压变化情况，其标准波形如图 4-52 所示。检测氧传感器的变化频率时，要求高、低电平之间变化应不低于 10 次 /min。测试步骤如下：

1）使发动机以 2500r/min 运转 2～6min，然后再让发动机正常怠速运转 20s。

2）在 2s 内将发动机节气门从全闭（怠速）至全开 1 次，共进行 5～6 次。

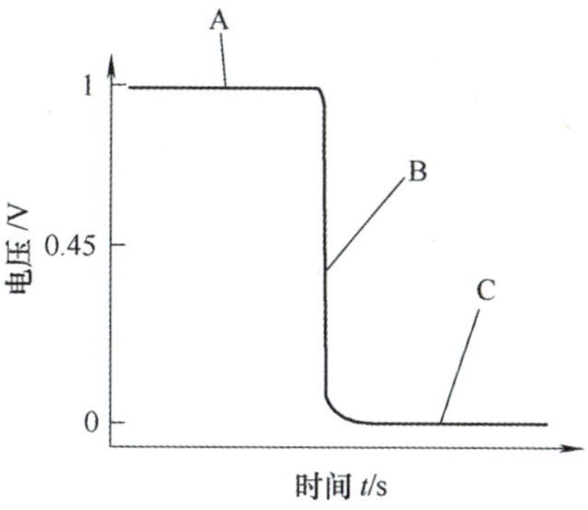

图 4-52　氧传感器标准波形

A —最高信号电压 1.1V　B —信号的响应时间 40ms　C —最低信号电压 0V

维修提示：

- 注意发动机转速不能超过 4000r/min。

3）锁定显示屏上的波形，参照标准波形和常见故障波形如图 4-53 所示，对比分析并判断氧传感器的好坏。在信号电压波形中，上升的部分是急加速造成的，下降的部分是减速造成的。

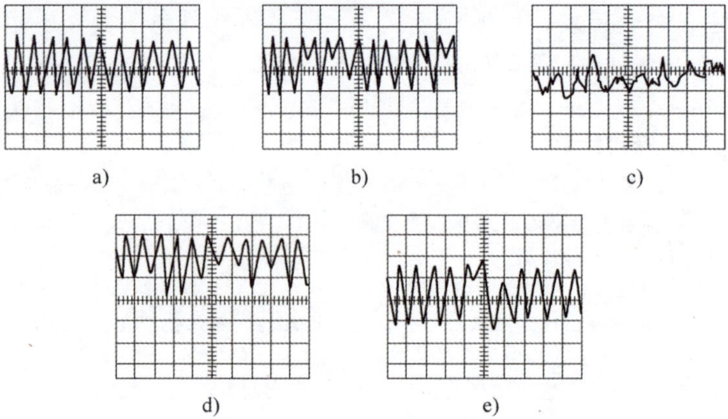

图 4-53 常见故障波形

a）完好的氧传感器信号波形 b）火花塞短路时的氧传感器信号波形
c）点火线圈次级绕组断路时的氧传感器信号波形 d）喷油器故障时的氧传感器信号波形
e）有一个喷油器泄漏时的氧传感器信号波形

第三节 进气增压系统结构与维修

一、进气增压系统的结构

发动机在不同的工况时所需要的进气量大小不同，当发动机转速低时，所需要的进气量少，高转速时，发动机需要输出较大的转矩，所以需要提高发动机的进气量以提高发动机输出功率。进气增压系统就能够实现发动机高速和低速对进气量变化的要求，进气增压系统可分为可变进气增压和涡轮增压两种。本节主要介绍可变进气增压和涡轮增压系统的结构及维修的相关知识。

（一）涡轮增压控制系统

涡轮增压控制系统是一种动力增压控制系统，按要其动力源的不同，可分为机械增压、废气涡轮增压、复合增压和气波增压等几种形式。目前应用较为广泛的是废气涡轮增压控制系统。

1. 废气涡轮增压控制系统组成及原理

废气涡轮增压控制系统是利用发动机排出废气能量来驱动增压装置进行工作的，其系统组成如图 4-54 所示，主要由增压器、冷却器和控制装置组成。当发动机工作时，发动机排出的废气冲击安装在排气管道中的动力涡轮，使动力涡轮转动，同时，动力涡轮带动与其同轴安装在进气管道中的增压涡轮，使其一块转动。增压涡轮相当于一个空气压缩机，可将进气管道内的空气增压后送给发动机，以提高发动机的进气量，提高发动机的输出功率。

要点

为了降低增压后空气的温度，在进气管道中通常安装有冷却器，以对增加后的空气进行冷却；为了实现对增压系统压力进行控制，还装有压力传感器、电磁阀及控制单元等控制装置。

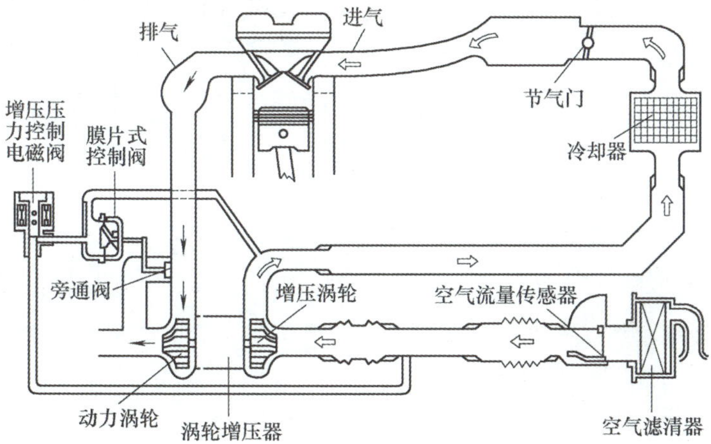

图 4-54　废气涡轮增压控制系统的组成

2. 废气涡轮增压控制系统的控制过程

废气涡轮增压控制系统主要控制内容就是对增压压力进行控制。根据其控制方法的不同，可分为旁通气道控制式和涡轮转速控制式两种。

（1）旁通气道控制式涡轮增压控制系统 采用旁通气道控制式的涡轮增压控制系统如图 4-55 所示。控制废气流动路线的旁通阀受驱动气室的控制，在涡轮增压器出口与驱动气室之间的压力空气通道中装有受 ECU 控制的释压电磁阀，释压电磁阀控制进入驱动气室的气体压力。当 ECU 检测到进气压力在 0.098MPa 以下时，ECU 控制释压电磁阀关闭。此时由涡轮增压器出口引入的压力空气，经释压阀进入驱动气室，克服气室弹簧的压力推动旁通阀关闭排气旁通口，此时废气流经涡轮室使增压器工作。当 ECU 检测到的进气压力高于 0.098MPa 时，释压电磁阀打开，通往驱动气室的压力空气被切断，在气室弹簧力的作用下，打开排气旁通口，废气不经涡轮室直接排出，增压器停止工作，进气压力下降，直到进气压力降至规定的压力时，ECU 又将释压阀关闭，排气旁通口打开，废气涡轮增压器又开始工作。

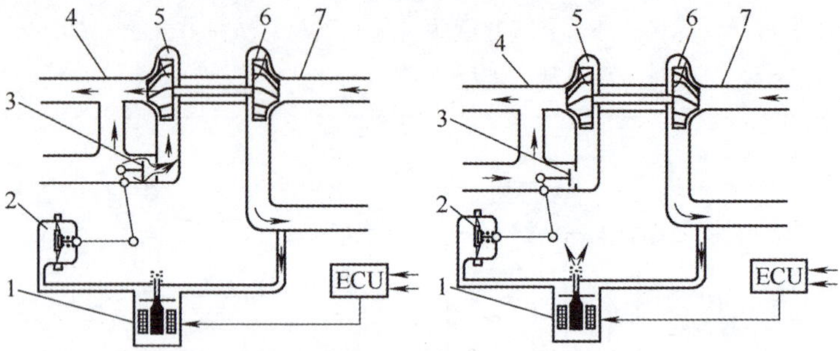

a）电磁阀关闭、旁通口打开　　b）电磁阀打开、旁通口关闭

图 4-55　旁通气道控制式涡轮增压控制系统

1—释压电磁阀 2—驱动气室 3—旁通阀 4—排气管 5—涡轮室 6—泵轮室 7—进气管

（2）涡轮转速控制式涡轮增压控制系统 有些增压控制系统中，通过控制增压器的转速来控制增压压力，系统组成如图 4-56 所示。切换阀驱动气室工作时可改变切换阀的开度，控制流过涡流室通道载面积，喷嘴环驱动气室工作时可改变增压器喷嘴环的角度，控制涡轮叶片的角度，两个驱动气室的空气通道都装有受 ECU 控制的电磁阀。ECU 根据发动机的运行工况（加速、爆燃、冷却液温度、进气量等信号），确定增压压力的目标值，并通过进气管压力传感器来检测发动机的实际增压压力值。ECU 根据实际增压压力与目标值的差值，控制电磁阀的开度，从而控制进入驱动气室的空气压力，改变切换阀的开度和喷

嘴环的角度，从而控制废气涡轮增压器的转速，使实际增压压力符合发动机所需要的目标增压压力。

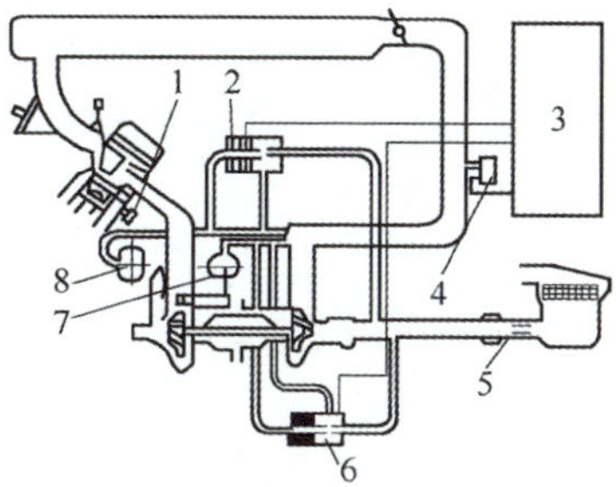

图 4-56　涡轮转速控制式涡轮增压控制系统

1—爆燃传感器　2—切换阀控制电磁阀　3—ECU　4—进气管绝对压力传感器　5—空气流量计　6—喷嘴环控制电磁阀　7—喷嘴环驱动气室　8—切换阀驱动气室

3. 涡轮增压器的结构及工作原理

涡轮增压器是由涡轮室和增压器组成的机器，其外形和结构如图 4-57 所示。涡轮室进气口与排气歧管相连，排气口接在排气管上；增压器进气口与空气滤清器管道相连，排气口接在进气歧管上。涡轮和叶轮分别装在涡轮室和增压器内，二者同轴刚性连接。

涡轮增压器实际上是一种空气压缩机，通过压缩空气来增加进气量。它是利用发动机排出的废气惯性冲力来推动涡轮室内的涡轮，涡轮义带动同轴的叶轮，叶轮压送由空气滤清器管道送来的空气，使之增压进入气缸。当发动机转速增快，废气排出速度与涡轮转速也同步增快，叶轮就压缩更多的空气进入气缸，空气的压力和密度增大可以燃烧更多的燃料，相应地增加燃料量和调整一下发动机的转速，就可以增加发动机的输出功率了。

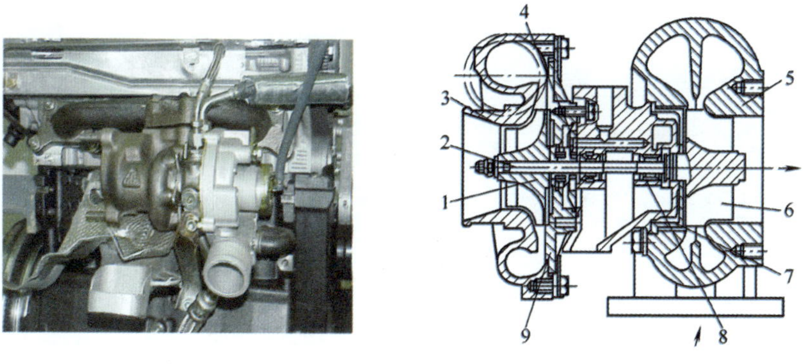

a）外形　b）结构

图 4-57　增压器的外形及结构

1—压气机叶轮　2—转子轴　3—压气机壳　4—膜片弹簧　5—涡轮壳　6—涡轮　7—隔热板　8—轴承　9—压气机后盖

（二）可变进气增压系统

可变进气增压系统是利用改变进气管的长度，或者截面积来改变高低速时发动机的进气量的大小，可分为动力阀控制系统和谐波增压控制系统两种。

1. 动力阀控制系统

动力阀控制系统是通过改变进气管截面积来改变发动机高速和低速时进气量的一种控制系统，可以适应发动机不同转速和负荷时对进气量需求，从而改善发动机的动力性。

动力阀控制系统组成如图 4-58 所示。用来控制进气道空气流通截面大小的动力阀安装在进气管上，动力阀的开闭由膜片真空气室控制，ECU 根据各传感器信号通过真空电磁阀（VSV 阀）控制真空罐与真空气室的真空通道。发动机小负荷运转时，进气量较少，ECU 断开真空电磁阀接地回路，真空罐中的真空度不能进入膜片真空气室，动力阀处于关闭位置，进气通道变小。当发动机大负荷运转时，进气量较多，ECU 接通真空电磁阀接地回路，真空罐中的真空度经真空电磁阀进入膜片真空气室，动力阀开启，进气通道变大。动力阀控制系统的主要控制信号有发动机转速、温度、空气流量等信号。

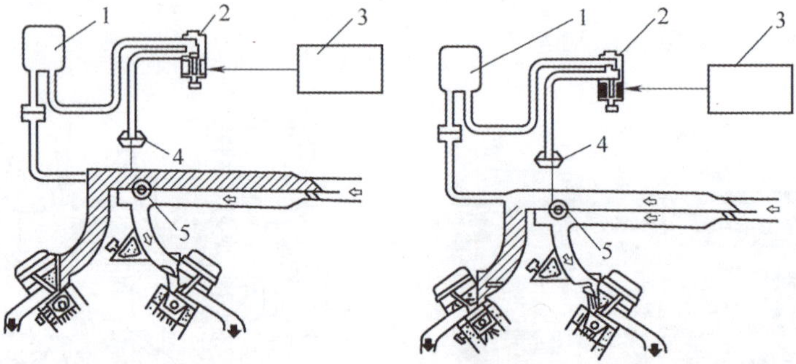

a）真空阀打开、动力阀关闭　b）真空阀关闭、动力阀打开

图 4-58　动力阀控制系统的组成及工作原理

1 —真空罐　2 —膜片真空气室　3 —真空电磁阀　4 —动力阀　5 — ECU

2. 谐波增压控制系统（ACIS）

谐波增压系统是通过改变进气管长度来改变发动机高速和低速时

进气量的一种控制系统。

（1）压力波的产生及利用 发动机工作中，进气管内的气体经进气门高速流入气缸，当进气门关闭时，由于气体流动惯性使进气门附近的气体受到压缩而压力增高；当气体惯性过后，进气门附近被压缩的气体膨胀而流向进气相反的方向，压力下降；膨胀的气体流动到进气管口时又被反射回来，这样在进气管内即产生了压力波。在部分电控燃油喷射发动机上，即利用了进气管内的压力波与进气门的开启配合，当进气门开启时，使反射回来的压力波正好传到该气门附近，从而形成进气增压的效果，提高发动机的充气效率和功率。

发动机工作时，从进气门关闭到下一次开启的间隔时间取决于发动机的转速，而进气管内的压力波反射回到进气门处所需的时间，取决于压力波传播路线的长度。进气管较长时，压力波传播距离长，发动机低速性能较好；进气管较短时，压力波传播距离短，发动机高速性能较好。如果进气管的长度可以改变，则可兼顾发动机低速和高速时的性能要求，但发动机进气管的长度一般是不能改变的，其长度一般都是按最大转矩对应的转速区域（低速区域）设计。

（2）谐波增压控制系统的组成及工作原理 谐波进气增压系统的功能就是根据发动机转速的变化，改变进气管内压力波的传播距离，以提高充气效率，改善发动机性能。谐波进气增压系统组成及工作原理如图 4-59 所示，主要由进气控制阀、真空驱动器、真空电磁阀、ECU 及传感器等组成。进气控制阀和大容量的进气室设置在进气管中，当发动机转速较低时，同一气缸的进气门关闭与开启间隔的时间较长，此时进气控制阀关闭，使进气管内压力波的传递距离为进气门到空气滤清器的距离，这一距离较长，压力波反射回到进气门附近所需时间也较长；当发动机处于高速区域运转时，此时进气控制阀开启，由于大容量进气室的影响，使进气管内压力波传递距离缩短为进气门到进气室之间的距离，与同一气缸的进气门关闭与开启间隔的时间较短相适应，从而使发动机在高速时得到较好的进气增压效果。

ECU 根据发动机转速信号控制真空电磁阀的开闭，高速时真空电磁阀开启，真空罐内的真空进入真空驱动器的膜片气室，真空驱动器驱动进气控制阀开启。反之，低速时真空电磁阀关闭，真空罐内的真空不能进入真空驱动器的膜片气室，进气控制阀处于关闭状态。

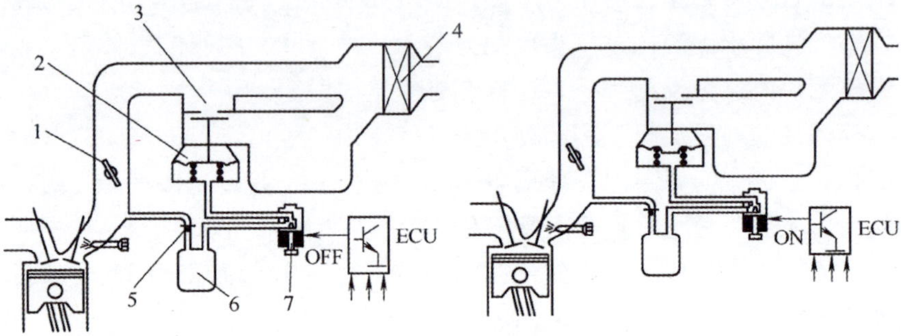

a）真空电磁阀关闭、进气控制阀关闭　b）真空电磁阀打开、进气控制阀打开

图 4-59　谐波增压控制系统的组成及工作原理

1 —节气门　2 —真空驱动器　3 —进气控制阀
4 —空气滤清器　5 —单向阀　6 —真空罐　7 —真空电磁阀

二、进气增压系统的维修

（一）可变进气增压系统的维修

下面以丰田皇冠轿车发动机电控系统采用的进气谐波增压系统为例来介绍其维修方法。

丰田皇冠轿车采用的进气谐波增压系统如图 4-60 所示，主要由空气滤清器、进气温度传感器、进气管真空度传感器、谐振腔、节气门体，以及控制进气谐波增压作用的真空泵、真空罐、进气增压控制阀和进气增压电磁真空阀组成。其控制电路如图 4-61 所示，电脑 ECU 通过“ACIS”端子控制 VSV 电磁真空阀（进气增压电磁真空阀）线圈的接地回路，EFI 主继电器端子 3 向 VSV 真空阀电磁线圈供电，当主继电器 5 和 3 触点闭合时，VSV 真空阀电磁线圈便得到电压，主继电器触点是否闭合由 ECU 根据发动机转速信号控制，从而控制 VSV 电磁真空阀接地回路的通断。

1. 进气增压控制阀 IACV 的维修

1）用三通接头把真空表连接到 IACV 控制阀的真空管上。

2）起动发动机使之在怠速运转，这时真空表应无真空指示。

3）迅速使节气门全开，真空表指针应在 53.3kPa 范围摆动，并且真空泵的拉杆也应伸出，说明控制阀工作正常，如图 4-62 所示。

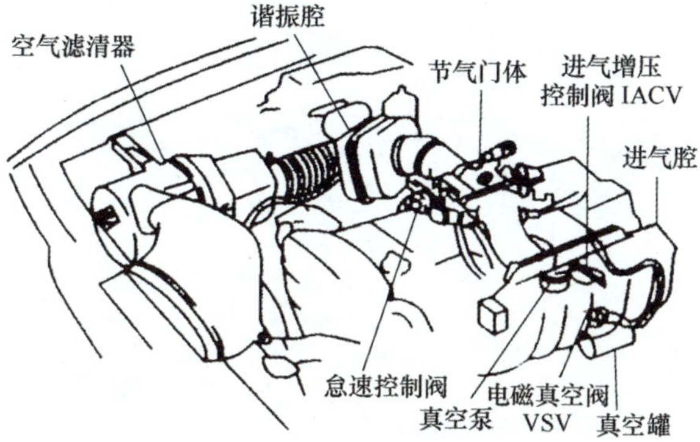

图 4-60　丰田皇冠轿车进气谐波增压系统

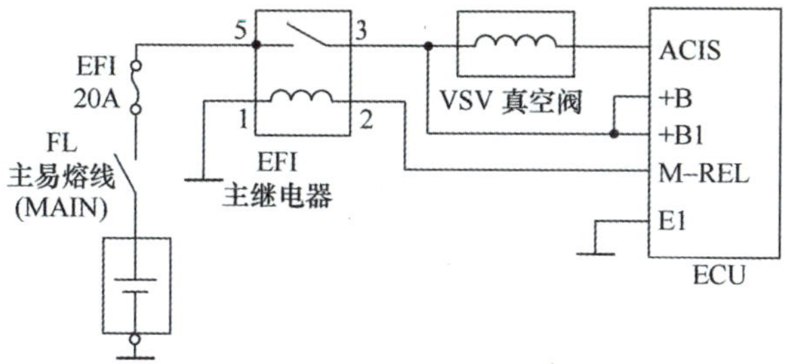

图 4-61　丰田皇冠轿车进气谐波增压系统控制电路

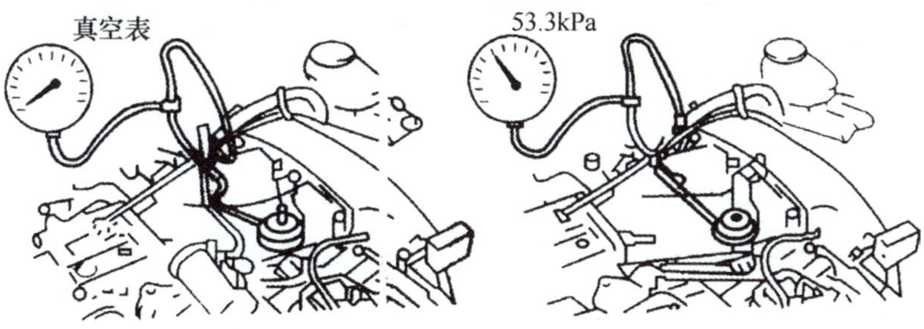

图 4-62　IACV 控制阀维修

2. 真空泵的维修

1）真空泵抽 53.3kPa 的真空时，检查真空泵的拉杆是否移动，如图 4-63 所示。

2）真空泵抽 1min 真空后，检查拉杆是否回位。

3）如果不动或不回位可用调整螺钉进行调整。

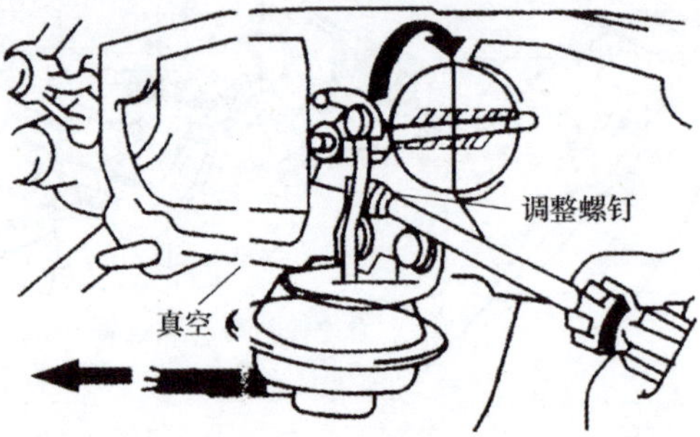

图 4-63　真空泵维修

3. 真空罐的维修

1）如图 4-64 所示，当空气从 A 口流向 B 口时应畅通，空气由 B 口流向 A 口时应不通（内有单向阀）。

2）用手指按住 B 口，抽 53.3kPa 真空时，在 1min 内真空度应无变化，否则应更换真空罐。

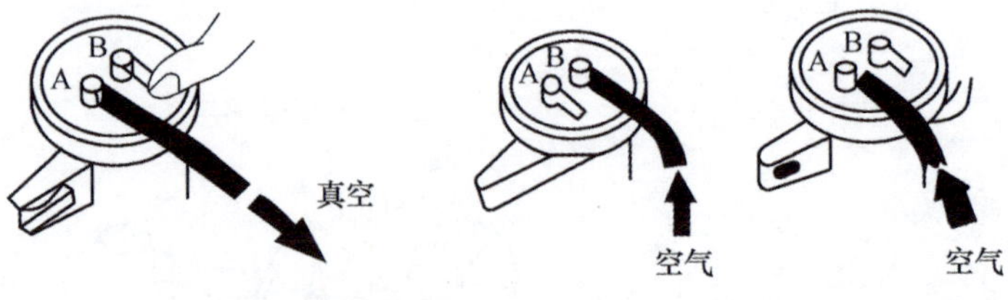

图 4-64　真空罐维修

4. VSV 电磁真空阀的维修

1）VSV 电磁真空阀的电阻检查。用万用表测量 VSV 阀的电阻，标准值在 20℃时应为 38.5～44.5Ω。

2）VSV 电磁真空阀的绝缘检查。如图 4-65 所示，检查 VSV 阀的接线端和阀体之间是否连通，如果连通（电阻值很小），则应更换 VSV 阀。

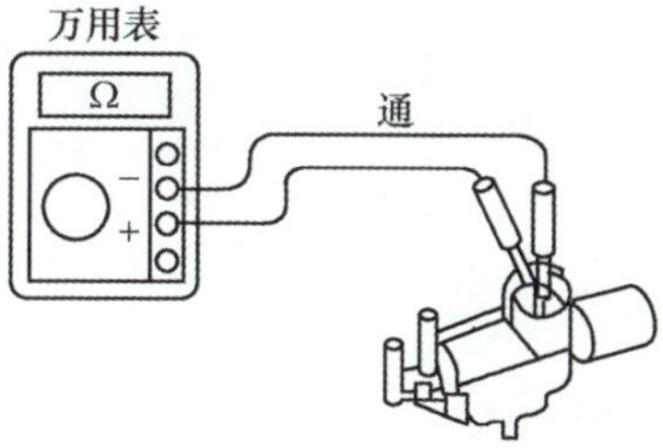

图 4-65　VSV 电磁真空阀的绝缘检查

3）VSV 电磁真空阀的动作检查。如图 4-66 所示，向 VSV 电磁真空阀接线端子施加蓄电池电压，并向 E 口吹压缩空气时，空气应流向 F 口；不施加电压时空气应流向滤清器。否则，应更换 VSV 电磁真空阀。

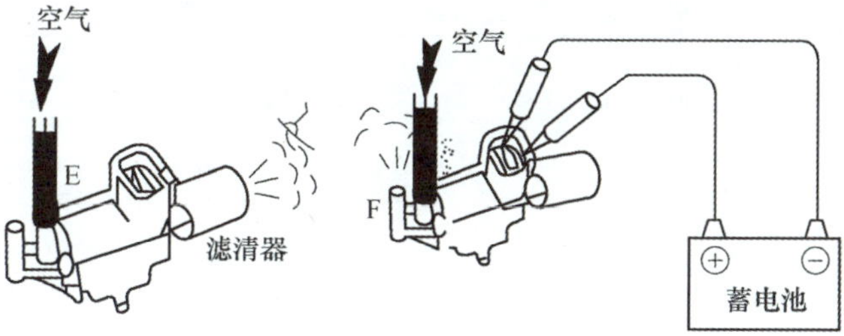

图 4-66　VSV 电磁真空阀的动作检查

（二）废气涡轮增压控制系统的维修

下面奥迪 A6 废气涡轮增压系统为例，介绍其检测方法。奥迪 A6 涡轮增压系统如图 4-67 所示，其控制电路如图 4-68 所示。

1. 增压压力检查

增压压力的检查方法如下：

1）预热发动机。

2）按图 4-69 所示，将三通管与增压补偿器压力软管连接，装上涡轮增压器压力表。

3）踩下离合器踏板，然后将加速踏板踩到底。在不低于 2400r/min 时，测量涡轮增压压力，标准压力应为 60～79kPa。如压力低于标准压力，检查进气和排气系统是否有泄漏，如果无泄漏，更换涡轮增压器总成；如压力高于标准压力，检查驱动气室软管是否脱开破裂，如果无脱开或破裂，更换涡轮增压器总成。

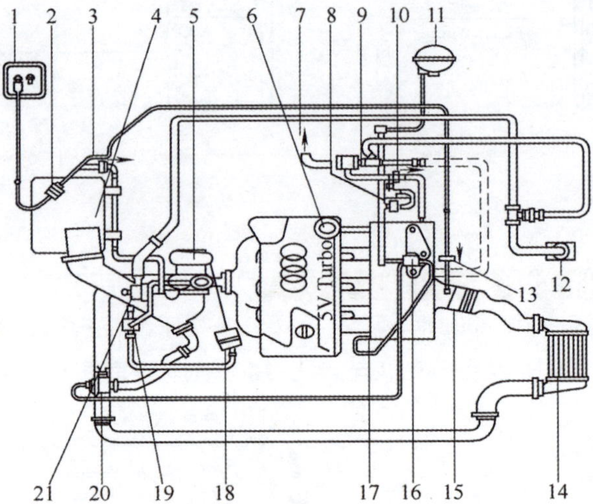

图 4-67　奥迪 A6 增压系统

1—活性炭罐 2—活性炭罐电磁阀 N80 3—活性炭罐单向阀 4—空气滤清器（带空气流量计 G70） 5—涡轮增压器 6—燃油压力调节器 7—接制动助力器 8、10、13—单向阀 9—抽气泵 11—真空罐 12—曲轴箱通风装置 14—增压空气冷却器（带增压压力传感器 G31） 15—节气门控制单元 J338 16—增压器空气再循环阀 N249 17—进气歧管（带进气温度传感器 G42） 18—增压压力调节单元 19—增压压力限制电磁阀 N75 20—机械式空气再循环阀 21—曲轴箱通风压力调节阀

4）脱开驱动气室软管。

5）如图 4-70 所示，在驱动气室上施加约 79kPa 压力，检查连杆应移动，如连杆不移动，应更换涡轮增压器总成。

维修提示：

- 注意：施加在驱动气室上的压力不要超过 94kPa。

2．增压控制系统的检测

（1）读取系统数据　可接如下方法通过故障诊断仪 V.A.G1397/A 读取系统数据。

①如图 4-71 所示，将 V.A.G1397/A 故障诊断仪的 T 形件接到进气歧管前，将测量软管穿过发动机盖罩后边缘，通过右车门玻璃引入乘员室内。

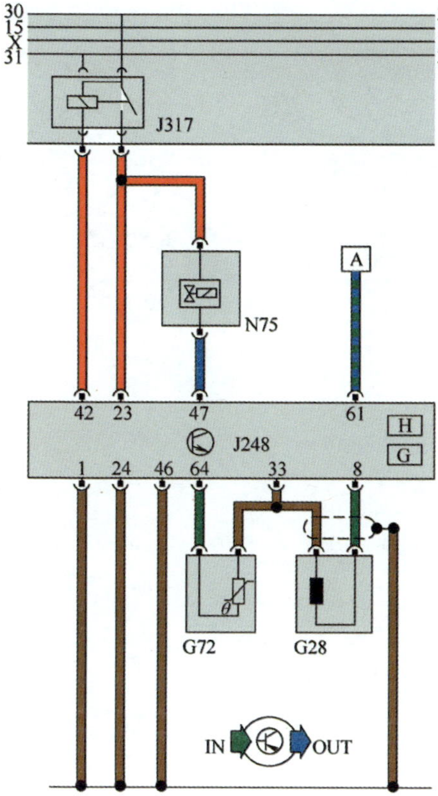

图 4-68　奥迪 A6 增压控制系统电路图

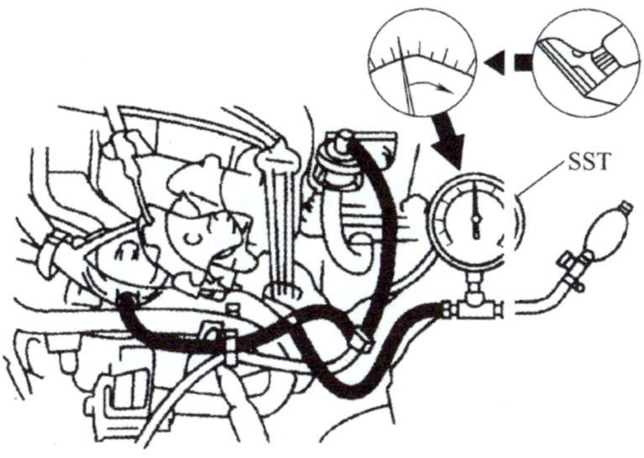

图 4-69　涡轮增压压力的检查

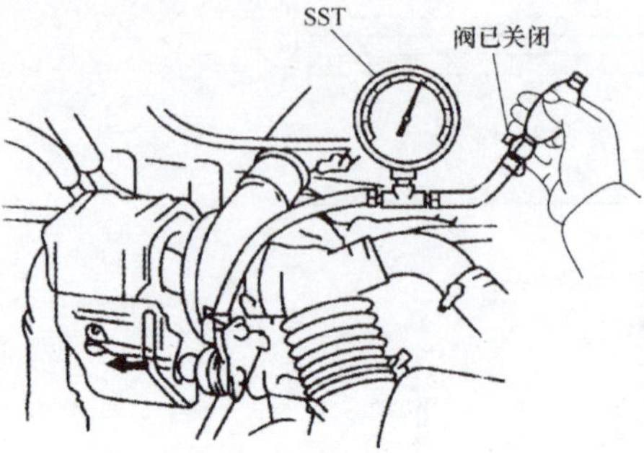

图 4-70　驱动气室的检查

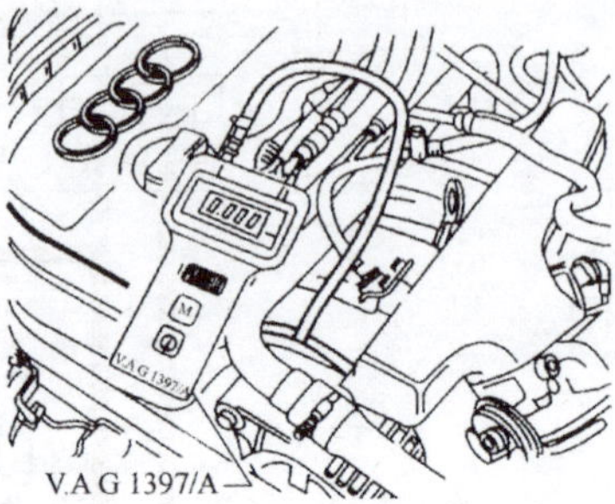

图 4-71　连接故障诊断仪

维修提示：

- 注意：发动机盖罩及侧窗处的测量软管不可挤压。

②将测量软管接到接头 I 上。

③打开故障诊断仪将量程开关置于位置 I（绝对压力）。

④在路况良好的路面连续行驶至少 3km，检测时由另一位技工读出显示值。

⑤挂入 3 档，在发动机转速为 2000r/min 时以节气门全开加速，观察转速表约 2500r/min 时，V.A.G1397/A 上显示的值应在 160～170kPa 之间。

⑥进入发动机系统，在全负荷下，发动机转数在 1800～2300r/min 时，读取 114 组显示区 4 的数据，规定值应为 5%～95%；读取显示组 115 显示区 4 的数据，规定值为 135～175kPa.

（2）机械式空气再循环阀的检查　可按如下方法与步骤对空气再循环阀进行检查。

①如图 4-72 所示，将专用工具V.A.G1390接到空气再循环阀上。

②操纵 V.A.G1390，空气再循环阀应打开。

③ 30s 后，操纵真空泵通风阀，

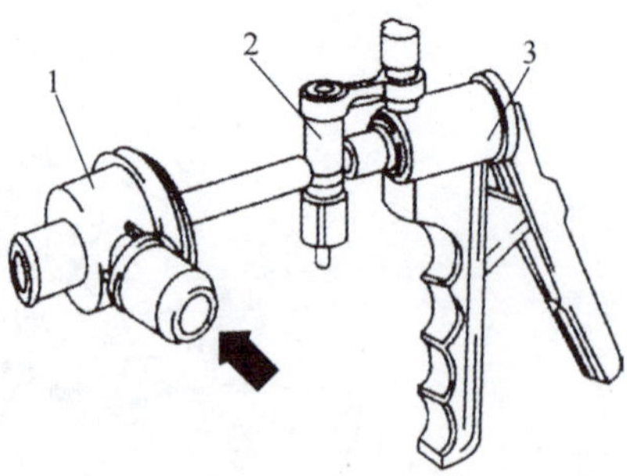

图 4-72　检查机械式空气再循环阀

1 —空气再循环阀　2 —专用工具 V.A.G1390　3 —真空泵

空气再循环阀应关闭。

若空气再循环阀没有按照上述步骤出现打开或关闭动作，应更换空气再循环阀。

（3）增压器空气再循环阀和增压压力限制电磁阀的检查 可按如下方法对增压器空气再循环阀和增压压力限制电磁阀进行检查。

①自诊断检查。连接V.A.G1551，查询发动机控制元件故障码，若空气再循环阀N249或增压压力限制电磁阀N75有故障时，故障诊断仪会提示相应的故障码。

②执行元件测试检查。通过故障诊断仪的执行元件测试功能对增压器空气再循环阀N249和增压压力限制电磁阀N75进行动作测试，当执行此功能时，应能听到增压器空气再循环阀和增压压力限制电磁阀动作时的“咔嗒”声，即打开或关闭动作正常。否则，说明增压器空气再循环阀N249和增压压力限制电磁阀N75打开和关闭动作不正常，应检增压器空气再循环阀N249和增压压力限制电磁阀N75及相关线路。

③电阻检查。拔下增压器空气再循环阀N249和增压压力限制电磁阀检N75的线束连接器，用万用表电阻档测量增压器空气再循环阀N249和增压压力限制电磁阀N75。增压器空气再循环阀N249电阻值应在27~30Ω之间，增压压力限制电磁阀检N75的电阻值应25~35Ω之间，在如果未达到规定值，更换增压器空气再循环阀和增压压力限制电磁阀。

④动作情况检查。向增压器空气再循环阀N249和增压压力限制电磁阀检N75接线端子施加蓄电池电压，应能听到电磁阀动作的“咔嗒”声，否则，应更换电磁阀。

（4）增压压力传感器G31的检查。

①检查增压压力传感器G31供电电压。拔下增压压力传感器线束连接器，用万用表电压档测量图4-73所示的连接器1端子和3端子之间的电压，在点火开关接通时，其电压值应约为5V。如果未达到规定值，说明其供电线路有故障。

②检查增压压力传感器信号电压。插上传感器G31的插头，起动发动机，检查增压压力传感器4端子对地的电压。怠速运转，正常值约为1.90V；急加速时，其电压值应在2.0~3.0V之间。如果未达到规定值，则说明传感器或其信号线路有故障。

3. 涡轮增压器检查

（1）涡轮增压器常规检查。

①目视检查。检查空气滤清器与涡轮增压器之间、涡轮增玉器与气缸盖之间、涡轮增压器与排气管之间是否有泄漏或堵塞。

②转动检查。脱开空气滤清器软管，用手转动压缩机叶轮，转动应平顺、灵活，不应有卡滞现象，如图 4–74 所示。

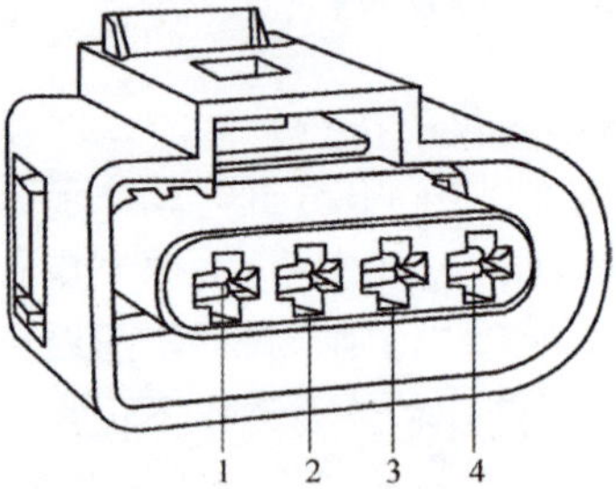

图 4-73　增压压力传感器线束连接器

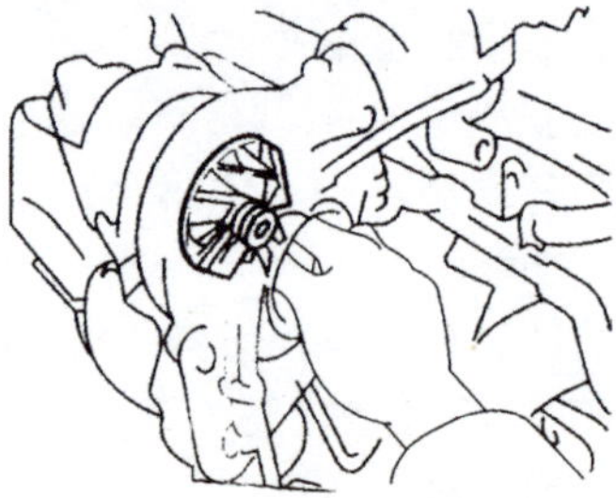
图 4-74　增压器的转动检查

（2）涡轮增压器的车下检查。

①涡轮轴的轴向间隙检查。如图 4–75 所示，将百分表插入涡轮机壳的孔中，使其接触轴端；沿轴向移动涡轮机轴，测量轴的轴向间隙，轴向间隙应不大于 0.13mm。如轴向间隙与规定不符，更换涡轮增压器总成。

②涡轮轴径向间隙检查。如图 4–76 所示，将百分表从润滑油排出口插过轴承隔圈的孔，使其接触涡轮机轴的中心；上下移动涡轮机轴，测量轴的径向间隙，径向间隙应不大于 0.18mm, 如径向间隙与规定不符，更换涡轮增压器总成。

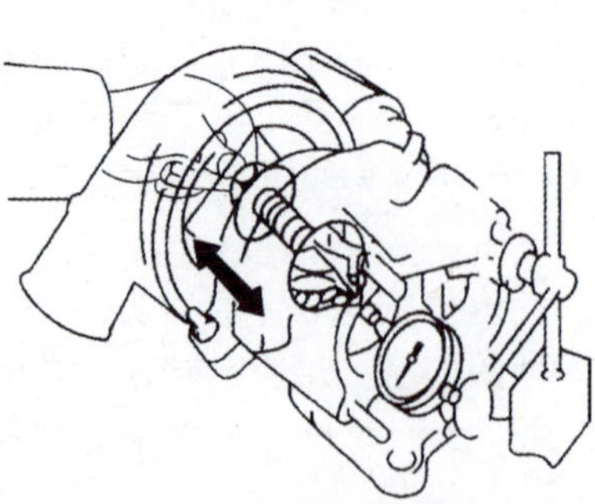
图 4-75　涡轮轴的轴向间隙检查

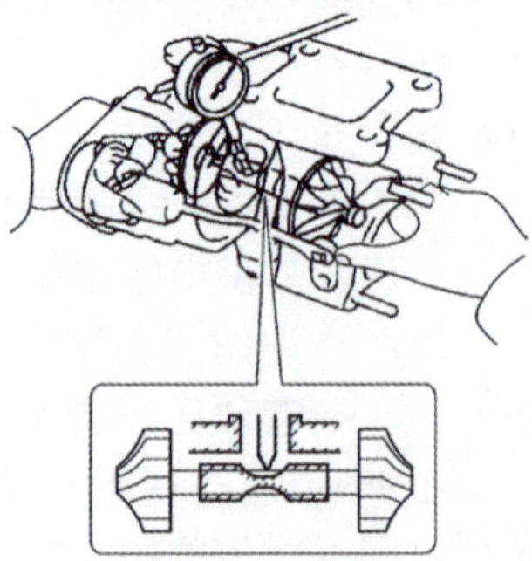
图 4-76　涡轮轴的径向间隙检查

第五章　发动机电控系统故障诊断

CHAPTER 5

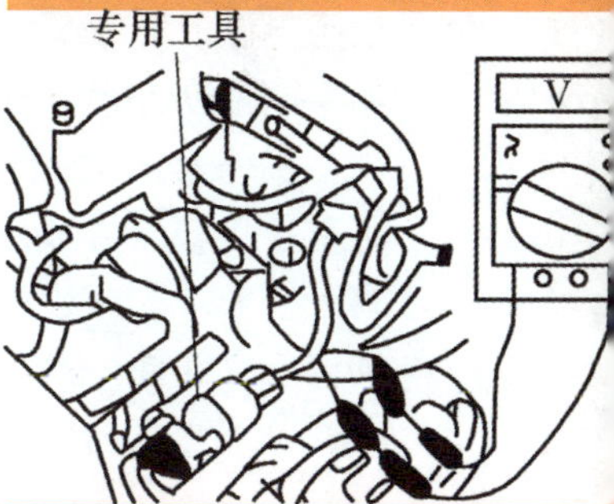

第一节　发动机电控系统故障诊断基本知识
第二节　发动机电控系统故障诊断方法

第一节　发动机电控系统故障诊断基本知识

一、发动机电控系统常见故障类型

发动机电控系统的故障总体上可分为两种类型：一种是电控元件的故障；另一种是控制电路的故障。

1. 电控元件的故障

电控元件故障是指电控元件丧失其原有机能，包括电控元件的机械损坏、烧毁、电子元件的击穿、老化、性能减退等。在实际使用和维修中，常常因电路故障而造成电控元件故障。电控元件故障一般是可修复的，但一些不可拆的电子设备出现故障后只能更换。

2. 控制电路的故障

电路故障包括断路、短路、接线松脱、接触不良或绝缘不良等。这一类故障有时容易出现一些假象，给故障诊断带来困难。例如，某接地线与车身出现接触不良，就有可能造成电控元件失控，电控元件工作状态就会出现不正常现象。这是因为有的接地线多为几个电控元件共用，一旦该接地线出现接触不良，它就把多个电控元件的工作电路联系到一起，就有可能通过其他电路找到接地途径，造成一个或多个电控元件工作异常。

(1) 短路故障

①接地短路故障。接地短路是指电路未经过负载提前接地的一种故障现象。

> **要点**
>
> ◎ 发动机电控系统控制电路中大部分接地短路故障是由于导线或电路元件的绝缘层破裂，并且接地造成的。

如图 5-1 所示，图 5-1a 所示为开关和用电设备之间的导线绝缘层破损导致接地短路，电流没有通过用电设备而直接返回接地端，会导致用电设备不工作，电路中的电流升高，熔丝或其他电路保护装置断开。如果电路没有保护装置，还会引起线路或其他部件烧毁甚至燃烧。

另一种形式的接地短路故障见图 5-1b，电路在用电设备和开关之前接地，会导致用电设备不工作并且开关无法控制电路，熔丝也会马上烧断。如果没有电路保护装置，还有可能会烧毁电源。若出现这种情况，即使更换了熔丝，接通电路后，仍然会再次烧断熔丝。

②与电源短路故障。

> **要点**
>
> ◎ 在发动机电控系统控制电路故障中，还有一种短路形式是与电源短路，通常是一个电路的两个独立分支因导线绝缘层破损相互连接，一般会导致电路不能正常工作或者反应异常甚至烧毁。

与电源短路故障简单示意图如图 5-2 所示。

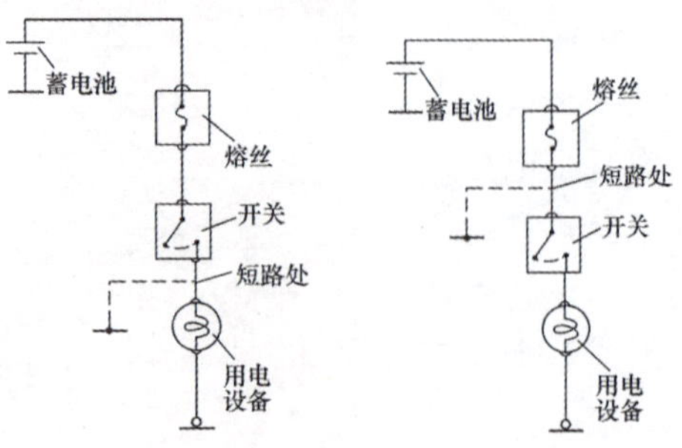

a）从开关后短路　b）从开关前短路

图 5-1　接地短路故障简单示意图

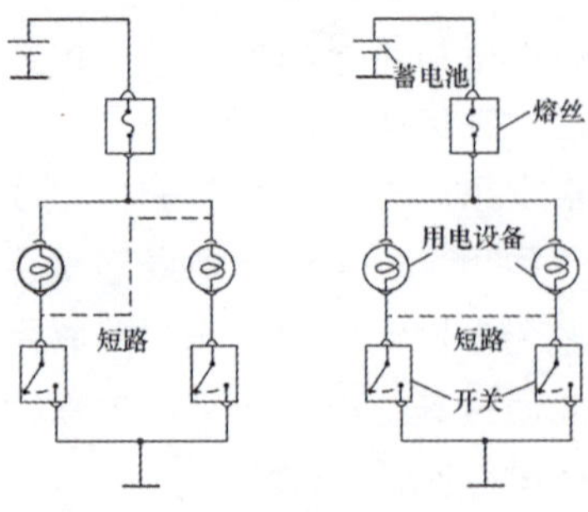

a）　b）

图 5-2　与电源短路故障简单示意图

如图 5-2a 所示，一个电路用电设备前面的导线和一个电路用电设备与开关之间的导线短接，这样会造成左边的电路失效，而右边的电路正常。如图 5-2b 所示，两个独立的支路在开关前面短路，会使两个电路都不能单独控制，任何一个开关都可以同时控制这两个电路。所以遇到短路故障，要具体情况具体分析，不能一概而论，要根据故障的详细情况，参照电路图并利用检测工具正确判断才行。

（2）断路故障

- 断路故障是一种不连续的、有中断的电路故障。电器部件接触不良就是一种轻微的断路现象。
- 电路中的任何一部分出现问题都有可能导致断路，比如导线断裂、电路部件烧毁、接头松动等。

①串联电路中的断路故障。如果一个串联电路中有断路故障，则会导致整个电路都不导通。检测电路中断路的方法是分别测量电路中各个部件两端的电压。如果某一个部件的一端有电压，而另一端没有电压，则这个部件中间肯定有断路存在。举例如下：串联电路断路简单示意图如图 5-3 所示，用万用表测量熔丝后的电路 a 点处有电压，为 12V；再用万用表测量开关后的电路 b 点处没有电压（电压为 0V），说明开关有故障。

②并联电路中的断路故障。在并联电路中出现断路故障比较复杂，如图 5-4 所示。

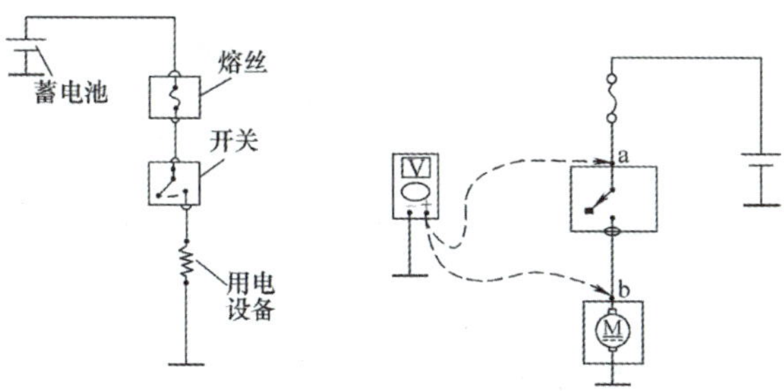

a）串联电路　　b）串联电路断路检测方法

图 5-3　串联电路断路简单示意图

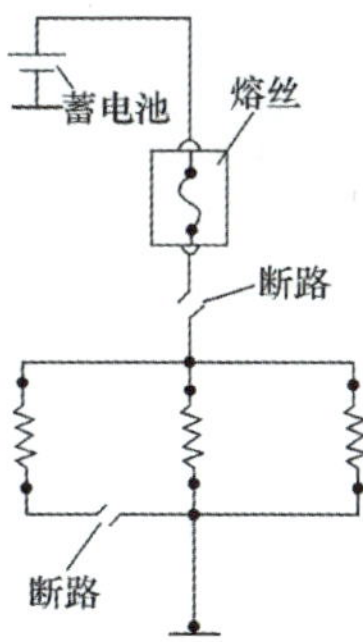

图 5-4　并联电路断路简单示意图

要点

◎ 如果在并联电路的主线路或接地电路中出现断路，则结果和串联电路中出现断路是一样的，整个电路都会失效。

◎ 如果在并联电路的某个支路中出现断路，则只有这个出现断路的支路受到影响，其他支路还可以正常导通。

（3）高电阻（高阻抗） 高电阻现象在发动机电控系统控制电路中经常出现，高电阻会引起整个电路或某个器件断断续续的导通，或者电路中电流过低。例如，灯泡闪烁或者亮度降低，就有可能是高电阻引起的。电路连接不好，松动或者接头不干净都有可能引起高电阻问题。

由于汽车的工作环境比较恶劣，比如高速、高温、寒冷、颠簸、腐蚀等都会引起电路故障。所以在日常行车过程中要经常检查和注意保养电器系统。如果发现电器部件有异常或导线破裂、扭结、松动等，一定要及时检修。

二、发动机电控系统维修注意事项

汽车电控系统对于高温、高湿度、高电压是十分敏感的，因此电控发动机维修时应注意以下各项：

◎ 严禁在发动机高速运转时将蓄电池从电路中断开，以防产生瞬间变化，过电压将微机和传感器损坏。

◎ 当发动机出现故障，仪表板上“检查发动机灯（CHECK ENGINE）”点亮时，不能将蓄电池从电路中断开，以防止电控单元中存储的故障码及有关资料信息被清除。只有通过自诊断系统将故障码及有关信息资料调出并诊断出故障原因后，方可将蓄电池从电路中断开。

◎ 当诊断出故障原因，对电控系统进行检修时，应先将点火开关关掉，并将蓄电池接地线拆下。如果只检查电控系统，则只需关闭点火开关。

◎ 跨接起动其他车辆或用其他车辆跨接本车时，需先断开点火开关，才能拆装跨接线。

◎ 在车身上进行电弧焊时，应先断开电控单元电源。在靠近电控单元或传感器的地方进行车身修理作业时，更应特别注意。

◎ 除在测试过程中特殊指明外，不能用指针式万用表测试电控单元及传感器，应用高阻抗数字式万用表进行测试。

- 不要用试灯去测试任何和电控单元相连接的电气装置。
- 蓄电池接地极性切不可接错，必须负极接地。
- 电控单元、传感器必须防止受潮，不允许将电控单元或传感器的密封装置损坏，更不允许用水冲洗电控单元和传感器。
- 电控单元必须防止受剧烈振动。

三、发动机电控系统故障诊断的基本原则与故障诊断流程

1. 发动机电控系统故障诊断的基本原则

发动机电控系统发生故障时的检测诊断，应按照先机械后电子、先一般后专项、先易后难的原则进行处理。

虽然电控发动机的电子控制系统是一个精密而又复杂的系统，但是造成电控发动机不工作或工作不正常的原因可能是电子控制系统，也可能是其他部分的问题，故障检查的难易程度也不一样。遵循故障诊断的基本原则，就可能以较为简单的方法准确而迅速地找出故障所在。

电控发动机故障诊断排除的基本原则可概括为以下几点。

（1）先外后内 在发动机出现故障时，先对电子控制系统以外的可能故障部位予以检查。这样可避免本来是一个与电子控制系统无关的故障，却对系统的传感器、电控单元、执行器及线路等进行复杂且费力的检查，而真正的故障可能较容易查找，却未能找到。

（2）先简后繁 先检查能用简单方法检查的可能故障部位。比如直观检查最为简单，可以用看（用眼睛观察线路是否有松脱、断裂，油路有否漏油、进气管路有无破损漏气等）、摸（用手摸一摸可疑线路连接处有无不正常的高温以判断该处是否接触不良等）、听（用耳朵或借助于旋具、听诊器等听一听有无漏气声、发动机有无异响、喷油器有无规律的“喀嗒”声等）等直观检查方法将一些较为明显的故障迅速地找出来。

直观检查未找出故障，需借助于仪器仪表或其他专用工具来进行检查时，也应对较容易检查的内容先予以检查，能就车检查的项目先进行检查。

（3）先熟后生 由于结构和使用环境等原因，发动机的某一故障现象可能是以某些总成或部件的故障最为常见，应先对这些常见故障部位进行检查。若未找出故障，再对其他不常见的可能故障部位予

以检查，这样做往往可以迅速地找到故障，省时省力。

（4）故障码优先 电子控制系统一般都有故障自诊断功能，当电子控制系统出现某种故障时，故障自诊断系统就会立刻监测到故障并通过“检查发动机”等警告灯向驾驶人报警，与此同时以故障码的方式储存该故障的信息。但是对于有些故障，故障自诊断系统检查前，应先按制造厂提供的方法读取故障码，并检查和排除故障码所指的故障部位。待故障码所指的故障消除后如果发动机故障现象还未消除，或者开始就无故障码输出，则再对发动机可能的故障部位进行检查。

（5）先思后行 对发动机的故障现象先进行故障分析，在了解了可能的故障原因有哪些的基础上再进行故障检查，这样可避免故障检查的盲目性，既不会对与故障现象无关的部位做无效的检查，又可避免对一些有关部位漏检而不能迅速排除故障。

（6）先备后用 电子控制系统一些部件的性能好坏或电气线路正常与否，常以其电压或电阻等参数来判断。如果没有这些数据资料，系统的故障诊判将会很困难，往往只能采取新件替换的方法，这些方法有时会造成维修费用猛增且费工费时。所谓先备后用是指在检修该型车辆时，应准备好维修车型的有关检修数据资料。除了从维修手册、专业书刊上收集整理这些检修数据资料外，另一个有效的途径是利用无故障车辆对其系统的有关参数进行测量，并记录下来，作为日后检修同类型车辆的检测比较参数。如果平时注意做好这项工作，会给系统的故障检查带来方便。

要点

◎ 电控发动机是比较复杂的系统，在诊断故障时需要掌握系统的检修步骤和方法。从原则上讲，在对电控发动机进行故障诊断时，需要首先系统全面地掌握电子控制系统的结构、原理和线路连接方法，明确电控系统中各部分可能产生的故障以及对整个系统的影响；运用科学的故障诊断方法对系统故障现象进行综合分析、判断，确定故障的性质和可能产生此类故障的原因和范围；制定合理的诊断程序进行深入诊断和检查。

◎ 装用电控发动机的汽车，电控单元通常都具有故障自诊断功能。当电控系统出现故障时，它能将故障信息以故障码的形式储存起来，并可以提供有关故障码。维修电控发动机时，要充分利用电控单元的这一功能。但是由于电控单元只能对与控制系统有关的部分进行故障自诊断，并不是

要点

对所有的故障（包括电控系统的非电性故障）都可以进行自诊断，另外，其诊断结果往往还需要对故障原因进行进一步的深入诊断与检查，所以在对电控发动机进行故障排除时，仅仅依靠故障自诊断系统是不能完全解决电控发动机所有问题的。

- 如果要诊断排除一个可能涉及电控系统的故障，首先应判定该故障是否与电控系统有关（在这里值得强调的是电控发动机的故障并非一定出在电子控制系统）。如果发现发动机有故障，而故障警告灯并未发亮（未显示故障码），大多数情况下，该故障可能与发动机电控系统无关，此时就应该像发动机没有装电控系统那样，按照基本诊断程序进行故障检查。否则，可能遇到一个本来与电控系统无关的故障，却检查了电控系统的传感器、执行器和电路等，花费了很多时间，而真正的故障反而没有找到。

2. 发动机电控系统故障诊断流程

电控发动机在使用过程中会出现故障，在故障诊断过程中，维修技术人员需要借助故障诊断仪、万用表、示波器等仪器或设备来找出故障根源，并通过相应手段维修以恢复发动机的使用性能。可以根据电控发动机的故障诊断流程，即车辆问诊、症状确认、直观检查、读故障码诊断、数据流读取、检测测量、调整检修和试车验证等，逐项进行分析。

（1）车辆问诊——询问客户

要点

- 问诊是对故障进行调查的开始，通过对驾驶人和有关人员的询问，可以了解故障发生、发展的全过程，并获得相关的信息，为进一步诊断打好基础。
- 合理的问诊，可以从驾驶人那里获得重要的维修参考信息，比如故障发生时间、情况、起因以及伴随着什么故障等，是十分重要的。如果维修人员善于和驾驶人沟通，通过驾驶人所反映的车辆性能、响声和振动等细小变化，往往可以找到故障原因。

问诊过程中，维修人员不能有偏见，或单凭经验，缺乏分析推理。问诊本身是一门艺术，对询问中获得的信息去粗取精、择其要点加以联想，常常能使我们找出排除故障的正确思路或着手点。

（2）症状确认 问诊之后不能草草动手，还需要对症状进行确认。因为有的驾驶人为维修人员提供的信息不够准确，有的是因为驾驶人描述不够准确，有的是因为驾驶人本人对车况了解得不够详细，诸多因素使得问诊信息在一定程度上失真。这就需要维修人员通过路试或起动发动机对症状进行确认。

在确认症状的时候，需要设法再现或模拟故障发生的环境，让故障得以充分体现，并进行确认。当然，对于可能给车辆或人身安全带来危险的试车，是不能试验的。确认症状的过程中，对于一些偶发性故障或没有规律的故障，还需要借助模拟器或其他途径，让症状体现出来，以利于诊断。

（3）直观检查 并非所有的故障检测都需要动用诊断仪、示波器，有的时候，通过直观的检查也可以快速找到故障原因或重要线索，因此维修中需要灵活运用多种手段，确保按照由简至繁的原则进行诊断，以提高维修效率。直观检查，需要诊断人员具有丰富的实践经验和系统的专业理论，在汽车不解体或局部解体情况下，依靠直观的感觉印象、借助简单工具，采用眼观、耳听、手摸和鼻闻等手段，进行检查、试验和分析，确定汽车的技术状况，查明故障原因和故障部位。

观察仪表指示情况，并打开发动机罩，观察发动机部件是否完整，真空管有无脱落，电线插接器有无松脱，是否存在漏油、漏液、漏气及漏电现象，发动机怠速运转是否平稳，排气管是否冒黑烟或有燃油味等异常的现象。

（4）读取故障码→清除故障码→发动机运转→再读取故障码 连接故障诊断仪查询故障码，要对读出的永久性故障码或偶发性故障码进行记录，然后清除故障码，起动发动机，等冷却液温度达到80℃以上，发动机高速运转几秒钟，创造故障再现的条件，再次查询故障码并做记录。

（5）分析故障码 根据经验分析或使用维修手册查阅故障产生的原因、影响及排除方法，不能忽视偶发性故障码。如果未存储故障码，要考虑控制单元不能监视的元件，如很多车型的点火线圈存在故障时，不会有故障码显示，应采用其他的方法判断其是否存在故障。

（6）阅读数据流 发动机要满足阅读数据流的条件，对于数据流中超出正常值的数据，应参照维修手册中列出的故障原因进行分析。数据流可以提供发动机运转状态的实时数据，能否正确全面地分析数据流体现着诊断者的技术水平。

（7）检测测量 根据故障现象、故障码及数据流中的相关数值确定测量的项目，可以使用万用表、二极管测试表、废气分析仪、燃油压力表、真空表、气缸压力表、示波器及信号发生器等进行检测，选择仪器的原则是能快速、准确地判断故障。

（8）排除故障 根据以上的工作记录并参考维修手册或相关的资料，对故障进行分析，得出诊断的结论和修理方案，如清洗节气、气门、进气道、调整或更换元件，剥开线束查找故障点以及清洗接地线。

第二节 发动机电控系统故障诊断方法

一、汽车电路图的识读

汽车电路图是汽车维修过程中一个非常重要的工具。随着汽车电子技术的发展，发动机集中控制系统的控制功能越来越多，汽车电路也越来越复杂。读懂汽车电路图，不仅可进一步了解各电控系统元件的工作原理和它们之间的相互连接关系，而且对汽车故障诊断和检修也十分重要。在对汽车进行故障诊断或检修时，利用汽车电路图可帮助维修人员按汽车上的线路迅速查找电控系统元件的安装位置，以便对故障相关线路进行检查，直至排除故障。

电工学中将电流通过的路径称为电路。汽车电路图，就是将充电系（电源系）、起动系、点火系、照明信号系、仪表与电子显示装置、电子控制装置以及辅助电器装置等全车电器设备，用标准电器符号，按照它们各自的工作特性及相互的内在联系，通过开关、熔断器、继电器（或电子控制单元）及导线连接起来而形成的图形。

要点

● 电路图上是以电器符号来表示的。不同的车型其电路图是不同的，而且各大汽车公司电路图还没有采用统一标准。

● 在维修过程中，要求先掌握该车型的维修资料，其次要能正确读懂电路图。

1. 汽车电器的特点

（1）双电源 汽车上均有蓄电池和发电机两个电源：蓄电池主要用于向起动机供电，发电机主要用于在发动机正常工作时向蓄电池充电和向用电设备供电。

（2）低压 汽车用电设备的额定电压有12V、24V两种。汽油车多采用12V电源电压，而大型柴油车多采用24V电源电压。

（3）直流 主要从蓄电池的充电来考虑的。因为蓄电池充电时必须用直流电，所以汽车电源必须是直流电。

（4）单线制 汽车上所有用电设备都是并联的，电源到用电设备只用一根导线连接，而另一根导线则用汽车车体或发动机机体的金属部分代替，作为公共回路，这种连接方式称为单线制。单线制可节省导线，使线路简化、清晰，便于安装与检修，并且用电设备无需与车体绝缘，因此现代汽车广泛采用单线制。

（5）负极接地 采用单线制时，蓄电池的一个电极必须接到汽车车体或发动机机体的金属部分，俗称“接地”。若将蓄电池的负极接到汽车车体或发动机机体的金属部分，便称为“负极接地”。目前各国生产的汽车基本上都采用“负极接地”。

2. 常见汽车电路图的形式

常见的汽车电路图有三种形式：汽车电器设备电路接线图、汽车电路原理图和汽车电器设备线束图。

现在各汽车公司使用的维修手册，除全车电路图外，还广泛使用系统电路图。系统电路图即仅涉及单个系统的电路图。全车电路图和系统电路图不仅此符合车上线路的实际连接关系，而且电路清晰，简单明了，对分析各电器设备的工作原理有很大作用。

（1）汽车电器设备电路接线图的特点 图5-5是东风EQ1090型汽车的电气设备电路系统接线图。接线图是按照电气设备在汽车上的大致安装位置来绘制的电路图。

电气设备电路系统接线图的优点是：这种图的电器部件的外形和安装位置与汽车实际比较接近，整车电气设备数量准确，线路的走向清楚，有始有终，便于循线跟踪，查找起来比较方便。

电气设备电路系统接线图的缺点是：图上电线纵横交错，印制版面小则不易分辨，版面过大印装又受限制；识图、画图费时费力，不易抓住电路重点、难点；不易表达电路内部结构与工作原理。因此，在电气系统复杂程度不高的情况下常采用接线图。

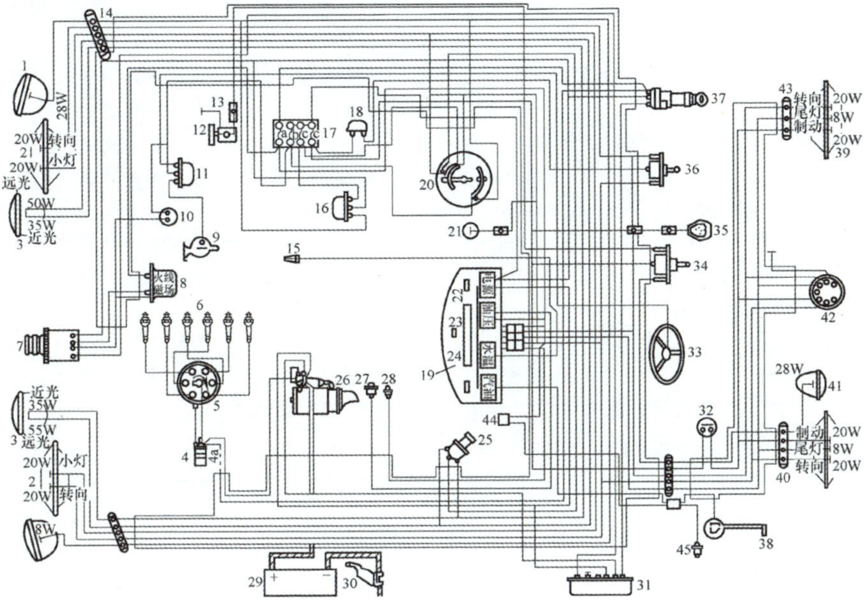

图 5-5　东风 EQ1090 型汽车的电气设备电路系统接线图

1—前侧灯　2—组合前灯　3—前照灯　4—点火线圈　4a—附加电阻线　5—分电器　6—火花塞　7—发电机　8—调节器　9—喇叭　10—工作灯插座　11—喇叭继电器　12—暖风电动机　13—接线管　14—五线接线板　15—冷却液温度表传感器　16—灯光继电器　17—熔断器盒　18—闪光器　19—仪表盘　20—车灯开关　21—发动机罩下灯　22—左右转向指示灯　23—低油压警告灯　24—车速里程表　25—变光开关　26—起动机　27—油压表传感器　28—低油压报警开关　29—蓄电池　30—电源总开关　31—起动复合继电器　32—制动灯开关　33—喇叭按钮　34—后照灯和暖风电动机开关　35—驾驶室顶灯　36—转向灯开关　37—点火开关　38—燃油表传感器　39—组合后灯　40—四线接线板　41—后照灯　42—挂车插座　43—三线接线板　44—低气压蜂鸣器　45—低气压报警开关

（2）汽车电路原理图的特点　汽车电器原理图如图 5-6 所示。电路原理图重在表达各电气系统电路的工作原理，既可以是全车电路图，也可以是各系统电路原理图。尽管各汽车制造公司的表达方式不一，但一般都具有以下的特点：

◎ 通过电器符号表达各电器。

◎ 在大多数图中，电源线在图上方，接地线在图下方，电流方向自上而下。电路图中电器串、并联关系十分清楚，电路图易于识读。

◎ 各电器不再按电器在车上的安装位置布局，在图中合理布局，使各系统处于相对独立的位置，从而易于对各用电设备进行单独的电路分析。

◎ 各电器旁边通常标注有电器名称及代码（如控制器件、继电器、过载保护器件、用电器、绞接点及接地点等）。

◎ 电路原理图中所有开关及用电器均处于不工作的状态，例如点火开关是断开的，发动机不工作，车灯关闭等。

◎ 导线一般标注有颜色和规格代码，有的车型还标注有该导线所属电器系统的代码。根据以上标注，易于对照定位图找到该电器或导线在车上的位置。

◎ 原理图能用简明的图形符号按电路原理将每个别电器与电子控制系统合理连接，再将每个系统按一定顺序排列（系统包括：电源系统、起动系统、点火系统、照明系统、仪表系统、电子控制系统等）。

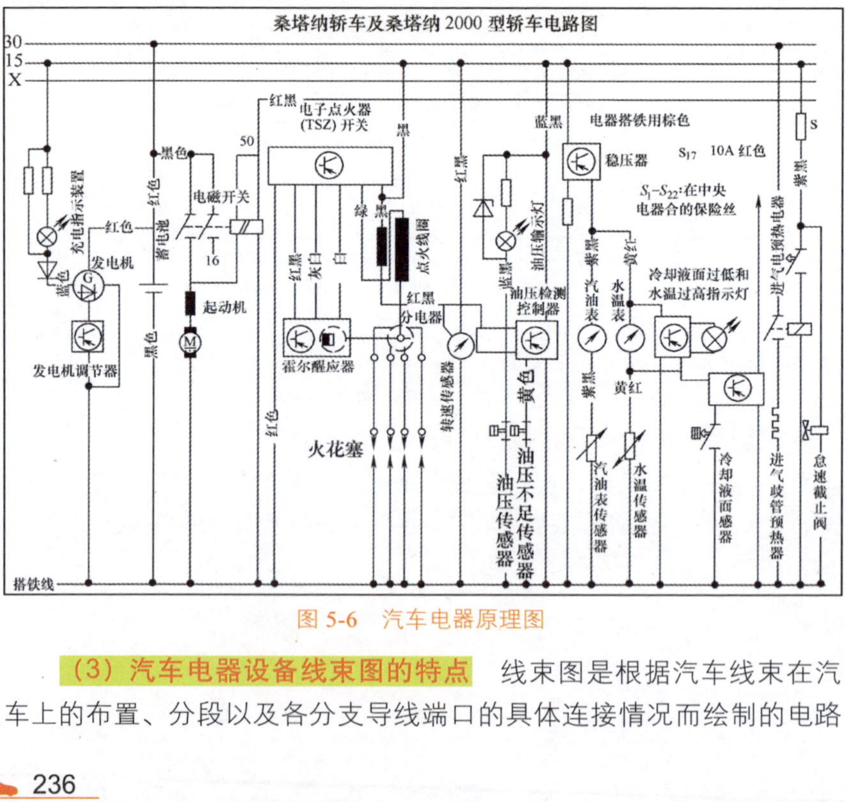

图 5-6 汽车电器原理图

（3）汽车电器设备线束图的特点 线束图是根据汽车线束在汽车上的布置、分段以及各分支导线端口的具体连接情况而绘制的电路图，其重点反映的是已制成的线束外形，组成线束各导线的规格大小、长度和颜色，各分支导线端口所连接的电器设备的名称、连接端子和护套的具体型号，线束各主要部分的长度等。因此，线束图主要用于汽车线束的制作和较方便地连接电器设备。在有的车型线束图上还表示了各段线束在汽车上的具体布置情况，即所谓的汽车线束布置图，以便于在汽车上安装。

解放 CA1110PK2L2 汽车的线束图如图 5-7 所示。

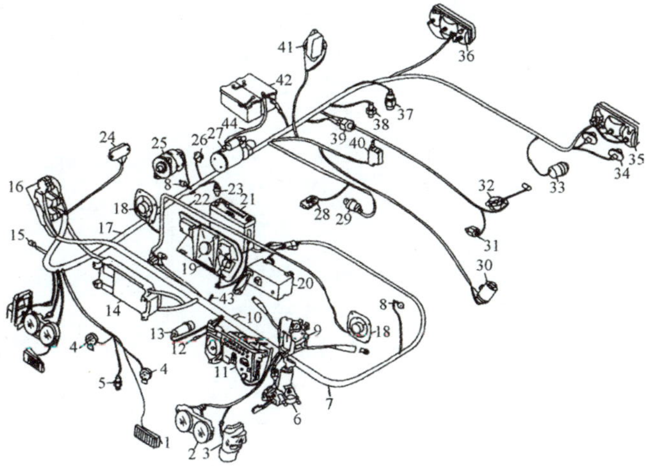

图 5-7　解放 CA111OPK2L2 汽车的线束图

1—左、右雾灯总成 2—左、右前照灯总成 3—左、右前小灯总成 4—喇叭总成 5—前制动灯开关 6—起动开关总成 7—车身电线束总成 8—车门报警开关总成 9—组合开关 10—空调器按钮 11—仪表盘总成 12—烟灰盒照明灯 13—点烟器总成 14—熔断器总成 15—洗涤器接线 16—插接器 17—底盘电线束总成 18—扬声器总成（收音机用） 19—驾驶室室内灯总成 20、21—收放机总成 22—室内灯电线束总成 23—冷却液温度表预热控制器传感器 24—交流发电机调节器总成 25—交流发电机总成 26—机油压力警报开关 27—起动机总成 28—空气加热器 29—机油压力表及警报指示灯传感器 30—起动继电器总成 31—气压警报开关 32—油量表传感器 33—倒车蜂鸣器总成 34—牌照灯总成 35—左组合后灯 36—右组合后灯 37—气制动报警开关 38—后制动灯开关 39—倒车灯开关 40—驾驶室翻转开关 41—起动预热继电器总成 42—蓄电池总成 43—暖风电动机接线 44—起动机接蓄电池电线总成

3. 电路图的常用电气符号

虽然不同车型的电路图不相同，但汽车电路图所采用的符号大体相同。汽车电路图中使用的各种常用电气符号如表 5-1 所示。

表 5-1　汽车电路图中使用的各种电器符号及含义

名称	图形符号	名称	图形符号	名称	图形符号
蓄电池组	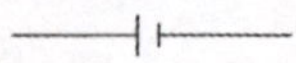	双丝灯		集电环或换向器上的电刷	
直流发电机	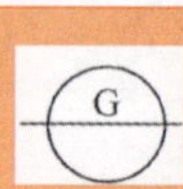	磁感应信号发生器		起动机（带电磁开关）	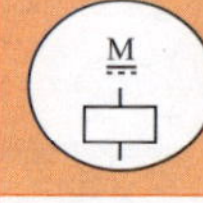
定子绕组为星形（Y）联结的交流发电机	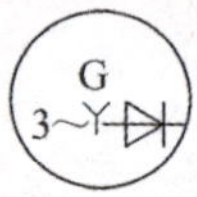	霍尔信号发生器	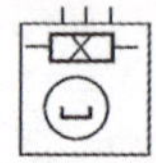	刮水电动机	
定子绕组为三角形（Δ）联结的交流发电机	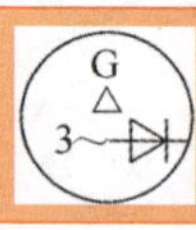	点火电子组件	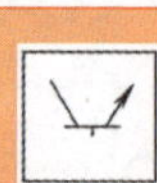	无线电动机	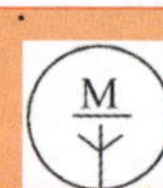
外接电压调节器与交流发电机	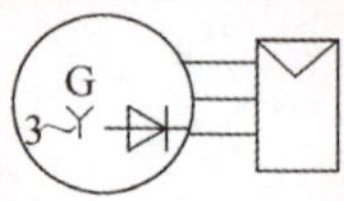	断电器	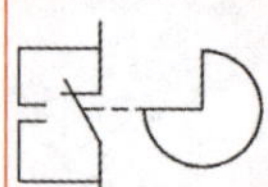	风扇电动机	
整体式交流发电机	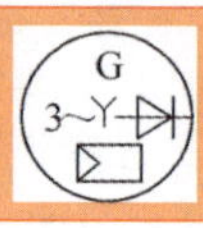	直流电动机	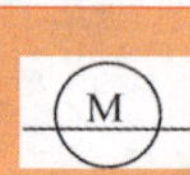	燃油泵电动机洗涤电动机	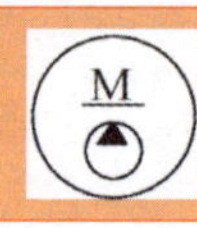
点火线圈		串励直流电动机		晶体管电动燃油泵	
分电器	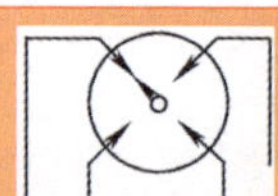	并励直流电动机		加热定时器	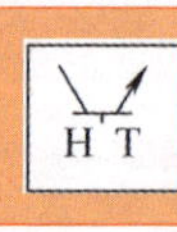
火花塞		永磁直流电动机		信号发生器	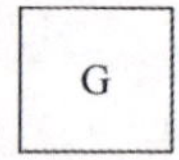
脉冲发生器		电压调节器		电喇叭	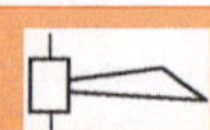
闪光器	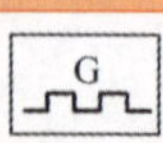	温度调节器	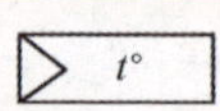	扬声器	
间歇刮水断电器	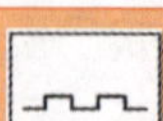	转速调节器	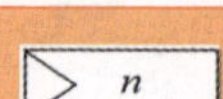	蜂鸣器	

（续）

名称	图形符号	名称	图形符号	名称	图形符号
防盗报警系统		照明灯信号的指示灯		报警器	
稳压器	U on 5t	电容器		传声器	
电热器加热元件		可变电容器		熔断器	
加热器（除霜器）		极性电容器		易熔线	
天线		组合灯		电路断电器	
收音机		荧光灯	FL	永久磁铁	
收放机		预热指示器		动合（常开）触点	
动断（常闭）触点		具有动合触点但无自动复位的旋转开关		凸轮控制	
先断后合的转换触点		液位控制开关		热敏开关动合触点	
中间断开的双向转换触点		机油压力开关	OP	电磁离合器	
双动合触点		一般机械操作		热敏自动开关的动断触点	
双动断触点		二极管		热断电器触点	
手动操作开关的一般符号		钥匙操作		推拉多档开关位置	
具有动合触点且自动复位的按钮		温度控制		钥匙开关（全部定位）	0 1 2

（续）

名称	图形符号	名称	图形符号	名称	图形符号
定位（非自动复位）按钮	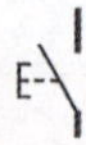	压力控制	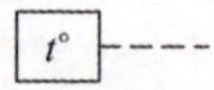	多档开关点火起动开关瞬时位置为2能自动返回到1（即2档不能定位）	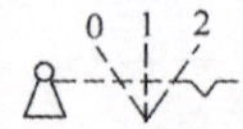
具有动合触点且自动复位的拉拔开关	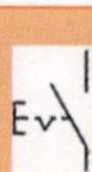	制动压力控制	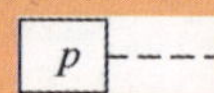	选择多档开关位置	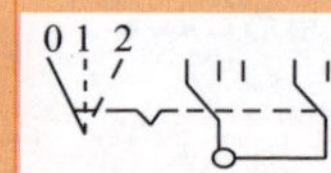
节流阀开关	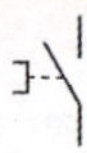	热继电器	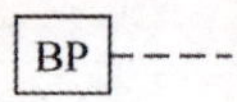	机油压力表	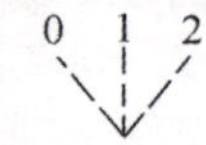
一个绕组电磁铁	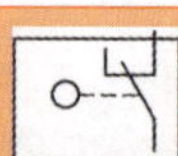	点烟器	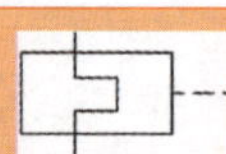	速度表	
两个绕组	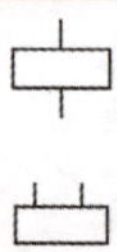	空气调节器	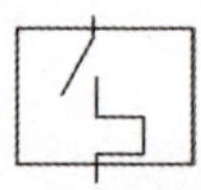	时钟	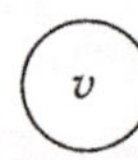
电磁铁	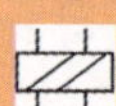	用电动机操纵的怠速调速装置		数字式电钟	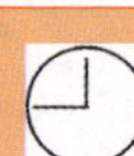
不同方向绕组电磁铁	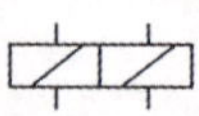	指示仪表（单号按规定的字母或符号代入）		电阻	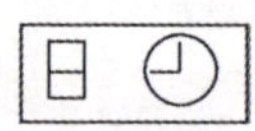
触点常开的继电器	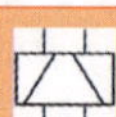	电流表		可变电阻	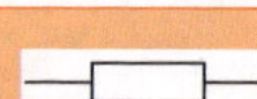
电磁阀的一般符号	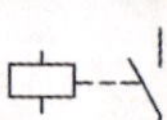	电压表	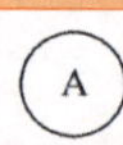	压敏电阻	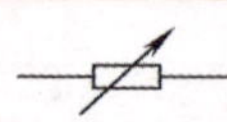
常开电磁阀	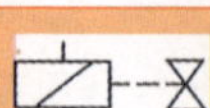	冷却液温度表	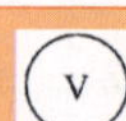	热敏电阻	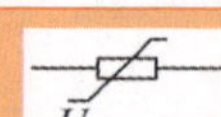
常闭电磁阀	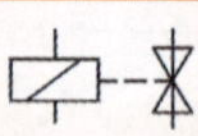	燃油表	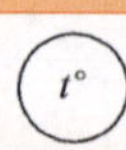	滑线式电阻器	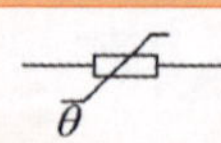
触点常闭的继电器	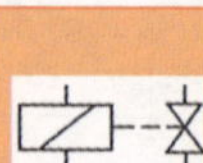	转速表		传感器的一般符号（星号按规定的字母或符号代人）	

4．识别汽车电路图的要领

（1）牢记电气图形符号 汽车电路图是利用电气图形符号来表示其构成和工作原理的。因此，必须牢记电路图形符号的含义，才能看懂电路原理图。

（2）熟记电路标记符号 为了便于绘制和识读汽车电器电路图，有些电器装置或其接线柱等上面都赋予不同的标志代号。

（3）掌握各种开关在电路中的作用 对多层多档接线柱的开关，要按层、按档位、按接线柱逐级分析其各层各档的功能。有的用电设备受两个以上单档开关（或继电器）的控制，有的受两个以上多档开关的控制，其工作状态比较复杂。

要点

- 当开关接线柱较多时，首先抓住从电源来的一两个接线柱，再逐个分析与其他各接线柱相连的用电设备处于何种档位，从而找出控制关系。
- 对于组合开关，实际线路是在一起的，而在电路图中又按其功能画在各自的局部电路中，遇到这种情况必须仔细研究识读。

（4）浏览全图，分割各个单元系统

1）熟记各局部电路之间的内在联系和相互关系。要读懂汽车电路图，首先必须掌握组成电路的各个电器元件的基本功能和电器特性。在大概掌握全图的基本原理的基础上，再把一个个单元系统电路分割开来，这样就容易抓住每一部分的主要功能及特性。

2）在框划各个系统时，一定要遵守回路原则，注意既不能漏掉各个系统中的组件，也不能多框划其他系统的组件，一般规律是：各电器系统只有电源和总开关是公共的，其他任何一个系统都应是一个完整的独立的电器回路，即包括电源、开关（熔丝）、电器（或电子线路）、导线等。从电源的正极经导线、开关、熔断器至电器后接地，最后回到电源负极。

3）从整车电路来讲，各局部电路除电源电路公用外，其他单元电路都是相对独立的，但它们之间也存在着内在联系（如信号共享）。

因此，识图时不但要熟悉各局部电路的组成、特点、工作过程和电流流经的路径，还要了解各局部电路之间的联系和相互影响。这是迅速找出故障部位、排除故障的必要条件。

（5）牢记回路原则 任何一个完整的电路都是由电源、熔断器、开关、控制装置、用电设备、导线等组成。电流流向必须从电源正极出发，经过熔断器、开关、控制装置、导线等到达用电设备，再经过导线（或接地）回到电源负极，才能构成回路。因此电路读图时，有三种思路：

1）沿着电路电流的流向，由电源正极出发，顺藤摸瓜查到用电设备，开关、控制装置等，回到电源负极。

2）逆着电路电流的方向，由电源负极（接地）开始，经过用电设备、开关、控制装置等回到电源正极。

3）从用电设备开始，依次查找其控制开关、连线、控制单元，到达电源正极和接地（或电源负极）。

实际应用时，可视具体电路选择不同思路，但有一点值得注意：随着电子控制技术在汽车上的广泛应用，大多数电气设备电路同时具有主回路和控制回路，读图时要兼顾两回路。

5. 大众车系电路图的识读

下面以桑塔纳2000 GSi轿车为例，介绍大众车系电路图的识读要领。

图5-8为大众汽车生产厂家提供的桑塔纳2000 GSi轿车发动机电控汽油喷射和点火系统电路图，该图是一幅与电路原理图比较接近的电路布线图。

（1）大众车系电路图的特点 以桑塔纳轿车的电路图为例，该电路图不仅用于表达汽车电器系统中主要元器件的线路走向，而且还表达了电气线路的结构情况。其主要特点如下。

1）按同一系统控制电路依次排列。整个电路都是从左向右纵向排列，同一系统的电路放在一起，在整个电路图中放在某一范围，构成一个局部完整控制系统（图5-8所示为发动机汽油喷射和点火系统的电路部分）。

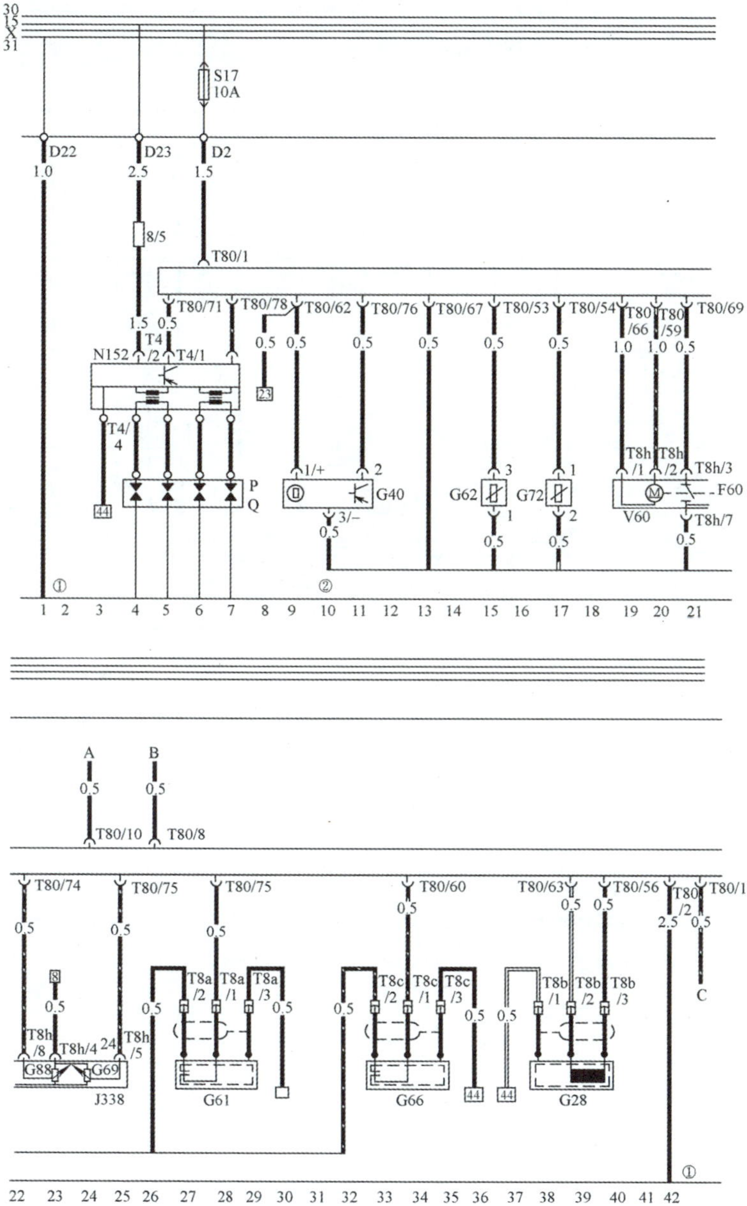

图 5-8　桑塔纳 2000GSi 轿车发动机电控汽油喷射和点火系统电路图

（注：图注见下页）

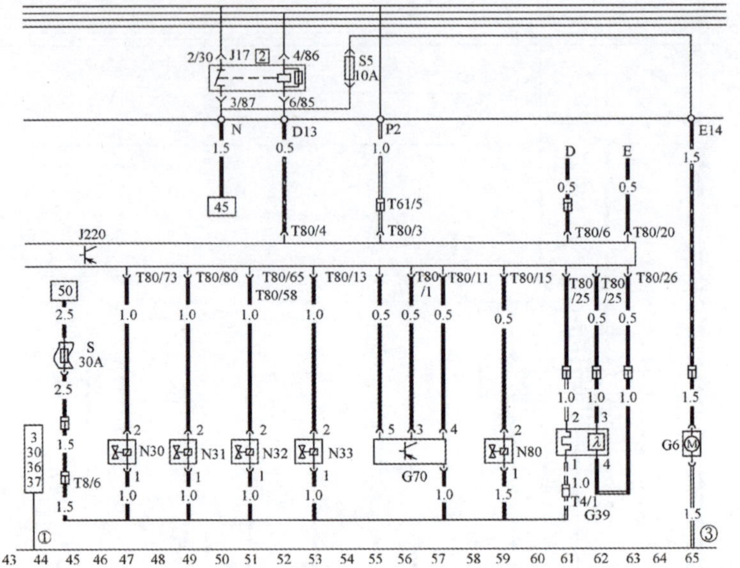

图 5-8　桑塔纳 2000GSi 轿车发动机电控汽油喷射和点火系统电路图（续）

A —空调 A/C 开关信号　B —空调压缩机信号　C —自诊断 E 线　D —发动机转速信号　E —车速信号　F60 —怠速开关　G6 —燃油泵　G28 —转速传感器（灰色插头）　G39 —氧传感器　G40 —霍尔传感器　G61 — 1、2 缸爆燃传感器（白色插头）G62 —冷却液温度传感器　G66 — 3、4 缸爆燃传感器（蓝色插头）　G69 —节气门电位计　G70 —空气质量流量计　G72 —进气温度传感器　G88 —怠速节气门电位计　J17 —燃油泵继电器　J220 — Motronie 控制单元　J338 —节气门体 N30 —第 1 缸喷油器　N31 —第 2 缸喷油器　N32 —第 3 缸喷油器　N33 —第 4 缸喷油器　N80 —活性炭罐电磁阀　P —火花塞插头　Q —火花塞　S —附加熔丝（30A）　S5 —燃油泵熔断器（10A）　①—发动机接地点（在发动机控制单元的旁边）　②—传感器到控制单元接地连接　③—中央接线盒左侧星形接地插座

2）电路图中最下端的顺序数字编号，使维修人员或用户可根据此号方便地寻找出各电气部件在电路图上的位置。

3）中央接线盒内的成型铜片表示方法。电路图上方的 4 条横线，用来表示压装在中央接线盒塑料盘身内的成型铜片。其中 3 条是引入接线盒内的不同用途的相线，一条是接地线。线端标号为“30”的是常相线，直接与蓄电池正极相接；标号为“15”的是从点火开关 15 接柱引出的受点火开关控制的小容量用电器的相线；标号为“X”的是受卸荷继电器控制的大容量用电器的相线，只有当卸荷继电器触点闭合时（卸荷继电器受点火开关控制，利用卸荷继电器减少通过点火开关的电流，保护点火开关），才能将 30 线的电流引入 X 线；标号为“31”

的为接地线，它与中央接线盒支架接地点相连接。

4）整个电路转折交叉很少。有些线路比较复杂的电器，为了使它们有机地连贯起来而不破坏图面的纵向性，采用断线带号法加以解决。例如对应电路图最下端的电路编号“45”的上方，在上半段电路终止处画有一小方框 50，内标数字“50”，表示该电路的下半段应在电路图最下端的电路编号为“50”的位置上寻找；同样，在“50”位置下半段电路起始端也有一方框 45，内标“45”，说明其上半段电路应在电路图最下端的电路编号为“45”位置上寻找。通过这 4 个数字，就把画在不同位置的同一电路的上、下两段连接起来了。

5）线路中的连接插头统一表示。线路中的连接插头统一用字母 T 作代号，紧接的数字表示该插头的孔数以及连接导线对应的孔的序号。例如 T4/2 表示该插头为 4 孔，连接导线对应的插孔序号为 2；T80/71 表示该插头（T80 为电控单元上的连接插头）为 80 孔，连接导线对应的插孔序号为 71。

6）线路中的连接导线都标有铜芯截面积的直径（m），如数字 1-5 或 1-0 等表示此线径为 1-5 mm 或 1-0 mm。

7）整个电路突出以中央接线盒为中心。电路图上方第 5 条横线以上的部分，表明了中央接线盒中安装的器件与导线。例如，图 5-8 中 J17 为燃油泵继电器，上侧小方框内的数字是 2，表示该继电器插在中央接线盒正面板的第 2 号位置上。燃油泵继电器 J17 的周围标有 2/30、4/86、3/87、6/85、4 组数字，其中分母 30、86、87、85 是指该继电器上 4 个插脚的标号，分子 2、4、6、3 是指中央接线盒正面板第 2 号位置上相应的 4 个插孔。又如，S5 为燃油泵熔断器，位于中央接线盒正面板下方熔断器安装部位的右起第 5 个位置，额定电流 10A。电路图上方第 5 条横线上标有中央接线盒背面插接器的代号 D、N、P、E 等，代号后面的数字表明了该插接器连接的导线在插接器中的插孔位置，如 E14 表示插接器 E 上第 14# 插孔，N 表示该插接器只有 1 个插孔；同理，D23、D7、D13 分别表示插接器 D 的第 23#、7#、13# 插孔，而且凡是接点标有同一代号的所有导线都在车上的同一线束内，这也为实际工作中查找线路提供了方便。

8）该电路图标明电器的接地方式和部位。电路图底部横线表示接地线，导线接地端标注有带圈的数字代号，如①、②、③等表示接地点的位置，图中各代号的接地部位见图5-8的图注。从中可以看出，在车上，不是所有电器都直接与金属车体相连接而接地的，有的通过接地插座，有的则通过其他电器或电子设备再接地连接。

9）×L21表示一般的指示灯。

10）有的原版电路图为彩色图，故电路中导线没有标明颜色代号。不是彩色的电路图上用汉字或英文字母标明导线颜色。

（2）大众车系电路图的读图要领 弄清了桑塔纳轿车电路图的上述特点，再按照一般电路图的读图要领，读懂大众车系电路图就不难了。

1）对照图注和图形符号。熟悉有关元器件名称及其在图中的位置、数量和接线情况，例如，图5-8中，G6为燃油泵，J17为燃油泵继电器，S5为燃油泵熔断器（10A）等。燃油泵一端通过熔断器S5接至燃油泵继电器J17的输出端，另一端接至③—中央接线盒左侧星形接地插座。

2）根据“回路原则”分析电路。任何一个电路都应是一个完整的电气回路，其中包括电源、开关（或熔断器）、电器（或电子线路）、导线和连接器等，并从电源正极经导线、开关（或熔断器）至用电器后接地，回到同一电源的负极。仍以燃油泵为例：电源从蓄电池正极（30电源线）经闭合的燃油泵继电器触点、熔断器S5至燃油泵（电动机）G6，再经中央接线盒左侧的星形接地插座③接地，回到蓄电池负极。

3）注意电路中开关或继电器的状态。大多数电器或电子设备都是通过开关（包括电子开关）或继电器的不同状态而形成回路或改变回路实现不同的功能的。例如上述燃油泵G6的回路必须在燃油泵继电器触点闭合时才能形成，而燃油泵继电器触点闭合的条件是继电器线圈通电。同理，从电路图可以看出，燃油泵继电器线圈必须在电控单元J220中起开关作用的晶体管导通时才能通过电控单元中的接地点形成回路。对于采用多档点火开关或组合开关的电路，还应注意蓄电池（或发电机）电流是通过什么途径到达这个开关的，中间是否经过其他开关或熔断器，相线接在开关的哪个接线柱上；多档开关共有几个档位，开关内部有几个同时或分别动作的触点，在每一档位各接通或关断哪些电器；组合开关由哪些开关或按钮组合而成，各通过哪些触点接通电路或改变回路等。

4）要善于利用汽车电路特点，把整车电路化整为零。汽车电路的单线制、各电路负载相互并联以及两个电源也相互并联等特点，为把整车电路化整为零进行读图提供了方便。整车电路可以按前面所述的组成汽车电器线路的各个分电路逐一进行分析；对于各分电路同样可以采取各个击破的办法进行识读。例如电子控制系统电路，就可以分成发动机电子控制系统、自动变速器电子控制系统、制动防抱死电子控制系统等电路；发动机电子控制系统又可分为汽油喷射控制、点火控制、排放控制等不同电路。

6. 丰田车系电路图的识读

（1）丰田车系电路图的图例特点 丰田车系典型电路图如图 5-9 所示，该电路图的图例特点说明如下。

【A】：系统名称（注：图 5-9 中未标出，一般都在每个电路图的最上方，用来说明该电路图是哪个系统的电路图）。

【B】：表示继电器盒。无阴影表示其只给出继电器盒号以区别接线盒。例如：①表示 1 号继电器盒。

【C】：当车辆型号、发动机类型或规格不同时，用（ ）来表示不同的配线盒插接器。

【D】：表示相关系统。

【E】：表示线束和线束插接器。带插头端子的线束用箭头（∀）来表示，如图 5-10 所示。外侧数字为引脚。每个线束和线束插接器代码的第一个字母表示组件位置，如发动机室的 E，仪表板和周围区域的 I 和车身及周围区域的 B。当两个以上的代码第一和第二字母相同时，就增加数字（如 IH1、IH2），表示它们是相同类型的线束和线束插接器。

【F】：表示零件（所有零件用蓝色表示）。此代码与零件位置图中所用的代码相同。

【G】：接线盒（圈内的数字是接线盒号，插接器代码在它旁边）。接线盒用阴影标出，以便将它与其他零件清楚地区别开来，如图 5-11 所示。

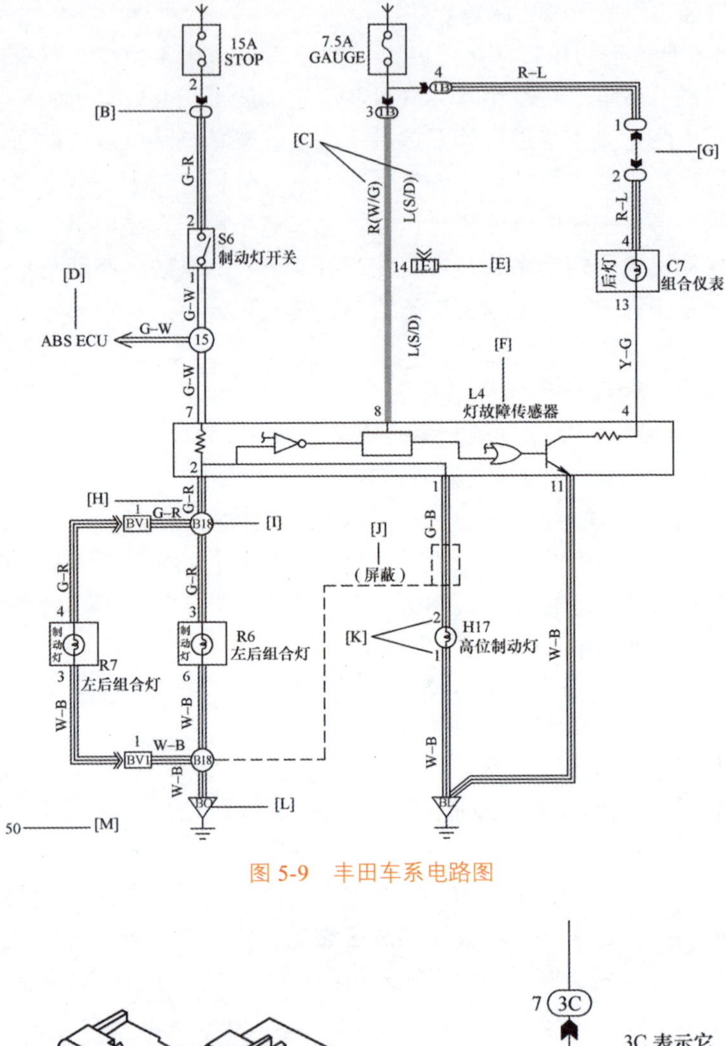

图 5-9　丰田车系电路图

图 5-10　线束插接器图

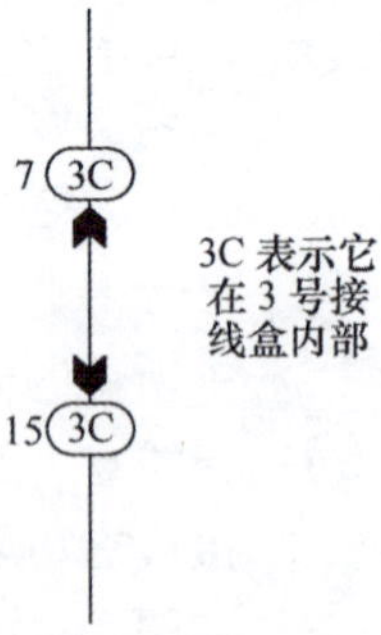

图 5-11　接线盒图

【H】：表示配线颜色。配线颜色用字母表示。B= 黑色；w= 白色；BR= 褐色；L= 蓝色；V= 紫色；SB= 天蓝色；R= 红色；G= 绿色；LG= 浅绿色；P= 粉色；Y= 黄色；GR：灰色；O= 橙色。第一个字母表示基本颜色，第二个字母表示条纹的颜色，如图 5-12 所示。

【I】：表示配线接点（发动机室的代码为 E、仪表板的代码为 I、车身的代码为“B”。

如图 5-13 所示，接点 I5 的位置是阴影部分。

【J】：表示屏蔽线，如图 5-14 所示。

【K】：表示插接器引脚的编号。

这个编号系统对于插头和插座插接器是不同的，如图 5-15 所示。

【L】：表示接地点每个接地点的代码的第一个字母表示组件位置，如发动机室的 E，仪表板和周围区域的 I 和车身及周围区域的 B。

【M】：表示页码。

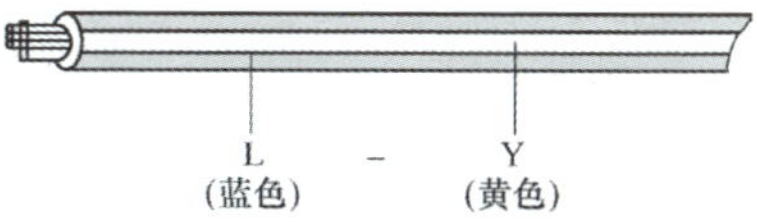

图 5-12 导线颜色表示方法

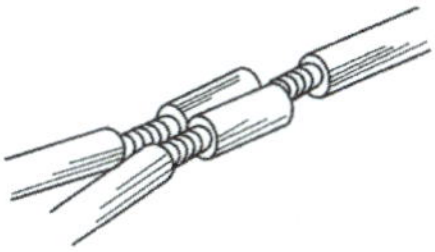

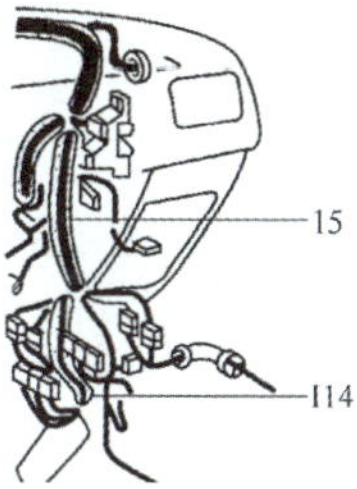

图 5-13 配线接点位置

图 5-14 屏蔽线外形

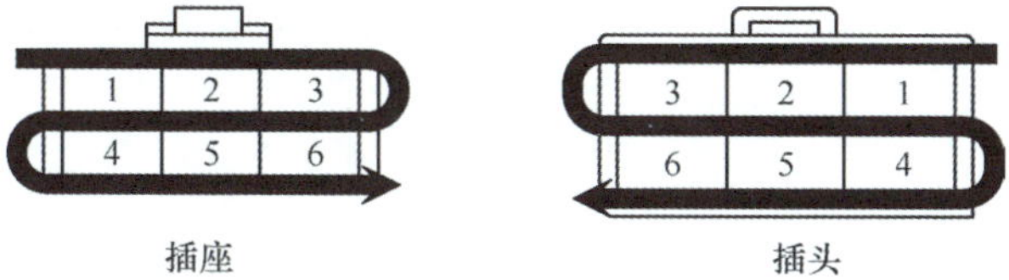

图 5-15 插接器引脚的编号

（2）丰田花冠轿车发动机电控系统电路图 如图 5-16、图 5-17 所示。

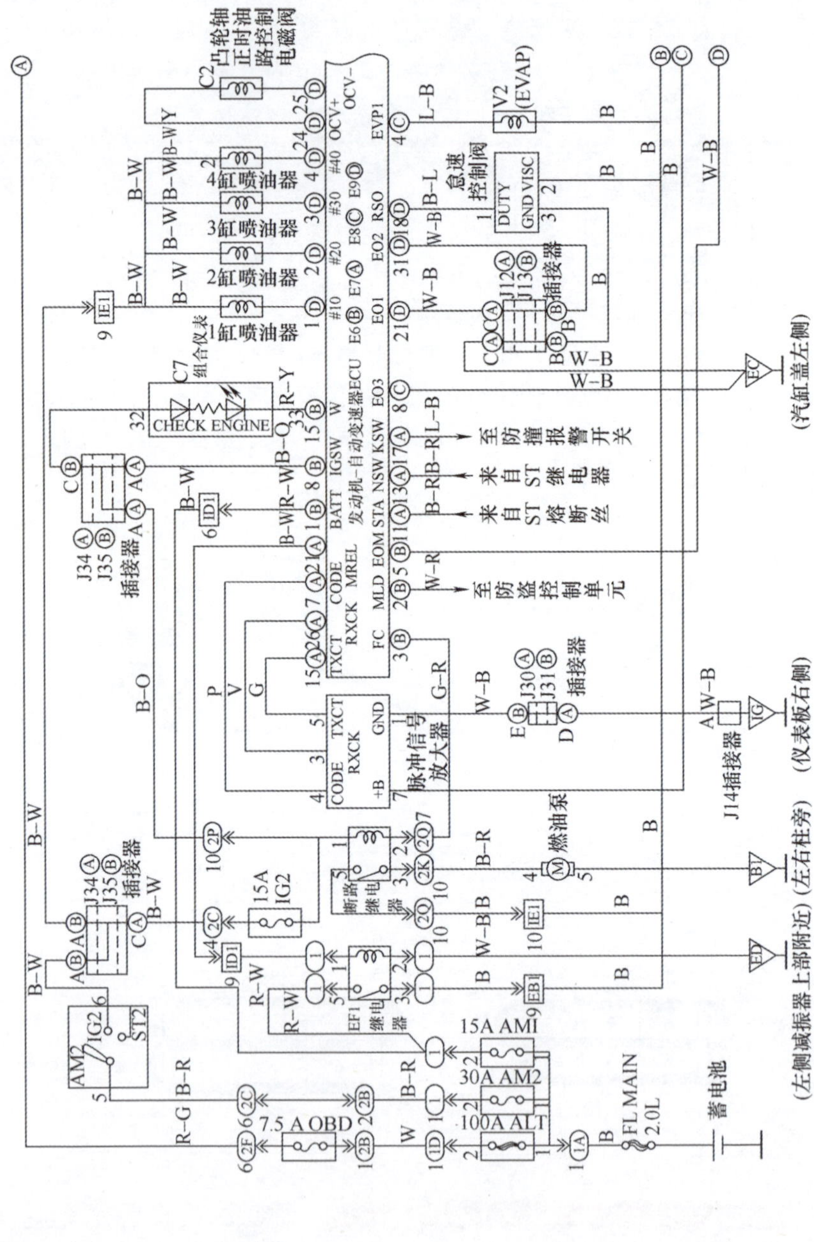

图 5-16　丰田花冠轿车发动机电控系统电路图（1）

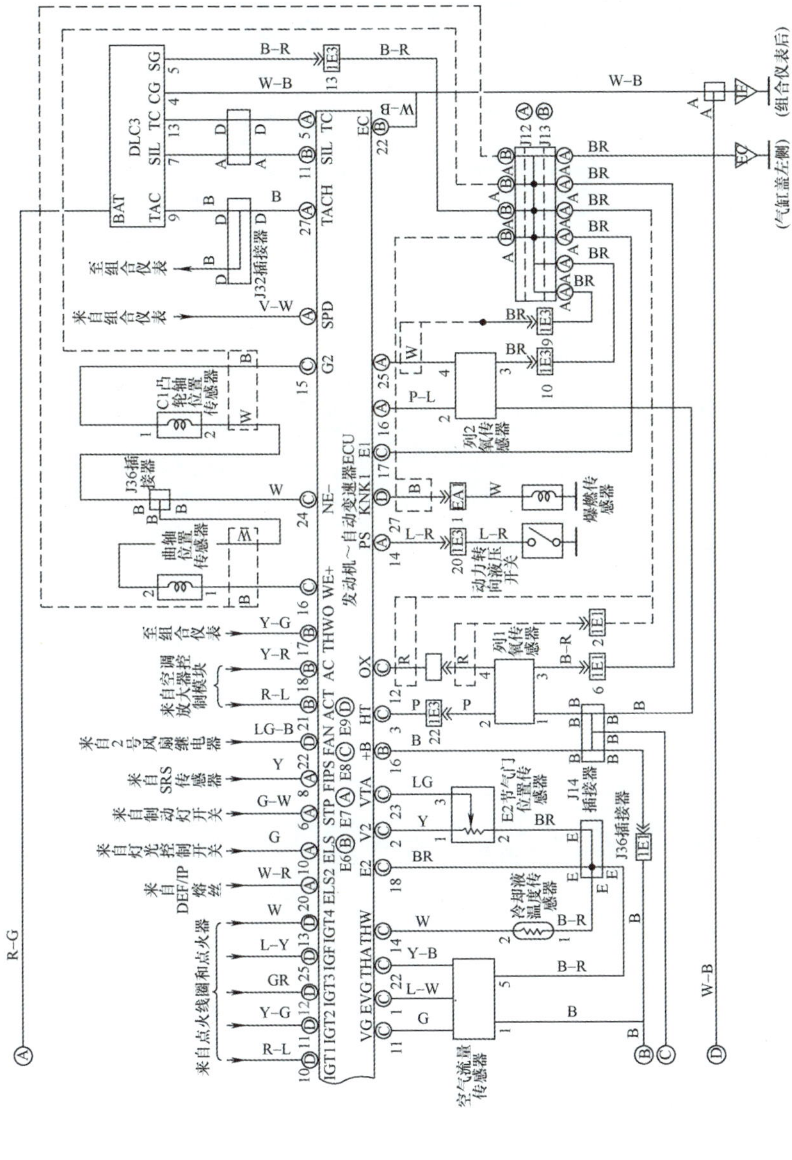

图 5-17 丰田花冠轿车发动机电控系统电路图（2）

二、控制电路与插接器的检查

1. 用测试灯检查电路

（1）用测试灯查找短路位置 如果熔丝已熔断，说明已发生过短路，这时可用测试灯进行检查。

如图 5-18 所示，首先将开关打开，拆下熔断的熔丝，并将测试灯跨接到熔丝端子上，观察测试灯是否点亮。如果测试灯亮，说明熔丝盒与开关之间出现短路，应修理熔丝盒与开关之间的线束。

如果测试灯不亮，再将开关闭合，并断开前照灯插接器，观察测试灯是否亮，如果灯亮，说明开关与插接器之间出现短路，应修理开关与插接器之间的线束。如果灯不亮，说明插接器与照明灯之间出现短路。修理照明灯与插接器之间的线束。

（2）用自备电源测试灯检查开关导通性 用自备电源测试灯检查开关导通性时，接线方法如图 5-19 所示。当开关打开时，测试灯应不亮；当开关闭合时，测试灯应亮，否则开关有故障。

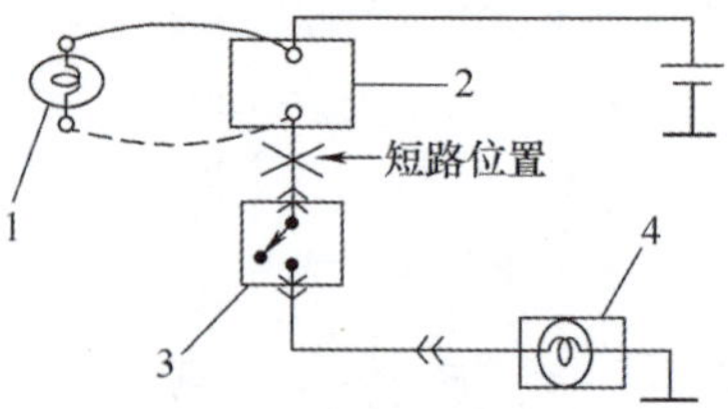

图 5-18　短路位置的检查

1 —测试灯　2 —熔丝　3 —开关　4 —前照灯

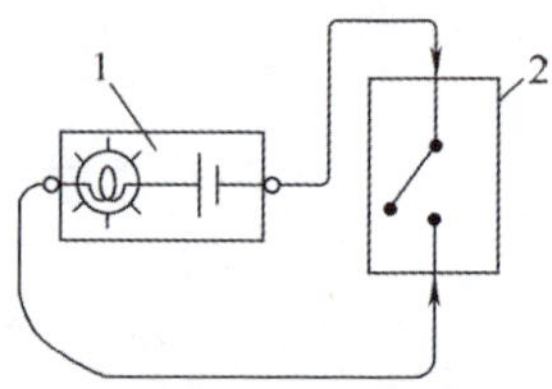

图 5-19　检查开关导通性

1 —自备电源测试灯　2 —开关

（3）测试灯查找断路位置 将测试灯的一根引线接地，另一根引线连接到开关插接器电源侧端子上，即图 5-20 中 a 点位置，测试灯应点亮；然后将测试灯连接到电动机插接器上，即图 5-20 中 b 点位置，若将开关打开，测试灯不应点亮；若将开关闭合，测试灯应点亮，否则开关及开关到电动机插接器之间的线路断路。

2. 用跨接线检查电路

当怀疑某条线路断路，如图 5-21 中的开关故障，用跨接线将开关的 a、b 两端短接，若电动机工作，即可断定开关断路。

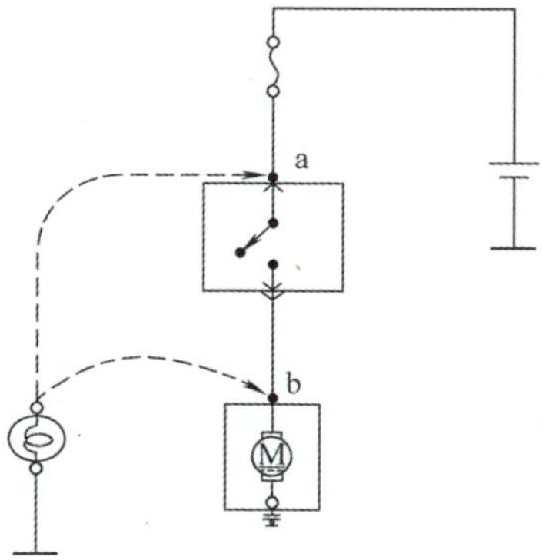

图 5-20　测试灯检查断路位置

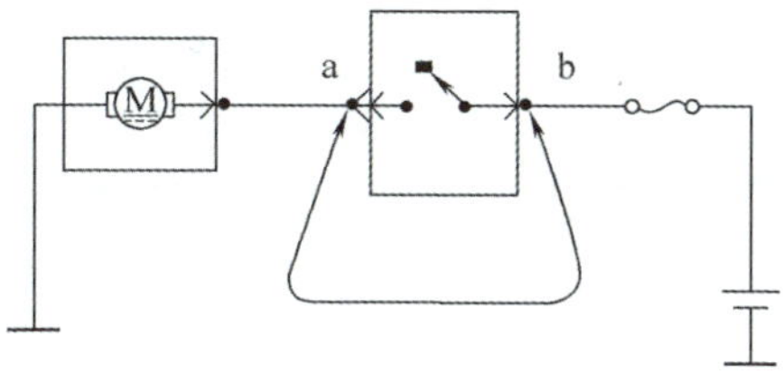

图 5-21　跨接线法检查断路

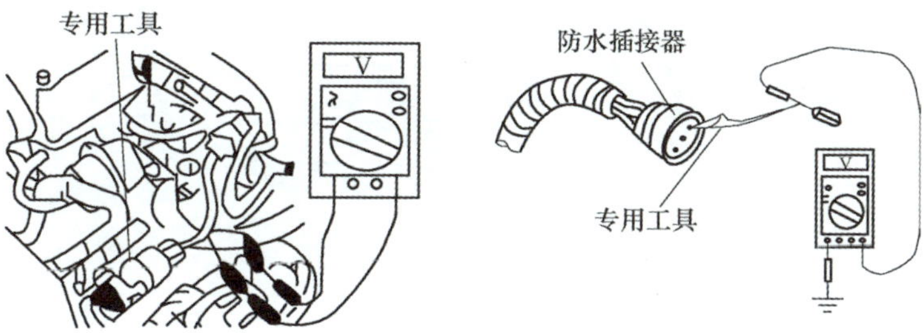

图 5-22　防水插接器的检测

3. 线束插接器的检测

（1）防水插接器的检测　当对防水插接器的导通性及电压进行测试时，要求使用专用工具，如图 5-22 所示，以免引起插接器接触不良或防水性能降低。千万不要用背测探针检测防水插接器，否则会引起端子腐蚀，使电路性能下降。

检测时注意事项如下：

1）如果断开插接器检测，面对的部分是插孔一侧，要选用合适的探针，且接触端子时力量不要太大，探针不要同时接触两个或多个端子，否则可能损坏电路，引起电气火灾。

2）如果面对的部分是插针一侧，在检测某一个端子时，不要将探针碰到其他端子。

3）若需要拉动线束时，应小心轻拉，不要让端子脱离插接器。

4）当发现插接器端子结合不良时，可以拆下插接器座上的端子，拔出导片，再维修插接器端子。

（2）普通型式插接器的检测 对普通型式插接器的导通性及电压进行测试时，可以用背测探针的方法直接检测，但检测时，要小心不要将导线刺透、刺断，也不要碰到其他端子的导线，如图 5-23 所示。

（3）插接器端的拆解

1）压下闭锁装置，将插接器拉开。在没将闭锁装置压下以前，千万不要猛拉导线，以免损坏插接器及导线。

2）将 1.4mm 宽的螺钉旋具插入插接器，用螺钉旋具稍微抬起座内导电片，并拉出端子，如图 5-24 所示。

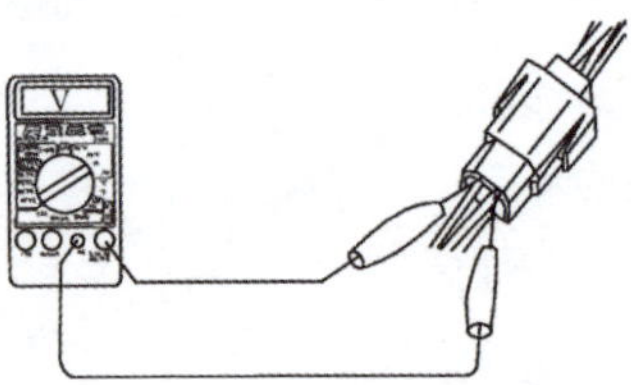

图 5-23 普通型式插接器的检测

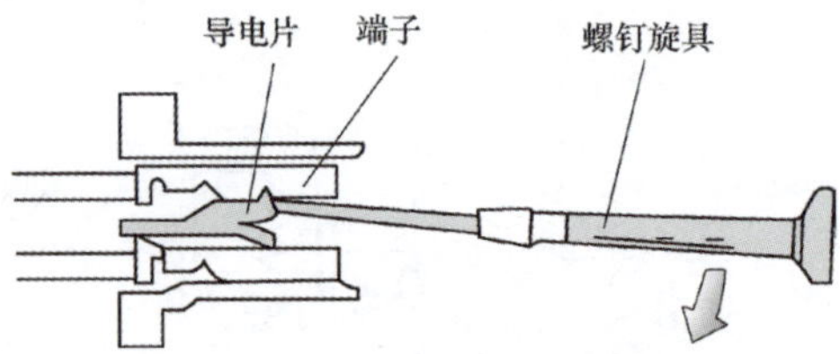

图 5-24 插接器端的拆解方法

三、发动机电控系统故障自诊断

利用发动机电控系统自诊断功能可以诊断电控系统故障。读取故障码，是诊断电控发动机过程中非常重要的一步，故障码对维修方向的确定和检测的流程具有重要意义。读取故障码的方法可分为两种：人工读码和故障诊断仪器。

人工读码一般采用跨接线的方法，即通过把电路插座（通常为诊断座）相应插孔短接，从相应的指示装置（故障指示灯、LED 灯或万用表指针）读出故障码。这种方法无须专门的检测设备，因而可以节省投资。但会遇到一些困难，一方面是因为车型种类繁多，有亚、欧和美等几十种车系上百种车型；另一方面是电子系统繁多。具体的困难有如下几个方面。

1）诊断座的型式和位置多样，不同厂家的车型间也不尽相同。虽然车载诊断系统近些年来逐渐统一，对诊断模式和诊断座做了一致性规定。但是面对市场上不同年份的各种车辆，同一车系也往往有好几种，如奔驰的诊断座有 8 孔、16 孔、9 孔和 38 孔等型式，位置则有乘客侧前围板附近、驾驶人侧减振器附近和乘客侧减振器附近等。

2）跨接线困难。不同的车型、不同的诊断座、不同的系统（如EFI、ABS）需要不同的跨接线方法。没有相应的资料，就会无从下手。

3）读码方法各异。同样是闪光码，不同车型编码方式各异。有的车型采用2位数字组成一个码，也有用3位和4位的。

4）故障码对应的含义无从知晓。很多情况下，虽然读出了故障码，但由于该车型不常见或较新，找不到有关的资料。

5）清除故障码较麻烦。跟读故障码一样，清除故障码也会遇到跨接线的困难。有些车甚至不提供跨接线清除故障码，这种情况一般要用专用的诊断仪才行。当然，清除故障码有一种简单易行的方法，大多数车都可通过拆蓄电池负极接线来清除故障码。不过拆蓄电池线之前要先记下音响密码和仪表板上的有些设置（如果有的话）。另外拆了蓄电池线后，汽车需要一段自学习的过程，因而这段时期汽车性能会有所变化。

与人工诊断的方法相比，采用故障诊断仪使得电喷发动机的修理相当轻松，维修人员只要把故障诊断仪插头插在汽车的诊断座上，然后根据诊断仪的提示操作按键，就可以了解汽车的“病因”。本书只介绍采用故障诊断仪对发动机电控系统进行故障自诊断。

维修提示：

这里应该强调的是，故障诊断仪的功能除了读取故障码和清除故障码之外，实际上，还具有如下功能：读取发动机动态数据流、英汉词典、执行元件测试、示波器功能等。

1. 故障码的读取与清除

下面以大众车系为例，介绍故障码的读取与清除方法。

发动机ECU中设有故障存储器，它包括永久性存储器和暂时性存储器。当被监测的传感器或执行元件中出现故障时，则该故障的故障码及种类会存入故障存储器中。

（1）故障诊断仪的连接

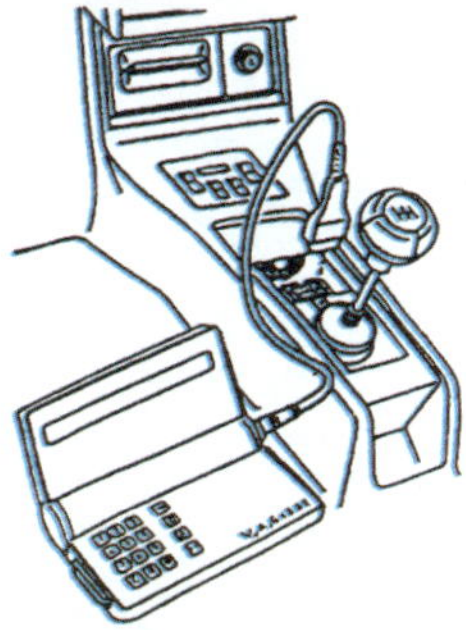

图5-25 故障诊断仪的安装

1）连接故障诊断仪。大众车系故障码

可用大众公司的 V.A.G1552、V.A.G1551 或 V.A.S5051 型故障诊断仪读出故障码。测试时，打开变速杆前的诊断插口盖板，将故障诊断仪用 V.A.G1551/3 电缆连接到车上位于变速器操纵杆前的诊断插座上，如图 5-25 所示。

2）为了检查元件和控制模块间线路有无开路或短路，大众公司还配有 V.A.G1598/22 测试盒，用于和发动机控制模块线束插头相连接。

3）大众公司的故障诊断仪有下几种功能（如表 5-2 所示）:

表 5-2 故障诊断仪功能表

代号	功能	点火开关接通	发动机怠速运转
01	询问发动机电控单元版本	是	否
02	读出故障码及显示故障范围	是	是
03	最终控制诊断	是	否
04	基本设定	是	是
05	清除故障（码）存储	是	是
06	结束输出	是	是
07	电控单元编码	是	否
08	读测量数据块	是	是

4）测试条件: 蓄电池电压大于 11.5V，发动机接地良好，熔丝正常。

5）如果故障已经排除，在故障存储器相应的记录内容应予以清除。或者发动机起动 50 次后，则存储器存储的故障会被自动清除。

（2）故障诊断仪的显示

1）连接好故障诊断仪后，屏幕显示:

Test of vehicle systems	HELP
Enter address word XX	
车辆系统测试	帮助
输入地址码 XX	

2）打开点火开关，或者发动机怠速运转。输入“发动机电子系统”地址码 01，用 Q 键确认。屏幕显示:

```
330 907 404 1.8L R4/2V MOTR HS D01    →
Coding 08001          WSC XXXXX
```

其中，330 907 404　　发动机控制单元零件号

1.8L　　发动机排量

R4/2V	直列式发动机，4 缸，每缸 2 气门
MOTR	Motronic
HS	手动变速器
D01	控制单元软件版本
Coding 08001	控制单元编码
WSC XXXXX	维修站代码

3）按 → 键，屏幕显示：

Test of vehicle systems	HELP
Select function XX	
车辆系统测试	帮助
选择功能 XX	

（3）查询故障码和清除故障码

1）连接 V.A.G1552 故障阅读仪，打开点火开关，发动机怠速运转，输入“发动机电子系统”的地址码 01。

2）当发动机不起动时：接通点火开关，查询故障码。屏幕显示：

Test of vehicle systems	HELP
Select function XX	
车辆系统测试	帮助
选择功能 XX	

3）输入 02“查询故障码”，按 Q 键确认。在显示屏上首先显示出故障的数量或者“No fault recognized”（没有故障）。屏幕显示：

X Faults recognized!	→
X 个故障出现！	→

4）如果没有故障，按 → 键。如果有 1 个或几个故障：按 → 键逐一显示各个故障码和它的文字说明。按 → 键。屏幕显示：

Test of vehicle systems	HELP
Select function XX	
车辆系统测试	帮助
选择功能 XX	

5）输入 05“清除故障码”，按 Q 键确认。屏幕显示：

Test of vehicle systems	→
Fault memory is erased!	
车辆系统测试	→
故障码已被清除！	

6）按 → 键。屏幕显示：

Test of vehicle systems	HELP
Select function XX	
车辆系统测试	帮助
选择功能 XX	

7）最后断开故障诊断仪的连接电缆。

2. 基本设定

基本设定是对发动机控制单元和节气门控制部件进行匹配。如果发动机控制单元被切断电源后，必须进行基本设定。

1）当发动机不运转时，在基本设定功能可以完成节气门控制部件与发动机控制单元匹配。

当发动机运转时，在基本设定功能可以完成：①借助空燃比控制功能的开、闭帮助查找故障。②点火正时检查。

发动机运转时必须满足下列条件：①冷却液温度不低于 80℃。②测试时，散热风扇不允许转。③空调关闭。④其他用电设备关闭。⑤在故障储存中没有故障存在。

2）连接故障阅读仪 V.A.G1552 或 V.A.G1551，让发动机怠速运转。选择地址码 01“发动机电子控制系统”。屏幕显示：

Test of vehicle systems	HELP
Select function XX	
车辆系统测试	帮助
选择功能 XX	

3）输入 04“基本设定”功能，按 Q 键确认。屏幕显示：

Introduction of basic setting	HELP
Enter display group number XX	

引入基本设定	帮助
输入组别号　XX	

4）输入需要显示的组别号，可以参见“读测量数据块”部分。这里用 01 显示组来举例显示过程，输入 01 显示组。屏幕显示：

Introduction of basic setting	Q
Enter display group number 01	
引入基本设定	确认
输入组别号　01	

5）按 Q 键确认。屏幕显示：

System in basic setting 1			→
1	2	3	4
引入基本设定　1			→
1	2	3	4

6）如果全部显示区域都在标准范围内，按 → 键。屏幕显示：

Test of vehicle systems	HELP
Select function　XX	
车辆系统测试	帮助
选择功能　XX	

7）输入 06“结束输出”功能，按 Q 键确认。

3. 控制单元编码

如果控制单元编码没有显示或者更换了控制单元之后，都必须对控制单元编码。

1）连接故障阅读仪 V.A.G1552 或 V.A.G1551，接通点火开关，选择地址词 01“发动机电子控制系统”。屏幕显示：

Test of vehicle systems	HELP
Select function　XX	
车辆系统测试	帮助
选择功能　XX	

2）输入 07“控制单元编码”功能，按 Q 键确认。屏幕显示：

Code control unit Q Feed in code number XXXXX (0–32000)
控制单元编码 Q 输入编码号码 XXXXX (0–32000)

3）输入这种车辆的编码号（手动变速器车辆编码号为 08001），按 Q 键确认。控制单元的识别内容将显示在 V.A.G1552 故障阅读仪的屏幕上。

4）关闭点火开关，然后再打开。当点火开关再次打开，新输入的编码将起作用。按 → 键。屏幕显示：

Test of vehicle systems HELP Select function XX
车辆系统测试 帮助 选择功能 XX

5）输入 06“结束输出”，按 Q 键确认。

4. 读取测量数据块（数据流）

在利用故障诊断仪诊断故障时，很多时候必须借助一些数据流，才能找到排除故障的线索。

（1）数据流分析简述

1）数据流分析的重要性。通常，在诊断电控发动故障时一般都遵循这样的原则：

- 第一步，判断故障原因是在电控部分还是在机械部分，使用的办法就是利用诊断仪检查控制单元的自诊断系统中是否有故障记忆。如果有故障记忆，则可确定故障原因在电控部分；如没有，则可初步确定故障原因是在机械部分。
- 第二步，根据故障记忆的内容及产生故障原因的相关提示，去确定系统中的故障部位。这些故障部位大多发生在各类信号传感器、连接导线和接插件上。
- 第三步，在没有故障记忆或排除了控制系统故障的基础上，按照通常发动机故障的排除规律，根据发动机的故障现象去确定可能产生故障的部件，即检查各类机械结构部件的工作状况，像电动燃油泵的供油能力、油路的压力状况、火花塞工作状况、点火线圈工作状况和气缸压力等。

经过这三步工作，一般应可以解决发动机的故障了。但如果故障依旧——如怠速不良、抖动严重、怠速冒黑烟、发动机耗油量大、发动机加速不良以及发动机空负荷时只能加速到 3000 r/min 等，使用故障诊断仪往往会发现控制单元中没有故障码，也就是说发动机的自诊断系统没有发现本系统有故障。这种情况下，就需要利用诊断仪中的数据分析功能，根据电控系统的一些工作参数来分析造成故障的原因，查找发动机电控系统的故障。

维修提示：

● 发动机电控系统的工作主要是依据发动机控制单元来控制发动机在各工况的供油量，供油量的多少必须与发动机的工况相匹配，这种匹配关系必须是控制系统状况与发动机实际状况相吻合的关系。比如，驾驶人控制节气门位置来要求发动机达到某种工况，这时控制系统要如实地反映和保证整个系统达到所要求的工况，实际工况对于发动机来说是唯一的，而控制系统要反映和确定这个唯一的工况需要许多个参数，这些参数还要相互统一，即实际工况与实际标准参数要有互相对应的关系。例如，发动机在经济负荷上运转时，反映的是部分负荷工况，那么控制系统中各种反映发动机负荷状态的传感器所提供给控制单元的参数也是符合发动机在部分负荷状态的数据：转速为 2500r/min，节气门开度为 40%，进气量为 6 g/s，喷油脉宽为 4.5ms（校正）。这些发动机负荷状态的参数必须与要求发动机达到的工况相吻合，如果有一项参数不能达到实际要求数值，例如节气门实际开度已达 40%，但节气门位置传感器送给控制单元的数据却是 30%，这时相对应的发动机转速也就不能提升到 2500 r/min。这种匹配关系是电控装置能否满足驾驶人实际要求的一种对应关系，也是电控装置能否按照驾驶人的意愿工作的基本保证。

2）标准参数的范围限定。电控单元在控制发动机工作的过程中，它所接受的各种传感器信号是人们给定的一个范围，而电控单元的自诊断系统功能，就是判断这些传感器的信号是否超出了这个范围。只有信号超出规定范围后，自诊断系统才能知道这种信号不能作为控制信号使用，从而确定系统中有故障，也才能有故障记忆，给出故障码。如果信号没有超出给定范围，但却与实际情况有较大的偏差，这种不准确信号仍会使控制单元根据不准确信号控制发动机工作，自诊断系统不能给出故障码，从而造成发动机产生故障现象，这就是控制系统产生无故障码故障的根本原因。

3）重视并了解阅读数据流中的状态信息。分析无故障码故障时要检查的参数很多，主要有：①发动机转速。②空气进气量（或进气歧管绝对压力值）。③点火提前角。④喷油脉宽。⑤节气门开度值。⑥充电电压值。⑦冷却液温度值。⑧进气温度值。⑨氧传感器电压值。

这些参数可分成 3 种类型：第 1 种是基础参数，如发动机转速。第 2 种是重要参数，如进气量（进气歧管压力值）、点火提前角、喷油脉宽和节气门开度值等。第 3 种是修正参数，如冷却液温度、进气温度和氧传感器信号等。

数据信息的表示方式多种各样，单位也不一样。例如，大众车系节气门的开度使用“%”的形式表达；自动变速器的多功能开关等开关状态信息以 8 位二进制码表达；发动机的防盗电子工作状态以 4 组“0”和“1”的数字表示；节气门的基本设置信息有一些特定字符表示其状态等。重视和了解这些数据信息的表达方式和含义，有助于更加全面地了解控制单元的工作状态，以及一些传感器和执行元件的信息。

4）利用数据流进行故障诊断的方法的分析。当发动机在无故障码的情况下出现故障现象时，应首先检查控制系统中传感器实际显示的数据，并与正常值作比较，确定其值是否超出正常范围及偏差的程度。例如，当出现怠速不稳故障时，应首先检查进气参数和供油时间参数，同时要确定氧传感器信号是否正常。如果氧传感器信号不正常，则应先确定氧传感器自身是否损坏。氧传感器信号是控制单元判断混合气比例是否正确的依据，如果氧传感器自身损坏，会给控制单元提供错误信号，从而造成控制单元错误地控制喷油量。例如，氧传感器错误地提供一个混合气偏浓的信号，则控制单元会依据这个控制信号减少供油量，从而造成实际混合气浓度偏稀，这时发动机会出现怠速运转不稳现象。如果检查氧传感器正常，而进气量测量信号出现偏差，例如给控制单元提供一个较高的进气信号电压，这时控制单元会控制喷油器喷出较多的燃油以匹配进气信号，从而造成混合气过浓引起怠速不稳的现象，同时发动机油耗增大，这时检查供油时间参数，会发现其值也偏离正常值。

有时测量进气量的传感器自身有故障时，在怠速时不反映出故障现象，只是在发动机加速时，发动机无法高速运转，严重时最高转速仅达 3 000～4 000 r/min。造成这种现象的原因是进气量信号电压太低，控制单元仅能接收到较低进气量信号，从而控制发动机在低负荷、低转速条件下运转。其他一些修正信号也会影响发动机的运转，如进气温度信号和冷却液温度信号，这两种温度信号如果出现偏差，如向控制单元提供较低温度信号，则控制单元会控制发动机按暖机工况运行，这时发动机的怠速会出现忽高忽低现象。

当检查控制系统中的信号参数都正常，而发动机仍然有故障表现时，这时应按发动机的基本检查程序进行，如检查点火系统的工作情况（如火花塞状况、高压线的阻值状况），供油压力是否正常，气缸压力是否正常等。

（2）大众车系数据块分析

1）连接故障阅读仪 V.A.G1552（或 V.A.G1551）让发动机怠速运转。选择地址码 01“发动机电子控制系统”。

2）输入 08“读测量数据块”功能，按 Q 键确认。屏幕显示：

Read measuring value block HELP Enter display group number XX
读测量数据块 帮助 输入组别号 XX

3）输入相关的显示组号，按 Q 键确认。例如输入 00 显示组号，按 Q 键确认。屏幕显示：

Read measuring value block 0 → 1 2 3 4 5 6 7 8 9 10
读测量数据块 → 1 2 3 4 5 6 7 8 9 10

4）从一个组变到另一个组按表 5-3 方法操作

表 5-3 显示组切换操作

显示组	V.A.G1552	V.A.G1551
进一组	按↑组	按 3 键
退一组	按↓组	按 1 键
退回重输组号	按 C 键	按 C 键

5）显示组内容见表 5-4 所示。

表 5-4　显示组一览表

显示组号	屏幕显示	说明
00 基本功能	Read measuring value block 0 1 2 3 4 5 6 7 8 9 10	1- 冷却液温度 2- 发动机负荷 3- 发动机转速 4- 蓄电池电压 5- 节气门开度 6- 怠速空气质量控制值
00 基本功能	Read measuring value block 0 1 2 3 4 5 6 7 8 9 10	7- 怠速空气质量测量值 8- 混合气成分控制值（空燃比控制值） 9- 混合气成分测量值（空燃比测量值） 10- 混合气成分测量值（空燃比测量值）
01 基本功能	Read measuring value block 1 1 2 3 4	1- 发动机转速 2- 发动机负荷（每转喷射持续时间） 3- 节气门角度 4- 点火提前角
02 基本功能	Read measuring value block 2 1 2 3 4	1- 发动机转速 2- 发动机负荷（曲轴每转喷射持续时间） 3- 发动机每循环喷射持续时间 4- 进气质量
03 基本功能	Read measuring value block 3 1 2 3 4	1- 发动机转速 2- 蓄电池电压 3- 冷却液温度 4- 进气温度
04 怠速稳定	Read measuring value block 4 1 2 3 4	1- 节气门开度 2- 怠速空气质量测量值（空档位置） 3- 怠速空气质量测量值（自动变速器驱动档） 4- 工作状况 Leerlauf- 怠速 Tetllast- 部分负荷 Vollast- 全负荷 Schub- 加浓 Anreicherung- 超速
05 怠速稳定	Read measuring value block 5 1 2 3 4	1- 怠速转速（测量值） 2- 怠速转速（规定值） 3- 怠速控制 4- 进气质量
06 怠速稳定	Read measuring value block 6 1 2 3 4	1- 怠速转速 2- 怠速控制 3- 混合气空燃比控制 4- 点火提前角

（续）

显示组号	屏幕显示	说明
07 空燃比控制和 ACF 阀系统	Read measuring value block 7 1 2 3 4	混合气空燃比控制 氧传感器电压 活性炭罐电磁阀 N80 占空比 油箱净化系统动作时混合气修正因素
08 空燃比调节值	Read measuring value block 8 1 2 3 4	1- 发动机每循环喷射持续时间 2- 怠速时空燃比调节值 3- 部分负荷时空燃比调节值 4- 油箱净化系统 TE active 活性炭罐电磁阀动作 TE not active 活性炭罐电磁阀关闭 Λ adaption 活性炭罐电磁阀关闭 空燃比调节起作用
09 空燃比调节值	Read measuring value block 9 1 2 3 4	1- 发动机转速（测量值） 2- 混合气空燃比控制 3- 氧传感器电压 4- 怠速时空燃比调节值
10 空燃比调节值	Read measuring value block 10 1 2 3 4	1- 活性炭罐电磁阀 N80 占空比 2- 油箱净化系统动作时进混合气修正因素 3- 活性炭罐过滤器充满水平 4-ACF 阀供应空气的比例
11 汽油消耗	Read measuring value block 11 1 2 3 4	1- 发动机转速 2- 发动机负荷（曲轴每转喷射持续时间） 3- 车速 4- 汽油消耗
12 汽油消耗	Read measuring value block 12 1 2 3 4	1- 发动机转速 2- 蓄电池电压 3- 汽油消耗 4- 点火提前角
13 爆燃控制	Read measuring value block 13 1 2 3 4	1- 第 1 缸爆燃控制点火滞后角 2- 第 2 缸爆燃控制点火滞后角 3- 第 3 缸爆燃控制点火滞后角 4- 第 4 缸爆燃控制点火滞后角
14 爆燃控制	Read measuring value block 14 1 2 3 4	1- 发动机转速 2- 发动机负荷（曲轴每转喷射持续时间） 3- 第 1 缸爆燃控制点火滞后角 4- 第 2 缸爆燃控制点火滞后角
15 爆燃控制	Read measuring value block 15 1 2 3 4	1- 发动机转速 2- 发动机负荷（曲轴每转喷射持续时间） 3- 第 3 缸爆燃控制点火滞后角 4- 第 4 缸爆燃控制点火滞后角

（续）

显示组号	屏幕显示	说明
16 爆燃控制	Read measuring value block 16 1 2 3 4	1- 第 1 缸爆燃传感器信号电压 2- 第 2 缸爆燃传感器信号电压 3- 第 3 缸爆燃传感器信号电压 4- 第 4 缸爆燃传感器信号电压
17 催化转化器加热	Read measuring value block 17 1 2 3 4	1- 发动机转速 2- 发动机负荷（曲轴每转喷射持续时间） 3- 催化转化器加热能量平衡 4- 点火提前角（目前催化转换器未装）
18 海拔适配	Read measuring value block 18 1 2 3 4	1- 发动机转速 2- 发动机负荷（没有海拔修正） 3- 发动机负荷（有海拔修正） 4- 按空气密度来修正的海拔修正因素
19 转矩减小	Read measuring value block 0 1 2 3 4	1- 发动机转速 2- 发动机负荷（曲轴每转喷射持续时间） 3- 变速器档位信号 4- 点火提前角
20 工作状态	Read measuring value block 20 1 2 3 4	1- 发动机转速 2- 变速杆位置 3- 空调开关 4- 空调压缩
21 空燃比控制工作状态	Read measuring value block 21 1 2 3 4	1- 发动机转速 2- 发动机负荷（曲轴每转喷射持续时间） 3- 冷却液温度 4- 空燃比控制关闭 / 打开
23 节气门控制部件	Read measuring value block 23 1 2 3 4	1- 节气门控制部件工作状态 2- 节气门定位器最小停止位置 3- 节气门定位器紧急运行停止位置 4- 节气门定位器最大停止位置
24 爆燃控制	Read measuring value block 24 1 2 3 4	1- 发动机转速 2- 发动机负荷（曲轴每转喷射持续时间） 3- 点火提前角 4- 第 1 缸至第 4 缸总点火滞后角平均值
98 节气门控制部件匹配	Read measuring value block 98 1 2 3 4	1- 节气门电位计电压 2- 节气门定位电位计电压 3- 工作状态：怠速 / 部分负荷 4- 匹配状态：正在匹配 匹配完成 匹配未完成 匹配错误

显示组号	屏幕显示	说明
99 空燃比控制	Read measuring value block 99 1 2 3 4	1- 发动机转速 2- 冷却液温度 3- 混合气在成分空燃比控制 4- 空燃比控制关闭 / 打开

四、发动机电控系统常见故障诊断

1. 间歇性故障诊断

间歇性故障是指受外界因素（如温度、受潮、振动等）影响而有时存在、有时又自动消失的故障。

（1）间歇性故障的模拟检查 由于此类故障无明显的故障现象，诊断比较困难，一般需模拟车主陈述故障出现时的条件和环境，使故障再现，以便根据故障现象查明故障原因。

1）振动法。电控系统线路接触不良或元件安装不牢固等引发的故障，汽车行驶中由于振动往往会使故障现象时隐时现。如图 5-26 所示，遇此类故障可使发动机维持怠速运转，在水平和垂直方向摇动线束或线束插接器，用手轻拍装有传感器的部件，观察发动机故障是否再现，如果故障出现，说明摇动的线路或轻拍部位的传感器有故障。

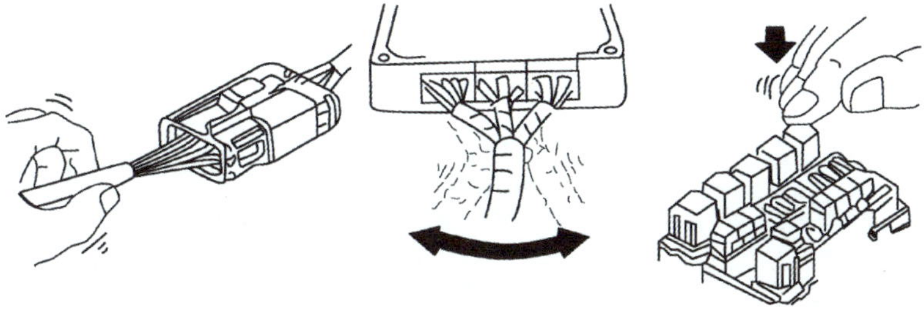

a）轻轻晃动线束　b）轻轻弯曲线束　c）轻轻敲击继电器

图 5-26　振动模拟试验

维修提示：

- 注意：不能用力拍打继电器，否则可能会造成继电器断路。
- 对传感器进行振动试验时，可用万用表测量其输出信号有无异常变化，以确定该传感器是否有故障。

2）加热法。如果故障只在热机时出现，可用电吹风加热怀疑有故障的电控系统元件（如图 5-27 所示），如果加热某元件时故障再现，说明该元件有故障。在使用加热法时应注意：

- 加热温度不能高于 60℃（温度限制在不致损坏电子器件的范围内）。
- 不可直接加热电脑中的零件。

3）水淋法。如果故障只在雨天、洗车后或高湿度环境下出现，可用水喷淋车辆使故障再现（如图 5-28 所示），以便根据故障现象分析判断故障原因。使用水淋法检查时应注意：

- 不可将水直接喷在发动机零部件上，应喷在散热器前面，间接改变温度和湿度。
- 不可将水直接喷在电子器件上。
- 如果车辆漏水，漏入的水可能浸入电脑，当试验车辆漏水故障时，必须特别注意。

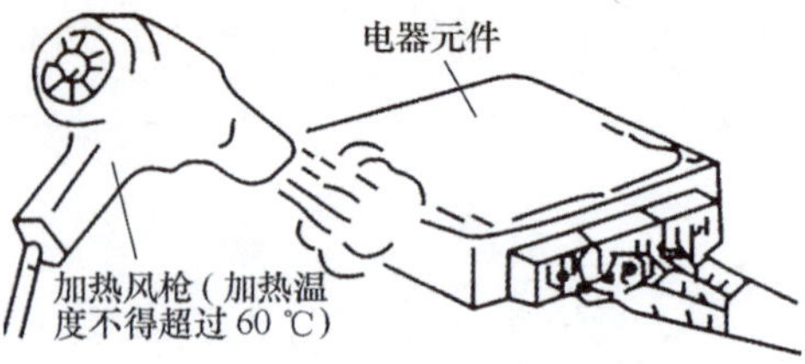

图 5-27　热敏感模拟试验

图 5-28　水淋模拟试验

4）电器全部接通法。当怀疑故障可能是用电负荷过大引起时，可使用此方法。接通所有电子负载，包括加热器鼓风机、前灯、后窗除雾器、空调、音响等，检查是否出现故障。

5）道路试验法。有些故障只在特定的行驶状态下出现，则必须通过道路试验的方法使故障再现，以便查明故障原因。

要点

- 间歇性故障一般不会长时间出现，所以在故障诊断时，用上述方法使故障再现后，应抓住时机，根据故障码提示和故障现象迅速对故障进行诊断。

(2)间歇性故障诊断检查表 间歇性故障诊断检查表如表5-5所示。

表5-5 间歇性故障诊断检查表

检查	操作
初步检查	(1)在起动发动机前，先进行外观检查 (2)必须在故障出现时，才能用诊断故障码表确定故障的位置
线束/连接器检测	许多电路因振动、发动机转矩、撞击，道路不平等引起线束/连接器移动，而容易产生间断性开路和短路。基本检查方法如下： (1)移动相关的连接器和线束，同时监视相应的故障诊断仪数据 (2)移动相关的连接器和线束，用故障诊断仪指令部件打开(和关闭)。观察部件的操作 (3)当发动机运行时，移动相关的连接器和线束，同时监视发动机的操作。 如果线束或接头的移动会影响显示的数据、部件/系统操作或发动机的操作，则对线束，连接进行必要的检查和修理
故障诊断仪快检	用故障诊断仪快检可用参数。快检功能记录一定期间内的实时数据。记录的数据可以回放和分析。故障诊断仪还能绘制单参数图和参数组合图，以便进行比较。快检既可在注意到症状时手动触发，也可设置为在故障码设置时提前触发。记录数据中捕获的异常值，可能指示系统或部件需要进一步检查。
电气连接和导线	(1)检查插头是否配合不良，或是端子未完全插入到连接器壳体中(脱出) (2)检查端子是否变形或损坏。测试端子张力是否不足 (3)检查导线与端子是否接触不良，包括卷曲在绝缘体上的端子。该测试需要将端子从连接器壳体上卸下 (4)检查是否出现腐蚀、进水 (5)导线夹紧、切断或擦破 (6)布线不正确，距离高电压、高电流装置，如次级点火部件、电动机、发电机等太近。这些部件会在电路中诱发电躁声，干扰电路的正常操作 (7)非制造厂(售后)加装的附件安装不当
故障指示灯间断闪烁和无故障码	(1)因继电器、ECU驱动的电磁线圈或开关功能失效导致的电气系统干扰。它们可引起强烈的电气波动。通常，当有故障的部件工作时就会出现这样的问题 (2)非制造厂(售后)加装的附件安装不当，如车灯、收音机、电动机等 (3)故障指示灯电路对接地间断性短路 (4)ECU接地不良
存储的故障码丢失	按如下测试检测故障码内存是否丢失： (1)断开发动机冷却液温度传感器 (2)起动发动机 (3)用故障诊断仪监视诊断故障码的状态，观察是否出现故障码 (4)使发动机怠速运行，直到故障码出现 (5)关闭点火开关并等待至少30s (6)打开点火开关 (7)监视故障诊断仪上是否出现故障码 即使关闭点火装置至少30s，ECU也应保存信息并将该信息保持在存储器中(只要ECU蓄电池输入和接地电路不受干扰，信息应被随机储存)。如果未保持故障码信息，而且ECU电源和接地都正常，则ECU有故障

（续）

检查	操作
附加检查	（1）测试空调压缩机离合器上跨接的二极管和其他二极管是否开路 （2）非制造厂（售后）加装的附件安装不当，如车灯、收音机、电动机等 （3）测试发电机整流器是否损坏

2. 无故障码故障诊断

无故障码故障是指在汽车使用中，有明显的故障现象，但“故障指示灯”不亮，按规定程序调取故障码时，显示正常码。此类故障的诊断步骤见表 5-6。

表 5-6　无故障码故障诊断步骤

步骤	检查内容	正常时状况	不正常时的处理方法
1	发动机不工作时检查蓄电池电压	不低于 11 V	充电或更换蓄电池
2	盘转发动机检查曲轴能否转动	能转动	按“故障诊断表”诊断
3	起动发动机检查能否起动	能起动	直接转到步骤 7 进行检查
4	检查空气滤清器滤芯是否过脏或损坏	滤芯良好	清洁或更换滤芯
5	检查发动机怠速运转情况	怠速运转良好	按“故障诊断表”诊断
6	检查发动机点火正时	点火正时准确	调整
7	检查燃油系统压力	压力正常	检查排除燃油系统故障
8	检查火花塞和高压线跳火情况	火花正常	检查排除点火系统故障
9	上述检查是否查明故障原因	查明故障原因	按“故障诊断表”诊断

3. 故障诊断表

（1）常见车型故障诊断表　在对电控系统进行故障诊断时，按故障码提示诊断；无故障码时，如果通过基本检查不能查明故障原因，则可根据故障现象按故障诊断表进行检查。

表 5-7 为 L 型电控燃油喷射汽油机故障诊断表，表 5-8 为 D 型电控燃油喷射汽油机故障诊断表。表中给出的数字为检查步骤的顺序，如：故障现象为发动机不能起动，且起动发动机时曲轴不能转动，按故障诊断表诊断故障时，第 1 步应检查起动系统，第 2 步检查防盗 ECU，第 3 步检查发动机控制 ECU 电源电路；如果发生故障的汽车没有装防盗系统，则将第 2 步检查跳过即可。

表 5-7　L 型电控燃油喷射汽油机故障诊断表

故障现象 / 检查顺序 / 可能故障部位	不能起动			起动困难				怠速不良				性能不良				失速				
	曲轴不能转动	无着火征兆	燃烧不良	汽油机转动缓慢	常温下起动困难	冷起动困难	热起动困难	基本怠速转速不正确	怠速过高	怠速过低	怠速不稳	汽油机加速不良	近气管回火	排气管放炮	爆燃	起动后失速	踩下加速踏板后失速	松开加速踏板后失速	空调工长时失速	由N位挂入D位时失速
开关状态信号电路								1	1	3	1	1		1			1			
点火信号电路		2	5		13						7	6								
氧传感器电路											18									
冷却液温度传感器电路			9		11	9	10			9	17		4	7		6				
进气温度传感器电路					14	10	11						5	8						
空气流量计电路										7	3	2		10		2	2			
节气门位置传感器电路													7	9						
起动机信号电路					1	1	1						6							
爆燃传感器电路															2					
空档起动开关电路									5	4										1
起动系统	1																			
EFI 主继电器电源	3	1							4											
备用电源电路									6	8	13									
喷油器电路		6	6		8	4	5			6	4	3	9	5	4			1		
冷起动喷油器电路			11		12	8	7				16									
怠速控制阀电路		5	7		2	2	2	2	2	1	2									
燃油泵控制电路		3	10		3	3	4			5	9	4	8	11		1		2		
燃油压力控制 VSV 电路							3													
EGR 系统控制电路					10		12			10	5		2		5					
可变电阻器电阻											6	5	3	6						
A/C 信号电路									3	2								3	2	
燃油质量					9		13				15					5				
进气管漏气			1				14				14	11	1			4				

（续）

故障现象 / 检查顺序 / 可能故障部位	不能起动			起动困难				怠速不良				性能不良				失速				
	曲轴不能转动	无着火征兆	燃烧不良	汽油机转动缓慢	常温下起动困难	冷起动困难	热起动困难	基本怠速转速不正确	怠速过高	怠速过低	怠速不稳	汽油机加速不良	近气管回火	排气管放炮	爆燃	起动后失速	踩下加速踏板后失速	松开加速踏板后失速	空调工长时失速	由N位挂入D位时失速
空档起动开关电路																				
点火线圈			2	1	4	5	6				10	7		2						
分电器			3		5	6	8				11	8		3						
火花塞		4	4		6	7	9				12	9		4	3					
节气门操作装置												12								
气缸压缩压力			8		7						8									
制动系统故障（发咬）												13								
变速器故障												10								
防盗 ECU	2																			
汽油机机械或其他故障		7	12	3	15						19	14	10	12	6					
汽油机控制 ECU		8	13		16	11	15	3	7	11	20	15	11	13	7			4	3	

表 5-8　D 型电控燃油喷射汽油机故障诊断表

故障现象 / 检查顺序 / 可能故障部位	不能起动			起动困难				怠速不良				性能不良				失速				
	曲轴不能转动	无着火征兆	燃烧不良	汽油机转动缓慢	常温下起动困难	冷起动困难	热起动困难	基本怠速转速不正确	怠速过高	怠速过低	怠速不稳	汽油机加速不良	近气管回火	排气管放炮	爆燃	起动后失速	踩下加速踏板后失速	松开加速踏板后失速	空调工长时失速	由N位挂入D位时失速
开关状态信号电路					9															
点火信号电路		2	5		10						12									
冷却液温度传感器电路			4		4	1	1	2	2	1	2	9	1	1		7				

（续）

故障现象 / 检查顺序 / 可能故障部位	不能起动			起动困难				怠速不良				性能不良				失速				
	曲轴不能转动	无着火征兆	燃烧不良	汽油机转动缓慢	常温下起动困难	冷起动困难	热起动困难	基本怠速转速不正确	怠速过高	怠速过低	怠速不稳	汽油机加速不良	近气管回火	排气管放炮	爆燃	起动后失速	踩下加速踏板后失速	松开加速踏板后失速	空调工长时失速	由N位挂入D位时失速
进气温度传感器电路					11	5	4		5			10	4	5						
绝对压力传感器电路		5	4							3	10	8	3	3		6	1	2		
节气门位置传感器电路									6			7	2	4			2			
起动机信号电路						2														
爆燃传感器电路															1					
空档起动开关电路									8											1
A/C 信号电路				2					7										1	
燃油压力调节器			3		5	6	5				5	11	5	2		2	4			
燃油泵控制电路		4	8		6	7	6				6	12	6			3				
油管路					7	8	7				7	13	7			4	5			
喷油器及其电路		6	6		13	9	8		9	4	11	14	8	6		8	6			
怠速控制阀电路		8	2		3	4	3	3	3	2	8					5				
EFI 主继电器电源		3																1	2	2
节气门减速缓冲器								4	4											
燃油切断系统																				
燃油质量		7			1	3	2				1	3			2	1				
起动机继电器	1																			
空档起动开关	3																			
起动机	2			1																
火花塞		1			2						3	4			3					
分电器					12						4	5								
节气门操纵装置																				
冷却风扇系统															4					

（续）

故障现象 / 检查顺序 / 可能故障部位	不能起动			起动困难				怠速不良				性能不良				失速				
	曲轴不能转动	无着火征兆	燃烧不良	汽油机转动缓慢	常温下起动困难	冷起动困难	热起动困难	基本怠速转速不正确	怠速过高	怠速过低	怠速不稳	汽油机加速不良	近气管回火	排气管放炮	爆燃	起动后失速	踩下加速踏板后失速	松开加速踏板后失速	空调工长时失速	由N位挂入D位时失速
制动系统故障（发咬）												2								
变速器故障												1								
气缸压缩压力		9	7		8						9	6								
汽油机控制 ECU		10	9		14	10	9	5	10	5	13	15	9	7	5	9	7	3	3	3

（2）桑塔纳 2000GSi 型 AJR 型发动机常见故障诊断表 一般来说各大汽车公司的维修手册都附有故障诊断表，在进行故障诊断时，按照表中给出的各种故障现象对应的可能故障部位的顺序号依次检查，逐渐排除。如表 5-9 所示为桑塔纳 2000GSi 型 AJR 型发动机电控系统常见故障诊断表。

表 5-9 桑塔纳 2000GSi 型 AJR 型发动机电控系统常见故障诊断表

故障现象	可能的故障部位
发动机转不动	蓄电池电压过低；点火开关电路；起动机及继电器电路
发动机能转动但无初始燃烧	低压电路；转速传感器及其电路；点火线圈；霍尔传感器；火花塞；真空泄漏；电动汽油泵继电器；主继电器；汽油泵；燃油压力调节器；油管漏油；喷油器及电路；ECU 及熔丝；气缸压力不正常、正时不对
燃烧不完全	高压线漏电；火花塞；霍尔传感器；爆燃传感器；真空泄漏；空气滤清器堵塞；节气门控制组件怠速定位计；空气流量计；汽油泵；燃油压力调节器；冷却液温度传感器；喷油器；气缸压力、气缸盖密封性
冷起动困难	燃油质量；油管堵塞或漏油；燃油压力调节器；汽油泵；冷却液温度传感器；进气温度传感器；喷油器；起动信号电路；点火信号电路；点火线圈；火花塞
热起动困难	真空泄漏；节气门控制组件；冷却液温度传感器；进气温度传感器；燃油压力调节器；喷油器；点火信号电路；点火线圈；火花塞
常温起动困难	汽油泵；燃油压力调节器；喷油器；空气流量计；冷却液温度传感器；霍尔传感器；点火线圈；点火信号电路；火花塞；ECU；配气正时不对；正时齿带；气门关闭不严；气缸垫不密封；活塞环与气缸壁密封不严；火花塞处漏气

（续）

故障现象	可能的故障部位
开始怠速过高	节气门拉索调整不当；冷却液温度传感器；空调开关常开；节气门控制组件；ECU
怠速不稳	燃油压力调节器；喷油器；节气门控制组件；氧传感器；进气温度传感器；冷却液温度传感器；活性炭罐电磁阀；高压分线绝缘；火花塞及插孔漏电；点火信号电路；ECU；气门关闭不严；气缸磨损严重；曲轴箱通风阀
怠速过高	节气门拉索失调；节气门控制组件；喷油器；冷却液温度传感器；进气温度传感器；活性炭罐电磁阀；ECU
怠速过低	进气真空泄漏；空气流量计；汽油泵；燃油压力调节器；喷油器；空调开关电路
爆燃	汽油质量；爆燃传感器；火花塞；燃烧室积炭；霍尔传感器；ECU
排气放炮（突突声）	火花塞；高压线漏电；点火线圈；喷油器；燃油压力调节器；节气门控制组件；空气流量计；爆燃传感器；冷却液温度传感器
加速时发抖	点火线圈；高压漏电；霍尔传感器；汽油质量；汽油泵；节气门控制组件；喷油器；曲轴箱通风不良；离合器打滑；变速器轴松旷；气缸磨损过大

4. 电控系统元件故障诊断

发动机电控系统不同元件或其电路发生故障时，会产生不同的故障现象。除掌握电控系统元件的结构原理及检修方法外，掌握各元件与发动机故障现象之间的关系，对在故障诊断时开阔思路、迅速查明故障原因，具有十分重要的意义。

（1）主要元件故障规律和故障特征 汽车总是在不同工作条件下高速运动，总有一部分零件不可靠、易损坏或易老化，装配不当、连接不牢靠的插接件都使电控喷射系统发生故障，部分功能失效，造成发动机工作不良或不工作。电控喷射系统的组成元件较多，但各种部件易出现的常见故障却是有规律的，概括起来如下。

1）发动机电控制单元（ECU）。发动机电控单元工作一般比较可靠，故障率很低。但随着汽车运行里程和使用年限的增长（里程超过15万km，使用年限达到6~8年，尤其运行环境条件恶劣）也会出现这样或那样的故障，如个别集成块老化、损坏，电阻、电容失效，固定螺栓松动及电子元件焊脚接头松脱等，则会引起ECU的控制功能失效或控制系统工作不良，从而造成发动机起动困难、怠速不稳、动力性差、油耗增大及排放超标等故障。

2）传感器与执行器。传感器种类繁多、结构不尽相同，但大致为热敏电阻式、真空压力式、机械传动式等几种形式。它随时随地监测着发动机的工作状况，并把信号即时输给ECU。传感器的零件损坏，如电阻老化迟钝、真空膜片破损、弹片弹性失效、回位弹簧失效等都将不能及时、准确地反映发动机工况，影响ECU准确及时地获得控制信息，使控制系统工作失常，导致发动机工作不良、性能下降。

空气流量传感器是关键的传感元件，由于空气流量传感器片上所装的微动开关（触点）在碳膜镀层上频繁滑动，久而久之，就会产生沟槽，使电阻值发生变化，从而导致检测的信号不准确，造成发动机工作不正常。此外，传感器转轴上装有预紧度可调的弹簧发条，如调整不当或弹力变差，则会使供油量发生变化和加油滞后，造成发动机加速不良。此故障可通过在起动时，拆下汽油滤清器进油接头，看是否泵油来确定。

若节气门位置传感器失调，就不能保证正确的点火提前角和混合气空燃比。节气门位置传感器应精确地调整至规定的电压读数，若调整过低，由于废气再循环系统没有及时提供足够的废气，加速时就要发生爆燃；若调整过高，由于废气再循环系统反应过快，提供的废气过多，使动力降低。

如冷却液温度传感器发生故障，发动机会出现怠速不稳、缺火、熄火或耗油增加等现象，应使用万用表，按厂家规定检测冷却液传感器在各种工作温度时的电阻值。

3）电磁阀。电磁阀故障是指用电磁线圈脉冲控制的阀门闭合故障。电磁喷油阀、怠速控制电磁阀、点火装置的电磁线圈等的工作好坏，将直接影响汽车的喷油、点火、怠速、起动等工作的正常完成。

电磁喷油器由一组电磁线圈、衔铁开关、喷油针和阀座组成。由于它们工作频率很高（如发动机转速6000r/min时，则每分钟反复接通断开3000次或6000次），时间一长，有时候会因为电磁线圈工作不良、针阀卡死不喷油，造成汽油雾化不良或不雾化，使发动机工作不良或不能工作。如果汽车在运行1~1.5万km时发现此故障，则可重点检查喷油器和火花塞的工作状况。当冷起动困难时，要重点检查喷油器的工作情况以及有关的连接电路，因为冷起动时喷油器工作不良或不工作，直接影响起动加浓作用。

4）电动燃油泵。电动燃油泵在无油工作或油质太差时工作，会造成电动燃油泵磨损或损坏。另外，电动燃油泵受空气流量传感器上的微动开关控制，若开关工作不良，动作迟缓，会造成油泵供油不足，影响汽车起动和加速性能。

5）油压调节器。油压调节器的作用是使燃油压力相对于进气管负压的压差经常保持恒定，从而使喷油量仅根据喷油电磁阀的通电时间确定。如果油压调节器的真空膜片损坏，或真空软管漏气，都会造成压力调节器的回油量失凋，使发动机的喷油量不准确，发动机工作不良。

6）点火线圈。正确的点火时刻和足够的点火电压是保证发动机正常工作的重要条件，当装配好基本点火正时，每一转速工况下的最佳点火时刻由 ECU 自动控制，而点火电压则和点火线圈的性能有关。一般点火线圈常见故障如线圈绕组短路、断路或接地，会导致不产生高压电；另外点火线圈绝缘层材料老化，绝缘性能变差，点火线圈漏电，则使电火花弱，点火能量不够，以致引起怠速不稳、间断熄火和不能着火等。遇到这种故障必须检查点火线圈的电阻和绝缘，性能是否符合要求，不符合就要更换。

7）火花塞。火花塞承受高温、高压、冷热高频交变冲刷、燃油废气的浸蚀等，加上工作环境恶劣，随着运行里程的增加，其性能会逐渐变坏，产生电极烧损、积炭、积油等问题。所以，火花塞必须按不同车型所规定的使用寿命准时更换，同时禁止在电控发动机上装用化油器式发动机的火花塞，并且按资料规定调整好电极的跳火间隙。

8）接插件。电控系统传感器、执行元件的插接件很多，常因老化或多次拆卸导致接头松动或接触不良，造成许多控制信号传递不良，导致发动机不能正常工作，时好时坏。例如，电子控制单元的接头接触不良，空气流量传感器插接件中的电动输油泵电路开关接头接触不良，会导致发动机起动不正常；还有发动机因为电控喷油阀的电源插接线脱落而造成气缸不工作。

接触不良可能是由插接器端子氧化锈蚀、污物进入端子或插接器插头与插座之间接触压力过小所致。把插接器分开后，对其进行检查、清洁、打磨和修整后再重新插上，可能会恢复正常接触。如果在进行故障诊断时，检查配线和插接器均正常，将插接器插回原位后检查，故障消失，则故障有可能是由配线和插接器接触不良所致。

维修提示：

● 凡是控制系统中工作时好时坏的故障，绝大多数是接触不良引起的。因此在拆装电控系统的元件时，注意不可弄坏连线，并插牢接插件。

● 由故障码指出某传感器信号不良时，注意检查传感器的连线和插接件是否连接良好。

● 有时故障码的含义是传感器故障，而实际上是传感器的连线或插接件出了问题。

9）连线。断路故障主要由导线折断、插接器接触不良、插接器端子被拔出等造成。检查线路断路故障时，应先脱开 ECU 和相应传感器的插接器，然后测量插接器相应端子间的电阻以确定是否断路或接触不良。一般导线中间折断的情况很少见，大多是在连接处断开，因此尤其应仔细检查传感器和插接器连接处的导线。

短路故障主要由电气配线与车身接地，或者由开关内部短路所致。检查电气配线与车身之间是否短路时，应检查有无导线卡在车身内，有无导线与车身车架摩擦使其绝缘层磨损漏电。检查导线是否有接地短路故障时，应拆开线路两端的插接器，然后测量插接器被测端子与车身接地之间的电阻值，电阻值大于 1 MΩ 为合格。

10）高低压线路。线路接头、插座连接牢固才能保证接触可靠，传递信息准确。由于发动机本身运转时的振动和汽车在不平路面上运行时的振动，会引起高低压线路接触不良，必须经常检查。此外，就是高压线是否损伤，是否漏电都是产生常见故障的原因。

11）气、油、水管路。长期运行过程中的发动机的振动和工作环境浸蚀，会使管路密封不严，如胶管老化、管口破裂、卡子松动等，造成漏油、漏水、漏气、漏真空的故障，结果会造成混合气过稀，从而使发动机起动困难，怠速运转不稳，加速无力。甚至还会造成润滑、冷却系统工作失常，发生因冷却、润滑不良的机械事故。

12）空气、汽油滤清器。空气滤清器堵塞造成空气进气量减少，使混合气相应变浓。汽油滤清器堵塞不通畅，会造成混合气过稀，致使起动困难，转速不平稳，发动机运转无力。

(2) 主要元件故障与发动机故障表现之间的对应关系 主要元件故障与发动机故障表现之间的对应关系如表 5-10 所示。

表 5-10 电控系统主要元件故障与发动机故障表现之间的对应关系

件名称		故 障 现 象
电控单元（ECU）		发动机无法起动；发动机工作不良、性能失常
点火线圈		无高压火花；高压火花强度不足；发动机无法起动
点火控制器		无高压火花；高压火花强度不足；发动机起动困难
空气流量传感器（L 型）		发动机起动困难；怠速不稳；发动机动力不足，加速不良；发动机易爆燃；发动机油耗增大
进气歧管绝对压力传感器		发动机起动困难；怠速不稳；发动机动力不足，加速不良；发动机油耗增加
大气压力传感器		发动机怠速不稳；发动机工作不良
节气门位置传感器	可变电阻式	发动机起动困难；怠速不稳易熄火；发动机工作不良，加速性差；发动机动力性下降
	触点开关式	发动机起动困难；怠速不稳、无怠速、易熄火；发动机动力性差，爬坡无力；不能进行减速断油控制
进气温度传感器		怠速不稳，易熄火；起动困难；发动机性能不佳，混合气过浓，油耗过大
冷却液温度传感器		起动困难，特别是冷起动；怠速不稳，易熄火；发动机性能不佳
怠速控制电动机		起动困难；怠速不稳，易熄火；怠速过高；发动机易失速
怠速电动机位置传感器		怠速不稳；易熄火，起动困难；加速不良
氧传感器		怠速不稳；油耗量大；排放高
曲轴箱通风阀（PCV 阀）		发动机不易起动；无怠速或怠速不稳；加速无力、油耗增加
废气再循环阀（EGR）		发动机温度过高；发动机不易起动；发动机无力、油耗量大；易爆燃；加速不良；NO_x，排放量高；减速熄火
废气再循环阀位置传感器		怠速不稳，易熄火；NO_x。排放量高；发动机性能不佳
活性炭罐电磁阀		发动机性能不佳；怠速不良；空燃比不正确
爆燃传感器		发动机易爆燃，特别是加速时爆燃明显；点火正时不准，发动机工作不良
点火信号发生器	磁感应式	发动机无法起动；发动机工作不良，运转无力；怠速不稳，间歇性熄火；发动机不易起动；点火高压较低
	霍尔式	
	光电式	
曲轴位置传感器		发动机无法起动或起动困难；加速不良，怠速不稳；间歇性熄火

（续）

件名称	故障现象
电动燃油泵	发动机起动困难或无法起动；发动机工作不良，运转不稳，发动机运转中有“喘振”现象；喷油器不喷油；发动机运转无力，汽车加速性差
燃油滤清器	发动机起动闲难或无法起动；发动机起动后熄火或运转中熄火；发动机运转无力，汽车加速性差
燃油压力调节器	发动机起动困难或无法起动；发动机加速无力，高速性能差
喷油器	发动机工作不稳；发动机加速无力，动力性差
冷起动喷油器	怠速不良；发动机起动困难，冬季尤为严重

五、发动机电控系统典型故障诊断与排除方法

1. 发动机不能起动，且无着车征兆

（1）故障现象 接通起动开关时，起动机能带动发动机正常转动，但发动机不能发动，且无着车征兆。

（2）故障原因

1）油箱中无油。

2）起动时节气门全开。

3）电动燃油泵不工作。

4）喷油器不工作。

5）油路压力过低。

6）点火系统故障。

7）发动机气缸压缩压力过低。

（3）故障诊断与排除 故障诊断排除可按图5-29所示的流程进行。

（4）说明

1）对于不能起动的故障，一般应先检查油箱存油情况。打开点火开关，若燃油表指针不动或油量警告灯亮，则说明油箱内无油，应加满油后再起动。

2）应采用正确的起动操作方法。通常电子控制燃油喷射式发动机的起动控制系统要求在起动时不踩加速踏板。如果在起动时将加速踏板完全踩下或反复踩加速踏板以求增加供油量，往往会使控制系统的溢油消除功能起作用，从而导致喷油器不喷油，造成不能起动。

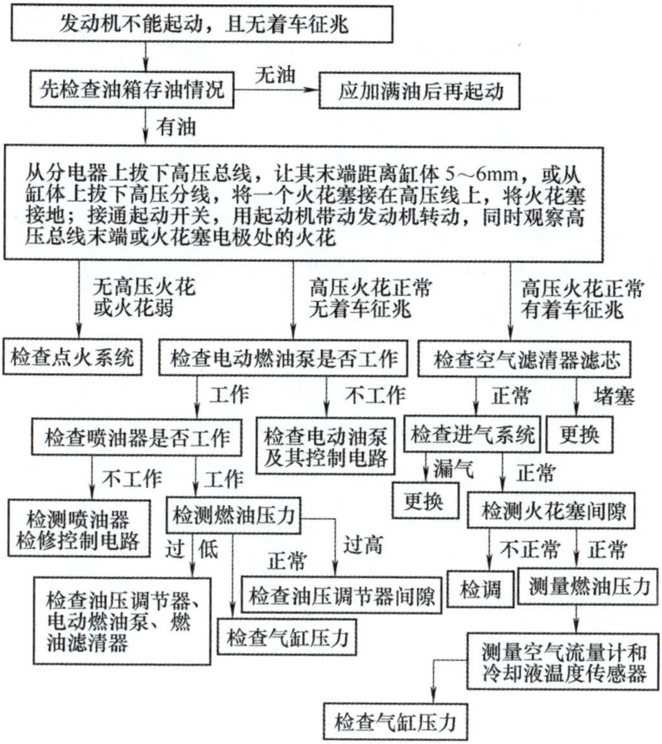

图 5-29　发动机不起动。自无着车征兆故障诊断排除

3）检查点火系统。导致发动机不能起动的最常见原因是点火系不能点火。因此，在作进一步的检查之前，应先排除点火系的故障。

如果高压无火花或火花很弱，说明点火系统有故障。可先进行发动机故障自诊断，检查有无故障码。现代电控燃油喷射式发动机的故障自诊断系统通常能检测出点火系统中的曲轴位置传感器（点火信号发生器）及点火器的故障。如有故障码，则可按显示的故障码查找故障部位；如无故障码，则应分别检查点火系统中的高压线、分电器盖、高压线圈、点火器、分电器、曲轴位置传感器及点火控制系统。点火系统最容易损坏的零件是点火器，应重点检查。

4）检查电动燃油泵的工作。电动燃油泵不工作也是造成发动机不能起动的最常见原因之一。用一根导线将电动燃油泵的两个检测插孔短接，然后打开点火开关，此时应能从油箱口处听到燃油泵运转的声音；或用手捏住进油管时能感觉到进油管的油压脉动；或拆下油压调节器上的回油管，应有汽油流出。如果电动燃油泵不工作，应检查熔断器、油泵继电器及电动燃油泵控制电路等。如果电路正常，则说明电动燃油泵有故障，应更换。

5）检查喷油器是否喷油。在起动发动机时，检查各喷油器有无工作的声音。如果喷油器不工作，可用一个大阻抗的试灯接在喷油器的线束插头上。如果在起动发动机时试灯能闪亮，说明喷油控制系统工作正常，喷油器有故障，应更换。

如果试灯不闪亮，则说明喷油控制系统或控制线路有故障。对此，应检查喷油器电源熔断器有无烧断，喷油器降压电阻有无烧断，喷油器与电源之间的接线是否良好，计算机的电源继电器与计算机之间的接线是否良好。如果外部电路均正常，则可能是计算机内部有故障，可用计算机故障检测仪或采用测量计算机各接脚电压的方法来检测计算机有无故障；也可以用一个好的计算机换上试一下，如能起动，可确定为计算机故障，应更换。

6）检查燃油系统压力。燃油系统油压过低会造成喷油量太少，也会导致不能起动。在电动燃油泵运转时检查燃油系统油压。在发动机未运转的状态下正常燃油压力应达到300kPa左右。如果燃油压力过低可用钳子包上软布，将油压调节器的回油管夹住，阻断回油通路。

若燃油压力迅速上升，说明是油压调节器漏油，造成油压过低，应更换油压调节器；若燃油压力上升缓慢或基本不上升，则说明油路堵塞或电动燃油泵有故障，应先拆检燃油滤清器。如燃油滤清器堵塞，应更换；如滤清器良好，则应更换电动燃油泵。

7）检查气缸压缩压力。若上述检查均为正常，则应进一步检查发动机气缸压缩压力。若气缸压缩压力低于0.81MPa，则说明发动机机械部分有故障，应进一步拆检发动机本体。

2. 发动机不能起动，但有着车征兆

（1）故障现象 起动发动机时，起动机能带动发动机正常转动，有轻微着车征兆，但不能起动。

（2）故障原因

1）进气管有漏气。

2）点火提前角不正确。

3）高压火花太弱。

4）冷起动喷油器不工作。

5）燃油压力太低。

6）冷却液温度传感器有故障。

7）空气滤清器堵塞。

8）空气流量计有故障。

9）喷油器漏油。

10）喷油控制系统有故障。

11）气缸压力太低。

（3）故障诊断与排除 有着车征兆而不能起动，说明点火系统、燃油喷射系统和控制系统虽然工作失常，但并没有完全丧失功能。这种不能起动故障的原因主要是高压火花太弱或点火正时不正确、混合气太稀、混合气太浓、气缸压力太低等。一般先检查点火系统，然后再检查进气系统、燃油系统、控制系统，最后检查发动机气缸压力。其诊断排除按图 5-30 所示的程序进行。

（4）说明

1）先进行故障自诊断，检查有无故障码。如有故障码，则可按显示的故障码查找相应的故障原因。必须指出的是，所显示出的故障码不一定都与发动机不能起动有关系，有些故障码是发动机在由以往的运行过程中的偶发性故障所留下的，有些故障码所表示的故障则不会影响发动机的起动性能。会影响起动性能的部件有：曲轴位置传感器、冷却液温度传感器、空气流量计等。

2）检查高压火花。除了检查分电器高压总线上的高压火花是否正常外，还要进一步检查各缸高压分线上的高压火花是否正常。若高压总线火花太弱，应更换高压线圈；若总线火花正常而分线火花较弱或断火，说明分电器盖或分火头漏电，应更换。

3）检查空气滤清器。如果滤芯过脏堵塞，可拆掉滤芯后再起动发动机。如能正常起动，则应更换滤芯。

4）检查进气系统有无漏气。采用空气流量计测量进气量的燃油喷射系统，只要在空气流量计之后的进气管道有漏气就会影响进气量计量的准确性，从而使混合气变稀。严重的漏气会导致发动机不能起动。检查中应仔细查看空气流量计之后的进气软管有无破裂，各处接头卡箍有无松脱，谐振腔有无破裂，曲轴箱通风软管是否接好。

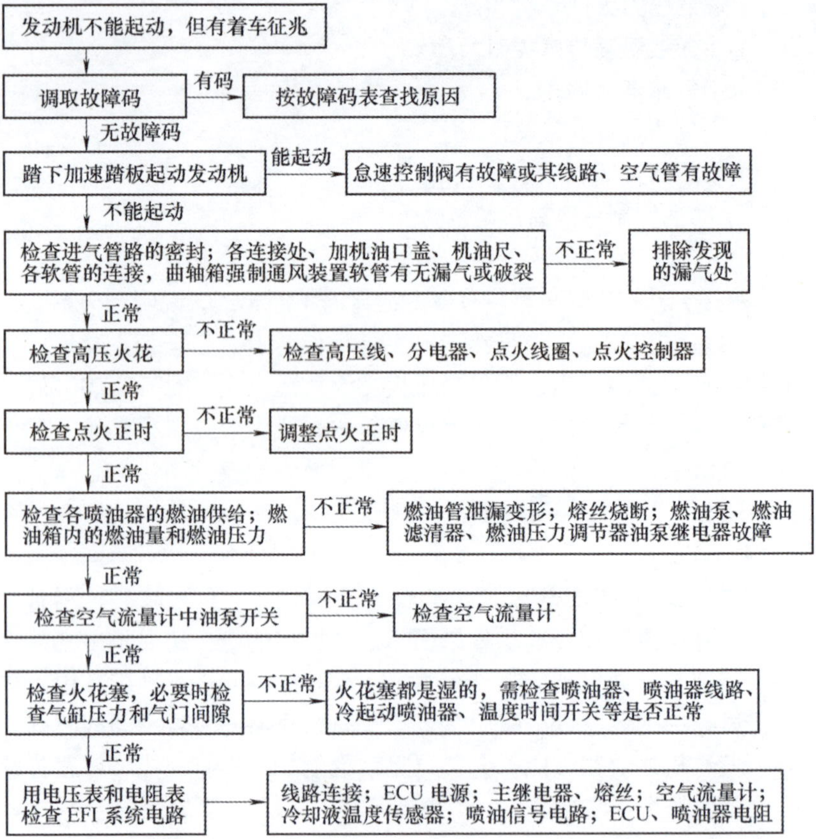

图 5-30 发动机不能起动，但有着车征兆诊断排除

此外，燃油蒸发回收系统和废气再循环系统在起动及怠速运转中是不工作的。如因某种原因而使他们在起动时就进入工作状态，也会影响起动性能。将燃油蒸发回收软管或废气再循环管道堵塞住，再起动发动机。如在这种状态下发动机能正常起动，说明该系统有故障，应认真检查。

5）检查火花塞。火花塞间隙太大也会影响起动性能。火花塞正常间隙一般为 8mm，有些高能量的电子点火系统火花塞间隙较大，可达 1.2mm。如火花塞间隙太大，应按车型维修手册所示标准值进行调整。

6）如果火花塞表面只有少量潮湿的汽油，说明喷油器喷油量太少。对此，应先检查起动时电动燃油泵是否工作。可用一根导线将电动燃油泵的两个检测插孔短接，再起动发动机。如果能起动，则说明电动燃油泵在起动时不工作，应检查控制电路。如果电动燃油泵工作而不能起动，应进一步检查燃油压力，如果燃油压力太低，应检查燃油滤清器、油压调节器及燃油泵有无故障。

7）如果火花塞表面有大量潮湿汽油，说明气缸中已出现“呛油”现象，这也会造成发动机不能起动。对此，可拆下所有火花塞，将其烤干，再让气缸中的汽油全部挥发掉，然后装上火花塞重新起动。如果仍会出现“呛油”现象，应拆卸喷油器，检查喷油器有无漏油。

8）喷油量太大或太小也可能是空气流量计或冷却液温度传感器故障所致。如出现这种情况，应对照车型维修手册中的有关数据测量这两个传感器。

9）调整点火正时。如果将点火提前角调大或调小后就能起动，则说明点火正时不正确，对此，应将点火正时调整准确。

10）检查冷起动喷油器。拔下冷起动喷油器线束插头，用试灯或电压表测量。在起动时，线束插头内应有电压。如无电压，应检查冷起动喷油器控制电路。

11）检查气缸压缩压力。若低于 0.8MPa，则说明气缸压力过低，需拆检发动机。

3. 发动机怠速不稳，易熄火

发动机怠速不稳是电控燃油喷射发动机最常见的故障之一。

（1）故障现象 发动机起动正常，但无论冷车或热车，怠速均不稳、转速过低，易熄火。

（2）故障原因

1）进气系统漏气。

2）燃油压力太低。

3）空气滤清器滤芯堵塞。

4）喷油器漏油或堵塞。

5）空气流量计故障。

6）怠速控制阀或附加空气阀工作不良。

7）怠速调整不当。

8）气缸压缩压力太低。

（3）故障诊断与排除 发动机怠速不稳，易熄火的故障诊断与排除按图 5-31 所示的程序进行。

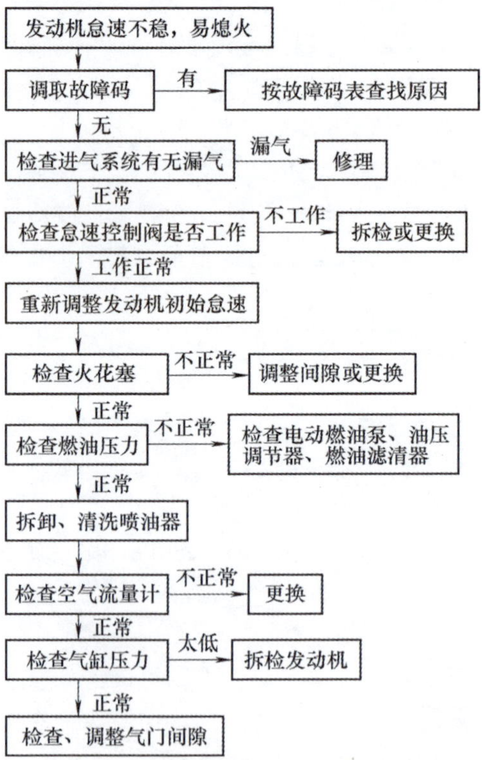

图 5-31　发动机怠速不稳、易熄火的故障诊断与排除程序图

（4）说明

1）检查怠速控制阀。拔下怠速控制阀的接线插头或者在冷车怠速运转时将附加空气阀进气软管用钳子夹住。如果发动机转速无变化，

说明怠速控制阀或控制电路有故障，应检修或更换。

2）检查系统有无漏气。检查各软管、各真空管接头，及废气再循环系统和燃油蒸发回收系统。

3）怠速时逐个拔下各缸高压线，如某缸在拔下高压线时，发动机转速基本不变，说明该缸工作不良或不工作，应检查该缸火花塞、喷油器或控制电路。

4）如果各缸喷油器工作声音不均匀，说明各缸喷油不均匀，应拆检、清洗或更换。

5）检查燃油压力。用一根导线将电动燃油泵的两个检测插孔短接，然后打开点火开关，让电动燃油泵怠速运转。在这种状态下，燃油压力应达 250kPa 左右。

4. 发动机动力不足，加速不良

（1）故障现象 发动机运转不平稳，怠速时尤甚，运转无力，加速困难，油耗增加，排气管发出有节奏的“突突”声，有时伴有回火、放炮现象；节气门突然开大加速时，发动机转速不能及时升高，反而下降、熄火，并伴有爆燃声、排气管“突突”声或回火声。

（2）故障原因

1）点火过迟、高压火弱。

2）汽油质量差、汽油压力不足。

3）喷油器工作不良、油压调节器损坏。

4）空气滤清器脏堵、三元催化器或排气消声器堵塞。

5）进气系统漏气。

6）EGR 系统工作不正常。

7）氧传感器、爆燃传感器、节气门位置传感器、曲轴位置传感器及凸轮轴位置传感器信号失准。

8）空气流量计、进气压力传感器信号不良。

9）进排气门密封不良，气缸压力过低。

10）个别缸不工作。

11）ECU 有故障。

（3）故障诊断 发动机动力不足的故障诊断按图 5-32 所示的程序进行。

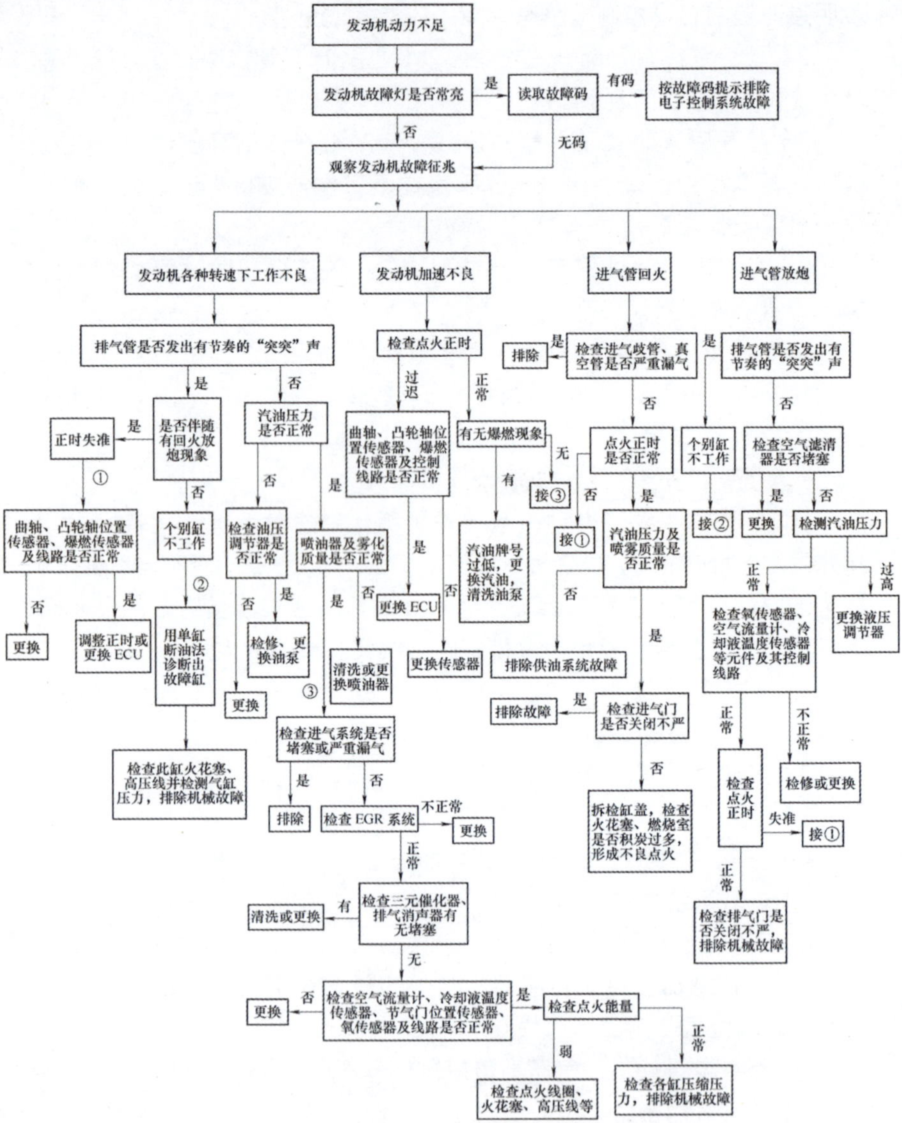

图 5-32 发动机动力不足的故障诊断程序